中国社会科学院院长学术基金资助
山东省社会科学规划研究项目

·中国社会科学院民俗学研究书系·

朝戈金　主编

唐代节日研究

A Study of Festivals in the Tang Dynasty

张　勃｜著

中国社会科学出版社

图书在版编目(CIP)数据

唐代节日研究/张勃著.—北京：中国社会科学出版社,2013.3
(中国社会科学院民俗学研究书系)
ISBN 978 - 7 - 5161 - 2223 - 5

Ⅰ.①唐… Ⅱ.①张… Ⅲ.①节日—风俗习惯—研究—中国—唐代 Ⅳ.①K892.1

中国版本图书馆 CIP 数据核字(2013)第 048631 号

出 版 人	赵剑英
责任编辑	张　林
特约编辑	郑成花
责任校对	王雪梅
责任印制	戴　宽

出　　版	中国社会科学出版社
社　　址	北京鼓楼西大街甲158号（邮编100720）
网　　址	http://www.csspw.cn
	中文域名:中国社科网　010 - 64070619
发 行 部	010 - 84083685
门 市 部	010 - 84029450
经　　销	新华书店及其他书店
印　　刷	北京君升印刷有限公司
装　　订	廊坊市广阳区广增装订厂
版　　次	2013年3月第1版
印　　次	2013年3月第1次印刷
开　　本	710×1000　1/16
印　　张	25
插　　页	2
字　　数	409千字
定　　价	59.00元

凡购买中国社会科学出版社图书,如有质量问题请与本社联系调换
电话:010 - 64009791
版权所有　侵权必究

总　　序

自英国学者威廉·汤姆斯（W. J. Thoms）于19世纪中叶首创"民俗"（folk-lore）一词以来，国际民俗学形成了逾160年的学术传统。作为现代学科意义上的中国民俗学肇始于五四新文化运动，80多年来的发展几起几落，其中数度元气大伤。从20世纪80年代开始，这一学科方得以逐步恢复。近年来，随着国际社会和中国政府对非物质文化遗产（其学理依据正是民俗和民俗学）保护工作的重视和倡导，民俗学研究及其学术共同体在民族文化振兴和国家文化发展战略中，都正在发挥越来越重要的作用。

中国社会科学院曾经是中国民俗学开拓者顾颉刚、容肇祖等人长期工作的机构，近年来又出现了一批较为活跃和有影响力的学者，他们大都处于学术黄金年龄，成果迭出，质量颇高，只是受既有学科分工和各研究所学术方向的制约，他们的研究成果没能形成规模效应。为了部分改变这种局面，经跨所民俗学者多次充分讨论，大家都迫切希望以"中国民俗学前沿研究"为主题，申请"院长学术基金"的资助，以系列出版物的方式，集中展示以我院学者为主的民俗学研究队伍的晚近学术成果。

这样一组著作，计划命名为"中国社会科学院民俗学研究书系"。

从内容方面说，这套书意在优先支持我院民俗学者就民俗学发展的重要问题进行深入讨论的成果，也特别鼓励田野研究报告、译著、论文集及珍贵资料辑刊等。经过大致摸底，我们计划近期先推出下面几类著作：优秀的专著和田野研究成果，具有前瞻性、创新性、代表性的民俗学译著，以及通过以书代刊的形式，每年择选优秀的论文结集出版，拟定名为《中国民俗学》（*Journal of China Folkloristics*）。

那么，为什么要专门整合这样一套书呢？首先，从学科建设和发展的角度考虑，我们觉得，民俗学研究力量一直相对分散，未能充分形成集约效应，未能与平行学科保持有效而良好的互动，学界优秀的研究成果，也较少被本学科之外的学术领域所关注、进而引用和借鉴。其次，我国民俗学至今还没有一种学刊是国家级的或准国家级的核心刊物。全国社会科学刊物几乎都没有固定开设民俗学专栏或专题。与其他人文和社会科学的国家级学刊繁荣的情形相比较，学科刊物的缺失，极大地制约了民俗学研究成果的发表，限定了民俗学成果的宣传、推广和影响力的发挥，严重阻碍了民俗学科学术梯队的顺利建设。再者，如何与国际民俗学研究领域接轨，进而实现学术的本土化和研究范式的更新和转换，也是目前困扰学界的一大难题。因此，通过项目的组织运作，将欧美百年来民俗学研究学术史、经典著述、理论和方法乃至教学理念和典型教案引入我国，乃是引领国内相关学科发展方向的前瞻之举，必将产生深远影响。最后，近些年来，国内外非物质文化遗产保护工作的大力推进，也频频推动国家文化政策的制定和实施中的适时调整，这就需要民俗学提供相应的学理依据和实践检验，并随时就我国民俗文化资源应用方面的诸多弊端，给出批评和建议。

从工作思路的角度考虑，"中国社会科学院民俗学研究书系"着眼于国际、国内民俗学界的最新理论成果的整合、介绍、分析、评议和田野检验，集中推精品、推优品，有效地集合学术梯队，突破研究所和学科片的藩篱，强化学科发展的主导意识。

我们期待着为期三年的第一期目标实现后，再行设计二期规划，以利我院的民俗学研究实力和学科影响保持良好的增长势头，确保我院的民俗学传统在代际学者之间不断传承和光大。本套书系的撰稿人，将主要来自民族文学研究所、文学研究所、世界宗教研究所和民族学与人类学研究所的民俗学者们。

在此，我代表该书系的编辑委员会，感谢中国社会科学院文史哲学部和院科研局对这个项目的支持，感谢"院长学术基金"的资助。

朝戈金

目　录

导言 ……………………………………………………………… (1)
　第一节　研究视角与重要概念 ……………………………… (1)
　　一　本书的研究视角 ……………………………………… (1)
　　二　关于几个重要概念的说明 …………………………… (4)
　第二节　相关学术研究的回顾与本书的总体构想 ………… (7)
　　一　20世纪以来中国节日研究的三个时期 ……………… (7)
　　二　唐代节日研究述略 …………………………………… (18)
　　三　本书的总体架构 ……………………………………… (25)

第一章　唐代节日概说 ………………………………………… (26)
　第一节　唐代节日的名目和类别 …………………………… (27)
　　一　唐代节日的名目 ……………………………………… (27)
　　二　新兴节日与传统节日：唐代节日的类别划分 ……… (37)
　第二节　唐代节日的特征 …………………………………… (40)
　　一　新旧并存 ……………………………………………… (41)
　　二　具有浓厚的娱乐色彩 ………………………………… (45)
　　三　节日活动往往在户外进行，节日交往在很大程度上
　　　　实现了对血缘关系和地缘关系的超越，较为广泛地
　　　　建立于志缘关系基础之上 …………………………… (50)
　　四　宗教因素全面渗入岁时节日节俗之中 ……………… (55)
　　五　节假日的广泛设置 …………………………………… (63)
　　六　胡风弥漫 ……………………………………………… (67)
　第三节　唐代节日发展的历史分期 ………………………… (70)

一　唐高祖至安史之乱前的唐玄宗统治时期 …………………（72）
　　二　安史之乱后的唐玄宗统治时期至唐代末年 ………………（76）

第二章　新兴节日研究 …………………………………………（83）
第一节　建构型节日之一：政策过程视角下的唐玄宗诞节 ……（84）
　　一　以唐玄宗诞日为节的政策方案设计及相关决策 …………（85）
　　二　唐玄宗诞节的兴盛及其原因分析 …………………………（89）
　　三　唐玄宗诞节的衰亡及其原因分析 …………………………（101）
　　四　唐玄宗诞节对后世的影响 …………………………………（104）
　　五　余论：对玄宗设置诞节的评价 ……………………………（109）
第二节　建构型节日之二——政策过程视角下的中和节 ………（112）
　　一　以二月一日为中和节的政策动议、设计及决策 …………（113）
　　二　德宗朝中和节政策的实施和影响 …………………………（117）
　　三　相同的起源，不同的命运：中和节与唐玄宗诞节的比较 …（126）
第三节　清明作为独立节日的兴起 ………………………………（132）
　　一　清明在中唐时期已成为独立节日 …………………………（133）
　　二　清明作为独立节日兴起的原因分析 ………………………（136）
　　小结 …………………………………………………………………（149）
第四节　重月传统与文化选择：中秋节的形成 …………………（149）
　　一　中秋节在唐代已是民俗节日 ………………………………（149）
　　二　关注月亮的传统与时人的文化选择：八月十五
　　　　成节的原因分析 ……………………………………………（154）
　　三　欣赏自然之美、珍惜韶华与渴望团圆：唐代人的
　　　　中秋情怀 ……………………………………………………（161）

第三章　传统节日研究 …………………………………………（167）
第一节　年节 ………………………………………………………（167）
　　一　岁除日习俗 …………………………………………………（170）
　　二　元日习俗 ……………………………………………………（177）
　　三　更新、祈吉、迎春、庆贺、团圆：唐代年节的主题 ………（184）
第二节　春秋二社 …………………………………………………（190）
　　一　唐代乡村社会春秋社日的标志性时间和标志性节俗 ……（192）

二　唐代乡村社会社日节兴盛的原因分析 …………………… (198)
　　三　社日节的变化与唐代乡村私社的发展 …………………… (206)
　第三节　上巳节 ……………………………………………………… (208)
　　一　唐代以前的上巳节 …………………………………………… (210)
　　二　上巳节在唐代的变迁 ………………………………………… (218)
　　三　上巳节在唐代变迁的原因和影响 …………………………… (225)
　第四节　五月五日 …………………………………………………… (228)
　　一　节日名称 ……………………………………………………… (229)
　　二　节日时间 ……………………………………………………… (230)
　　三　节日传说 ……………………………………………………… (231)
　　四　节俗物品 ……………………………………………………… (233)
　　五　节俗活动 ……………………………………………………… (238)
　　六　节日内涵 ……………………………………………………… (257)

第四章　俗民个体的节俗实践：以李隆基和白居易为例 ……… (263)
　第一节　李隆基：作为节日习俗的实践者 ………………………… (264)
　　一　节日习俗活动的享受者 ……………………………………… (264)
　　二　节日文化的利用者 …………………………………………… (265)
　　三　新节日的创造者和官民共庆佳节的支持者、
　　　　组织者与资源提供者 …………………………………………… (268)
　　四　节日习俗的规范者和节日活动的改易者 …………………… (269)
　　五　节日文化中的被言说者 ……………………………………… (271)
　　小结 ………………………………………………………………… (273)
　第二节　白居易的节日生活 ………………………………………… (276)
　　一　白居易诗文展示的节日生活 ………………………………… (277)
　　二　影响白居易节日生活的诸多因素 …………………………… (287)
　　小结 ………………………………………………………………… (297)

结语 …………………………………………………………………… (300)
　　一　行动者的选择和实践：唐代节日传承和变迁的
　　　　决定性力量 ……………………………………………………… (300)
　　二　节日习俗：唐人生活方式和精神世界的型塑性力量 ……… (308)

主要参考文献 ……………………………………………………（315）

附录一　寒食节起源新论 ………………………………………（331）

附录二　唐代以前寒食节的传播与变迁
　　　　　——主要基于移民角度的思考 ……………………（357）

附录三　"端午"作为节名出现于唐代考 ……………………（374）

后记 ………………………………………………………………（385）

导　言

第一节　研究视角与重要概念

一　本书的研究视角

中国是一个有着悠久节日传统的国家。早在先秦时期，就有了节日的萌芽，秦汉以迄当今，更是每个时代都有每个时代的节日。中国的节日发展史就像一条源远流长、有着众多支流的大河，蜿蜒的河道容纳着来自不同时空的水和沙，也受着不同时空环境的影响并因此呈现出不同的风貌。《唐代节日研究》是对中国节日发展史的断代研究，它截取这一河流的特定段落进行具体分析。

什么样的节日发展史断代研究才称得上一项成功的研究？如何对节日史进行断代研究？这是直接关系到下一步研究工作如何开展、决定研究成败的两个关键问题。笔者认为，一项成功的节日断代研究首先要弄清楚基本事实，即"代"内的节日状况（包括节日整体和节日个体）是什么，在代内经历了怎样的变化；其次，要弄明白为什么会这样，即给予观察到的事实以恰当的因果解释；再次，能将此代节日发展状况置于节日整体发展过程中，总结出此代与彼代的不同，并阐述对于后世节日发展的意义。简言之，一项成功的节日断代研究应该在整体观照的基础上突出和解释节日发展在这个代内出现的"新情况"。

为了达到这样的研究目的，我们有必要对坚持什么样的断代研究视角有清醒的把握。大致说来，应该注意如下几点：

第一，节日现象是一种历史悠久的文化现象，经历了起源、发展、演变的历史过程。在不同的历史时期，节日具有不同的表现。节日断代研究的必要性即来源于此。这也决定了节日的断代研究必须突出此"代"（一定的时间段落）内节日发展演变的特征，并揭示这一时间段落在整个节日发展史上的特殊意义。

第二，节日的历史分期和政治史有关，但是由于节日民俗自身的文化特性，二者并不完全相同。那么，对节日史进行断代研究的学者最先面临的一个难题就是如何断代。何兹全先生在《争论历史分期不如退而研究历史发展的自然段——世纪之交对历史研究的思考》①一文中主张，鉴于中国古史分期难以达成共识，比较明智的做法是撇开社会性质问题，划分中国历史的"自然段"。此后，有学者作了有益的尝试，将这种"自然段"的观点运用到中国民俗史的分期上，如齐涛、刘德增两位先生就将中国民俗史划分为十个"自然段"。②对于我国节日发展史的分期而言，这种"自然段"方法自有其意义。不过，这种将若干相邻政治史上的朝代划分为一个又一个"自然段"的方法，其结论的正确性有赖于研究者对节日发展史有非常全面的、整体的把握。或者说它对研究者提出了较高的要求。依目前节日史的研究状况，为了操作的方便，笔者以为，以政治史上的朝代进行节日史的断代研究也不失为一种选择。唐代节日研究，正是这种意义上的断代。

这种断代方法虽说有其局限性，即它并非完全基于对节日发展史的考虑，但是也有其合理性。一方面，政治史的朝代并非与节日发展史无关，事实上，二者往往具有很强的关联性。笔者选择唐代节日作为研究对象，其中一个原因正在于唐代节日对我国节日的整体发展具有重要意义。另一方面，在目前节日断代研究尚未深入之时，扎扎实实做好一个又一个（政治史意义上的）朝代的节日史，描述并阐释每一个朝代节日的发展状况、演变的动力，是将节日研究引向深入的必要步骤。

再次，做节日史的断代研究，还必须考虑到代内节日发展的阶段性。尤其像李唐这样的朝代，不仅历史长达近三百年，而且社会、政治、经济等曾在代内发生了巨大变化，就更应该注意到这一点。

最后，上述考虑代内节日发展的阶段性时，更多是从整体上综合考虑

---

① 《光明日报》1999年1月29日第7版。
② 齐涛、刘德增：《中国民俗的历史分期》，载《民俗研究》2000年第2期。

所有节日的视角出发，那么节日断代研究还应该注意到一个方面，即某个具体节日在代内的阶段性发展。具体节日的阶段性发展虽然与节日整体的阶段性发展不无关系，但毕竟有所差别。比如节日作为一种文化现象早在唐朝建立以前已经存在，但诞节只是到了唐玄宗时期才有，中和节只是到了唐德宗时才有，清明节和八月十五，也同样是唐代才出现的新生事物。

如果说节日是一种民俗事象，传承与变异是其发展史上的一体两面，那么上述对节日断代研究的认识直接决定了本书将更致力于节日在唐代的变迁而不是节日在唐代的传承。

变迁是节日生命史上的常态，这既体现在空间维度，也体现在时间维度。从空间维度探讨节日变迁，主要关注节日习俗在空间播布过程中出现的变化。从时间维度对节日变迁的探讨，主要关注节日习俗历时的变化，它可以从不同的层面展开。

首先，可以是节日体系的变迁。在我国传统社会，以历法（计时制度）为基础的节日是包括诸多具体节日在内的一种时间安排体系（时间是社会生活展开的维度，时间安排体系实质就是社会生活内容的安排体系）。不同的历史时期会有不同的节日体系。就节日体系的变迁而言，主要表现在：（1）节日总量的增减，其中既包括节日时长总量的增减，也包括具体节日数量的增减；（2）不同类别的节日之数量的增减；（3）节日作为生活时间之总体性质的变化；等等。

其次，可以是具体节日的变迁。就此而言，大致有四种类型：（1）无中生有，即新节日有了合适的生态环境，出现于社会生活之中；（2）有归于无，指既有节日由于种种因素的作用，最终在生活中失传；（3）从此有到彼有，即一个节日存在于不同时代的生活实践中，但它所包含的规则要素或多或少地发生了变化，俗民在过这个节日时的体验、情感和期待也有不同；（4）中断之后的接续，即一个节日曾经在历史上存在过，后因为种种因素的作用而在生活中失传了一段时间，但时过境迁，它被重新发现和选择并回到生活实践之中，当然，回归时的形态往往会发生变化。

再次，可以是具体节俗规则的变迁。每一个节日都是关于何时、何地、举行什么样的活动以及如何举行这些活动的一整套规则，因此可以探讨这整套规则中的具体部分，比如节日名称的变化，节期及节期长短的变化、节俗活动的变化、节俗活动空间的变化等等。就具体节俗规则的变迁样态而言，同样表现为"无中生有"、"有归于无"、"从此有到彼有"、"中断之后的接续"等多种情况，但它们都是节日内部的变迁，以节日的存在（"有"）为前提。

在时间维度上从不同层面切入唐代节日变迁的研究，有助于"突出和解释节日发展在这个代内出现的'新情况'"，而这也是前文所谓"本书更致力于节日变迁问题"的要义。当然，必须说明的是，"本书更致力于节日变迁问题"并不意味着传承问题不重要。一方面，如果没有节日在唐代的传承，节日的变迁问题根本就无从谈起。承认唐代节日首先是传承前代的结果，是我们展开此项研究的前提。另一方面，是超越时空的传承，而非受限于时空的变迁，更能揭示一种文化现象的生命力，也更能揭示国家、社会、个体行动者最根本的、最稳定的内在需求。这样的认识，决定了本书虽然更致力于节日在唐代的变迁，但也不会置传承问题于不顾。事实上，笔者会格外强调对节日传承与变迁之复杂关系的关注和探讨。

二　关于几个重要概念的说明

1. 节日

节日是一个与时间密切相关的概念。时间就其物理性而言是一种绝对均匀、毫无差别、连续不断、永不止息却又无影无踪的流，人们出于生存的需要，依靠长期的经验，形成历法，在此基础之上产生了诸多节日。节日是以历日、月份和季节等组成的历年为循环基础的、在社会生活中约定俗成的、具有特定习俗活动的特定时日。

长短不一的节日时间段落结构着时间：它们确定着年度周期的开端与终结，并在其中通过前后相邻的两个节日结构出若干长短不一的常日时间段落。社会人文时间是由节日与常日共同构成的。节日通过其"非常性"与常日区别开来，并获得其存在的意义和价值。节日的非常性主要体现在五个方面：一是节日名称的特殊性；二是在历法中位置的特殊性；三是生活内容的特殊性；四是活动空间的特殊性；五是民俗主体体验和情感的特殊性。节日名称、节日时间、节日活动以及节日活动的空间共同构成一整套节日的习俗规范，俗民主体通过对这一套习俗规范的实践形成自己的节日生活，产生特殊的体验和情感。

每一个节日都有自己的生命史，节日的活态存在乃在于特定时代特定区域处于不同社会地位、承担不同社会角色的社会成员在特定情境下对节日习俗活动的全部或部分实践，或者简言之，在于社会中有一定数量的人把这段时间当做"节日"来度过。

2. 标志性时间和标志性节俗

节期和节俗活动是节日的两大重要因素。从节期来看，唐代的许多节日与其他朝代的节日一样，通常并非只有一个日子（大约相当于地球自转一圈的时间），而是由一个以上的相邻日子构成的一段时间。而且，虽然这段时间都被视为某个节日的节期，但不同的日子里往往举行不同的习俗活动，它们在人们心目中的位置也不同等重要，对于人们的生活安排也具有并不等同的意义。一般来讲，一个具有两日以上节期的节日，总有至少一日格外受到重视，这就是本书所谓的"标志性时间"。比如唐人的年节和寒食节都是持续较长时期的节日，年节的标志性时间就是除夕和正月初一，而寒食节的标志性时间就是冬至后一百零五日那一天。

正如节期往往并非一天一样，一个节日里的习俗活动也往往并非只有一种，而是有若干种，甚至许多种。在这若干种或许多种节俗活动中，有一种或几种具有表明该节特征、使该节区别于他节的意义，它或它们便是标志性节俗。比如，禁火冷食、拜扫坟墓就是寒食节的标志性节俗。

一个节日标志性时间的移位，标志性节俗的消失或被替代，总是意味着该节日的重大变化。

3. 行动者和俗民

节日作为一种民俗事象，无论其传承还是变迁，归根结底是人在种种因素的作用下有意识或无意识进行文化选择的结果。行动者和俗民是本书在涉及节俗规则的选择和实践时所使用的两个概念，行动者强调的是具有能动性具有选择和实践能力的个体。"俗民"则是民俗的主体，是从俗的角度而来定义行动者。当我们使用这一概念时，强调的是行动者已经经历了民俗化过程，是一定民俗规则的习得者。

民俗可以从广义和狭义两个方面来理解。与此相对应，俗民也有广义和狭义之分。广义的民俗是指民俗作为一种文化现象，在时间上与人的历史共始终，有了人就有了民俗，只要有人就会有民俗；在空间上，与人的分布相伴随，只要有人生存的地方就会有民俗。也正因为这样，当一个婴儿降生在既存的社会时，周围已充满了等待他去学习的知识。就这个意义而言，任何个体只要在社会上生存，就会经历一个民俗化过程，在业已存在的民俗体系中学习民俗知识，获得民俗意识，成为一个"俗民"。

另一方面，每个俗民个体又都属于特定的群体，他们只生活在特定的民俗规则体系中，从而只是某些具体的有着自己兴衰史的民俗事象的参与者、享用者和传承者。所谓狭义的俗民就是指这些具体民俗事象的承载者。当讨论具体民俗事象的时候，提到俗民，往往就是指这种狭义上的俗民。

从狭义的俗民定义出发会发现，并非所有的行动者都是某一特定场域中的俗民，而众多堪称俗民的行动者由于个人性格不同、价值取向不同、主观诉求不同、掌握资源多少不同、权力大小不同等，在民俗规则的创造、传承和变迁中所扮演的角色和发挥的功用也颇有差别。比如为官者在日常生活状态中也可以是一个俗民，但作为统治集团中的一个行动者，他不仅可能从维护统治集团利益或者追求个人利益的角度出发，确认或者移易业已存在的民俗规则，乃至创造新的规则，而且有能力将他的选择（包括确认、移易、创造）以官方的名义用颁布、实施政策的方式去作用于其他行动者。因此，为官者是选择确认既有民俗规则还是移易民俗规则，对于民俗规则的传承与变迁起着极为重要的作用。与为官的俗民不同，在传统社会，身为平民的俗民处于政治生活之外，也处于权力中心之外，既难以主动从统治者、管理者的角度出发去考虑如何对待民俗规则（民俗规则总是与社会控制相关），更难以将自己的选择通过强制力去影响众多他者。不仅如此，他们有时还要面临着来自民俗规则与官方政策的双重压力。但是身为平民的俗民也是行动者，既不会完全受制于民俗规则，也不会完全受制于官方的政策规定，而是在各种可能性中做出自己的选择，并形成自己的民俗生活。这对民俗规则的传承与变迁同样起着重要的作用。又比如一些文化精英往往有一种文化自觉意识，在对民俗规则的认知、选择、实践上和其他俗民有着极大的不同。尤其在风云变幻的时代，他们常常走向两个极端：要么在激烈的变革面前抱残守缺，顽强地守着成规，所谓"祖宗之法不可变"；要么以为"穷则变，变则通"，不仅自己勇敢地打破陈规旧俗，成为移风易俗的表率，而且四方游说，为移风易俗呐喊呼号。

第二节 相关学术研究的回顾与本书的总体构想

我国拥有为数众多的传统岁时节日，也拥有一个岁时民俗的记述传统[①]，岁时民俗文献相当富有。不仅历代正史典章制度与纪传经籍中保留着大量岁时节令资料，杂史笔乘、诗词歌赋、文人别集、地方志、碑刻、类书中也多有关于岁时节令活动的记述。另外，还有多种专门记述岁时节日民俗的时令类著述和岁时记，前者如《四民月令》（东汉·崔寔）、《玉烛宝典》（隋·杜台卿）、《四时纂要》（唐·韩鄂）、《金谷园记》（唐·李邕）、《保生月录》（唐·韦行规）、《岁时广记》（五代·徐锴）、《养生月览》（南宋·周守忠）、《岁时广记》（南宋·陈元靓）、《月令辑要》（清·李光地）、《月令粹编》（清·秦嘉谟）、《节序日考》（清·徐卓）等；后者如《荆楚岁时记》（南朝·宗懔）、《秦中岁时记》（唐·李绰）、《金门岁节记》（唐·佚名）、《岁时杂记》（宋·吕希哲）、《乾淳岁时记》（宋·周密）、《赏心乐事》（宋·张鉴）、《岁华纪丽谱》（元·费著）、《北京岁华记》（明·陆启浤）、《帝京岁时纪胜》（清·潘荣陛）、《燕京岁时记》（清·富察敦崇）、《清嘉录》（清·顾禄）、《吴郡岁华纪丽》（清·袁景澜）、《北平岁时志》（民国·张次溪）、《春明岁时琐记》（民国·让廉）、《岁华忆语》（民国·夏仁虎）、《金陵岁时记》（民国·潘宗鼎）等。20世纪以来，学术界正是利用这些传世的文献，并借助田野调查方法获得的第一手资料来开展节日研究，并取得了十分丰富的成果。

一 20世纪以来中国节日研究的三个时期

大致说来，20世纪以来国内节日研究状况可以分做三个时期来叙述[②]。

[①] 关于这个传统的详细说明，参见张勃《中国岁时民俗文献的书写传统及其成因分析——兼及这一传统对明代岁时民俗文献的影响》，载《民族艺术》2011年第3期。

[②] 萧放、吴静瑾曾发表《20年来中国岁时节日民俗综述（1983—2003）》一文，对1983—2003年之间中国岁时民俗研究的状况进行了梳理和总结。该文载《文史知识》2005年第2期，这里参考了两位学者的研究成果。

（一）20世纪80年代以前

现代学科意义上对于节日的研究，在20世纪20年代即已开始。从这一时期发表成果涉及的内容来看，主要集中在两个方面：一是对节日民俗的调查及描述，一是对节俗源流的考辨。前者如1927年叶树坤发表在《燕京学报》上的《福州旧历新年风俗之调查》，1935年出版的娄子匡的《新年民俗志》，1936年张世文发表在《民间半月刊》上的《定县的新年娱乐》，1978年严必康等发表在《江苏文物》上的《春节年俗特辑》，等等；后者如谢国桢的《寒食清明考》（《国学月报》1927年2月）、杨宽的《今月令考》（《制言》1935年5月）、林达祖的《唐宋时代元宵看灯的盛况》（《论语》106期，1937年2月）闻一多的《端午考》（见《神话与诗》，1957年）、于省吾的《岁时起源初考》（《历史研究》1961年第4期）、党军的《唐代长安春节景象》（《人民日报》1962年2月6日）、黄石的《端午礼俗史》（香港泰兴书局1963年版）、何联奎的《中国之节序礼俗》（《故宫季刊》1972年第7期）、陈祚龙的《李唐至德以前西京上元灯节景象》（《夏声》第142期，1976年9月）等等。从节日民俗的整体研究看，这一时期还处于初始阶段，但学者们的努力无疑为新时期节日的研究奠定了一定的基础。

（二）1980年至2004年

随着20世纪80年代以来学术界对于日常生活史的关注，作为日常生活重要组成部分的节日也逐渐为当代学者所重视，节日研究有了重要进展，取得了十分丰富的学术成果，仅专题性著作就达几十本之多，如罗启荣、阳仁煊的《中国传统节日》（科学普及出版社1986年版），韩养民、郭兴文的《中国古代节日风俗》（陕西人民出版社1987年版），范勇、张建世的《中国年节文化》（海南人民出版社1988年版），陈久金、卢莲蓉的《中国节庆及其起源》（上海科技教育出版社1989年版），宋兆麟、李露露的《中国古代节日文化》（文物出版社1991年版），张君的《神秘的节俗——传统节日礼俗、禁忌研究》（广西人民出版社1994年版），佟辉的《天时·物候·节道——中国古代节令智道透析》（广西人民出版社1995年版），赵杏根的《中华节日风俗全书》（黄山书社1995年版），乔继堂、朱瑞平的《中国岁时节令辞典》（中国社会科学出版社1998年版），简涛的《立春风俗考》（上海文艺出版社1998年版），施立学的《关东岁时风俗论》（吉林文史出版社1998年版），巫瑞书的《南方传统节日与楚文化》（湖北教育出版社 1999 年版），杨琳的《中国传统节日文化》（宗教文化出版社 2000 年版），萧放的《〈荆楚岁时记〉研究——兼论传统中国民众生活中的时间观念》（北京师范大学出版社 2000 年版）、《岁时——传统中国民众的时间生活》（中华书局 2002 年版），李道和的《岁时民俗与古小说研究》（天津古籍出版社 2004 年版），夏日新的《长江流域的岁时节令》（湖北教育出版社 2004 年版）等。

上述著作中，韩养民、郭兴文的《中国古代节日风俗》是国内较早一本对古代节日（如除夕与元旦、元宵节、清明节、端午节、七夕节、中秋节、重阳节等）的起源及流变进行研究的著作，导论中对于中国节日风俗起源、发展、演变和特点的论述颇有精到之处。范勇、张建世的《中国年节文化》则从更宏观的角度对节日的起源和变迁、年节文化的传播、年节传说、年节文化的内容、年节的社会功能和文化心理等诸问题进行了探讨。陈久金、卢莲蓉的《中国节庆及其起源》侧重于对传统诸多节庆的起源进行研究，其特点是将岁时节日与古代的天文历法体系相结合，达到了相当的深度。简涛的《立春风俗考》是对立春节日风俗的深入研究。"作者综合运用历史学中的历史考证法和民族学中的结构分析的方法，不仅成功地重构了立春文化的发展演变过程，而且在此基础上进行了理论思考，对于官方礼俗和民间习俗的关系，结构、功能和历史变迁的关系提出了独到的见解，他的关于文化传承的断裂与代偿理论也是发前人所未发"，是一部研究节日文化的力作。[①] 杨琳的《中国传统节日文化》则在对前人研究进行评价总结的基础之上，对我国传统节日的源流做了条分缕析的文献考证，颇见功力，并不乏创见。萧放的《〈荆楚岁时记〉研究——兼论传统中国民众生活中的时间观念》是对《荆楚岁时记》——成果中国"第一部岁时民俗志"所作的专门研究，通过对作者、注者及版本源流的考辨，对成书背景的探索和对该书开创性贡献的总结，以及传统中国民众生活中时间观念及其变迁的分析，使对《荆楚岁时记》的研究达到了新的高度。书中余论部分对岁时与地域空间、文本与民众生活关系的说明亦颇具启发意义。《岁时——传统中国民众的时间生活》是萧放的另一本代表作，他十分注意民众时间意识和民众岁时生活关系的研究特

---

① 张勃：《一部研究节日文化的力作——〈立春风俗考〉评介》，载《民俗研究》2001 年第 3 期，第 170—176 页。

色，在该书中亦有突出反映。

除了专题著作外，还有数百篇论文，散见于各种报刊和书籍中。这些论文中既有个案研究，也有通论之作；既有民俗志式的对节俗活动的描述记录和一般整理，也有颇见功力的深度研究和理论探讨；既有对节日起源的追寻，也有对节日流变的梳理和现状的关注；既有对汉族岁时节日的分析，也有对少数民族节日的阐释，还有对外国节日的介绍和比较，其中不乏创新之作。

朱宜初的《民族节日的基本特征》一文，在对民族节日民俗事象进行具体分析的基础之上，将民族节日的特征归纳为节日的文娱性（休假性）与劳动性、节日习俗具有最大的复合性、民族节日的簇新性与守旧性、传统节日的宗教性与新节日的非宗教性、节日的全民性与阶级性、节日的独特性等几点。[①] 杨景震也对岁时节日的特征提出了自己的见解，他认为岁时节日具有礼仪性、理想性、时代性、民族性、传承性、变异性、群众性和地方性等特征。[②] 马东平、周传斌的《回族民族节日及其社会功能》是论述某一民族节日特征及其社会功能的文章，认为回族节日除了与其他节日共有一些特征外，还有自己的特色，如世界性与民族性的统一、宗教性强而娱乐性弱、地域性和教派性差异、回族节日民俗的民族性基本上与社区规模、社区分布密度成正比等。康新民的《民间节日文化价值初探》以及金毅的《浅析民族节日文化的社会功能》两文探讨了节日文化的价值和功能。[③] 张祥龙的《节日现象学刍议》从现象学的视角对节日的本性进行了讨论，他指出如下三点：第一，尽管节日都有自己的内容，但它总有一个非对象化的让生命能自由舒展的维度，而这首先意味着天下太平。第二，在节日的根源处是活生生的时间节奏，它一定要以海德格尔早期讲的"［实际生活经验本身的］形式显示的方式"表现出来。所以，在节日那里，"人的生存时间"本身一定要歌舞出和激荡出浪花，不

[①] 朱宜初：《民族节日的基本特征》，载《云南教育学院学报》1988年第3期，第68—76页。

[②] 杨景震：《中国传统节日风俗的形成及其特征》，载《中华文化论坛》1998年第3期，第33—36页。

[③] 康新民：《民间节日文化价值初探》，载《中国民间文化》1992年第2期，第145—147页；金毅：《浅析民族节日文化的社会功能》，载《黑龙江民族丛刊》1992年第4期，第98—102页。

然就缺少节日气氛。第三,既然节日是生存时间与体验的旋涡、交汇和跌宕之处,那么,节日越含有不寻常的交汇与新鲜经验的构成,就越像个节。①

庞朴的《寒食考》是节日考证文章的佳作,他认为寒食节中的禁火习俗源于上古的改火仪式,而改火仪式的背后则是古人对于大火星的崇拜。② 裘锡圭的《寒食与改火——介子推焚死传说研究》考证了介子推传说与寒食节的关系,指出焚死的介子推的原型应该是改火中被当做谷神的代表而烧死的人牺,寒食节中的寒食习俗就不仅仅是由于停火而产生的消极结果,它原来还有哀悼在改火中代表神而死的牺牲者的意义。李亦园的《寒食与介子推——一则中国古代神话与仪式的结构学研究》、《端午与屈原——神话与意识的结构关系再探》,是对寒食节与端午节的结构学研究。③ 张勃的《寒食节起源新论》则在对前人观点及论证方法进行质疑的基础上,提出寒食节的"禁火习俗与介子推其人其事及传说密切相关"的观点,并通过对寒食节起源的研究,认识到:其一,"对于某种节俗起源的探索,不能依据某些字面上或者表面上的相似性,而应该找到源与流之间真实的相关性"。其二,"那种以为与古老节日有关的传说一定是对该节日的民间附会的观点值得商榷。事实上,历史传说也完全可以成为'古老的、流行范围广泛的'节日的源头,只要我们记住'历史传说'往往是民众主体对于社会过程的叙述与解读,记住我们现在称之为'古老的'节日在其产生之时却是'当时的',我们称之为'流行范围广泛的'节日在其起源之时也往往只是'地方的'。"④ 赵世瑜、杜正贞的《太阳生日:东南沿海地区对崇祯之死的历史记忆》一文对流传于东南沿海的太阳生日及其传说、信仰进行了研究,认为其中隐含着当地明代遗民对灭亡的明代的怀念。文章反映出作者从社会史的视角重新观察重大政治事件的学术取向。⑤ 范红的《端午节起源新考》经过对北方端午登山习俗的考证,对

---

① 张祥龙:《节日现象学刍议》,载靳希平主编《现象学在中国:胡塞尔〈逻辑研究〉发表一百周年国际会议》,上海译文出版社2003年版,第12—28页。
② 庞朴:《寒食考》,载《民俗研究》1990年第4期,第32—37页。
③ 李亦园:《宗教与神话》,广西师范大学出版社2004年版。
④ 张勃:《寒食节起源新论》,载《西北民族研究》2004年第3期。
⑤ 赵世瑜、杜正贞:《太阳生日:东南沿海地区对崇祯之死的历史记忆》,载《北京师范大学学报》(社会科学版)1999年第6期。

端午节源于南方龙图腾祭仪说提出疑义，并指出端午节起源于中原华夏族的祭天祈年仪式，后与南方楚越文化交融，演变为赛龙舟祭屈原的节俗。①

贺学君的《论四大传说与节日习俗》对传说与节日习俗的关系进行了探讨，她在具体分析四大传说与相关节日习俗的基础上，指出：就一般情况而言，应是习俗在前。这种习俗活动，形成了充满生机活力的文化母体，其中也造就出了相关的传说。这种造就过程主要有两种情况：一是习俗母体直接的产儿，这样的传说从人物到情节都是为解释习俗而特别创造的，它同习俗关系最密切，内涵比较集中、单一；二是习俗的存在和发展，吸引一些正在流传而又与该习俗具有某种内在同构关系的传说。她同时承认也有传说在先风俗随后的情况。②

刘宗迪的《从节气到节日：从历法史的角度看中国节日系统的形成和变迁》一文，从我国古代历法的演变探讨了传统节日制度的变迁，指出："中国传统节日中那些源远流长、世代流传的庆典、仪式、信仰、禁忌等等民俗事象和观念，只有追溯到其与农时周期的渊源关系，才能得到最后的中肯的解释。"③

在中外岁时节日民俗的比较方面，刘晓峰的《寒食不入日本考》是一篇比较重要的论文，他从寒食这个在中国唐代具有重要地位却未能影响日本的特殊节日，来探讨两国文化的差异性。④

整体上，在这一阶段，岁时节日研究已经引起民俗学、历史学、文献学、人类学、民族学、文学等多学科学者的共同关注，研究视野更加宽阔，研究方法更加多样，研究领域更加宽广，在节日性质、节日功能、岁时节日的流变、中外节日比较等诸多方面都取得了丰硕成果。这是2005年以后节日研究异军突起、全面绽放的准备和先声。

（三）2005 年至今

2005 年 2 月，首届东岳论坛暨"民族国家的日历：传统节日与法定假日国际研讨会"在北京召开。这一事件对于国内节日研究而言，具

---

① 范红：《端午节起源新考》，载《广西民族学院学报》（哲学社会科学版）2003 年第 3 期。
② 贺学君：《论四大传说与节日习俗》，载《南风》1991 年第 1 期，第 60—68 页。
③ 中国民俗学会民俗博物馆专业委员会、北京民俗博物馆编：《第二届东岳论坛论文集》，学苑出版社 2007 年版，第 19—29 页。
④ 刘晓峰：《寒食不入日本考》，载《清华大学学报》（哲学社会科学版）1995 年第 3 期。

有一定的里程碑意义。其一，这次会议直面当下，有着强烈的解决现实问题的自觉意识。"在现代化的国际背景下，如何在传统与现代之间保持平衡，如何评价我们的传统文化时间、如何保护我们的节日文化遗产"①成为该次会议的核心话题，围绕着这些话题出现了一系列具有广泛影响的学术成果。其二，这次会议吸引了来自美国、法国、俄罗斯、韩国、日本、马来西亚、日本、中国台湾地区和大陆的数十位学者，不同国家和地区的学者就本国和本地区时间制度和节日之历史、形态、演变机制等进行面对面的深入探讨，从而将"跨文化视角下的时间制度"的国际交流提升到前所未有的高度。其三，这次会议体现了节日研究领域的拓展和方法的更新，在节日与假日的关系、节日与历法的关系、节日与国家的关系、中国人的时间观念、传统节日的功能价值等方面取得了突出成果。可以说，这次会议是不断高涨的节日研究的一部分，并进一步促进了节日研究的高涨。2005年以后，在国家、民众、媒体、商家对传统节日普遍抱有极大热情的情况下，在法定假日改革给予传统节日以更多尊重的语境中，伴随着非物质文化遗产保护工作如火如荼的进展，节日研究成为国内学术界的炙手热点。这体现在：

1. 以节日为主题的学术研讨会大量召开。如"中国传统节日·乙酉中秋论坛"（2005年9月，上海）、"中华民族新年的庆典与习俗"（2006年，北京）、海峡两岸端午文化学术研讨会（2006年，厦门）、"文化空间：节日与社会生活的公共性"国际学术研讨会（2007年，北京）、"弘扬传统节日，建设和谐家园"研讨会（2008年6月，武汉）、"中国节日文化遗产保护论坛·温州会议"（2010年3月，温州）、海峡两岸春节传统节日文化高峰论坛（2011年1月，绍兴）、佛教节日与中国民俗研讨座谈会（2011年1月，北京）、"当代中国的节日与文化政治"学术研讨会（2011年4月，北京）、国际亚细亚民俗学会第12次年会暨东亚端午文化国际学术研讨会（2011年6月，台湾）、中华中秋文化论坛（2011年9月，杭州），并出现了诸如"中国传统节日（寒食清明）论坛"、"中国端午文化研究基地（嘉兴）"等专门的节日研究平台；以这些研讨会或论坛为重要依托，国内外学者的交流日益深入和广泛。

---

① 中国民俗学会、北京民俗博物馆：《"民国国家的日历：传统节日与法定假日国际研讨会"在京召开》，载《民间文化论坛》2005年第1期，第65页。

2. 参与节日研究的学者甚众，且来自不同的学科，出现了以节日作为学术生涯重要研究内容的多位学者。节日研究业已吸引了不同学科学者的共同关注，如参与"当代中国的节日与文化政治"学术研讨会（2011年4月，北京）的有蒋朗朗、强世功、王铭铭、干春松、吴飞、刘海波、张晖、蒋晖、高超群、章永乐、王献华、肖自强、吉恩煦等人，他们分别来自法学、人类学、社会学、历史学、哲学、文学等多个学科。①"佛教节日与中国民俗研讨座谈会"（2011年1月，北京）的参与者则有黄心川、方立天、楼宇烈、杨曾文、温金玉、黄夏年、魏道儒、张弓、班班多杰以及怡学法师、宗性法师、明杰法师等人，他们主要来自宗教学、历史学、哲学和佛学等学科和研究领域。②当然，就目前节日研究的状况而言，民俗学、历史学贡献尤多，参与者尤众，出现了一些将节日（或节日文献）作为学术生涯重要研究内容并颇有建树的学者，如萧放、刘晓峰、黄涛、刘宗迪、高丙中、陈连山、杨琳、李道和、常建华、邢莉等。与此同时，不少年轻学子也选择节日作为自己的硕士或博士毕业论文选题。笔者曾以"节日"为关键词在中国知网的"中国博士学位论文全文数据库"（文献产出开始时间为1984年）和"中国优秀硕士学位论文全文数据库"（文献产出开始时间为1984年）中搜索，共有记录272篇，其中2005年以后写成的为262篇。尽管通过其他路径可知这样的数字并非全部，但它仍在一定程度上显示出节日研究之热，也意味着节日研究不仅形成了较为稳定的研究队伍，而且后继有人。

3. 多种关于节日的专著、论文集得到出版发行，大量研究论文和调查报告在综合性刊物和专业刊物上刊发，并出现了《节日研究》的专门刊物。以丛书形式出现是近几年节日专著的一大特点。仅笔者所知，就有生活·读书·新知三联书店出版的"节日中国"丛书③，宁夏

---

① 参见《"当代中国的节日与文化政治"学术研讨会在北京大学顺利召开》，载 http://news. guoxue. com/article. php? articleid = 27958。

② 参见《佛教节日与中国民俗研讨座谈会在北京广化寺举行》，载 http://www. foyuan. net/article - 235310 - 1. html。

③ 该丛书从2006年开始策划，2008年陆续出版，已出版了《春节》（萧放著，2008）、《清明》（张勃著，2009）、《重阳》（杨琳著，2009）、《端午》（刘晓峰著，2010）、《中秋》（黄涛著，2010）数种。

人民出版社出版的"我们的节日"丛书①，上海古籍出版社出版的"中国节庆文化"丛书②，上海外语教育出版社出版的"话说节日系列"③，岳麓书社出版的"中国传统节日系列"④，西北大学出版社出版的"节日长安"丛书⑤，中国青年出版社出版的"中国传统节日文化研究"丛书⑥等。而在中国社会出版社的"中国民俗文化丛书"中，也有节日的系列⑦。这反映了学者正以整体观照的眼光看待我国的传统节日。

伴随着节日研讨会的频繁召开，以会议论文为基础形成的论文集也多有出版，例如首届东岳论坛暨"民族国家的日历：传统节日与法定假日国际研讨会"于2005年在北京召开之后，2006、2007年又连续举办两届东岳论坛，均以节日为话题，后有《节日文化论文集》（中国民俗学会、北京民俗博物馆编，学苑出版社2006年版）、《第二届东岳论坛论文集》（中国民俗学会民俗博物馆专业委员会、北京民俗博物馆编，学苑出版社2007年版）、《传统节日与文化空间："东岳论坛"国际学术研讨会专辑》（金宏图、李萍主编，学苑出版社2007年版）的出版；山西介休自2008年起有中国传统节日（清明·寒食）论坛，遂有《文化血脉与精神纽带：中国传统节日（清明·寒食）论坛文集》（冯骥才主编，中国文联出版社2009年版）、《清明（寒食）文化的多样与保护——中国传统节日（清

---

① 该丛书由冯骥才主编，包括《春节》、《清明》、《端午》、《中秋》诸种，2008—2009年出版。

② 该丛书包括《话说春节》（萧放著，2008）、《话说中秋》（萧放等著，2008）、《话说端午》（陈连山著，2008）等。

③ 该丛书是汉英双语版，包括《话说春节》（萧放著，冯秋香等译，2009）、《话说中秋》（萧放著，冯秋香等译，2008）、《话说端午》（陈连山著，付瑛瑛等译，2008）、《话说清明》（黄涛等著，门顺德等译，2008）。

④ 该系列由彭国梁、杨里昂主编，包括《我们的春节》、《我们的元宵》、《我们的清明》、《我们的端午》、《我们的七夕》、《我们的中元节》、《我们的中秋》、《我们的重阳》，自2004年以后陆续出版。

⑤ 该丛书由李颖科主编，包括《春节》、《清明节》、《端午节》、《七夕节》、《中元节》、《中秋节》、《重阳节》、《节日饮食》、《节日娱乐》、《佛教节日》等10种，2007年出版。

⑥ 该丛书由张晓华主编，包括《中国传统节日文化研究·1·春节》、《中国传统节日文化研究·2·元宵节》、《中国传统节日文化研究·3·清明节》、《中国传统节日文化研究·4·端午节》、《中国传统节日文化研究·5·七夕节》、《中国传统节日文化研究·6·中秋节》、《中国传统节日文化研究·7·重阳节》、《中国传统节日文化研究·8·至圣先师诞辰》等，2007年出版。

⑦ 该丛书由刘魁立主编，其中关于节日的有《春节》、《清明节》、《端午节》、《中秋节》、《重阳节》、《少数民族节日》等，2006年出版，2008年再版。

明·寒食）论坛文集续编》（冯骥才主编，中华书局 2011 年版）的出版；浙江嘉兴亦自 2009 年开始召开节日方面的学术研讨会，遂有《我们的节日：中国民俗文化当代传承浙江论坛（嘉兴）论文选》（董芍素主编，浙江人民出版社 2010 年版）、《寻觅中国端午文化魂脉——中国端午习俗国际学术研讨会（嘉兴）论文选》（中国民俗学会等编，浙江人民出版社 2011 年版）的出版，其余像《端午的节日精神——中国传统节日（端午）论坛文集》（冯骥才主编，中国文联出版社 2009 年版）、《让中华民族的盛大节日更加丰富多彩：2010 北京·春节文化论坛文集》（陈进玉等主编，中华书局 2010 年版）等，也是会议论文的结集。由于论文集往往有集中的讨论话题，介入者较多且来自不同领域和地方，因此其中不乏佳作，对相关问题的探讨也相对深入和新颖。

此外，还有数十种从不同角度关注节日的个人专著也在这一时期得到出版，如李露露的《中国节：图说民间传统节日》（福建人民出版社 2005 年版）、傅德岷等的《中国八大传统节日》（重庆出版社 2005 年版）、聂鑫森的《走进中国老节日》（湖南美术出版社 2005 年版）、陈明宏的《中华传统节日诗话》（吉林文史出版社 2005 年版）、常建华的《岁时节日里的中国》（中华书局 2006 年版）、乔继堂的《细说中国节：中国传统节日的起源与内涵》（九州出版社 2006 年版）、杨景震的《中国传统岁时节日风俗》（西北大学出版社 2006 年版）、耿卫忠编著的《西方传统节日与文化》（书海出版社 2006 年版）、邢莉的《中国少数民族节日》（五洲传播出版社 2006 年版）、张君的《神秘的节俗：传统节日礼俗、禁忌研究》（广西人民出版社 2007 年版）、孙秉山编著的《为什么过节：中国节日文化之精神》（世界知识出版社 2007 年版）、廖冬梅的《节日沉浮问：节日的定义、结构与功能》（广西师范大学出版社 2007 年版）、刘晓峰的《东亚的时间：岁时文化的比较研究》（中华书局 2007 年版）、赵寅松的《守望精神家园：中国白族节日文化》（黑龙江人民出版社 2007 年版）、唐群的《中元节》（西北大学出版社 2007 年版）、"民族传统节日与国家法定假日"课题组编的《中国节典：四大传统节日》（安徽教育出版社 2008 年版）、黄泽的《西南民族节日文化》（海南出版社 2008 年版）、刘必强编著的《神奇的节俗：黔东南民族传统节日》（贵州民族出版社 2008 年版）、田祖国的《湘西传统节日体育研究》（国防科技大学出版社 2009 年版）、杨昌儒、陈玉平编的《贵州世居民族节日民俗研究》（民族出版社2009年版）、孟勇主编的《中国传统节日饮食习俗》（中国物资出版社2009年版）、彭方编著的《世界各地节日文化与民俗百科》（中国社会科学出版社2009年版）、沈泓的《节庆狂欢：民间美术中的节俗文化》（中国工人出版社2009年版）、王文章主编的《中国传统节日》（中央编译出版社2010年版）、矫友田的《青少年应该知道的中国民间传统节日》（华东师范大学出版社2010年版）、籍振芳的《我们的节日》（山西经济出版社2010年版）、胡幸福的《中华民间崇奉与节日风俗》（宁夏人民出版社2010年版）、王润和主编的《节日教育与责任意识养成》（河北教育出版社2011年版）、王臣的《月锦绣，锁清秋：古典诗词里的节日之美》（武汉出版社2011年版）、石洛祥主编的《借来的狂欢：英美节日文化》（重庆大学出版社2011年版）、张勃的《明代岁时民俗文献研究》（商务印书馆2011年版）等。至于散见于各种期刊上的文章，更是不胜枚举。笔者在中国知网的"中国学术文献网络出版总库"中，在"题名"下用"节日"为关键词搜索了2005年1月1日到2011年10月1日之间发表的文章，共获记录3002条，这个数字大约是此前90年成果总和[①]的两倍，显示了目前节日研究所取得的喜人成果。不仅如此，2010年还出现了一个致力于建设"多学科、多视角的学术研究平台，将尽可能地广泛包容当今以节日为话题的田野观察与学术思考"的专门刊物——《节日研究》[②]，由此节日研究有了更加稳固的学术阵地。

4. 大规模有组织的包括少数民族节日在内的节日调查正在全国范围内有序展开。这可以文化部民族民间文艺发展中心于2005年申请设立并于2009年被列为"国家社会科学基金特别委托项目"的《中国节日志》为代表。该项目是"秉承国家'盛世修志'的文化传统，以大型国家项目的组织管理形式，调动全国各学科有关研究力量，在以往研究的基础上，经过广泛深入的现状调查，采用文本、图片、音视频、数据库等技术手段，对现存的各地区、各民族传统节日（包括庙会、歌会、祭典等）

[①] 用同样方式检索该库所收2005年1月1日之前的文章（自1915年始），共有记录1641条。

[②] 节日研究编辑部：《创刊词》，载李松、张士闪主编《节日研究》（第一辑），山东大学出版社2010年版。

所进行的一次全面、深入、科学的研究、记录和整理"①，如今这一项目正在有序进行之中。这预示着不久的将来，会产出一批建立在田野调查基础之上、吸收了历史上岁时节日文献记录和当代学者研究成果的《中国节日志》（文本）和《中国节日影像志》。

阅读这一时期出现的研究成果，可以发现，相比于前两个时期，这一时期的节日研究在研究方法、研究视角、研究旨归、研究内容等方面都有重要变化。体现在研究方法方面，就是对较小社区进行持续参与观察的田野作业方法的普遍应用，多学科方法的综合使用得到实践和强调。体现在研究视角上，就是特别重视官方与民间的互动，不同国家、区域之间的比较，传统节日与当下的关联，具体节日的深描和在语境中加以阐释等。体现在研究旨归上，就是不仅追求传统节日作为历史事实之真，而且追求传统节日作为当下事实之用，积极参与国家公共政策过程之中并提供学术支持。体现在研究内容上，就是在民众岁时观念，传统节日体系的起源变迁、结构功能及其对当代和未来社会的意义，具体传统节日的起源变迁和结构功能，传统节日与中华文化整体、历法、民间信仰、文学作品、国家政策、非物质文化遗产等的关系，岁时民俗文献以及新兴节庆活动等诸多方面都出现了颇有深度的研究成果。有理由这样说，如果我们将不同领域的学术研究比喻成一座美丽的百花园，近八年来的节日研究就是园中正在怒放的一枝花，而且可以预见，它的怒放仍会持续一段时间。

二　唐代节日研究述略

国内学术界对唐代节日的研究，是上述节日研究整体的重要组成部分，相关成果主要出现在20世纪80年代以来。这些研究成果大致可分为四种类型：

（一）对唐代节日的整体研究

这一类型的研究通常将唐代的诸多节日视为一个整体，或者对这一整体的特点、其传承变迁的过程规律进行研究，或者在上述之外同时对组成这个整体的多个节日个体进行较为深入的研究。这一类型的研究可

---

① 参见文化部民族民间文艺发展中心官网对《中国节日志》项目的介绍，载http://www.cefla.org/news_view.jsp?nid=297。

以张泽咸《唐代的节日》一文为代表，该文用长达 3 万字的篇幅对唐代的诸多节日如诞节、佛日（佛诞）、道日（道诞、降圣节）、元日（元旦、正元、元正）、人日、上元（元夜、月望、灯节）、中和节、社日（春社、秋社）、寒食、清明、上巳（三月三日）、端午节（五月五日）、七夕（七月七日，乞巧节）、中元节（盂兰盆节、鬼节）、中秋节（八月十五日）、重阳节（重九、菊花节、茱萸节）、除夕（岁除、守岁、除夜）等一一进行了描写，是较早发表的、有关唐代节日最重要的研究成果之一。该文以为唐代各种节日约略可以区分为官方规定和民间传统二大支派。在对每一个节日进行具体阐述时，比较注意区分官方和民间的不同。文中对于诞节特色的归纳以及对于设置诞节意义的理解，虽然着墨不多，但颇有精到之处。不仅如此，作者还看到了节日研究对认识唐人社会生活的重要性，指出："每一个节日都牵扯着无数人的心灵，它是唐人社会生活中的重要组成部分"，"通过唐代诸节日的简略活动，已可从一个侧面窥知唐代民情风俗复杂多变的新气象，这是我们过去不大注意而在今后应该多加探讨的重要问题之一。"[①] 这对唐代节日的进一步深入研究无疑具有指导意义。

程蔷、董乃斌《唐帝国的精神文明》一书中设有"岁时节日篇"，也是对唐代节日的整体研究。该著述不仅探讨了唐人的时间意识以及对节俗传统的改造，而且对于上元、寒食、端午、七夕、冬至和年节进行了专门讨论。其研究着重从唐人如何过节来把握唐人的精神面貌，从整体上将唐代节日研究大大推进了一步。文中关于"以儒家伦理反民俗"、"借七夕之名，做讨'巧'檄文"的分析，以归一化来概括节俗与相关传说的动态结合过程等，尤其别具一格。[②] 与该书有异曲同工之妙的是赵睿才的《唐诗与民俗关系研究》，该书第七章"节令篇"同样注重利用诗歌材料通过节日习俗去把握唐朝的时代精神。朱红的博士论文《唐代节日民俗与文学研究》也是对唐代节日的整体关照，它的特点在于从节日民俗与文学相互关系的角度去理解唐代节日习俗，论文对寒食清明、中和节、中秋玩月、腊日赐物和诞节等节日习俗的考察，颇有深度。[③] 另外，藏嵘、

---

① 张泽咸：《唐代的节日》，载《文史》第 37 辑，第 65—92 页。
② 程蔷、董乃斌：《唐帝国的精神文明》，中国社会科学出版社 1996 年版。
③ 朱红：《唐代节日民俗与文学研究》，复旦大学博士论文，2002 年。

王宏凯著的《中国全史·中国隋唐五代习俗史》，李斌城、李锦绣、张泽咸、吴丽娱、冻国栋、黄正建著的《隋唐五代社会生活史》，陈高华、徐吉军主编，吴玉贵著的《中国风俗通史·隋唐五代卷》，李斌城主编的《唐代文化》，徐杰舜主编，万建中、周耀明、陈顺宣著的《汉族风俗史（隋唐·五代宋元汉族风俗）》中都有节日的章节。① 其中《汉族风俗史（隋唐·五代宋元汉族风俗）》一书对于唐代节日的特点做了如下概括：首先是随着宗教的传播，本属宗教的节日，渐渐成为平民百姓喜闻乐见，变为民间节日。其次是传统节日的主要功能发生了变化，许多节日从原来的巫术、禁忌、信仰、祓禊、禳除的神秘气氛中解脱出来，娱乐成分大为增加，人文色彩更加浓厚以满足人们日益增长的文化生活的需要。其突出特点是由娱乐性（疑原文有误，当为娱神）向娱人性转变。再次，节日活动不断渗入新的习俗内容，传统节日的活动更加丰富。最后，是唐代时增加了一些新的节日。② 这样的概括有助于我们对唐代节日的整体把握。只可惜没有展开论述。姚伟钧的《汉唐节日礼俗的形成与特征》一文也对汉唐节日的形成和特征做了一定的概括。③

（二）对单一节日、节俗或某一类型节日之起源、发展、形态、意义等的研究

这一类型的研究成果比较多出，涉及唐代的多个节日。其中张泽咸的《唐代的诞节》，对唐五代皇帝的诞节以及佛诞、道诞日进行了探讨。④ 张弓的《中古盂兰盆节的民族化衍变》则以盂兰盆节为个案，具体探讨了一个有着异域宗教色彩的节日的民族化衍变过程。认为：古天竺没有盂兰

---

① 史仲文、胡晓林主编，藏嵘、王宏凯著：《中国全史·中国隋唐五代习俗史》，人民出版社1994年版；李斌城、李锦绣、张泽咸、吴丽娱、冻国栋、黄正建：《隋唐五代社会生活史》，中国社会科学出版社1998年版；陈高华、徐吉军主编，吴玉贵著：《中国风俗通史·隋唐五代卷》，上海文艺出版社2001年版；李斌城主编：《唐代文化》，中国社会科学出版社2002年版；徐杰舜主编，万建中、周耀明、陈顺宣著：《汉族风俗史（隋唐·五代宋元汉族风俗）》，学林出版社2004年版。

② 徐杰舜主编，万建中、周耀明、陈顺宣著：《汉族风俗史（隋唐·五代宋元汉族风俗）》，学林出版社2004年版，第176—177页。

③ 姚伟钧：《汉唐节日礼俗的形成与特征》，载《华中师范大学学报》（人文社会科学版）1999年第1期。

④ 张泽咸：《唐代的诞节》，载《魏晋南北朝隋唐史资料》（第11辑），武汉大学出版社1991年版。

盆节，它是在《盂兰盆经》译作汉文后，由译经派生的汉地斋节。在中国古老文化和民俗传统的不断浸润熏陶下，这个节日原有的外域宗教色彩渐趋淡化，中土民俗气息愈见浓郁。① 刘德增的《中秋节源自新罗考》是对中国中秋节来源进行考证的文章，他认为，虽然中唐特别是入晚唐以后，士大夫中出现中秋赏月之事，但在唐代，中秋尚无节日性质，中国传统的中秋节是唐朝士大夫的赏月活动与新罗侨民的节庆活动相互影响融合而成的。② 李传军的《论元宵观灯起源于西域佛教社会》一文着重考察了元宵节的起源，认为元宵节是古代中西文化交流的产物，乃受西域佛教社会燃灯供佛宗教习俗的影响而在唐代最终确立的一个民俗节日。刘锡化、郑以荣的《浅谈元宵节在唐宋时的流变与民俗体现》也关注元宵节的历史，但更注重形成之后的流变与形态。③ 张晶的硕士论文《唐代冬至节研究》是关于冬至节的断代专题研究，对于唐代冬至节的形成与发展情况、唐人重视冬至节的原因以及唐代冬至节的主要活动及其影响进行了较为系统的研究。④ 简涛的《立春风俗考》，是一部对单一节日进行学术探讨的著作，作者运用历史考证方法和结构分析方法，寻求立春文化的变迁发展史，对于唐宋时期的立春迎气礼俗以及鞭春礼俗和迎春礼俗也做了深入研究。⑤ 王永平的《宗教节俗与唐人的休闲娱乐生活——以三元节、佛诞日与降圣节为中心》探讨了唐代宗教节日与唐人休闲娱乐生活的关系，认为宗教节日中所具有的"愉悦逸兴"因素，为民间传统节日娱乐风尚贡献良多。⑥

此外，王赛时的《唐代节令游戏》、《唐代的节宴》、《唐代的寒食风俗》，马新的《唐代出现的寒食扫墓之俗》，张传曾的《寒食节的社会风情画》，戴怡的《唐诗寒食考述》，何海华的《从寒食清明诗看唐代风俗》，赵克尧的《从唐诗看唐代七夕风俗与士庶心态》、聂济东的《中后

---

① 张弓：《中古盂兰盆节的民族化衍变》，载《历史研究》1991年第1期。
② 刘德增：《中秋节源自新罗考》，载《文史哲》2003年第6期。
③ 李传军：《论元宵观灯起源于西域佛教社会》，载《西域研究》2007年第4期；刘锡化、郑以荣：《浅谈元宵节在唐宋时的流变与民俗体现》，载《江西科技师范学院学报》2007年第1期。
④ 张晶：《唐代冬至节研究》，陕西师范大学硕士学位论文，2008年。
⑤ 简涛：《立春风俗考》，上海文艺出版社1998年版。
⑥ 王永平：《宗教节俗与唐人的休闲娱乐生活——以三元节、佛诞日与降圣节为中心》，载《山西大学学报》（哲学社会科学版）2011年第4期。

唐时七夕乞巧心理之社会考》，王蕾的《唐宋时期花朝节》，曹瑞娟的《论唐宋诗人的中秋情怀》，刘鳞龙的《唐人重阳诗的思乡情结——兼谈重阳节民俗活动的含义》，李霞锋、李桂英《试析杜诗中的唐代节日民俗》，张浩逊的《从诗歌看唐代的节令文化》，刘衍军的《论唐宋除夕诗的生命意蕴》等，都属于这一类作品。① 其中聂济东的《中后唐时七夕乞巧心理之社会考》，着力寻求中后唐时期特殊的七夕乞巧心理产生的社会背景和社会风情，体现了一种将民俗置入社会生活之中加以解释的努力。

（三）对特定区域内节日民俗的研究

对唐帝国不同区域内节日民俗的研究成果主要集中于敦煌和长安两地。张弓的《敦煌春月节俗探论》是对公元8至10世纪敦煌这一特殊区域春季节俗的研究。文章不仅考察了当地春季四大节日，即大岁日（正月初一）、燃灯节（正月十五）、行像日（二月八日）和寒食节的行事特点及其习俗活动中包含的深层文化内蕴，而且将这一研究置于更为广阔的本土文化与异族文化交流、碰撞之中，探讨传统节俗与外域节俗交融互补的机制和方式。他在文中提出的初因淡化律，即"历史上一定的民俗风习，尽管在民间被世代传续着，然而发生这民俗的初因，却往往可能在民间渐被淡化"，表明对节日发展规律的认识有了新的进步。② 谭蝉雪也对敦煌地区节日习俗尤其是佛俗进行了专题研究，发表了《唐宋敦煌岁时佛俗——正月》、《唐宋敦煌岁时佛俗——二月至七月》、《唐宋敦煌岁时佛俗——八月至十二月》等一系列成果，展示了唐宋敦煌地

---

① 王赛时：《唐代节令游戏》，载《唐都学刊》1994年第2期；王赛时：《唐代的节宴》，载《烹饪史话》1999年第11期；王赛时：《唐代的寒食风俗》，载《民俗研究》1990年第3期；马新：《唐代出现的寒食扫墓之俗》，载《民俗研究》1988年第1期；张传曾：《寒食节的社会风情画》，载《济南大学学报》（社会科学版）2003年第2期；戴怡：《唐诗寒食考述》，载《广西师范学院学报》（哲学社会科学版）2003年第3期；何海华：《从寒食清明诗看唐代风俗》，载《菏泽师范专科学校学报》2004年第1期；赵克尧：《从唐诗看唐代七夕风俗与士庶心态》，载《东南文化》1992年第2期；聂济东：《中后唐时七夕乞巧心理之社会考》，载《中华女子学院学报》2003年第3期；王蕾：《唐宋时期花朝节》，载《国学》2007年第8期；曹瑞娟：《论唐宋诗人的中秋情怀》，载《四川理工学院学报》（社会科学版）2008年第5期；刘鳞龙：《唐人重阳诗的思乡情结——兼谈重阳节民俗活动的含义》，载《名作欣赏》2009年第10期；李霞锋、李桂英：《试析杜诗中的唐代节日民俗》，载《杜甫研究学刊》1995年第2期；张浩逊：《从诗歌看唐代的节令文化》，载《吴中学刊》1998年第3期；刘衍军：《论唐宋除夕诗的生命意蕴》，载《南都学刊》2003年第2期。

② 张弓：《敦煌春月节俗探论》，载《中国史研究》1989年第3期。

区岁时佛俗的总体状况。① 研究唐都长安节日风俗的文章主要有武复兴的《唐代诗人笔下的长安节日风俗（上、下）——读唐诗札记》、李心浅的《汉唐长安的岁时习俗与黄土高原的生态环境》，它们对唐都长安节俗的多个方面进行了描述、理解和解释。郭可悫则关注了洛阳城，对当地人过上元节、上巳节、寒食节、清明节、盂兰盆会的情况进行了状描。② 刘礼堂在其博士论文《唐代长江上中游民俗文化问题研究》中探讨了该区域的岁时节令及其反映的民间生活，也是节日民俗的区域性研究成果。③

（四）对岁时节日民俗文献的研究

古代民俗风情有赖于文学史籍之记载，从文献的角度看唐代一些文学作品，它们是可以称为岁时节日民俗文献的。近来开始有学者对它们进行专题研究，如黄水云的《论唐宋诗词中之竞渡书写》、《论唐宋诗赋中傩文化题材书写》④，反映了唐代节日研究领域的扩大。

此外还有一些研究成果，主旨不在研究节日本身，而是通过节日来研究唐代社会的其他方面，这样的成果如赵克尧的《从节俗诗歌看中唐妇女的狂欢》、高天成的《从唐长安节序民俗文化看大唐精神》、成荫的《日常生活视野下的唐宋都城变革——以节日游乐社会环境为中心》诸文⑤，都从一个侧面揭示出节日对于生活和社会的重要意义。

在节日研究方面，日本学者也有不少相关成果。守屋都美雄对《荆楚岁时记》等时令书所作的文献学方面的细致研究，中村乔有关中国节

---

① 谭蝉雪：《敦煌祈赛风俗》以及《唐宋敦煌岁时佛俗——正月》、《唐宋敦煌岁时佛俗——二月至七月》、《唐宋敦煌岁时佛俗——八月至十二月》，分别载《敦煌研究》1993年第4期，第65—71页、2000年第4期第65—71页、2001年第1期第93—104页、2001年第2期第73—81页。

② 武复兴：《唐代诗人笔下的长安节日风俗（上、下）——读唐诗札记》，载《人文杂志》1982年第6期、1983年第1期；李心纯：《汉唐长安的岁时习俗与黄土高原的生态环境》，载史念海主编《汉唐长安与黄土高原》（《中日历史地理合作研究论文集第一辑》），1998年；郭可悫：《隋唐时期洛阳的几个重要节日》，载《河南科技大学学报》（社会科学版）2007年第1期。

③ 刘礼堂：《唐代长江上中游民俗文化问题研究》，武汉大学博士论文，2002年。

④ 黄水云：《论唐宋诗词中之竞渡书写》，载《广西师范大学学报》（哲学社会科学版）2010年第4期；黄水云：《论唐宋诗赋中傩文化题材书写》，载《甘肃理论学刊》2011年第3期。

⑤ 刘衍军：《从节俗诗歌看中唐妇女的狂欢》，载《求索》2004年第1期；高天成：《从唐长安节序民俗文化看大唐精神》，载《黄冈师范学院学报》2009年第1期；成荫：《日常生活视野下的唐宋都城变革——以节日游乐社会环境为中心》，载《中国经济史研究》2009年第3期。

日和节俗史的研究都是这方面的代表。① 池田温的《中国古代重数节日的形成》一文发现了中国古代岁时节日中，存在着一个由正月一日、三月三日、五月五日、七月七日、九月九日结构而成的一个特殊重数节日序列，并试着对这一现象发生的时间和原因加以解释，视角独特且见解新颖。② 丸山裕美子的《唐宋节假制度的变迁——兼论"令"和"格敕"》，对于唐宋时期的节假制度做了详细考证。③ 美国学者太史文的《幽灵的节日——中国中世纪的信仰与生活》，是研究亡灵信仰和中元节俗的力作。它以中国中世纪的七月十五"鬼节"为核心，描述分析了围绕这一节日的各种民俗活动及其思想渊源，由此展示唐代人的信仰与社会生活。本书作者视野开阔，在历史学的历时研究中融汇了共时的视角，既将宗教形态置于整个社会背景下分析，又将节日习俗放在宗教背景下展示，还将有关仪式的象征性引入对节日习俗的分析，从而使本书对一个节日的分析严谨而有深度。④

　　总之，唐代节日研究已经取得了很大进展，运用诗歌等文学作品进行研究是一大特点。当然，目前也还存在不少薄弱环节。比如唐代在我国的节日发展史上到底占据着什么样的地位？它与先前的魏晋南北朝时期和随后的五代宋相比，又具有什么样的特点？又比如，如果我们承认节日是社会生活的晴雨表，是民族文化变异的标志，那么唐代社会文化的变化又如何通过节日的变化得以体现？又有哪些因素促成了这个变化？唐代城市化和商业化的发展会不会令节日发展出前所未有的内容？儒、佛、道的并行会不会导致节日体系格局的变化？再比如，节日其实不仅仅是社会生活的晴雨表，它还是社会生活本身的一部分，它必然与社会生活的其他部分有着千丝万缕的联系，当社会生活的其他部分对节日的变迁发生作用之时，节日是不是也对社会变迁发挥了自己的作用？佛教的中国化、道教正统地位的确立是否依赖于对节日及节日场合的利用？儒家思想是否会通过节俗

---

① ［日］守屋都美雄：《中国古岁时记的研究》，帝国书院1963年版；［日］中村乔：《中国岁时史的研究》，朋友书店1993年版。

② ［日］池田温：《唐研究论文选集》，中国社会科学出版社1999年版，第365—385页。

③ ［日］丸山裕美子：《唐宋节假制度的变迁——兼论"令"和"格敕"》，载《中国社会历史评论》第三卷，中华书局2001年版。

④ ［美］太史文：《幽灵的节日——中国中世纪的信仰与生活》，侯旭东译，浙江人民出版社1999年版。

得到展现？节日会不会被官方利用从而成为加强中央集权的统治技术？又会不会成为不同社会成员为了达到自身目的而取用的社会资源？还有，不同阶层的社会成员在不同的节日里都有什么样的心态？他们的人生观念、价值观念又如何通过过节体现出来？人们的节日生活到底是什么样子的？再有，唐代节日和假日的关系如何？唐代节假日的设置对于我们现代节假日的设计有着怎样的借鉴意义？唐代节日和唐代社会生活的许多方面一样，对于当时周边国家产生了重要的影响，但到底产生了什么样的影响？当一个中国节日作为外来节日传入他国之时，在植根于异文化的过程中它在哪些方面出现了变异？这些变异又是如何发生的？等等，所有这些都有待于学者们进一步的回答。本文尝试就其中的某些问题给出自己的思考。

三 本书的总体架构

本书分为四部分，第一部分旨在全面占有材料的基础上，对材料进行初步归纳，探讨唐代节日的类型和特点，以及唐代不同时期节日的生存状态。

第二部分是对唐代新兴节日的研究。唐代新兴节日的起源和演变将揭示建构型节日与自然型节日发展的不同路径。

第三部分是对传统节日的研究，这里将选择几个个案，关注点仍在其变迁。在选择具体节日时，给予士人和农民等俗民群体以格外关注。

第四部分是对节日俗民个体的研究。人是节日活动的实践者，是节日文化的创造者，是节日传承变迁的承担者。这里的人不是人类，而是指一个个有着不同人生阅历、有着不同追求、生活于特定场域中的俗民个体。不同个体在节日传承和变迁方面所起的作用不尽相同。正是诸多个体通过他们在节日中的选择和实践传承着或改变着节日的整体面貌。

总之，与第一部分相比，在第二、三、四部分，将注重对一些具体问题做更加细致的探讨，所提出的问题和所涉及的材料彼此也有很大的差别，但是这些具体的问题都在不同程度上涉及这一历史时期的总体背景，所以彼此之间非但不是绝对孤立，有时甚至是互相补充的。

第 一 章

唐代节日概说

取隋而代的大唐帝国,以雄厚的综合国力号称"海内雄富"①,是我国传统社会的黄金时代。

大唐是富庶安定的国家。农业发达,"耕者益力,四海之内,高山绝壑,耒耜亦满,人家粮储,皆及数岁"②;包括纺织业、陶瓷业、矿冶业、造船业等在内的手工业十分兴盛,商业繁荣,城市也迅速发展起来。长安、洛阳等都是国际性的大都市,扬州、益州、广州、泉州、明州等也成为著名的经济中心、商业都会。此外,农村的集市贸易也获得了长足发展。当时,尤其中唐以前,"天下大理,河清海晏,物殷俗阜,安西诸国悉平为郡县。置开远门,亘地万余里。入河湟之赋税,满右藏;东纳河北诸道租庸,充满左藏。财宝山积,不可胜计。四方丰稔,百姓乐业。户计一千余万,米每斗三钱。丁壮之夫,不识兵器。路不拾遗,行不赍粮。奇瑞叠委,重译麇至。人物欣然……"③

大唐是开放的国家。它积极推行对外开放政策,将与东西方的交流推进一个前所未有的崭新阶段。来唐的外国人络绎不绝,在他们将大唐帝国的文化带回本国的同时,也将本国的文化引进了大唐帝国。南亚的佛学、历法、医学、语言学、音乐、美术,中亚的音乐、舞蹈,西亚和西方世界的祆教、景教、摩尼教、伊斯兰教、建筑艺术等,源源不断地

---

① (宋)钱易撰、黄寿成点校:《南部新书》,中华书局2002年版,第124页。
② (唐)元结:《元次山集》卷7,"问进士",中华书局1960年版,第140页。
③ (宋)王谠撰、周勋初校证:《唐语林校证》卷3,"夙慧",中华书局1987年版,第309页。

流入，为唐帝国所采借吸纳。唐朝是多民族共同发展的国家，汉民族和各少数民族之间也有着频繁的经济文化交流。

大唐是儒、佛、道并存的国家，其文化深深地打上了儒道释的烙印。儒学是中国传统文化的核心，在唐代，它仍然是朝廷施政的理论依据，是科举考试的基本内容，是占统治地位的主流意识。道教则因与李唐统治者的特殊关系而颇受重视，它所宣扬的神仙思想深入人心。与此同时，佛教也广为唐人信奉。上起天子、官僚贵族，下至黎民百姓，信佛者蔚为大观。

在上述时代背景之下，经过唐人的传承、创造和参与享用，节日生活成为唐人社会生活中最为绚丽多姿、令人神往的部分，唐代也因此成为我国节日发展史上最为重要的历史时期之一。

本章共分三节，第一节将在对唐代节日及节俗进行概述的基础上对节日进行类别的划分，旨在于展示唐代节日概貌的同时，为后文的撰写提供一个分析的背景和框架。第二节是对唐代节日特征的探讨，这是唐代节日研究的题中应有之义。第三节试对节日在唐代的发展做出一种阶段上的划分，并简单说明对于后世的影响，这将有助于表明唐代在我国节日发展史上的重要地位。

第一节　唐代节日的名目和类别

一　唐代节日的名目

唐代节日数量众多，节俗活动丰富，且非常为时人所关注。唐代节日为时人所关注，不仅体现在节日生活在他们的生活中占据非常重要的地位，也体现在当时许多文人将节日入诗入文，或编纂时令书籍，在综合性类书中专门设置岁时部分。韩鄂的《岁华纪丽》、欧阳询《艺文类聚》的"岁时部"、徐坚《初学记》的"岁时部"、白居易原撰孔传续撰《白孔六帖》的相关部分，都记载了唐代节日的一些状况。郑余庆《大唐新定吉凶书仪》有"节候赏物"部分，也记载了当时流行的节日。兹将诸文献中记载的唐代节日列表如下：

表 1—1　　　　　　　唐代诸书所见唐代节日表

书名	艺文类聚①	初学记②	白孔六贴③	大唐新定吉凶书仪④	岁华纪丽⑤
书中记录的节日	元正、人日、正月十五日、月晦、寒食、三月三、五月五、七月七、七月十五、九月九、社、伏、腊	元日、人日、正月十五、晦日、寒食、三月三日、五月五日、伏日、七月七日、七月十五日、重阳、冬至、腊、岁除	元日、人日、正月十五、晦日、社、中和节、寒食（清明附）、三月三、五月五日、伏日、七月七、七月十五日、九月九日、岁除、腊	岁日、正月十五日、二月二日、二月三日、寒食、四月八日、五月五日、夏至、七月七日、七月十五、八月一日、九月九日、十月一日、冬至日、腊日、春日	元日、人日、上元、晦日、中和节、二月八日、社日、上巳、寒食、四月八日、端午、伏日、七夕、中元、重阳、冬至、腊、傩
诸书共涉及的节日	元日、人日、上元（正月十五）、晦日、中和节（二月二日、二月三日）、二月八日、社日（包括春社和秋社）、上巳（三月三日）、寒食、清明、四月八日、端午（五月五日）、伏日、七夕（七月七日）、中元（七月十五）、八月一日、重阳（九月九日）、十月一日、冬至、腊、岁除、春日				

五种书中相关内容共涉及节日 20 余个。

---

① 据《唐会要》卷 36 载，《艺文类聚》乃欧阳询受诏编撰，于唐高祖武德七年（624）奉上。本书使用版本为（唐）欧阳询撰、汪绍楹校《艺文类聚》，上海古籍出版社 1965 年版。

② 据《唐会要》卷 36 载，《初学记》为开元十五年由集贤学士徐坚奉上。本书使用版本为（唐）徐坚等辑《初学记》，京华出版社 2000 年版。

③ 据《四库全书总目》云："《文献通考》载《六帖》三十卷，唐白居易撰，《后六帖》三十卷，宋知抚州孔传撰，合两书计之，总为六十卷。此编两书为一书，不知何人之所合。又作一百卷，亦不知何人之所分。"本书使用版本为（唐）白居易原本、（宋）孔传续撰《白孔六帖》，四库全书本。

④ （唐）郑余庆：《大唐新定吉凶书仪》，转引自杨琳《〈大唐新定吉凶书仪·节候赏物第二〉校证》，载《敦煌研究》2011 年第 1 期，第 111 页。

⑤ 本文使用版本为（唐）韩鄂编，（明）沈士龙、胡震亨校，[日]长泽规矩也编《岁华纪丽·书叙指南·事林广记》，上海古籍出版社 1990 年版。

今人张泽咸先生通过对诸多文献如《新唐书》、《旧唐书》、《全唐诗》、《全唐文》、《唐会要》、《唐大诏令集》、《太平御览》、《文苑英华》、《酉阳杂俎》的征引分析，在其《唐代的节日》一文中列举了诞节、佛日（佛诞①）、道日（道诞、降圣节）、元日（元旦、正元、元正）、人日、上元（元夜、月望、灯节）、中和节、社日（春社、秋社）、寒食、清明、上巳（三月三日）、端午节（五月五日）、七夕（七月七日、乞巧节）、中元节（盂兰盆节、鬼节）、中秋节（八月十五日）、重阳节（重九、菊花节、茱萸节）、除夕（岁除、守岁、除夜）等19个节日，并指出，"由于篇幅限制等原因，还有夏至、伏日、下元、冬至等节，未能一一勾稽介绍"。②尽管如此，还是遗漏了几个也在时人日常生活中占据着一定位置的节日，如正月晦日、耗磨日、立春、立秋、腊日、小岁日等。

依据笔者目前掌握的资料，唐代节日有近30个，每个节日里都有相应的习俗活动，表1—2大致反映了唐代节日及其习俗的概况。需要说明的是，唐朝是一个有着近三百年历史、疆域广阔、有着不同社会阶层的多民族国家和社会，这就意味着，节日和节俗在唐前期和唐后期会有所不同，在唐朝北方和南方会有所不同，在不同的社会阶层中会有所不同，在不同的民族中也会有所不同，但这里的列表显然是将唐代节日视为一个整体加以处理的，而没有将时间性、地方性、阶层性、民族性考虑在内。这样的做法固然不够精细，却也是受限于材料的无奈之举，而且也确实能在很大程度上反映唐代节日的大致状况。

---

① 因为佛经中记载佛诞日有两个，即二月八日和四月八日，张泽咸先生在述及佛诞日时将二者都说到，而且在该部分内容中还提到了十二月八日。如此，一个"佛日"的标题下实际上涉及三个节日。加上社日有春社和秋社之分，所以下面才有19个节日之说。

② 张泽咸：《唐代的节日》，载《文史》第37辑，第65—92页。

表1—2　　　　　　　　唐代节日及其习俗活动一览表

节日名称	节俗活动内容①
元日	朝会②，赐柏叶③，火城④，拜年⑤，女子回娘家⑥，按年龄大小饮屠苏酒⑦，宴会，吃五辛盘胶牙饧⑧，占岁⑨，迎年佩⑩，祝富贵，鞭聪明⑪，祭祖⑫，放爆竹，服赤小豆，投麻子小豆于井中，理败履，烧败帚，悬苇炭，插芝麻秆⑬，

① 以下列举诸节俗活动内容均有所本，笔者将以脚注的方式提供资料来源。限于篇幅，除了个别节俗活动外，一般只出一处证据。

② 王建《元日早朝》："大国礼乐备，万邦朝元正。东方色未动，冠剑门已盈。帝居在蓬莱，肃肃钟漏清。将军领羽林，持戟巡宫城。翠华皆宿陈，雪仗罗天兵。庭燎远煌煌，旗上日月明。圣人龙火衣，寝殿开璇扃。龙楼横紫烟，宫女天中行。六蕃倍位次，衣服各异形。举头看玉牌，不识宫殿名。左右雉扇开，蹈舞分满庭。朝服带金玉，珊珊相触声。泰阶备雅乐，九奏鸾凤鸣。裴回庆云中，竽磬寒铮铮。三公再献寿，上帝锡永贞。天明告四方，群后保太平。"极好地描摹了元日朝会的盛大状况。（清）彭定求等编：《全唐诗》卷297，中华书局1960年版，第3364页。以下引《全唐诗》皆为本版本，不再出作者、版本注。

③ 武平一：《奉和正旦赐宰臣柏叶应制》，载《全唐诗》卷102，第1085页。

④ （宋）钱易撰、黄寿成点校《南部新书·丁》："每岁正旦晓漏已前，宰相、三司使、大金吾，皆以桦烛百炬拥马，方布象城，谓之'火城'。仍杂以衣绣鸣珂、焜耀街陌。"见该书第51页，中华书局2002年版。

⑤ [日]圆仁《入唐求法巡礼行记》："开成六年辛酉正月一日，僧俗拜年寺中。"见该书第146页，上海古籍出版社1986年版。

⑥ 薛逢《元日田家》："蛮榼出门儿妇去，乌龙迎路女郎来。"《全唐诗》卷548，第6331页。

⑦ 方干《元日》："才酌屠苏定年齿，坐中惟笑鬓毛斑。"《全唐诗》卷650，第7461页。

⑧ 白居易《岁日家宴戏示弟侄等兼呈张侍御二十八丈殷判官二十三兄》："弟妹妻孥小侄甥，娇痴弄我助欢情。岁盏后推蓝尾酒，春盘先劝胶牙饧。形骸老倒虽堪叹，骨肉团圆亦可荣。犹有夸张少年处，笑呼张丈唤殷兄。"见（唐）白居易撰、朱金城笺校《白居易集笺校》卷24，上海古籍出版社1988年版，第1651页。

⑨ 孟浩然《田家元日》："昨夜斗回北，今朝岁起东。我年已强仕，无禄尚忧农。桑野就耕父，荷锄随牧童。田家占气候，共说此年丰。"《全唐诗》卷160，第1655页。

⑩ （元）陶宗仪《说郛》卷120："咸通后，士风尚于正旦未明佩紫赤囊，中盛人参木香如豆样，时时倾出，嚼吞之，至日出乃止，号迎年佩。"四库全书本。

⑪ 元稹《酬复言长庆四年元日郡斋感怀见寄》："富贵祝来何所遂，聪明鞭得转无机。"其注云："祝富贵、鞭聪明，皆正旦童稚俗法。"见（唐）元稹《元氏长庆集》卷22，四库全书本。

⑫ 元稹《告祀曾祖文》："每岁换正至涉佳辰，睹儿孙宾游相会聚，未尝无悲，是用日至暨正旦、仲夏之五日、季秋之初九，莫不修奉祠祀以达事生之意焉。"见（唐）元稹《元氏长庆集》卷59，四库全书本。

⑬ （唐）韩鄂原编、缪启愉校释《四时纂要校释》："爆竹于庭前以辟。""又岁旦服赤小豆二七粒，面东以齑汁下，即一年不病疾。阖家悉令服。又岁旦投麻子二七粒、小豆二七粒于井中，辟瘟。""又元日理败履于庭中，家出印绶之子。又晓夜子初时，凡家之败帚，俱烧于庭中，勿令弃之出院，令人仓库不虚。又缕悬苇炭，芝麻稽排插门户上，却疫疠，禁一切之鬼。"见该书第10—11页，农业出版社1981年版。

续表

节日名称	节俗活动内容
元日	烧鹊巢，驱鼠，照虫灾，嫁树①，造华胜，食鸡子，吃馄饨②，造鸡丝、葛燕、粉荔枝③
人日	剪华胜，剪彩，赐彩缕人胜，宴饮④，登高⑤，食煎饼⑥，吃赤小豆，禳鬼鸟，偷灯求孕⑦
立春	出土牛⑧，鞭春⑨，宴饮、迎春⑩，吃春盘⑪，剪彩幡、剪春花、戴春燕、贴宜春⑫，

---

① （唐）韩鄂原编、缪启愉校释《四时纂要校释》："正旦元日，以鹊巢烧之著厕，辟兵。""又取前月所斩鼠尾，于此月一日日未出时，家长于蚕室祝曰：'制断鼠虫，切不得行。'三祝而置于壁上，永无鼠暴。""正月旦鸡鸣时，把火遍照五果及桑树上下，则无虫。时年有桑果灾生虫者，元日照者，必免也。""元日日未出时，以斧斑驳椎斫果木等树，则子繁而不落，谓之'嫁树'。"见该书第17—21页，农业出版社1981年版。

② ［日］圆仁《入唐求法巡行记》："更则入新年。众僧上堂，吃粥、馄饨，杂果子。"见该书第146页，上海古籍出版社1986年版。

③ （唐）冯贽《云仙杂记》卷1："洛阳人家正旦造丝鸡、葛燕、粉荔枝。"四库全书本。

④ 韦元旦《奉和人日宴大明宫恩赐彩缕人胜应制》："鸾凤旌旗拂晓陈，鱼龙角觚大明辰。青韶既肇人为日，绮胜初成日作人。圣藻凌云裁柏赋，仙歌促宴摘梅春。垂旒一庆宜年酒，朝野俱欢荐寿新。"《全唐诗》卷69，第773页。

⑤ 乔侃有：《人日登高》诗，载《全唐诗》卷81，第878页。

⑥ （宋）庞元英《文昌杂录》卷三载唐岁时节物："人日则有煎饼。"见该书第26页，中华书局1958年版。

⑦ （唐）韩鄂原编、缪启愉校释《四时纂要校释》："早起，男吞赤小豆一七粒，女吞二七粒，一年不病。""又初七日夜，俗谓鬼鸟过行，人家捶床打户，捩狗耳，灭灯以禳之。""又凡人无子者，夫妇同于富人家盗灯盏以来，安于床下，则当月有孕矣。"见该书第12页，农业出版社1981年版。

⑧ （唐）丘光庭《兼明书》："《礼记·月令》曰：出土牛以示农耕之早晚，不云其牛别加彩色。今州县所造春牛或赤或青或黄或黑，又以杖扣之而便弃者。"丛书集成初编本。

⑨ （唐）李涪撰、张秉戍校点《刊误》卷上："今天下州郡立春日制一土牛，饰以文彩，即以彩杖鞭之，既而碎之，各持其土，以祈丰稔，不亦乖乎？"卷下"进献奇零"："戊戌岁阅报状，见润州节度进应天节白金二千六百五十七两。"辽宁教育出版社1998年版，第6页。

⑩ 沈佺期《奉和立春游苑迎春》："东郊暂转迎春仗，上苑初飞行庆杯。风射蛟冰千片断，气冲鱼钥九关开。林中觅草才生蕙，殿里争花并是梅。歌吹衔恩归路晚，栖乌半下凤城来。"《全唐诗》卷96，第1041页。

⑪ 杜甫《立春》："春日春盘细生菜，忽忆两京梅发时。"《全唐诗》卷229，第2493页。

⑫ 马怀素《奉和立春游苑迎春应制》："仙舆暂下宜春苑，御醴行开荐寿觞。……唯有裁花饰簪鬓，恒随圣藻狎年光。"《全唐诗》卷93，第1009页。韦庄《立春》："雪圃乍开红菜甲，彩幡新翦绿杨丝。殷勤为作宜春曲，题向花笺帖绣楣。"《全唐诗》卷696，第8013页。冷朝阳《立春》："土牛呈岁稔，彩燕表年春。"《全唐诗》卷305，第3472页。

续表

节日名称	节俗活动内容
立春	占岁①，玩莺②
上元节	出游，歌舞，放灯③，踏歌④，粘钱财⑤，赛紫姑⑥，放生⑦
耗磨日	饮酒⑧
正月晦日	河边湔裙，宴饮⑨，送穷⑩，服井花水⑪
中和节	进农书，上春服，作中和酒，祭勾芒，赠刀尺⑫，宴饮⑬，献生子⑭

---

① （唐）韩鄂原编、缪启愉校释《四时纂要校释》："立春日，艮风来，宜大豆，又熟。"见该书第8页，农业出版社1981年版。

② ［日］圆仁《入唐求法巡礼行记》载："（正月）十四日，立春。市人作莺卖之。人买玩之。"见该书第27页，上海古籍出版社1986年版。

③ 王諲《十五夜观灯》："暂得金吾夜，通看火树春。停车傍明月，走马入红尘。妓杂歌偏胜，场移舞更新。应须尽记取，说向不来人。"《全唐诗》卷145，第1471页。

④ 张说有《十五日夜御前口号踏歌词二首》，《全唐诗》卷89，第982页。

⑤ （唐）韩鄂原编、缪启愉校释《四时纂要校释》："祀门户土地：《岁时记》云：'望日以柳枝插户上，致酒脯祭之。'《齐谐记》云：'吴县张成，夜于宅东见一妇人，曰："我是地神，明日月半，宜以糕縻、白粥祭我，令君家蚕桑万倍。"后果如言。今人效之，谓之粘钱财。'"见该书第18页，农业出版社1981年版。

⑥ 李商隐《正月十五夜闻京有灯恨不得观》："月色灯光满帝都，香车宝辇隘通衢。身闲不睹中兴盛，羞逐乡人赛紫姑。"《全唐诗》卷541，第6221页。

⑦ 薛能《丁巳上元日放三雉》："婴网虽皆困，褰笼喜共归。无心期尔报，相见莫惊飞。"《全唐诗》卷561，第6509页。

⑧ 张说有《耗磨日饮二首》，其一云："上月今朝减，流传耗磨辰。还将不事事，同醉俗中人。"《全唐诗》卷89，第979页。

⑨ 严维《晦日宴游》："晦日湔裙俗，春楼致酒时。出山还已醉，谢客旧能诗。"《全唐诗》卷263，第2922页。

⑩ 姚合有诗《晦日送穷三首》，其一写道："年年到此日，沥酒拜街中。万户千门看，无人不送穷。"《全唐诗》卷498，第5669页。

⑪ （唐）韩鄂原编、缪启愉校释《四时纂要校释》："晦日，汲井花水（凌晨第一次汲出的井水）服，令髭发不白。"见该书第17页，农业出版社1981年版。

⑫ （后晋）刘昫等撰《旧唐书》卷13："宰臣李泌请中和节令百官进农书，司农献种稑之种，王公戚里上春服，士庶以刀尺相问遗，村社作中和酒，祭勾芒以祈年谷，从之。"见该书第367页，中华书局1975年版。以下引《旧唐书》皆为本版本，不再出作者、版本注。

⑬ 王季友《皇帝移晦日为中和节》："皇心不向晦，改节号中和。淑气同风景，嘉名别咏歌。湔裙移旧俗，赐尺下新科。历象千年正，醺酿四海多。"《全唐诗》卷883，第9977页。

⑭ （唐）尉迟枢《南楚新闻》："李泌谓以二月一日为中和节，人家以青囊盛百谷果实，更相馈遗，务极新巧，宫中亦然，谓之献生。"见（元）陶宗仪《说郛》卷46。

续表

节日名称	节俗活动内容
二月八日	行像①，沐浴、拔白发②
三月三日	修禊，出游③、宴饮④、戴柳⑤、占岁⑥、镂人⑦
寒食节	禁火、扫墓⑧、宴饮⑨、出游、踏青⑩、荡秋千、蹴鞠⑪、斗鸡⑫、作麦粥、为醴酪⑬、吃蒸饼、鸡子、镂鸡子⑭、装万花舆、煮杨花粥⑮
清明节⑯	宴饮，出游，踏青，荡秋千，蹴鞠，斗鸡，拔河，吃鸡子，镂鸡子，改火

---

① 可参见张弓《敦煌春月节俗探论》，载《中国史研究》1989第3期。

② （唐）韩鄂原编、缪启愉校释《四时纂要校释》："八日沐浴。八日拔白。"见该书第49页，农业出版社1981年版。

③ 崔颢《上巳》："巳日帝城春，倾都祓禊晨。停车须傍水，奏乐要惊尘。弱柳障行骑，浮桥拥看人。犹言日尚早，更向九龙津。"《全唐诗》卷130，第1327页。

④ 杜甫有《上巳日徐司录林园宴集》诗，载《全唐诗》卷232。

⑤ 《绀珠集》卷7："上巳祓禊，赐近臣细柳圈，云带之免蛊毒瘟疫。"四库全书本。

⑥ （唐）韩鄂原编、缪启愉校释《四时纂要校释》："三日天阴或雨，蚕善。"见该书第77页，农业出版社1981年版。

⑦ （宋）庞元英《文昌杂录》卷3载唐岁时节物："三月三日则有镂人。"见该书第26页，中华书局1958年版。

⑧ 郭郧《寒食寄李补阙》："兰陵士女满晴川，郊外纷纷拜古埏。万井间阎皆禁火，九原松柏自生烟。"《全唐诗》卷309，第3494页。

⑨ 张籍《寒食内宴二首》其一云："朝光瑞气满宫楼，彩纛鱼龙四周稠。廊下御厨分冷食，殿前香骑逐飞球。千官尽醉犹教坐，百戏皆呈未放休。共喜拜恩侵夜出，金吾不敢问行由。"《全唐诗》卷385，第4337页。

⑩ 白居易《六年寒食洛下宴游赠冯李二少尹》："东郊蹋青草，南园攀紫荆。风拆海榴艳，露坠木兰英。假开春未老，宴合日屡倾。珠翠混花影，管弦藏水声。佳会不易得，良辰亦难并。听吟歌暂辍，看舞杯徐行。"《全唐诗》卷445，第4997页。

⑪ 王维《寒食城东即事》："蹴鞠屡过飞鸟上，秋千竞出垂杨里。少年分日作遨游，不用清明兼上巳。"《全唐诗》卷125，第1259页。

⑫ 李山甫《寒食二首》："风烟放荡花披猖，秋千女儿飞短墙。绣袍驰马拾遗翠，锦袖斗鸡喧广场。"《全唐诗》卷643，第7364页。

⑬ 曹松《钟陵寒食日郊外闲游》："可怜时节足风情，杏子粥香如冷饧。"《全唐诗》卷717，第8239页。

⑭ （宋）庞元英《文昌杂录》卷3载唐时节物："寒食则有假花，鸡球，镂鸡子，子推蒸饼，饧粥。"

⑮ （唐）冯贽《云仙杂记》卷1："洛阳人家……寒食装万花舆煮杨花粥。"四库全书本。

⑯ 在唐代，清明节与寒食节前后相邻，共有不少习俗活动，如宴饮、出游、踏青、荡秋千、蹴鞠、斗鸡、拔河、吃鸡子、镂鸡子等，列举这些习俗所本的资料，此处不再注明。

续表

节日名称	节俗活动内容
清明节	赐新火①，煮新茶②，修蚕具、蚕室③
四月八日	造像④，开佛牙⑤
端午节	竞渡⑥，吃粽子，粉团⑦，插艾、饮蒲酒⑧，宴饮，长命缕⑨，赠辟瘟扇⑩，合药⑪

---

① 史延《清明日赐百僚新火》："上苑连侯第，清明及暮春。九天初改火，万井属良辰。颁赐恩逾洽，承时庆自均。翠烟和柳嫩，红焰出花新。"《全唐诗》卷281，第3194页。

② 白居易《清明日送韦侍御贬虔州》："寂寞清明日，萧条司马家。留饧和冷粥，出火煮新茶。"《全唐诗》卷440，第4897页。

③ （唐）韩鄂原编、缪启愉校释《四时纂要校释》："清明日，修蚕具、蚕室，宜蚕。"见该书第101页，农业出版社1981年版。

④ 民间多有在四月八日造像之举。如《房山石经题记汇编》中载有"乾符三年四月八日巡礼碑"、"乾符六年四月八日巡礼碑"、"中和二年四月八日巡礼碑"、"佛说药师经"等，分别见北京图书馆金石组、中国佛教图书文物馆金石组编《房山石经题记汇编》，书目文献出版社1987年版，第58、60、63、208页。

⑤ （宋）钱易撰、黄寿成点校《南部新书》记载："贞元后，每岁二月八日，总章寺佛牙开，至十五日毕。四月八日，崇圣寺佛牙开，至十五日毕。"见该书第18页，中华书局2002年版。

⑥ 卢肇《竞渡诗》："石溪久住思端午，馆驿楼前看发机。鼙鼓动时雷隐隐，兽头凌处雪微微。冲波突出人齐唉，跃浪争先鸟退飞。向道是龙刚不信，果然夺得锦标归。"《全唐诗》卷551，第6384页。

⑦ （五代）王仁裕撰、丁如明校点《开元天宝遗事》载："宫中每到端午节，造粉团角黍贮于金盘中，以小角造弓子，纤妙可爱。架箭射盘中粉团，中者得食，盖粉团滑腻而难射也。都中盛于此戏。"上海古籍出版社编，丁如明、李宗为、李学颖等校点：《唐五代笔记小说大观》（全二册），上海古籍出版社2000年版，第1728页。

⑧ 殷尧藩《端午日》："不效艾符趋习俗，但祈蒲酒话升平。"《全唐诗》卷492，第5567页。

⑨ 张说《端午三殿侍宴应制探得鱼字》："小暑夏弦应，徽音商管初。愿赍长命缕，来续大恩馀。三殿褰珠箔，群官上玉除。助阳尝麦甑，顺节进龟鱼。甘露垂天酒，芝花捧御书。合丹同蝘蜓，灰骨共蟾蜍。今日伤蛇意，衔珠遂阙如。"《全唐诗》卷88，第966页。

⑩ （唐）冯贽《云仙杂记》卷1："洛阳人家……端午术羹艾酒，以花丝楼阁插鬓，赠遗辟瘟扇。"四库全书本。

⑪ （唐）韩鄂原编、缪启愉校释《四时纂要校释》："收蟾蜍，合一切疮疱药。"见该书第125页，农业出版社1981年版。

续表

节日名称	节俗活动内容
七夕节	蜘蛛结丝乞巧①，穿针乞巧，宴饮，拜月②，晒衣③，造明星酒，装同心脍④，斫饼⑤，拜星乞子⑥
七月十五	设盂兰盆⑦，设百戏，游寺观⑧，取佛土⑨
八月十五	赏月，宴饮⑩
重阳节	宴会歌舞⑪，登高，赏菊，饮菊酒，佩茱萸囊⑫，采茱萸，插茱萸⑬，吃糕⑭

① 杜甫《牵牛织女》诗中有："曝衣遍天下，曳月扬微风。蛛丝小人态，曲缀瓜果中。"《全唐诗》卷221，第2339页。

② 罗隐《七夕》："络角星河菡苕天，一家欢笑设红筵。应倾谢女珠玑箧，尽写檀郎锦绣篇。香帐簇成排窈窕，金针穿罢拜婵娟。铜壶漏报天将晓，惆怅佳期又一年。"《全唐诗》卷656，第7539页。

③ 沈佺期有《七夕曝衣篇》，载《全唐诗》卷95，第1027页。

④ （唐）冯贽《云仙杂记》卷1："洛阳人家……乞巧，使蜘蛛结万字，造明星酒，装同心脍。"四库全书本。

⑤ （唐）白居易原撰、孔传续撰《白孔六帖》卷4："斫饼。"下注云："《唐六典》膳部有节日食料，注谓七月七日斫饼。"

⑥ （唐）韩鄂原编、缪启愉校释《四时纂要校释》："七日乞巧：是夕于家庭内设筵席，伺河鼓、织女二星见天河中，有奕奕白气光明五色者，便拜，乞贵子。"见该书第170页，农业出版社1981年版。

⑦ 《旧唐书》卷118《王缙传》："代宗七月望日于内道场造盂兰盆，饰以金翠，所费百万。"

⑧ （宋）李昉等编：《太平广记》卷34："时中元日，番禺人多陈设珍异于佛庙，集百戏于开元寺。"人民文学出版社1959年版，第216页。以下引《太平广记》皆为本版本，不再出作者、版本注。

⑨ （唐）韩鄂原编、缪启愉校释《四时纂要校释》："十五日取佛座下土著脐中，令人多智。"见该书第170页，农业出版社1981年版。

⑩ 崔备、柳公绰、张正一、徐放、王良士等人均有《奉和中秋夜锦楼玩月》诗，见《全唐诗》卷318。

⑪ 白居易《九日宴集醉题郡楼兼呈周殷二判官》："榜舟鞭马取宾客，扫楼拂席排壶觞。胡琴铮鏦指拨剌，吴娃美丽眉렇长。笙歌一曲思凝绝，金钿再拜光低昂。日脚欲落各灯烛，风头渐高加酒浆。觥醆艳翻菡苕叶，舞鬟摆落茱萸房。"《全唐诗》卷444，第4968—4969页。

⑫ 张说《九日进茱萸山诗五首》之二："黄花宜泛酒，青岳好登高。稽首明廷内，心为天下劳。"之三："菊酒携山客，萸囊系牧童。路疑随大隗，心似问鸿蒙。"《全唐诗》卷89，第980页。

⑬ 万楚《茱萸女》云："山阴柳家女，九日采茱萸。复得东邻伴，双为陌上姝。插花向高髻，结子置长裾。"《全唐诗》卷26，第361页。

⑭ 白居易《九日登西原宴望（同诸兄弟作）》："弟兄呼我起，今日重阳节。起登西原望，怀抱同一豁。移座就菊丛，糕酒前罗列。"《全唐诗》卷429，第4730页。

续表

节日名称	节俗活动内容
冬至	献寿①
腊日	祭祖及百神②、赐口脂、腊脂、红雪、紫雪、澡豆、历日③，打猎④，祀灶，腊炙⑤
小岁日	祭社⑥
岁除	驱傩⑦，守岁，放爆竹，插桃枝，⑧ 宴会歌舞⑨，贴春书⑩，画虎头，书聻字⑪

---

① 崔琮《长至日上公献寿》："应律三阳首，朝天万国同。斗边看子月，台上候祥风。五夜钟初动，千门日正融。玉阶文物盛，仙仗武貔雄。率舞皆群辟，称觞即上公。南山为圣寿，长对未央宫。"《全唐诗》卷281，第3191页。

② 腊日在汉代为冬至后的第三个戌日，魏晋时期分别以冬至后第三个辰日和第三个丑日为腊日，所谓"魏以土而用辰，晋又金而取丑"。唐代前期分设蜡、腊二祭，如《旧唐书·礼仪志》云："季冬寅日，蜡祭百神于南郊……卯日祭社稷于社宫，辰日腊享于太庙……"后来开元中重定礼仪，将蜡祭并入腊祭。如《通典》卷44《大蜡》载："开元中制仪：季冬腊日蜡百神于南郊之坛，若其方不登，则阙之。"

③ 令狐楚《为人谢赐口脂等并历日状》："赐前件口脂、腊脂、红雪、紫雪各一合，并历日一卷等者。"（清）董诰等编：《全唐文》卷541，中华书局1983年影印版。以下引《全唐文》皆为本版本，不再出作者、版本注。

④ 姚合《腊日猎》："健夫结束执旌旗，晓度长江自合围。野外狐狸搜得尽，天边鸿雁射来稀。苍鹰落日饥唯急，白马平川走似飞。蜡节畋游非为己，莫惊刺史夜深归。"《全唐诗》卷502，第5712页。

⑤ （唐）韩鄂原编、缪启愉校释《四时纂要校释》："祀灶。""腊炙：是月收腊祀余炙，以杖头穿，竖瓜田角，去虫。"见该书第243、258页，农业出版社1981年版。

⑥ 过腊一日为小岁日。白居易有《小岁日对酒吟钱湖州所寄诗》、《小岁日喜谈氏外孙女孩满月》，《全唐诗》卷443、卷457，第4956、5184页。据《旧唐书·礼仪志》，"蜡之明日又祭社稷于社宫，如春秋二仲之礼。"《旧唐书》卷24，第911页。

⑦ （宋）钱易撰、黄寿成点校《南部新书·乙》载："岁除日，太常卿领官属乐吏并护僮侲子千人，晚入内。至夜，于寝殿前进傩。然蜡炬，燎沉檀，荧煌如昼，上与亲王妃主以下观之，其夕赏赐甚多。是日，衣冠家子弟多觅侲子之衣，着而窃看宫中。"中华书局2002年版，第22页。

⑧ 张说《岳州守岁二首》："桃枝堪辟恶，爆竹好惊眠。歌舞留今夕，犹言惜旧年。"《全唐诗》卷89，第979页。

⑨ 张说《岳州守岁》："除夜清樽满，寒庭燎火多。舞衣连臂拂，醉坐合声歌。"《全唐诗》卷87，第956—957页。

⑩ 张子容《除日》诗云："腊月今知晦，流年此夕除。拾樵供岁火，帖牖作春书。"《全唐诗》卷116，第1178页。

⑪ （唐）段成式撰、曹中孚校点《酉阳杂俎》："俗好于门上画虎头，书聻字，谓阴刀鬼名，可息疫疠也。"上海古籍出版社编，丁如明、李宗为、李学颖等校点：《唐五代笔记小说大观》（全二册），上海古籍出版社2000年版，第741页。

续表

节日名称	节俗活动内容
岁除	悬幡①，燃庭燎，点灯烛②，烧纸钱③
社日	祭社，聚会宴饮，分肉④
诞节⑤	
降圣节	道家设斋，祭祀⑥

二 新兴节日与传统节日：唐代节日的类别划分

在节日研究中，对节日做类别的划分是比较常见的做法。比如乌丙安先生在其《中国民俗学》中就认为，"节日由于性质不同可以大致分为单一性质和综合性质节日两种"，并指出，"单一性质的节日是由某个节日活动的单一目的所决定的"，综合性质的节日，则是"由某个节日活动的多种目的所决定的"，而且"这些活动的多种目的往往是在节日发展中不断复合汇聚而成的"。若从节日的主要内容考察，乌丙安先生认为还可将节日粗略分为"农事节日、祭祀节日、纪念节日、庆贺节日、社交游乐节日"等不同类型。⑦ 在唐代节日研究方面，学者们也非常乐意对节日进行分类，比如吴玉贵的《中国风俗通史·隋唐五代卷》就将这一时期的节日风俗分为三个大的类别，即岁时节日、纪念性节日和宗教性节日，其中岁时节日"主要是指那些既保留了比较明确的季节转换的含义，但与

---

① 薛能《除夜作》："燎照云烟好，幡悬井邑新。祯祥应北极，调燮验平津。"《全唐诗》卷558，第6478页。

② 丁仙芝《京中守岁》："守岁多然烛，通宵莫掩扉。"《全唐诗》卷114，第1156页。储光羲《秦中守岁》："阖门守初夜，燎火到清晨。"《全唐诗》卷139，第1416页。

③ [日]圆仁《入唐求法巡礼行记》："廿九日暮际，道俗共烧纸钱。"见该书第24页，上海古籍出版社1986年版。

④ 杜甫《社日两篇》之一："九农成德业，百祀发光辉。报效神如在，馨香旧不违。南翁巴曲醉，北雁塞声微。尚想东方朔，诙谐割肉归。"《全唐诗》卷231，第2536页。

⑤ 由于唐代诞节很多，并非固定于一日，当天活动亦有所不同，但多有百官献贺、皇帝宴赏之类内容，下文将对诞节专作论述，此处不赘。

⑥ （宋）王溥《唐会要》卷50："二十五年十月二十七日敕：诸州元元皇帝庙，自今已后每年二月降生日，宜准西都福唐观，一例设斋。"见该书第879页，中文出版社1978年版。以下引《唐会要》皆为本版本，不再出作者、版本注。

⑦ 乌丙安：《中国民俗学》，辽宁大学出版社1985年版（2002年3月印刷），第328—329、330页。

农事的关系又不如四时八节密切的节日",包括元日、中和节、上巳节、中秋节、重阳节和除夕等;纪念性节日就是"具有较为明确的纪念意义的节日",包括诞节、人日、寒食与清明、端午节和乞巧节等;宗教性节日是指"宗教节日或具有比较强烈的宗教色彩的节日",包括上元节、降圣节、佛诞节和盂兰盆节诸节。①张泽咸先生认为"唐代的各种节日约略可区分为官方规定和民间传统二大支派"。②朱红在其博士论文《唐代节日民俗与文学研究》中,认为可以从"新创的角度来区分"唐代节日,其中"有一部分是承唐以前的文化源流而来,在节俗内容和含义上没有太大变动;一部分是唐代节日的创新之举,这种新的含义是指或为完全新设的节日,或是在传统节日中加入了新的因素"。前者可以元日、立春、人日、晦日、二社日、上巳、端午、七夕、重阳、冬至和岁除为例,后者"可以列举的是唐代的诞节、中和节、道教三元节以及上元燃灯、寒食扫墓的固定化和中秋玩月习俗之兴起"。③

从理论上讲,依据特定的标准对节日分类有助于对节日实质的把握,但是一旦进入操作层面,就会发现对节日进行分类,包括对唐代节日进行分类是相当困难的事情。比如朱红曾指出张泽咸从节日来源角度作出"官方规定与民间传统"的分类有其不足,因为"节日还有因外来及本土宗教影响而形成的"。④上述吴玉贵先生的分类也有可以商榷的地方。比如为纪念唐玄宗出生的诞节为何称为纪念性节日而为纪念老子出生的降圣节就不是纪念性节日?又如重阳节和七夕节在性质上究竟有什么不同,会导致一个被认定为岁时节日而另一个被认定为纪念性节日?人日为何是纪念性节日而不是岁时节日?等等。

在笔者看来,节日分类的关键问题是对标准的精准把握。当前对节日进行分类的标准主要有三个:其一是根据节日的来源;其二是根据节日的性质;其三是根据节俗活动的内容。其中又以第二、三种标准使用较多。然而,这两种标准有着较为明显的缺陷。这主要和节日本身的复杂性相关。节日作为特殊的生活时间,以历日和季节等组成的历年作为循环的基

---

① 吴玉贵:《中国风俗通史·隋唐五代卷》,上海文艺出版社2001年版,第628—665页。
② 张泽咸:《唐代的节日》,载《文史》第37辑,第65页。
③ 朱红:《唐代节日民俗与文学研究》,复旦大学博士论文,2002年,第8—12页。
④ 同上书,第8页。

础，又以相对固定的习俗活动作为存在的必要条件，本身非常复杂，同一个节日里往往有多种习俗活动，它们性质可能极不相同，地位却同等重要，很难用单一的性质去概括它。更为重要的是，节日是流变的，尤其那些源远流长的节日，可能依然延续着早期就已经具备的节俗活动形式，但节日的性质和功能已经大不相同，最初的意义也被新的意义所取代。① 因此，以性质或节俗内容作为标准划分节日类型，难免有失于以偏概全和忽略时间因素之处。相比而言，以节日来源进行分类更为科学，但这一标准着重于关注节日的起始点，对分析处于流变过程中的节日，意义不大。

具体到唐代节日的分类，张泽咸的分类颇具价值，但也有值得推敲处。比如在唐代节日及节俗活动的产生和流变过程中，官方和民间常常都在起作用，即便一个节日完全是官方创制并以颁布政策的方式让全民实施，也还有个政策被不被民众接受并实践的问题，因此，以官方和民间来划定节日的类别就有些不周全处。朱红从"新创的角度来区分"节日对笔者有较大的启发意义。"新创"强调的是变化，在笔者看来，节日的断代研究的确应该突出研究代内的新情况，或曰变化。节日的变化，可以是一个节日从无到有或从有到无，还可以仅仅是一个节日某一部分如节期或者节俗或者对节日、节俗的阐释等等发生了变化；亦可以指节日性质、功能上的变化等等。令情况更为复杂的是，节日习俗的变化（增多或减少）并不必然意味着节日性质的变化和功能的变化，而节日性质的变化、功能的变化和人们理解阐释的变化也并不必然意味着节俗活动的变化。笔者对节日变化的这一理解，使得在分类问题上更愿意以"是否在唐代新出现"为标准，将唐代节日划分为新兴节日和传统节日两类，并作为分析的框架。

以唐建国时间为界，此前已经出现并在唐帝国（包括武周）的全部或部分统治时期得以传承的节日都是传统节日，凡在唐帝国统治时期新出现的节日都是新兴节日，不论是出现在唐朝早期还是晚期。进一步地，还可根据传统节日在唐帝国历史上的命运细分为消亡的节日和继续传承的节

---

① 这可以寒食节为例。汉代寒食节时在隆冬季节，节期五天至一月不等，节俗主要是禁火、寒食、祭祀介子推；南朝寒食节时在春季，节期三天，主要习俗活动有禁火、寒食、挑菜、斗鸡、镂鸡子等活动。具体论证可参见本书附录二《唐代以前寒食节的传播与变迁——主要基于移民角度的思考》。

日；根据新兴节日的来源细分为建构型节日和自然型节日①。按照这种分类方式，唐代的诸多节日里，中和节、诞节、降圣节以及清明、八月十五是新兴节日。其中，中和节、诞节和降圣节属于建构型节日，清明节和八月十五属于自然型节日。五个新兴节日之外，其他都是承继传统而来，为传统节日。而这些传统节日在唐代都或多或少地发生着变迁。

第二节　唐代节日的特征

在我国节日发展史上，唐代是一个非常重要的时期，这一点可谓学者们的共识。如韩养民、郭兴文就认为"唐代，是中国节日风俗划时代的裂变时期"。② 高丙中认为我国传统的岁时节日体系"定型于隋唐两宋时期"。③《中国全史·中国隋唐五代习俗史》的作者则认为"隋唐五代是中国传统节令习俗蓬勃发展的新时期"，这一时期，"中国传统节令的种类在继承发展的基础上趋于稳定"，"隋唐五代的节令为后世节令种类奠定了基础，宋元以后的节令基本沿袭隋唐而较少变化"。④ 与此相关，不少学者对唐代节日的特点进行了概括。姚伟钧的《汉唐节日礼俗的形成与特征》一文认为，汉唐节日具有四个特点，即（1）数量多；（2）节日形式成熟构造复杂，每个节日都有一套相应的节日传说，节日饮食、节日礼仪构成了一个个繁复的节日习俗系统；（3）在每个节日中都可以找到一些最为古老的文化遗存因子；（4）汉唐年节中的饮食，最能集中强烈地反映出汉唐文化的内容和色彩等。⑤ 该文虽然概括出汉唐节日的一些特点，但它将汉、唐节日并提，难以突出有唐一代的特色。另外，韩养民、郭兴文也指出，在唐代，"节日完全从原来的禁忌、迷信、祓禊、禳除的

---

① 关于建构型节日和自然型节日，后文有更详细的说明。
② 韩养民、郭兴文：《中国古代节日风俗》，陕西人民出版社 1987 年版，第 23—24 页。
③ 高丙中：《中国节日框架的建构与重构》，载《居住在文化空间里》，中山大学出版社 1999 年版，第 66 页。
④ 史仲文、胡晓林主编，藏嵘、王宏凯著：《中国全史·中国隋唐五代习俗史》，人民出版社 1994 年版，第 5 页。
⑤ 姚伟钧：《汉唐节日礼俗的形成与特征》，载《华中师范大学学报》（人文社会科学版）1999 年第 1 期。

神秘气氛中解放出来，转变为娱乐型、礼仪型，成为真正的'佳节良辰'。在某些方面已向奢侈享乐方面发展。"① 这一从节日性质方面进行的概括颇具合理性，但相对于唐代节日的整体特点来讲尚不全面。万建中、周耀明、陈顺宣合著的《汉族风俗史（隋唐·五代宋元汉族风俗）》也对唐代节日的特点提出了自己的认识。这些均有助于我们对唐代节日的整体把握。

作为一种民俗事象，唐代节日具备了一般民俗事象所具备的基本特征，如传承性、变异性、规范性、模式性、地方性等，但是唐代节日特征这一话题的提出乃基于对我国节日发展全部历程的整体观照，应格外关注的是唐代节日区别于其他朝代、尤其是先前朝代节日发展状况而体现出来的特殊性。当然，这并不意味着笔者会将唐代从我国节日发展的整体链条中完全抽离出来，而不顾及它其实只是这个链条中与其前其后都紧紧相连的重要环节。

这里，笔者将在吸纳前人研究成果的基础上，提出自己的若干认识，将唐代节日的特征概括为以下几点。

一 新旧并存

新旧并存是唐代节日的一个重要特征。这表现在：一方面，此时期人们所过的节日以及过节的内容和形式许多肇始于唐帝国建立之前；另一方面，此时期的节日又发生了一些新变，不仅出现了中和节、皇帝诞节、清明节、八月十五以及降圣节等新兴节日，而且某些既有传统节日中也出现了新的名称、内容和形式，乃至节俗发生性质上的重大改变。

我国传统节日萌芽于先秦时期，随着《太初历》的颁行在汉代初步形成。诸如元日、立春、正月十五、春社、上巳、寒食、五月五日、冬至、腊日、除夕等均已出现。经过魏晋南北朝时期的发展，到唐建国以前，一个相当完整的节日体系已经形成。根据大约成书于唐建国前五六十年的《荆楚岁时记》记载，当时流传于荆楚地区的节日至少已有元日、人日、立春、正月十五、正月末日、正月晦日、二月八日、春分日、社日、寒食、三月三日、四月八日、四月十五日、五月五日、夏至、伏日、七月七日、七月十五日、八月一日、八月十四日、秋分、九月九日、十月

---

① 韩养民、郭兴文：《中国古代节日风俗》，陕西人民出版社 1987 年版，第 23—24 页。

朔日、冬至日、十二月八日、除夕等。① 而几乎所有上述节日，都能在唐代找到它们的影踪。因此，可以明确地说，唐代承继了前代的节日传统。值得注意的是，它所承继的，并非仅仅是节日的名称，还包含着有关特定节日的节期、主要的节俗活动，乃至前人对节日、节俗活动来源的解释等。

以人日为例。《荆楚岁时记》记载："正月七日为人日。以七种菜为羹，剪彩为人，或镂金箔为人，以贴屏风，亦戴之头鬓；又造华胜以相遗；登高赋诗。"② 这些节日活动在唐代基本上都在传承，有唐诗为证。裴延《咏剪彩花》诗云，"花寒未聚蝶，艳色已惊人。悬知陌上柳，应妒手中春"，它以夸张的手法描写了彩花的逼真。徐延寿的《人日剪彩》更描摹了一个已婚女子人日剪彩的情状："闺妇持刀坐，自怜剪裁新。叶催情缀色，花寄手成春。帖燕留妆户，粘鸡欲饷人。擎来问夫婿，何处不如真。"关于人胜，崔日用、李峤、韦元旦、李适、苏颋、李乂、马怀素、沈佺期、赵彦昭、郑愔等人都作过《奉和人日重宴大明宫恩赐彩缕人胜应制》或类似题目的诗，③ 唐德宗也作有"宝帐金屏人已帖，图花学鸟胜初裁"的诗句，表明唐代宫禁中亦有人胜之制。关于人日登高之俗，宋之问的《军中人日登高赠房明府》、乔侃的《人日登高》和韩愈的《人日城南登高》中均有明载。④ 其中韩愈诗云："初正候才兆，涉七气已弄。霭霭野浮阳，晖晖水披冻。圣朝身不废，佳节古所用。亲交既许来，子姪亦可从。盘蔬冬春杂，尊酒清浊共。令征前事为，觞咏新诗送。扶杖凌圯址，刺船犯枯葑。恋池群鸭回，释峤孤云纵。人生本坦荡，谁使妄倥偬。直指桃李阑，幽寻宁止重。"对于某个人日的气候、物候状况以及自己在这天到城南登高的经历、见闻和情怀进行了较为详细的描写，常被后世学人用来证明唐代存在着人日登高的习俗。

再如五月五日。《荆楚岁时记》对这个节日的记载是：

> 五月五日，四民并蹋百草，又有斗百草之戏。采艾以为人，悬门

---

① 参见（南朝）宗懔著、谭麟译注《荆楚岁时记译注》，湖北人民出版社1985年版。
② （南朝）宗懔著、谭麟译注：《荆楚岁时记译注》，湖北人民出版社1985年版，第25页。
③ 《全唐诗》卷46、61、69、70、73、92、93、96、103、106。
④ 《全唐诗》卷51、81、341，第626、878、3823页。

户上，以禳毒气。……

　　是日，竞渡，采杂药。……

　　以五彩丝系臂，名曰辟兵，令人不病瘟。又有条达等织组杂物以相赠遗。取鸲鹆教之语。①

由此可以看出，在南朝荆楚一带，五月五日的主要活动有踏百草、斗百草，采艾为人以禳毒气，竞渡，采药，以五彩丝（又称为长命缕、续命缕、辟兵缯、五色丝、朱索、百索等）系于臂上，互赠织物，取鸲鹆教之语等。那么唐人生活中的五月五日又是什么样的呢？

通过对相关文献的解读，可以发现，在唐代，系五色丝、竞渡仍是非常普遍的习俗活动，唐玄宗李隆基《端午三殿宴群臣探得神字》诗中就有"穴枕通灵气，长丝续命人"的描写②，张说《岳州观竞渡》则描写了竞渡的盛况和激烈场面："画作飞凫艇，双双竞拂流。低装山色变，急棹水华浮。土尚三闾俗，江传二女游。齐歌迎孟姥，独舞送阳侯。鼓发南湖溠，标争西驿楼。并驱常诧速，非畏日光遒。"③从诗中不难看出人们对于竞渡活动是如何的热爱和投入。此外，五月五日用艾的做法也在唐代继续保持，如张鷟判文所说："紫艾禳灾，大启中州之俗。"④

在唐代的传统节日中，人日、五月五日当然并非个例，实际上，其他节日对先唐节俗活动的承继同样明显。但这只是唐代节日与前代节日关系的一个方面，另一方面则是唐代多有新变，正是这些新变凸显了节日及节日生活发展到有唐一代的特色。

唐代在节日方面的新变，既表现在此时期出现了中和节、道诞日、皇帝诞节、清明节、八月十五等新兴节日，也表现在某些既有传统节日有了新的名称，出现了新的习俗活动，社会上对节日、节俗来历、意义进行了新的解释，乃至节日性质和功能发生了重大变迁等。

---

① （南朝）宗懔原著、谭麟译注：《荆楚岁时记译注》，湖北人民出版社1985年版，第89—96页。

② 《全唐诗》卷3，第27—28页。

③ 《全唐诗》卷88，第446页。

④ 《五月五日洛水竞渡船十只请差使于扬州修造须钱五千贯请速分付》，载《全唐文》卷173，第1761页。

就新兴节日的出现而言，皇帝诞节乃是玄宗开元十七年（729）创设，《旧唐书·玄宗纪》载当年八月癸亥，"百僚表请以每年八月五日为千秋节，王公已下献镜及承露囊，天下诸州咸令宴乐，休假三日，仍编为令，从之。"① 关于道诞日，开元二十五年（737）十月敕云："诸州玄元皇帝庙自今以后，每年二月降生日……一例设斋。"② 后来，即天宝五载（746）二月，太清宫使门下侍郎陈希烈又上奏，要求将其定为假日："谨案高上本纪，太圣祖玄元皇帝以二月十五日降生，既是吉辰，即大斋之日，请同四月八日佛生日，准令休假一日。"③ 结果，这一建议得到皇帝的首肯，道诞日由此成为唐人的法定假日。中和节乃是德宗贞元五年（789）新置，《唐大诏令集》载有当年正月颁布的《二月一日为中和节敕》，宣布："自今宜以二月一日为中和节，以代正月晦日，备三令节之数，内外官司休假一日。"④ 清明节和中秋节亦诞生于唐代。关于这几个新兴节日的详细情况，第二章中将有专论，此处不赘。

至于传统节日中出现新变化，在唐代是非常普遍的事情。

如元日悬幡的习俗在唐代以前不见记载，但唐代文献中多出，似能表明它是新兴的年节习俗。关于悬幡，日本僧人圆仁《入唐求法巡礼行记》中有载，武宗会昌二年（842），圆仁在都城长安过年，他写道："会昌二年岁次壬戌正月一日，家家立竹杆悬幡子，新岁祈长命。"⑤ 可见时俗以为悬幡具有免灾的功用，有助于延年益寿。《博异志·崔玄微》中也有关于用幡的情节：崔玄微在苑中遇到十余个女子（花精），其中有个叫封十八姨，大家一起饮酒。封十八姨"性轻佻"，用酒弄脏了醋醋（石榴花精）的衣服，宴会不欢而散。第二天诸女子要去看望十八姨，醋醋不愿去，她说："诸女伴皆住苑中，每岁多被恶风所挠，居止不安，常求十八姨相庇。昨醋醋不能低回，应难取力。"于是就请崔玄微帮忙："但处士每岁岁日与作一朱幡，上图日月五星之文，于苑

---

① 《旧唐书》，第 193 页。
② 《唐会要》卷 50，第 879 页。
③ （北宋）王钦若等：《册府元龟》卷 54，中华书局 1960 年影印本，第 601 页。以下引《册府元龟》皆为本版本，不再出作者、版本注。
④ （宋）宋敏求编：《唐大诏令集》卷 80，学林出版社 1992 年版，第 416—417 页。以下引《唐大诏令集》皆为本版本，不再出作者、版本注。
⑤ ［日］圆仁：《入唐求法巡礼行记》，上海古籍出版社 1986 年版，第 153 页。

东立之，则免难矣。今岁已过，但请至此月二十一日平旦，微有东风则立之，庶夫免于患也。"崔玄微听从了她的话，至此日立幡。"是日，东风刮地，自洛南折树飞沙，而苑中繁花不动。"崔玄微这才明白，"诸女曰杨、李、陶，乃衣服颜色之异，则众花之精也；绯衣名醋醋，即石榴也；封十八姨，乃风神也。"① 这个颇具戏剧色彩的故事，不仅显示了当时有岁日悬幡的做法，而且透露出所悬之幡在色彩和图案方面都相当讲究。在唐代，不仅一般人家，寺庙中也是幡旗高悬，司空图的《丙午岁旦》诗云"晓催庭火暗，风带寺幡新"，就描写了寺庙悬挂新幡的新年景致。②

又如寒食节上墓，本来只是民间习俗，但唐玄宗因俗制礼，将其纳入国家礼制范畴，并规定用拜扫礼。开元二十年（732）颁布的敕文中明确提到："开元二十年四月二十四日敕：寒食上墓，礼经无文，近世相传，浸以成俗，士庶有不合庙享，何以用展孝思，宜许上墓，用拜扫礼。"③自此，拜扫礼成为寒食节祭墓的重要方式，这从时人诗文描写中也可以看出。如徐凝有诗《嘉兴寒食》云："嘉兴郭里逢寒食，落日家家拜扫回。"

再如，唐代以前，时在五月五日这个节日的通行名称是"五月五日"，但盛唐以后，"端午"的名称取代了它。④ 原本流行于南方的竞渡习俗，在唐代也流传到了北方，至于端午节地方政府常向中央政府或皇帝上贡马匹的做法，也是唐代新兴的做法。

既广泛继承传统，又发生诸多新变，新旧并存，是唐代节日的重要特征之一。

二 具有浓厚的娱乐色彩

节日在隋唐时期向娱乐性方向迅速转变，是许多学者的共识。韩养民、郭兴文的《中国古代节日风俗》，万建中、周耀明、陈顺宣的《汉族风俗史（隋唐·五代宋元汉族风俗）》均持此说。李惠芳也在阐述我国传统节日民俗特点时指出了这一点："隋唐以后，特别是经过由贞观到开元

---

① （唐）谷神子撰、穆公校点：《博异志·崔玄微》，载上海古籍出版社编，丁如明、李宗为、李学颖等校点《唐五代笔记小说大观》（全二册），上海古籍出版社2000年版，第484页。
② 《全唐诗》卷885，第10000页。
③ 《唐会要》卷23"寒食拜扫"，第439页。
④ 关于"五月五日"节名称的变化，可参见本书附录三《"端午"作为节名出现于唐代考》。

近百年的休养生息，农业、手工业、商业得到空前发展，技术知识也有相当的进步。经济繁荣、文化昌盛，节日风俗也以极快的速度向娱乐方向发展。"① 值得一提的是，上述学者是在认为此前的节俗充满"禁忌、迷信、祓禊、禳解等观念及活动"的基础上提出这一观点的，这意味着他们将信仰与娱乐视为相对应的一对概念。与其不同的是，齐涛先生在《中国民俗史论》中将我国节日民俗的历史走向概括为"社会化向家庭化的发展，娱乐化向伦理化的发展"，认为早期节俗中就不乏娱乐性，"每逢节庆，乡邻们群聚同庆，辟邪除疫，载歌载舞，三月三男女青年的谈情说爱，春社秋社乡邻里党的开怀畅饮，除夕之夜为之空巷的驱傩活动，寒食清明的踏青、郊游，使我们看到我们民族开放、爽朗的昨天。但为时不久，这些习俗逐渐转向、湮没……"② 在这里，"娱乐"与"伦理"被当做一对对应的概念。大概因为对"娱乐"配以不同的对应概念，导致了学者们对我国传统节日历史走向的看法出现了不同：一种将娱乐化视为传统节日的去向，一种将娱乐性视为传统节日所素有。有趣的是，无论哪种观点，都将唐代看做转向的关键点，或者换句话说，都将唐代视为节日充满娱乐性的时期。而这与笔者关于唐代节日具有浓厚娱乐性色彩的判定是一致的。

从总体上看，我国传统节日历来都不乏娱乐的功能，21世纪的现在如此，明清时期如此，唐宋时期如此，汉魏时期如此，甚至先秦时期节日处于萌芽阶段时已然如此。但节日具有娱乐功能与人们在节日里积极参与节俗活动尤其是专门的娱乐性活动、主动追求身心的快乐毕竟是两回事情。这里所谓唐代节日"娱乐性色彩浓厚"，主要着眼点不在于节日具备的娱乐功能，而主要是就时人对节日娱乐性质的认定以及对娱乐身心的主观追求来说的。

一方面在思想观念上，唐代人已视节日为嘉节、佳节，是追求欢乐的日子，当时出现的诸多节日诗文中频频出现"佳节"、"乐"、"欢"等字眼就是明证。"玉律传佳节，青阳应此辰。土牛呈岁稔，彩燕表年春"写的是立春③；"佳节上元已，芳时属暮春"，写的是上巳；"时此万机暇，

---

① 钟敬文主编：《民俗学概论》，上海文艺出版社1998年版，第152—153页。
② 齐涛：《中国民俗史论》，河南大学出版社1992年版，第120—125页。
③ （唐）冷朝阳：《立春》，载《全唐诗》卷305，第3472页。

适与佳节并",写的是重阳①。这些节日都已成为唐人心目中的佳节。视节日为佳节、为娱乐的日子的确是唐代人的主流观念。比如高宗时人长孙正隐描写东都洛阳正月十五夜的繁华时说:"夫执烛夜游,古人之意,岂不重光阴而好娱乐哉?"② 在这里,作者以古人说事,但以"重光阴而好娱乐"来解释执烛夜游,反映的正是当时的观念。又如玄宗在《答百僚请以八月五日为千秋节手诏》中,明确指出以自己的诞辰为节,可令"朝野同欢,是为美事"。德宗在论证中和节之设的正当性时,更将原本具有禳除色彩的节日解释为与众宴乐的时间,所谓:"四序嘉辰,历代增置,汉崇上巳,晋纪重阳,或说禳除,虽因旧俗,与众宴乐,诚洽当时。"③ 实际上,德宗设立中和节的根本目的就在于增加娱乐时间。这一点,在《类说》卷二"中和节"条中叙述得非常清楚:

> 德宗曰:"前代三、九皆有公会,而上巳与寒食往往同时,来年合是三月二日寒食,乃春无公会矣。欲于二月创置一节,何日而可?"泌曰:"二月十五日以后虽是花时,与寒食相值,又近晦日。以晦为节,非佳名色。二月一日正是桃李开时,请以二月一日为中和节。……"
>
> 上大悦,即令行之,并与上巳重阳谓之三令节,中外皆赐钱寻胜宴会。④

由上面的叙述可知,德宗认为寒食节与上巳节虽是两节,但节期太近,"往往同时",因而减少了作乐的机会,为了避免这一遗憾,才有了在二月创置一节的动议。

另一方面表现在行动上,唐代的节日确实成为时人寻欢作乐的时间。人们不分男女,不分老幼,不分阶层,不分城乡,都在参与、观赏甚至创造娱乐活动中普遍享受着节日带来的欢乐。而几乎在唐代的每个节日里,

---

① (唐)李适:《重阳日赐宴曲江亭,赋六韵诗用清字》,《三日书怀因示百僚》,载《全唐诗》卷4,第44、46页。
② (唐)长孙正隐:《上元夜效小庾体同用春字并序》,(宋)蒲积中:《岁时杂咏》卷7,四库全书本。
③ 《唐会要》卷29"(贞元)五年正月十一日敕",中文出版社1978年版,第544页。
④ (宋)曾慥:《类说》卷2,上海古籍出版社1993年版,第873—28页。

我们都能看到欢乐的场面。正月十五，这个节日在宗懔的笔下还是充满了信仰色彩且活动较为单一的日子①，在唐代已成为"金吾不禁夜，玉漏莫相催"的非常时间。在京城长安，"盛饰灯影之会。金吾弛禁，特许夜。贵游戚属及下隶工贾，无不夜游。车马骈阗，人不得顾。王主之家，马上作乐以相夸竞"。②唐朝的不少皇帝都积极地参与其中，很大程度上成为上元节节日盛况的制造者和推动者。如先天二年（713），当时为太上皇的唐睿宗就曾到安福门观灯。这个上元节，"于京师安福门外作灯轮，高二十丈，衣以锦绮，饰以金玉，燃五万盏灯，簇之如花树。宫女千数，衣罗绮，曳锦绣，耀珠翠，施香粉。一花冠、一巾帔皆万钱，装束一妓女皆至三百贯。妙简长安、万年少女妇千余人，衣服、花钗、媚子亦称是，于灯轮下踏歌三日夜，欢乐之极，未始有之"。③唐都长安的上元节无疑是繁华欢乐的，东都洛阳、江南扬州，甚至地处边远的凉州之地的上元节，也都在男女老少的热情参与中显得热闹非凡。在洛阳，节日期间也不关城门，人们纵情娱乐，四处游玩，正如长孙正隐所描写的："薄晚啸游人，车马乱驱尘。月光三五夜，灯焰一重春。烟云迷北阙，箫管识南邻。洛城终不闭，更出小平津。"此时节，"美人竞出，锦障如霞；公子交驰，雕鞍似月。同游洛浦，疑寻税马之津；争渡河桥，似向牵牛之渚。实昌年之乐事，令节之佳游者焉"。④在扬州，"灯烛华丽，百戏陈设，士女争妍，粉黛相染"；甚至凉州一带，亦是"灯影连旦数十里，车马骈阗，士女纷委"。⑤

社日里，人们"酿酒迎新社"，"箫鼓赛田神"。祭社赛神后，还常常坐饮社酒，直到"桑柘影斜春社散，家家扶得醉人归"。这天，女子们也不再做活，同样参与到社日的活动中来，所谓"今朝社日停针线，起向

---

① 宗懔《荆楚岁时记》记载正月十五的习俗主要有："作豆糜加油膏其上，以祠门户。先以杨枝插门，随杨枝所指，仍以酒脯饮食及豆粥插箸而祭之。"又："其夕，迎紫姑，以卜将来蚕桑，并占众事。"

② （唐）刘肃撰、恒鹤校点：《大唐新语》，载上海古籍出版社编，丁如明、李宗为、李学颖等校点《唐五代笔记小说大观》（全二册），上海古籍出版社2000年版，第290页。

③ （唐）张鷟撰、恒鹤校点：《朝野佥载》，载上海古籍出版社编，丁如明、李宗为、李学颖等校点《唐五代笔记小说大观》（全二册），上海古籍出版社2000年版，第40页。

④ （唐）长孙正隐：《上元夜效小庾体同用春字并序》，（宋）蒲积中《岁时杂咏》卷7，四库全书本。

⑤ 《太平广记》卷26，第172页。

朱缨树下行"。① 上巳节，正值大地回暖，春意盎然，唐人更是倾城出游，乐而忘归。在长安，"巳日帝城春，倾城被禊晨"，平时难得一见的人，都汇聚到曲江池边，所谓"相寻不见者，此地皆相逢"。整个长安城简直沸腾起来。重阳节登高野宴，"移坐就菊丛，糕酒前罗列，虽无丝与管，歌笑随情发"②，人们就在宴饮歌笑中娱乐身心。除夕夜，从都城到偏远地区都有盛大的驱傩活动，这些原本充满神秘色彩的驱傩活动如今也充满了娱乐性。《南部新书》记载的一次驱傩盛况很好地说明了这一点：

> 岁除日，太常卿领官属乐吏并护僮侲子千人，晚入内。至夜，于寝殿前进傩。然蜡炬，燎沉檀，荧煌如昼，上与亲王妃主以下观之，其夕赏赐甚多。是日，衣冠家子弟多觅侲子之衣，着而窃看宫中。③

这次驱傩仪式的参与者多达千人，许多官宦子弟为了观看宫中的驱傩仪式，竟然装扮成侲子模样，混入驱傩队伍。一些老年人也不顾年迈体衰前来凑个热闹。一位叫臧童的老年进士，手执牛尾拂子，随着队伍又跳又唱，闹了一夜，等天明从宫中出来倍感疲倦，回到家就病了，而且一病就是六十天，连当年的考试都没能参加。

唐代节日娱乐色彩浓厚，还突出表现在大量游戏活动的出现，这在寒食清明节期间表现得尤为突出。拔河、蹴鞠、斗鸡、荡秋千、放风筝都是人们热爱的游戏活动。"在游戏活动中，人总是快乐地、情绪高昂地表达自己的热情和精神气质。实际上，游戏的奥秘和乐趣正在于此，它表明人们对另一种生活的期望。游戏有其自身的魅力，它使人扮演着另一种完全不同的角色，是对未来的'预先占有'，是对那些令人烦扰的现实世界的一种超越。在游戏中，人世间的现实突然成为一种转瞬即逝的东西。人们随时准备接受游戏中出现的令人惊异的和新奇的事情，进入一个运用不同法则的世界。他们将解除所有的顾虑，使自己成为自由和有主宰世界能力的人。人们在游戏中趋向于一种最悠闲的境界。在

---

① 韦庄：《纪村事》，载《全唐诗》卷696，第8013页；王维：《凉州郊外游望》，载《全唐诗》卷126，第1278页；张演（一作王驾）：《社日村居》，载《全唐诗》卷600，第6938页；张籍：《吴楚歌词》，载《全唐诗》卷386，第4360页。
② 白居易：《九日登西原宴望（同诸兄弟作）》，载《全唐诗》卷429，第4730页。
③ （宋）钱易撰、黄寿成点校：《南部新书·乙》，中华书局2002年版，第22页。

这种境界中，甚至连身体都摆脱了世俗的负担，和着天堂之舞的节拍轻松摇动。"① 在如痴如狂地参与这些活动的过程中，唐人获得了身心的愉悦。

值得一提的是，唐人在节日中寻欢作乐达到了如此深广的程度，有时突破礼制的要求，有时耽误了生产，连同样爱娱乐但又不得不顾及统治者角色的皇帝、官员都看不下去了。比如唐高宗就在龙朔二年（662）颁布诏书，对"寒食上墓，复为欢乐，坐对松槚，曾无戚容"的不合礼行为进行规范，要求人们不要做这种"玷风猷"的事情。但禁断效果并不好，诏书的颁行并没阻止人们的娱乐行为，以至于大约70年之后，即开元二十年（732），玄宗皇帝对"寒食上墓"之礼的合法性进行确认之时，不得不重申了"不得作乐"的规定；而又近十年之后，即开元二十九年（741），国家再次发布命令："凡庶之中，情礼多阙，寒食上墓，便为燕乐者，见任官与不考前资，殿三年，白身人决一顿。"② 再如元稹也对楚人居然为了竞渡娱乐而置生产活动于不顾的做法十分不满，并作《竞舟》诗加以抨击："楚俗不爱力，费力为竞舟……朝饮村社酒，暮椎邻舍牛。祭船如祭祖，习竞如习雠。连延数十日，作业不复忧。君侯馈良吉，会客陈膳羞。画鹢四来合，大竞长江流。建标明取舍，胜负死生求。一时欢呼罢，三月农事休。"从"吾闻管仲教，沐树惩堕游"的观念出发，元稹对当地官员节制"堕游"的移风易俗行为大加赞赏："节此淫竞俗，得为良政不。我来歌此事，非独歌此州。此事数州有，亦欲闻数州。"不过，元稹在做出这种赞赏的时候并不那么自信，他深深知道"习俗难尽去，聊用去其尤"，要消弭节日的娱乐活动是不可能的。③ 当然，话又说回来，如果完全消除节日的娱乐活动，大约也是元稹本人所不能接受的。

三 节日活动往往在户外进行，节日交往在很大程度上实现了对血缘关系和地缘关系的超越，较为广泛地建立于志缘关系基础之上

人类的任何活动都必须在一定的空间里进行，因此从一定意义上

---

① Ranner. Hugo, S. J: *Man at Play, or Did You Ever Practise Eutrapelia*? London: Burns&Oates, 1965. 转引自李仲广、卢昌崇《基础休闲学》，社会科学文献出版社2006年版，第122—123页。

② 《唐会要》卷23，第439页。

③ 元稹：《竞舟》，载《全唐诗》卷398，第4465页。

说，任何社会活动都是一种空间化实践，节日活动自不例外。通常说来，家庭是日常生活的中心，是人们的私人空间；家的一堵堵墙壁为活动于其中的人树立了一道道有形的屏障，从而将家构成一个相对封闭的空间。与此相应，户外则是公共空间，是开放的空间，是社会可视空间。节日活动在户外进行，不仅意味着众多活动参与者走进公共空间从而形成大家的"共同在场"；而且意味着活动及其参与者都是可视的，活动本身也具有更大的开放性，允许更多旁观者参与其中。这颇有助于节日呈现出热闹兴旺的盛大场面。节日活动在户内进行正与之相反，户内空间不仅相对狭小，而且互相隔离，这使得难以形成众多人的"共同在场"，活动是相对独立的，情绪也难以在更多人中间互相感染，节日的热闹程度因此而大打折扣。唐代节日之所以给人十分兴盛的感觉，除了参与者人数众多、参与热情高涨之外，一个非常重要的原因在于诸多节日活动选择于户外进行。

客观地说，唐代以前和之后，都有不少节日活动是在户外进行的，比如先秦时期的春季河边祓禊，汉代的腊月驱傩，南北朝的五月五日挑菜竞渡，明清时期的元宵节观灯走桥，等等；另一方面，在唐代，也有不少节日活动于家内举行，比如年节的贴春书、插桃枝、画虎头、书䚢字、悬幡等。① 但走出家门，走向大自然，在户外开展活动，更是唐人在诸多节日中的普遍选择。关系这一点，只要稍看一下相关资料就可明晰。如人日多有外出登高之举；正月十五，"金吾不禁夜，玉漏莫相催"，这天"灯火家家市，笙歌处处楼"，人们更是倾城出动，纷纷走上街头，看"灯树千光照，花焰七枝开"，又"妓杂歌偏胜，场移舞更新"，甚至到翌日天亮才尽兴而归。正月晦日，"衣冠杂沓，出城阙而盘游；车马骈阗，俯河滨而帐饮"②，同样一片热闹繁华景象。德宗朝设立中和节后，朝廷积极支

---

① 张子容《除日》诗云："腊月今知晦，流年此夕除。拾樵供岁火，帖牖作春书（春书，《辞源》释为春帖子）。"可见人们要在窗户上张贴春书。《全唐诗》卷116，第1178页。张说《岳州守岁二首》诗则云："桃枝堪辟恶，爆竹好惊眠。歌舞留今夕，犹言惜旧年。"说明至少岳州有着插桃枝以辟恶的习俗。《全唐诗》卷89，第979页。段成式《酉阳杂俎》则明确提到时人"俗好于门上画虎头，书䚢字，谓阴刀鬼名，可息疫疠也。"此外，悬幡也是当时除夕常见的做法。薛能有诗《除夜作》提到："燎照云烟好，幡悬井邑新。祯祥应北极，调燮验平津。"《全唐诗》卷558，第6478页。

② （唐）杨炯：《晦日药园诗序》，载《全唐文》卷191，第1928页。

持"诸司选胜宴会",并专门赐给宴会用钱。如贞元八年(792)正月诏:"在京宗室,每年三节(笔者注:指中和、上巳和重阳三令节),宜集百官列宴会。若大选集,赐钱一百千。非大选集,钱三分减一。"又诏:"三节宴集,先已赐诸衙将军钱,其率府已下,可赐钱百千。"① 寒食清明节,郊游踏青,诸多的娱乐活动更是在户外举行。唐人留下了许多描写寒食清明的诗句,如"青门欲曙天,车马已喧阗"②;"金络马衔原上草,玉颜人折路傍花。轩车竞出红尘合,冠盖争回白日斜"③;"雕阴寒食足游人,金凤罗衣湿麝薰。肠断入城芳草路,淡红香白一群群"④;"著处繁华矜是日,长沙千人万人出。渡头翠柳艳明眉,争道朱蹄骄啮膝"⑤;"吴山楚驿四年中,一见清明一改容。旅恨共风连夜起,韶光随酒著人浓。延兴门外攀花别,采石江头带酒逢"⑥;等等。这些俯首即拾的诗句向人们展示了寒食清明期间,无论北国还是江南,人们都纷纷走出家门亲近自然的动人情景。在唐代,野宴是重阳节俗的重要组成部分。孙思邈《千金月令·登高》云:"重阳之日,必以肴酒登高眺远,为时宴之游赏,以畅秋志。酒必采茱萸、甘菊以泛之,既醉而还。"⑦ 此外,春秋社日的祭社、上巳节的水边祓除、端午节的龙舟竞渡、除夕夜的驱傩仪式,亦无不在户外举行。在同一时间里,男男女女、老老少少都从封闭的场所走向了开放的空间,从自我的后台走到了自我"表演"的前台。⑧ "肉既饱,酒既酣,因化育之宿洽。有歌谣者进,有舞蹈者作,皆诚激乎中,章乎形容。"⑨ 为数众多的人的"共在",使得每一个人都是表演者,同时也是观察者。节日的繁华和热闹就在这表演、互动、观察和被观察中形成了。

社会交往是交往主体之间交互作用、交互影响的方式和过程,节日为

---

① 《唐会要》卷29,第544页。
② 罗隐:《寒食日早出城东》,载《全唐诗》卷659,第7567页。
③ 胡曾:《寒食都门作》,载《全唐诗》卷647,第7417页。
④ 韦庄:《丙辰年鄜州遇寒食城外醉吟五首》之一,载《全唐诗》卷699,第8040页。
⑤ 杜甫:《清明》,载《全唐诗》卷223,第2379页。
⑥ 郑准:《江南清明》,载《全唐诗》卷694,第7993页。
⑦ 转引自(元)陶宗仪:《说郛》,四库全书本。
⑧ Goffman, Erving: *The Presentation of Self in Everyday Life*. Harmondsworth: Penguin, 1959. 转引自王宁《消费社会学——一个分析的视角》,社会科学文献出版社2001年版,第262页。
⑨ (唐)欧阳詹:《鲁山令李胄三月三日宴僚吏序》,载《全唐文》卷597,第6032页。

社会交往的频繁发生提供了时机。① 唐代以前，节日中的社会交往更多基于血缘关系和地缘关系，但是在唐代，人们节日交往的范围日益扩大，尽管血缘、地缘性交往仍然十分重要，但总的趋势是出现了对血缘性、地缘性交往的超越，业缘性、志缘性交往十分普遍。② 这突出地表现在以私社为单位举行的节日活动中。③

私社出现于汉代，至魏晋南北朝有了较大的发展。宁可曾经指出此时期私社与传统里社相比呈现出的三个特点：一是里社以里为单位，是官方乡里组织的一个组成部分，私社则是自发组织，与乡里体系无关，主持社事者也不再是里正、父老一类人物，而是社内自设的社老、社正等人；其二，里社系全里居民共同参加，私社则只是部分居民的自愿结合，且私社的范围也不一定局限在本里之内；其三，里社的主要职能是社祭与社日活动的组织，私社的职能则逐渐扩大，除里社原有职能外，还有同好结义、经济互助、共举佛事等其他职能。④ 到了唐代，民间私社更加兴盛，不仅数量众多，而且名目种类繁多，成为十分重要的民间社会组织。傅晓静在其博士论文《唐五代乡村民间结社研究》中，将民间私社划分为三个大类、若干类型，其中第一大类是单项目的结社，系某一地域的民众为一具体经济、社会或佛事活动而发起的结社，主要包括米社、牛社、渠社、燃灯社、行像社、修佛堂佛窟社等。⑤ 以燃灯社、行像社为例，它们的建立乃基于社人对于佛教信仰的共同爱好，因此它们本

---

① 当然社会交往也可以发生在日常生活中，但日常的交往（主要指工作或家务劳动中的交往）主要是满足物质方面的需求，节日交往侧重于社会关系的经营与维护，以及对人们精神方面需求的满足。

② 值得说明的是，无论是血缘、地缘还是业缘、志缘，都是对人与人之间关系建立基础的一种抽象和概括，看似彼此互不包容。但具体到两个人的关系时，却完全可能同时存在以上四种关系，换句话说，完全可能有两个人既有血缘上的联系，又生活居住在同一个区域，而且从事同样的职业，并具有相同的志趣和爱好。不过，在具体的社会交往中，哪种关系起到更基础的作用则要视具体情况而定。

③ 关于私社，可以参见宁可《述社邑》，载《北京师范学院学报》1985年第1期；杨际平：《唐末五代宋初敦煌社邑的几个问题》，载《中国史研究》2001年第4期；郝春文：《唐末五代宋初敦煌社邑几个问题〉商榷》，载《中国史研究》2003年第2期；傅晓静：《唐五代乡村民间结社研究》，山东大学博士论文，2004年。

④ 宁可：《述社邑》，载《北京师范学院学报》1985年第1期。

⑤ 傅晓静：《唐五代乡村民间结社研究》，山东大学博士论文，2004年。

质上属于志缘组织。从现存资料来看,燃灯社、行像社举行活动的时间总是选择在节日期间,尤其是正月十五日、二月八日、四月八日和七月十五等佛教信众十分重视的节日中。在这些节日到来之际,社员们总是根据社规举行种种活动。这样,伴随着众多基于志缘关系而成立的私社的兴盛,以其为单位进行的节日交往也就突破了血缘和地缘关系的范畴。

除了以私社为单位举行的节日活动中呈现出这一特点外,其实在唐代的许多节日活动中都可以看出这一超越。尽管有许多例证表明,唐人也非常注重节日期间与家人的共度(比如王维那首脍炙人口的《九月九日忆山东兄弟》就表达难以与家人共度的遗憾),并真的也这样实践着,[①] 但也确实有不少人并非和家人而是和朋友、同僚等一起度过节日的。比如开成二年(837)的三月三日,白居易就是和同僚朋友们一起度过的,他在《三月三日祓禊洛滨序》中详细说明了这一事件的发起与过程:"河南尹李待价以人和岁稔,将禊于洛滨。前一日,启留守裴令公。公明日召太子少傅白居易、太子宾客萧籍李仍叔刘禹锡、前中书舍人郑居中、国子司业裴恽、河南少尹李道枢、仓部郎中崔晋、司封员外郎张可绩、驾部员外郎卢言、虞部员外郎苗愔、和州刺史裴俦、淄州刺史裴洽、检校礼部员外郎杨鲁士、四门博士谈弘谟等一十五人,合宴于舟中。"[②] 类似的事情在唐代屡见不鲜。唐代皇帝也经常在节日里给大臣们赐宴。这样的宴会是主要基于志缘和业缘关系的。

---

① 《唐国史补》卷中记载了一则有趣的事,"进士何儒亮,自外州至,访其从叔,误造郎中赵需宅,白云:'同房。'会冬至,需家致宴挥霍,需曰既是同房,便令引入就宴。姊妹妻女并在座焉。儒亮食毕徐出,需细审之,乃何氏子也。需大笑。儒亮岁余不敢出,京师自是呼为何需郎中。"从中可见冬至日合家欢宴的情景。(唐)李肇撰、曹中孚校点:《唐国史补》卷中,载上海古籍出版社,丁如明、李宗为、李学颖等校点《唐五代笔记小说大观》(全二册),上海古籍出版社2000年版,第176页。又元稹有《寒食日》诗,描写道:"今年寒食好风流,此日一家同出游。"《全唐诗》卷415,第4589页。罗隐有诗《七夕》,诗中有"络角星河菡萏天,一家欢笑设红筵"句。《全唐诗》卷656,第7539页。都可见节日交往会在以血缘关系为基础建立的家庭中展开。

② (唐)白居易著、朱金城笺注:《白居易集笺注》,上海古籍出版社1988年版,第2298—2299页。

四　宗教因素全面渗入岁时节日节俗之中

道、儒、释并称三教，这一说法在南北朝时已经出现，至唐代更为普遍。① 儒学本来就是传统文化的重要内容，在唐代的基础地位并没有改变。由于李唐统治者们因政治和信仰需要对佛、道的大力扶植，以及佛、道职业人士出于自身利益对上层统治者和社会民众的主动争取，无论是佛教还是道教都获得了长足发展。这三者既竞争又共生，对当时的社会生活和文化造成了极大的影响，诚如李斌城主编的《唐代文化》一书中所高度概括的："道释既是宗教，又是文化，与儒教共同构成中国传统文化的主要内容。唐代文化的显著特点之一，就是深深地打上了道儒释的烙印而呈现的三教色彩。"② 这段话也适用于唐代人的节日生活和节日文化。这一方面体现在，一些原本为宗教集团所重视的日子已成为百姓普遍参与的节日，甚至被纳入国家假日体系；另一方面体现在不少岁时节日里出现了具有佛、道教色彩的习俗活动。

唐代诸节中，原本为宗教集团重视而后成为百姓普遍参与的节日或法定假日，主要有二月八日、二月十五日、四月八日、七月十五日、十月十五日等。其中，二月八日、四月八日、七月十五日都起源于佛教，但是到了唐代，伴随着"佛教征服中国"③，这些日子都已成为百姓普遍参与的节日。毋庸讳言，俗民主体由僧众到俗众的转变并非始自唐代，至少在南北朝时间以前就开始了。据《魏书》载，焉耆国，"与婆罗门同俗，事天神，并崇信佛法，尤重二月八日、四月八日。是日也，其国咸依释教，斋戒行道焉"。④《荆楚岁时记》载荆楚一带："二月八日，释氏下生之日，迦文成道之时，信舍之家，建八关斋戒，车轮宝盖，七变八会之灯，平旦执香花绕城一匝，谓之'行城'。"⑤ 又据《洛阳伽蓝记》卷一"长秋寺"

---

① 《旧唐书》卷 13 载："庚辰，上降诞日，命沙门、道士加文儒官讨论三教，上大悦。"卷 22 载："其年二月，则天又御明堂，大开三教，内史邢文伟讲孝经，命侍臣及僧、道士等以次论议，日昃乃罢。"李隆基有《答张九龄贺论三教批》等。

② 李斌城主编：《唐代文化》，中国社会科学出版社 2002 年版，第 52 页。

③ 〔荷〕许理和：《佛教征服中国——佛教在中国中古早期的传播与适应》，李四龙、裴勇等译，江苏人民出版社 2003 年版。

④ （北魏）魏收：《魏书》卷 102，中华书局 1974 年版，第 2265 页。

⑤ （南朝）宗懔：《荆楚岁时记》，四库全书本。

条载，四月初八日前几天就开始有庆典活动，并有百戏杂技表演。寺内"作六牙白象负释迦在虚空中。庄严佛事，悉用金玉。工作之异，难可具陈。四月四日，此像常出，辟邪师子，导引其前。吞刀吐火，腾骧一面；彩幢上索，诡谲不常。奇伎异服，冠于都市。像停之处，观者如堵，迭相践跃，常有死人"。[①] 又卷三"景明寺"条载："时世宗好崇福，四月七日，京师诸像皆来此寺。尚书祠曹录像凡有一千余躯，至八日以次入宣阳门，向阊阖宫前受皇帝散花。于时金花映日，宝盖浮云，旛幢若林，香烟似雾。梵乐法音，聒动天地。百戏腾骧，所在骈比。名僧德众，负锡为群；信徒法侣，持花成薮。车骑填咽，繁衍相倾。时有西域胡沙门见此，唱言佛国。"[②] 又《荆楚岁时记》提及七月十五日时，"僧尼道俗悉营盆供诸佛。"[③] 从上文所载节日盛况及"观者如堵"之"观者"字样、"僧尼道俗"之"俗"字，可以很清楚地看出，起源于佛教诸节的参与者在南北朝时期，早已超越了僧团而亦及于俗众。到了唐代，二月八日、四月八日和七月十五日均成为国家规定的法定假日[④]，普通民众仍然广泛参与到节日的活动中去，与僧众一起营造着节日的盛况。[⑤]

张弓先生有《敦煌春月节俗探论》一文，充分利用敦煌文书资料对唐代当地二月八日的节俗活动进行讨论，指出敦煌一带以二月八日为行像日，并将行像日的种种行事大致分为三个阶段：第一为准备阶段，"从正月中下旬起，敦煌都僧统司下辖的营设司和诸寺，便忙于雇请博士修治佛的塑像和画像，请工匠造作菩萨头冠，召集女人缝制幢伞；与此同时，民间信众组织的行像社也开展活动，在社众和信众中选拔确定担佛、拽佛、擎佛、助佛等人夫；二月六日起，各寺燃灯，揭开节日的序幕；二月七日，僧官巡视道场，最后检查行像准备情况；营设司造帖，为行像日通告各界"。第二阶段为行像阶段，二月八日这天，"僧俗官员齐集道场行法事；各色侍佛人抬着释迦牟尼和菩萨塑像，擎举绢画佛像，自北门出发，

[①] （北魏）杨衒之著、范祥雍校注：《洛阳伽蓝记校注》，上海古籍出版社1978年版，第43页。

[②] 同上书，第132—133页。

[③] （南朝）宗懔著、谭麟译注：《荆楚岁时记译注》，湖北人民出版社1985年版，第112页。

[④] 三节放假情况可详见后文关于节日放假的具体阐述。

[⑤] 七月十五日，还有道教徒的积极参与。此点详下。

巡行街衢；百姓临街瞻仰，至道场散施祈福。当日，敦煌官署踏歌助兴，寺院举行赛天王法事；事毕，备酒饭劳问行像社众及侍佛人"。第三阶段为善后阶段，"二月九日，收拾佛像、佛衣等仪仗，赏赉出力师僧，饮馔慰劳诸色侍佛人"。① 由此不难看出，从准备到善后，"行像"活动整个过程中都有民众的广泛参与。

不仅如此，皇家还有在二月八日差公卿朝拜陵墓的做法。据《唐会要》卷二〇载："贞元四年二月，国子祭酒包佶奏：每年二月八日差公卿等朝拜诸陵，伏见陵台所由引公卿至陵前，其礼简略，因循已久，恐非尽敬。谨按开元礼，有公卿拜陵旧仪，望宣传所司，详定仪注，稍令备礼，以为永式。"② 差公卿拜陵选择在二月八日，前朝未见，具体起自唐代哪个皇帝时期亦不明晰。考虑到包佶上奏是因为看不惯当时二月八日公卿拜陵时礼仪的简略，说明这一做法可能据上奏为时不久；兼以《大唐开元礼》中的"太常卿行诸陵"礼，日期尚是择吉而定，那么二月八日差公卿上陵或兴起于开元礼成书的开元二十年之后至包佶上书的贞元四年之间。从上陵择日转变为固定于二月八日，当是受了佛教的影响，这一转变同时也反映了二月八日之为时人所重视。

"四月八日明星出，摩耶夫人降前佛。八月五日佳气新，昭成太后生圣人。"顾况的这首《八月五日歌》将四月八日与玄宗皇帝的千秋节并提，可见对佛诞日③的重视程度。唐代皇帝多崇佛，往往在四月八日有所活动，比如高宗显庆五年四月八日有于东都苑内造八关凉宫之举；④ 代宗则用奇珍异宝营造万佛山，并于"四月八日召两众僧徒入内道场礼万佛山"。⑤ 唐懿宗咸通十四年（873）四月八日举行了迎佛骨的盛大仪式，《旧唐书》、《资治通鉴》和《杜阳杂编》等书籍中均有记载，其中尤以《杜阳杂编》记载最为详尽：

十四年春，诏大德僧数十辈于凤翔法门寺迎佛骨。百官上疏谏，

---

① 张弓：《敦煌春月节俗探论》，载《中国史研究》1989年第3期，第125—126页。
② 《唐会要》卷20，第403页。
③ 《全唐诗》卷265，第2944页。
④ 《唐会要》卷20，第560页。
⑤ （唐）苏鹗撰、阳羡生校点：《杜阳杂编》卷上，载上海古籍出版社编，丁如明、李宗为、李学颖等校点《唐五代笔记小说大观》（全二册），上海古籍出版社2000年版，第1373页。

有言宪宗故事者。上曰："但生得见，殁而无恨也。"遂以金银为宝刹，以珠玉为宝帐香舁，仍用孔雀氍毛饰其宝刹，小者高一丈，大者二丈。刻香檀为飞帘花槛瓦木阶砌之类，其上遍以金银覆之。舁一刹则用夫数百。其宝帐香舁不可胜纪。工巧辉煌，与日争丽。又悉珊瑚、马瑙、真珠、瑟瑟缀为幡幢，计用珍宝不啻百斛。其剪彩为幡为伞，约以万队。四月八日，佛骨入长安，自开远门安福楼，夹道佛声振地，士女瞻礼，僧徒道从。上御安福寺亲自顶礼，泣下沾臆。即召两街供奉僧赐金帛各有差。仍京师耆老元和迎真体者，悉赐银碗锦彩。长安豪家竞饰车服，驾肩弥路，四方挈老扶幼来观者，莫不蔬素以待恩福。时有军卒断左臂于佛前，以手执之，一步一礼，血流满地。至于肘行膝步，啮指截发，不可算数。又有僧以艾覆顶上，谓之炼顶。火发痛作，即掉其首呼叫。坊市少年擒之不令动摇，而痛不可忍，乃号哭卧于道上。头顶焦烂，举止苍迫，凡见者无不大哂焉。上迎佛骨入内道场，即设金花帐、温清床，龙鳞之席，凤毛之褥，焚玉髓之香，荐王曼膏之乳，皆九年诃陵国所贡献也。初迎佛骨，有诏令京城及畿甸于路旁垒土为香刹。或高一二丈，迫八九尺，悉以金翠饰之。京城之内约及万数。是妖言香刹摇动，有佛光庆云现路衢，说者迭相为异。又坊市豪家相为无遮斋大会，通衢间结彩为楼阁台殿，或水银以为池，金玉以为树。竞聚僧徒，广设佛像，吹螺击铍，灯烛相继。又令小儿玉带金额白脚呵唱于其间，恣为嬉戏。又结锦绣为小车舆以载歌舞。如是充于辇毂之下，而延寿里推为繁华之最。①

在这里，苏鄂以极其细致的描写呈现了为迎佛骨所做的精心准备以及仪式现场的激动人心、热闹繁华，也展示了从皇帝到僧众、豪家、军卒、普通民众在这一事件中如痴如狂的投入状态。当然，这次迎佛骨活动与显庆五年（660）的造八关凉宫都只是一次历史事件，难以称做节俗活动，但将造八关凉宫与迎佛骨选择在四月八日举行这一行为本身，就足以说明问题。

---

① （唐）苏鄂撰、阳羡生校点：《杜阳杂编》卷上，载上海古籍出版社编，丁如明、李宗为、李学颖等校点《唐五代笔记小说大观》（全二册），上海古籍出版社2000年版，第1397—1398页。

又据《南部新书》记载，"贞元后，每岁二月八日，总章寺佛牙开，至十五日毕。四月八日，崇圣寺佛牙开，至十五日毕。"① 想必总章寺、崇圣寺佛牙开之时，顶礼膜拜的信众不在少数。另外，当时一些地方在四月八日还有市场，市场上有专门演戏的地方，供人娱乐。《太平广记》卷八三讲述一个叫续生的奇异之人时就是以此为背景的："濮阳郡有续生者……每四月八日，市场戏处，皆有续生。郡人张孝恭不信，自在戏场，对一续生，又遣奴子往诸处看验。奴子来报，场场悉有。以此异之。"②

七月十五本来是个起源于佛教的节日，③ 南北朝时期业已成为百姓参与的重大节日，到唐代，普通民众仍然积极参与其中，如《太平广记》卷三四记载了贞元年间一个叫崔炜的人的事迹，里面就提到："时中元日，番禺人多陈设珍异于佛庙，集百戏于开元寺。"④ 又卷三五〇记载武宗会昌年间，进士颜浚在中元日出游建业瓦官阁，那里"士女阗咽"，十分热闹。⑤ 不过，值得关注的是，唐代七月十五中杂进了道教的许多因素，不仅节日中道教徒们参与并组织许多活动，如举行中元斋会等，甚至节日名称也在很大程度上被源于道教的中元日⑥或中元节所取代。据统计，《全唐诗》所收诗歌中涉及七月十五这个节日的，题目或内容中含有"七月十五"、"七月半"、"盂兰盆"等字样的诗歌仅一两首，含有"中元"、"中元日"或"中元节"字样的则达20多首，其中有不少篇什反映了当时富含道教色彩的中元节的流行。如戎昱《开元观陪杜大夫中元日观乐》诗云："今朝欢称玉京天，况值关东俗理年。舞态疑回紫阳女，歌声似遏彩云仙。盘空双鹤惊几剑，洒砌三花度管弦。落日香尘拥归骑，□风油幕动高烟。"又如卢拱《中元日观法事》诗云："四孟逢秋序，三元得气中。云迎碧落步，章奏玉皇宫。坛滴槐花露，香飘柏子风。羽衣凌缥

---

① （宋）钱易撰、黄寿成点校：《南部新书》，中华书局2002年版，第18页。
② 《太平广记》卷83，第532页。
③ 关于七月十五作为节日的由来，主要有五种说法：一为来自祭祖节日说；二为来自道教说；三为来自道教，但很早即与佛教盂兰盆节混同说；四为来自佛教说；五为来自佛道二教说。杨琳先生曾经对这五种说法进行详细考辨，指出七月十五是来自佛教的节日。其说甚是。杨琳：《中国传统节日文化》，宗教文化出版社2000年版，第300—312页。
④ 《太平广记》卷34，第216页。
⑤ 《太平广记》卷350，第2771页。
⑥ 道家有三元，"正月十五日天官为上元，七月十五日地官为中元，十月十五日水官为下元，皆法身自忏悠罪焉。"《唐六典》卷4，"三元斋"注。

纱，瑶縠辗虚空。久慕餐霞客，常悲习蓼虫。青囊如可授，从此访鸿蒙。"① 诗中的开元观、三元、玉皇宫、槐花露、柏子风、羽衣、瑶縠、餐霞客等词语无不反映了节日中的道教色彩。

当然，道教对节日的影响不仅仅局限一个七月十五，事实上，起源于道教的二月十五日（道诞日）以及十月十五日（下元日），都曾经被唐政府规定为法定假日。②

除了上述二月八日、二月十五日、四月八日、七月十五日等这些原本为宗教集团所重视的日子已成为百姓普遍参与的节日，甚至被纳入国家的假日体系外，许多既有的岁时节日里出现了具有佛、道教色彩的习俗活动，也是唐代节日中宗教因素普遍存在的具体体现。如正月十五日，在唐代往往被称为上元日，就非常突出地体现了道教色彩。同时，这一节日中的佛教意味也十分浓厚，崔液有一首诗作描写上元夜燃灯的盛况："神灯佛火百轮张，刻像图形七宝装。影里如闻金口说，空中似散玉毫光。"③ 诗中的神灯、佛火、百轮、七宝等，无不彰显出浓厚的佛教色彩。僧人甚至推动着正月十五的燃灯活动。如《旧唐书》记载，先天二年"胡僧婆陀请夜开门燃百千灯，睿宗御延喜门观乐，凡经四日"。

同样引人注意的是，由于佛、道教若干清规戒律的广泛影响和官方的提倡，元日、端午节、重阳节、皇帝诞节、春社、秋社等节日也深受其影响。

早在武德二年（619）唐高祖就颁布如下诏书：

> 释典微妙，净业始于慈悲；道教冲虚，至德去其残暴。四时之禁，无伐麑卵；三驱之化，不取前禽。盖欲敦崇仁惠，蕃衍庶物，立政经邦，咸率兹道。朕祗膺灵命，抚遂群生，言念亭育，无忘鉴寐。殷帝去网，庶踵前修；齐王舍牛，实符本志。自今以后，每年正月、五月、九月，凡关屠宰、杀戮、网捕、畋猎，并宜禁止。④

---

① 《全唐诗》卷270、卷463，第3024、5268页。
② 详见下面关于唐代节日放假的具体阐述。
③ 崔液：《上元夜六首》之二，载《全唐诗》卷54，第668页。
④ 《禁正月五月九月屠宰诏》，载《唐大诏令集》卷113，第537页。

诏书里唐高祖用"释典微妙，净业始于慈悲；道教冲虚，至德去其残暴"作为三个月里禁屠宰的重要理由，而正月、五月、九月，正是佛、道家的斋月①。

唐高祖以后，唐代的多位皇帝都曾下过类似的诏敕：

（玄宗开元）二十二年十月十三日敕云："每年正月、七月、十月三元日，起十三日至十五日，并宜禁断宰杀渔猎。"

（开元）二十三年八月十四日敕："两京五百里内，宜禁捕猎，如犯者，王公以下录奏，余委所司，量罪决责。"

天宝五载七月，河南道采访使张倚奏："诸州府，今后应缘春秋二时私社望请不得宰杀，如犯者，请科违敕罪。"从之。

（天宝）七载五月十三日敕文："自今已后天下每月十斋日不得辄有宰杀。"

（肃宗）至德二载十二月二十九日敕："三长斋月并十斋日，并宜断屠钓，永为常式。"

乾元元年四月二十二日敕："每月十斋日及忌日，并不得采捕屠宰，仍永为式。"

（德宗）建中元年五月敕："自今已后，每年五月，宜令天下州县禁断采捕弋猎，仍令所司断屠宰，永为常式。并委州府长吏严加搦捉，其应合供陵庙，并依常式。"

（文宗）开成二年八月敕："庆成节，宜令内外司及天下州府，但以素食，不用屠杀，永为常式。"

（宣宗）大中五月敕："寿昌节天下不得屠杀。"

（哀帝）天佑元年九月敕："乾和节，文武百寮诸道进奏官准故事，于寺观说斋，不得宰杀，许酒果脯醢。"②

从上面所引文献来看，上述敕文，或者涉及三长斋月并进而涉及时处

---

① （晋）郗超《奉法要》中说："已行五戒便修三月六斋。岁三斋者，正月一日至十五日，五月一日至十五日，九月一日至十五日。"（梁）僧佑：《弘明集》卷13，四库全书本。
② 以上引文皆见《唐会要》卷41，第732—734页。

三长斋月中的元日、端午节和重阳节，或者涉及每月的十斋日①，或者涉及三元日，或者涉及皇帝的诞辰，或者涉及春秋二社，等等，而这自然影响到节日本身，尤其影响到节日的饮食习俗。因为禁断宰杀渔猎必然意味着节日中不仅佛教徒们而且皇帝大臣、普通民众都无法吃到鲜鱼鲜肉，也必然导致节日食品会以素食为主。当然这些规定的执行情况大约并不十分理想，否则就无需频频发布敕文一申再申。② 不过，频频发布敕文一申再申，也可以说明官方在推行这一禁断政策时的坚决和一贯态度，加上"并委州府长吏严加搦捉"、"如犯者，王公以下录奏，余委所司，量罪决责"等相应的惩罚措施，相信禁屠钓的政策还是有一定效果的。如此，人们的节日生活便不能不受其影响。

在唐代，许多节日饮食中确实难以见到肉食的影子。据《文昌杂录》载："唐岁时节物，元日则有屠苏酒、五辛盘、咬牙饧，人日则有煎饼，上元则有丝笼，二月二日则有迎富贵果子，三月三日则有镂人，寒食则有假花鸡毬、镂鸡子、子推蒸饼、饧粥，四月八日则有糕糜，五月五日则有百索粽子，夏至则有结杏子，七月七日则有金针织女台、乞巧果子，八月一日则有点炙杖子，九月九日则有茱萸、菊花酒糕，腊日则有口脂、面药、澡豆，立春则有彩胜鸡燕、生菜。"③ 提到的节日饮食无非素食。开成五年（840）四月中书门奏请以六月一日为庆阳节时，还专门说："其天下州府，每年常设降诞斋，行香后，便令以素食宴乐，惟许饮酒及用脯醢等。"④ 唐代皇帝往往在节日赏赐大臣食物，从中也可看出这一点。如白居易《社日谢赐酒饼状》中有"蒙恩赐臣等酒及蒸饼、糗饼等"的记述，可见，宪宗皇帝赐给大臣的社日饮食就是酒和蒸饼、糗饼之类。⑤ 即

---

① 十斋日指十个行持八关斋戒的日子，即每月的一日、八日、十四日、十五日、十八日、二十三日、二十四日、二十八日、二十九日、三十日。八关斋戒包括（1）不杀生，（2）不偷盗，（3）不邪淫，（4）不妄语，（5）不饮酒，（6）不装饰香华蔓，不使用香油涂身，不观赏歌舞倡伎，（7）不睡不坐高大华丽之床，（8）不食非时食。

② 贞元六年正月二十八日敕云："每年中和节及九月九日，自今已后，逼节放三日开屠。"对禁屠钓的禁断稍有所松动，不过，这里仅仅允许在中和节和重阳节前三日开屠，而没有涉及其他节日。

③ （宋）庞元英：《文昌杂录》卷3，中华书局1958年版，第26页。

④ 《唐会要》卷29，第547页。

⑤ （唐）白居易著、朱金城笺注：《白居易集笺注》卷59，上海古籍出版社1988年版，第3385页。

便一些节日里食用肉类,也往往只是干肉,即所谓的"脯"而已。白居易《九月九日谢恩赐曲江宴会状》中就有"赐臣等于曲江宴会,特加宣慰,并赐酒脯等者"的记述。①

五 节假日的广泛设置

至少从秦汉时代起,国家公务人员已有休沐和告宁制度。此后,一直到清代,休假制度都是一项重要的人事管理制度。虽然我国传统社会不同朝代的官吏休假制度有所不同,但一般都包括休沐假②、事假、病假、赐假和节假几类。就节日放假而言,应该从汉代就开始了。《后汉书·礼仪志》记载:"冬至前后,君子安身静体,百官绝事,不听政,择吉辰而后省事。"③《汉书·薛宣传》记载了薛宣劝一个节假日不肯休息的官吏回家休息的事件:"及日至休吏,贼曹掾张扶独不肯休,坐曹治事。宣出教曰:'盖礼贵和,人道尚通。日至,吏以令休,所繇来久。曹虽有公职事,家亦望私恩意。掾宜从众,归对妻子,设酒肴,请邻里,壹欢相乐,斯亦可矣!'"④可见,至少冬至汉代是放假的。⑤当然,唐代以前,节日放假还不普遍,白钢先生在其主编的《中国政治制度史》中述及秦汉官吏的休假制度时只提到夏至、冬至两个节假,述及魏晋南北朝时官吏的休假制度时,病假、服丧假、田假、受衣假、省亲假、拜墓假、事假均提及,独无节假。

应该说,普遍地以节日为法定假日,是从唐代开始的。

日本学者丸山裕美子曾在其《唐宋节假制度的变迁——兼论"令"和"格敕"》⑥一文中以表格的形式呈现了唐宋时期节假制度的变迁,这

---

① (唐)白居易著、朱金城笺注:《白居易集笺注》卷59,上海古籍出版社1988年版,第3381页。
② 休沐即常假,如汉代五日一休沐,唐代、宋代官吏十日一休沐,明代官吏半月一休沐。
③ (宋)范晔撰、(唐)李贤注:《后汉书》,中华书局1965年版,第3125页。
④ (汉)班固撰、(唐)颜师古注:《汉书》,中华书局1962年版,第3390页。
⑤ [日]丸山裕美子《唐宋节假制度的变迁——兼论"令"和"格敕"》中引用他人研究资料指出:"居延汉简中中,也有夏至前后休假五天的记录;以及从《汉官旧仪》所记伏日休假一天等资料来判断,夏至、伏日等节日休假都是汉代以来的制度。"参见该文正文及注1,载《中国社会历史评论》第三卷,中华书局2001年版,第366—372页。
⑥ [日]丸山裕美子:《唐宋节假制度的变迁——兼论"令"和"格敕"》,载《中国社会历史评论》第三卷,中华书局2001年版,第366—372页。

里仅引用唐代节日部分①。

表 1—3　　　　　　　　唐代节日放假一览表

	开元七年令	开元二十五年令	元和令	格、敕
元日、冬至	7 日	7 日	7 日	
寒食通清明	?	4 日	5 日	7 日
玄元皇帝降诞日			3 日	1 日
今上降诞日（诸庆节）		3 日	3 日	1 日
腊、夏至	3 日	3 日	3 日	
正月七日（人日）	1 日	1 日	1 日	
正月十五日（上元）	1 日	1 日	1 日	3 日
正月晦日	1 日	1 日	废止	
二月一日（中和）			1 日	
春、秋二社	1 日	1 日	1 日	
二月八日	1 日	1 日	1 日	
三月三日（上巳）	1 日	1 日	1 日	
四月八日（佛生日）	1 日	1 日	1 日	
五月五日（端午）	1 日	1 日	1 日	
三伏（初、中、末）	1 日	1 日	1 日	
七月七日（七夕）	1 日	1 日	1 日	
七月十五日（中元）		1 日	1 日	3 日
九月九日（重阳）	1 日	1 日	1 日	
十月一日	1 日	1 日	1 日	
十月十五日（下元）			?	1 日?
立春—立冬	1 日	?	1 日	
节假总天数	39 + ?	43 + ?	51 + ?	

从表 1—3 中可以看出，无论是根据开元七年令，还是根据开元二十五年令，唐代节假日的总天数都超过了 40 天；若根据元和令，节假日的

---

① 丸山裕美子的"节假之变迁表"中尚有中秋、九月朔、田和授衣，因为中秋和九月朔，在开元七年令、二十五年令、元和令和格敕中均无假，故而未列。至于田假和授衣假，开元七年令、二十五年令和元和令中都标明各放 15 天。但笔者以为，田假和授衣假与节日关系不大，故而不列。另外，此表最后一列内容为笔者所加。

总天数甚至超过了50天，这堪称我国官吏休假制度中的创举。这种以节为假的做法深刻地影响着后世。唐代以后，节假制度成为国家公务人员休假制度的重要组成部分，唐代奠定了后世节日放假的基本框架，后代节假多是在其基础上的调整和变更。比如宋神宗元丰五年（1082），祠部重新厘定官员休假制度，规定："岁凡七十有六日：元日、寒食、冬至，各七日，天庆节、上元节同，天圣节、夏至、先天节、中元节、下元节、降圣节、腊各三日，立春、人日、中和节、春分、社、清明、上巳、天祺节、立夏、端午、天贶节、初伏、中伏、立秋、七夕、伏、社、秋分、授衣、重阳、立冬，各一日。"① 又如元代，规定元正、寒食放假三日，冬至二日，端午、中元、重阳、十月一日、立春、立秋各一日。②

节假日在唐代的普遍设置，一方面深刻地改变着唐人，尤其是国家公务人员的生活节奏；另一方面，对于节日的发展产生了重要影响。

国家对公务人员的控制很大程度上是通过控制他们的时间来实现的，换句话说，国家公务人员的生活节奏取决于国家的劳动和休假制度。在劳动时间里，官吏们从事着工作范畴内的各种事务，所谓"卿士内外，左右朕躬，朝夕公门，勤劳庶务"③；在假日里，他们则可以暂时免除工作的责任。大量节假日的设置，意味着国家公务人员拥有了更多可以供个人自由支配的私人时间。这时国家公务人员的生活节奏显然不同于其他时间的生活节奏。再考虑到社会中的每个个体都是社会性的，都是因血缘关系、地缘关系、志缘关系、业缘关系、姻缘关系而结成的社会网络中的一个结点，那么，一个国家公务人员的放假，其实并不仅仅影响到他自己的生活节奏，还会影响到与他相关的许多人的生活节奏。值得一提的是，唐人显然已经习惯了节假日对其生活节奏的调节，因此如果应该放假而不放，就会引起当事人的强烈不满。《入唐求法巡礼行记》卷四记载的一个事件就很好地说明了这一点："寒食，从前已来，准式赐七日暇。筑台夫每日三千官健，寒食之节，不蒙放出，怨恨把器伏，三千人一时衔声。皇帝惊怕，每人赐三匹绢，放三日暇。"④ 会昌五年，唐武宗在长安筑仙台，

---

① （宋）庞元英：《文昌杂录》卷3，中华书局1958年版，第4页。
② 黄时鉴点校：《通制条格》卷22，"假宁·给假"，浙江古籍出版社1986年版，第269—270页。
③ 《旧唐书》卷13，第366页。
④ ［日］圆仁：《入唐求法巡礼行记》，上海古籍出版社1986年版，第181页。

动用三千"官健"加紧施工，时逢寒食节而没有给他们放假，结果三千人大恼，差点惹出一场祸乱，最后只得给他们"赐三匹绢，放三日暇"才算了结此事。

节假日的普遍设置，对节日在唐代的兴盛也产生了重要影响。显而易见，节日的兴盛有赖于俗民对节日习俗活动热情而广泛的参与，而参与必然意味着时间的消费。大量节假的出现，使国家公务人员的私人时间大量增加，他们因而有更多的闲暇或者说时间参与到节俗活动中去。可以说，正是因为寒食清明放假，寒食期间官员回乡扫墓才能顿成风俗，元稹也才能"此日一家同出游"；正是因为三月三日放假，时任江州司马的白居易也才能悠闲地登上长江边上的庾楼并发出"三日欢游辞曲水，二年愁卧在长沙。每登高处长相忆，何况兹楼属庾家"的无限感慨！

或许有人质疑，节假制度是针对国家公务人员实行的一种人事管理制度，国家公务人员毕竟只是全部社会成员的一部分，因此，节日放假实际上仅仅是给予一部分人以法定的闲暇时间而已，如何能促进节日的兴盛？！这种疑问当然有其道理。然而我们以为，节日放假只给予一部分人法定的闲暇时间，却不并意味着只对社会中的这一部分人具有意义。因为，以节日为假日，是以制度化的形式赋予人们在节日里参与习俗活动以正当的地位。假日，即暇日也。因此，从一定意义上说，节日放假标志着官方对节日性质的一种认定，即承认放假的节日就是闲暇日，允许人们休闲娱乐。而这里的"人们"一词，绝不仅指国家公务人员。

还应说明的是，允许人们休闲娱乐，并不意味着现实中人们会将全部的节假日时间都投入到休闲娱乐中去，也不意味着社会上所有人都会投入其中。若从由职业分工而划定的士农工商四大群体来讲，士、农群体在节日时间里往往更多地选择休闲，并掀起消费的高潮，工、商群体尤其是后者却通常是更加忙碌地工作。因为随着社会分工的发展，自给性消费所占比例越来越小，消费者越来越需要通过交换或某种社会关系来获取消费品，节日越来越成为消费日和商贸交易日，以追求利益为目标的商贩们决不会放弃这个能够赚取利润的大好机会。在圆仁的笔下，扬州一带的除夕之夜还有人营业，所谓"街店之内，百种饭食异常弥满"。① 又如上面引述的《太平广记》卷三四崔炜故事中，崔炜在中元日开元市遇到了一个

----

① ［日］圆仁：《入唐求法巡礼行记》，上海古籍出版社 1986 年版，第 24—25 页。

乞食的老妇人，"因蹶而覆人之酒瓮，当垆者殴之"，可知开元市中有卖酒食的商铺。再如，罗隐有一篇抨击市傩现象的文字，里面提到"都会恶少年，则以是时鸟兽其形容，皮革其面目，丐乞于市肆间，乃有以金帛应之者"[①]。从中亦可窥见节日市场之一斑。所以，一定程度上讲，唐代节日的兴盛是由一部分唐人的节日消费需求和另一部分唐人对其消费需求的满足共同促成的。

六 胡[②]风弥漫

唐朝是个开放的时代，在国家强盛的社会背景和大有胡气的民族背景之下，唐朝人有着其他朝代人所难以匹敌的纳异胸襟。诚如鲁迅所说："汉唐虽然也有边患，但魄力究竟雄大，人民具有不至为异族奴隶的自信心，或者竟毫未想到，凡取用外来事物的时候，就如将彼俘来一样，自由驱使，绝不介怀。"[③] 建唐伊始，雄才大略的唐太宗就推行全面开放的对外方针，对于外国和国内少数民族采取较为平等的态度，所谓"自古皆贵中华，贱夷、狄，朕独爱之如一"[④]。后继的诸皇帝基本上坚持了这一方针。当时政府中设置鸿胪寺、礼宾院和典客署等职能机构，专门负责涉外事务。[⑤] 国家法律中也充分体现了对外来人员的尊重和优待。如《唐律疏议》明文规定："'化外人'，谓蕃夷之国，别立君长者，各有风俗，制法不同。其有同类自相犯者，须问本国之制，各依本俗法。"[⑥] 此外，国家还大量任用外族人担任官职，欢迎各国来唐经商、留学、传教，允许异

---

① 罗隐：《市傩》，载《全唐文》卷896，第9352页。
② 正如李斌城主编《唐代文化》中所说：胡是"一种很含糊的称谓，它既包含了生活在历史上的中国之外的几乎所有的外国人，也包括了生活在历史上的中国之内，与唐朝从属关系不确定，或属于不同政权的中国周边地区的民族；在很多情况下，还指称生活在唐朝境内，已经归属唐朝，但人种与汉族不同的各民族的人群；甚至有时还指前代就已移居唐朝境内，已经完全汉化的非汉族人群。"其中"历史上的中国"是指"18世纪年代到19世纪年代这一时期中国的版图。"中国社会科学出版社2002年版，第1815页。
③ 鲁迅：《看镜有感》，载《鲁迅全集》卷1，人民文学出版社1973年版，第300—301页。
④ （宋）司马光编著、（元）胡三省音注：《资治通鉴》卷198，中华书局1956年版，第6247页。以下引《资治通鉴》皆为本版本，不再出作者、版本注。
⑤ 《旧唐书》卷44，"职官志三"，《唐六典》卷18，"鸿胪寺"。
⑥ （唐）长孙无忌等编修、刘俊文点校：《唐律疏议》卷6，"名例"，中华书局1983年版，第133页。

族间通婚。当时甚至形成了崇拜外来物品的社会风气，对此，美国历史学者谢弗论述道："唐朝人追求外来物品的风气渗透了唐朝社会的各个阶层和日常生活的各个方面：在各式各样的家庭用具上，都出现了伊朗、印度以及突厥人的画像和装饰式样。虽然说只是在八世纪时才是胡服、胡食、胡乐特别流行的时间，但实际上整个唐代都没有从崇拜外来物品的社会风气中解脱出来。"① 更有甚者，"北胡与京师杂处，娶妻生子。长安中少年，有胡心矣"②。此种背景之下，胡俗弥漫开来。"自从胡骑起烟尘，毛毳腥膻满咸洛。女为胡妇学胡妆，伎进胡音务胡乐。火凤声沉多咽绝，春莺啭罢长萧索。胡音胡骑与胡妆，五十年来竞纷泊。"③ 元稹的这首《法曲》非常典型地反映了胡食、胡妆、胡音、胡俗在唐朝社会中盛行并融入日常生活之中的状况。

节日作为人们日常生活的特殊点，更是胡俗弥漫的时间和场合。

在皇帝诞节，宫廷中往往举行百戏表演，其中就不乏胡人的参与。据《杜阳杂编》记载，唐敬宗生日④，

> 大张音乐，集天下百戏于殿前。时有妓女石火胡，本幽州人也，挈养女五人，才八九岁。于百尺竿上张弓弦五条，令五女各居一条之上，衣五色衣，执戟持戈，舞《破阵乐》曲。俯仰来去，赴节如飞。是时观者目眩心怯。火胡立于十重朱画床子上，令诸女迭踏以至半空，手中皆执五彩小帜，床子大者始一尺余。俄而手足齐举，为之踏浑脱，歌呼抑扬，若履平地。上赐物甚厚。⑤

这个石火胡就是"来自中亚石国的竿伎艺人或他们的后裔"。她和她的养女表演的"踏浑脱"又名"泼胡寒戏"，原本出于西域康国，虽然这种"鼓舞乞寒，以水相泼"的游戏形式早在北周前业已传入，但在唐代

---

① ［美］谢弗：《唐代的外来文明》，吴玉贵译，中国社会科学出版社1995年版，第47页。
② （唐）陈鸿：《东城老父传》，载张友鹤选注《唐宋传奇选》，人民文学出版社1979年版，第89页。
③ 《全唐诗》卷419，第4617页。
④ 唐敬宗生日未设节，但放假一天，故虽无节之名，却有节之实。
⑤ （唐）苏鹗撰、阳羡生校点：《杜阳杂编》，载上海古籍出版社编，丁如明、李宗为、李学颖等校点《唐五代笔记小说大观》（全二册），上海古籍出版社2000年版，第1387页。

依然被某些人视为"胡虏之俗"①。

在民间，节日里也可见得胡人胡舞，听得胡乐。李白有首《九日登山》，描写的是重阳节与友人登山的状况，其中有"胡人叫玉笛，越女弹霜丝"的语句②，反映了节日场合中胡人胡乐的存在。又刘禹锡的《观柘枝舞二首》描写了胡人跳柘枝舞的情景，其中一首写道："胡服何葳蕤，仙仙登绮墀。神飙猎红蕖，龙烛映金枝。垂带覆纤腰，安钿当妩眉。翘袖中繁鼓，倾眸溯华榱。燕秦有旧曲，淮南多冶词。欲见倾城处，君看赴节时。"③从最后一句可以得知，至少在刘禹锡生活的时代，节日是柘枝舞表演非常集中的场合。而柘枝舞本是中亚一带的民间舞蹈。

此外，胡食也成为一些节日中的饮食。比如圆仁《入唐求法巡礼行记》中就有立春节以胡饼为食的记载："（开成六年正月六日）立春节，命赐胡饼、寺粥。时行胡饼，俗家皆然。"④

在唐代，有不少胡人经营酒店业，"胡姬貌如花，当垆笑春风"，在以宴饮为重要节日活动的唐人那里，去胡姬那里饮酒，是他们的所爱。"落花踏尽游何处，笑入胡姬酒肆中。"李白这两句诗虽未明言是节日中的作为，但考虑到唐人对春季节日里赏花踏青的热衷，将其视为一些人在节日中的作为亦无不可。

当然，需要指出的、亦可以从上文举例中看出的是，胡食、胡乐等似乎只是被利用于唐人的节日场合，节日里弥漫的胡风并未对节日体系、节期、节日的阐释等造成根本性影响。不仅如此，许多在唐的"胡人"还深受唐文化的影响，在过节方面体现出与唐人的一致性。比如登州文登县（今山东文登）青宁乡赤山村，是新罗人的一个定居点。生活在这里的新罗人在保持本国节日传统的同时，便受到了唐朝节日文化的影响。据《入唐求法巡礼行记》记载，赤山村的法花院，常住僧众约30人（均为

---

① 唐中宗时，吕元泰曾经上书对两京民间流行泼胡寒戏提出质疑，其中有"胡服相欢，非雅乐也；浑脱为号，非美名也。安可以礼义之朝，法胡虏之俗"语，《新唐书》卷118，第4277页。
② 《全唐诗》卷179，第1832页。
③ 《全唐诗》卷354，第3972页。
④ ［日］圆仁：《入唐求法巡礼行记》，上海古籍出版社1986年版，第146页。

新罗人)。他们在过本国八月十五节①的同时,也过唐朝的冬至节、除夕、新年等节日。如开成四年十一月九日,"冬至节,众僧相礼"。又十二月"廿九日晚头,此新罗院佛堂经藏点灯供养,别处不点灯。每房灶里,烧竹叶及草,从突出烟。黄昏、初夜、后夜、寅朝礼佛。后夜,诸沙弥、小师等巡到诸房拜年。贺年之词依唐风也"。又开成五年(庚申年)正月一日,"礼佛了,便于堂前,众僧同礼拜,更互参差,不依次第"。②

考虑到胡人与唐人杂居、胡汉通婚现象的普遍存在,能够既保持本国或本民族节日传统又深受唐人节日文化影响的,应该不止于生活于大唐境内的新罗人。

以上为笔者对唐代节日特征的认识。它们大致反映了唐代节日的总体状况和变迁的概貌。笔者以为,正是这些特征,使得唐代节日就只是唐代的节日,也使得唐代节日在整个中国节日发展史上的地位突出出来。这些时代特征的出现是与唐代社会的经济繁荣、社会秩序相对稳定、人心包容等密切相关的。反过来,唐代节日也成为唐代社会繁荣的一个缩影和表征。很大程度上,后人正是通过唐代节日呈现的欢乐、祥和、热闹、多元文化色彩来认识大唐帝国的繁荣和独特气象的。

第三节 唐代节日发展的历史分期

上文诸特征的概括,是对唐代节日做出的总体考察。如果结合社会变

---

① 《入唐求法巡礼行记》卷2载:开成四年八月"十五日,寺家设馎饦饼食等,作八月十五之节。斯节诸国未有,唯新罗国独有此节。老僧等语云:'新罗国昔与渤海相战之时,以是日得胜矣,仍作书乐而喜舞,永代相续不息。设百种饮食,歌舞管弦以昼续夜,三个日便休。今此山院追慕乡国,今日作节。其渤海为新罗罚,才有一千人向北逃去,向后却来,依旧为国。今唤渤海国之者是也。'"([日]圆仁:《入唐求法巡礼行记》,上海古籍出版社1986年版,第67页。)虽然笔者以为八月十五也是唐人的节日,并非只有新罗人才过,后文有专门论述。但是这并不影响我们做出新罗人是在"保持本国节日传统"的判断,因为从圆仁的记载中显然可以看出,法花院的新罗老僧是把它视为本国传统节日的,而且过节的目的在于"追慕乡国"。而参之以其他记载,可知重八月十五确是新罗人的传统。比如《旧唐书》卷199《新罗传》叙述新罗的风俗时说:"又重八月十五日,设乐饮宴,赉群臣,射其庭。"又《册府元龟》卷959《外臣部·土风》载:"至八月十五日,设乐令官人射,赏以马布。"

② [日]圆仁:《入唐求法巡礼行记》,上海古籍出版社1986年版,第72、75页。

迁，对唐代节日加以动态、纵向考察的话，就不难发现，在有唐一代近三百年的不同时期，节日体系的构成、节日活动的内容、节日性质以及时人的过节心理等方面都存在差异。

正如李斌城等先生在《唐代文化》一书"绪论"部分已经总结的，学术界从历史学角度划分唐代历史阶段的看法主要有两种：一种是以安史之乱为分水岭，分为唐前期与唐后期；另一种是分为唐前期（618—741）、唐中期（742—820）和唐后期（821—820）。此外还有一种是在隋唐五代的历史阶段中，第一阶段为隋；第二阶段为唐前期（武德元年至天宝十四载，即618—755）；第三阶段为天宝十四载至中和四年（即755—884年）；第四阶段为中和四年至宋建隆元年（即884—960）。而从文学史角度讲唐代文学的阶段划分，流行的是分为初唐（开国至开元以前，即618—712）、盛唐（开元至大历，即713—766）、中唐（大历至大和，即766—835）和晚唐（大和至唐亡，即836—907）四个时期。《唐代文化》一书将唐代文化的发展阶段划分为五个，即初步发展阶段（唐高祖武德元年至唐高宗弘道元年，即618—683）；兴盛阶段（武则天光宅元年至唐玄宗天宝十四载，即684—755）；消沉阶段（唐肃宗至德元载至唐代宗大历十四年，即756—780）；"中兴"阶段（唐德宗建中元年至唐武宗会昌六年，即780—846）；衰落阶段（唐宣宗大中元年至唐昭宣帝天祐四年，即847—907）。[①]

这些分期方法都有其立论的理由。但节日毕竟是具有传承性、模式性和规范性的民俗事象，并往往通过社会成员对节日的认同和实践而得以慢慢生成和演变；节日的生成、演变虽然与国家的经济、政治、社会发展状况相关，与时人尤其是官方所持的节日观念有关，甚至与某些历史事件的发生相关，但这些因素终究要作用于社会成员身上，通过改变他们对节日活动的选择和实践才能促成节日的变迁。而且，唐代节日是一个包含众多具体节日的节日体系，不同节日在不同时期的生存状态又不相同。因此，对唐代节日的分期，就不能简单套用学术界关于唐代历史分期的方法，甚至也不能简单套用关于唐代文化发展阶段的划分方法，而要在综合考虑节日体系构成、不同节日的盛衰状况、节日活动内容、时人过节的心理以及统治者的态度等多个方面的基础上，加以判断。这里，我们以安史之乱为

[①] 李斌城等主编：《唐代文化·绪论》，中国社会科学出版社2002年版，第3—11页。

界，将唐代节日发展史分为两个阶段。

一 唐高祖至安史之乱前的唐玄宗统治时期

从唐高祖至安史之乱前的唐玄宗统治时期，唐代社会处于不断上升发展之中，节日也不断趋向繁荣。具体而言，又大致可分为两个时期，即唐高祖到中宗时期和安史之乱前的唐玄宗统治时期。

整体上来看，在唐高祖到中宗时期，节日体系的构成、活动内容等方面都更多因袭了前代，没有发生大的变化。虽然有些节日如元宵节、上巳节呈现出兴盛面貌，但节日生活总体上处于相对萧条状态。

唐高祖在位期间，李唐初创，烽燧尚警，兵革未宁。经过多年战争，社会经济则凋敝不堪，民不聊生。这种境况之下，最高统治者不可能大张旗鼓地提倡过节。不惟不提倡，还要让人们节制欢娱，武德二年（619）颁布的《关内诸州断屠酤诏》、武德三年（620）颁布的《关内诸州断屠杀诏》[①]都表明了官方这种态度。传世文献中关于这一时期节日风俗的描写不多，大约也反映了节日不盛的事实。当然，高祖时期提倡过祭社，颁布诏书要求"京邑庶士，台省群官，里闾相从，共遵社法，以时供祀，各申祈报"。但这主要是出于"尚想躬稼，励精治本"的目的。[②]更何况，高祖对祭社提倡这一行为本身，正表明社日节在唐代初年是相当衰败的。

太宗继位之后，经过几年的经营，"天下大稔，流散者咸归乡里，米斗不过三四钱，终岁断死刑才二十九人。东至于海，南极五岭，皆外户不闭，行旅不赍粮，取给于道路焉"[③]。经济发展，社会比较安定，形成了贞观年间的治世局面。太宗以后，高宗继立，"永徽之政，百姓阜安，有贞观之遗风"。[④]改唐为周的武则天统治时期，社会经济在唐初的基础上获得了进一步的发展。政局的稳定、经济的发展客观上为节日的兴盛创造了条件。这一时期人们的娱乐情绪迅速滋长，节日生活开始活跃起来。最高统治者也乐意在节日里举办活动并参与其中。

[①] 《唐大诏令集》卷108，第514、515页。
[②] 《册府元龟》卷33，356页。
[③] 《资治通鉴》卷193，第6089页。
[④] 《资治通鉴》卷199，第6270—6271页。

以七夕节为例。初唐君臣的七夕宴会相当频繁，唐高宗有《七夕宴悬圃》二首，许敬宗有《奉和七夕宴悬圃应制》二首，李峤、杜审言、刘宪、苏颋、李乂、赵彦昭等人有《奉和七夕两仪殿会宴应制》，都是会宴中君臣唱和的产物。再如元宵节，据《大唐新语》记载，唐中宗神龙年间（705—707）京城"盛饰灯影之会。金吾弛禁，特许夜行。贵游戚属及下隶工贾，无不夜游。车马骈阗，人不得顾。王主之家，马上作乐以相夸竞。文士皆赋诗一章，以纪其事"。① 又景龙三年（709）腊日，皇帝"于苑中召近臣赐腊，晚自北门入于内殿，赐食加口脂、红雪、澡豆等，又云赐口脂、腊脂，盛以碧缕牙筩"。② 景龙四年（710）二月，

> 庚戌，令中书门下供奉官五品已上、文武三品已上并诸学士等，自芳林门入集于梨园球场，分朋拔河，帝与皇后、公主亲往观之。
> 三月甲寅，幸临渭亭修禊饮，赐群官柳圈以辟恶。丙辰，游宴桃花园。③

所有这些均表明最高统治者对过节的热衷。

至于普通民众，也开始积极参与到各种节俗活动中去。崔知贤的《上元夜效小庾体》诗云："今夜启城闉，结伴戏芳春。鼓声撩乱动，风光触处新。月下多游骑，灯前饶看人。欢乐无穷已，歌舞达明晨。"④ 郭利贞的《上元》云："九陌连灯影，千门度月华。倾城出宝骑，匝路转香车。烂熳惟愁晓，周游不问家。更逢清管发，处处落梅花。"⑤ 都写出了人们倾城出动、歌舞赏灯的热闹欢乐情景。

人们快乐过节的热情是如此之高，以至于在按礼仪不该欢乐的场合，如祖先的坟墓前，他们也禁止不住，以至于最高统治者从统治的角度出发不得不下令进行禁断。如唐高宗龙朔二年（662）就下诏："或寒食上墓，

---

① （唐）刘肃撰、恒鹤校点：《大唐新语》卷8，载上海古籍出版社编，丁如明、李宗为、李学颖等校点《唐五代笔记小说大观》（全二册），上海古籍出版社2000年版，第290—291页。
② （宋）陈元靓：《岁时广记》卷39引《景龙文馆记》，四库全书本。
③ 《旧唐书》卷7，第149页。
④ 崔知贤：《上元夜效小庾体》，载《全唐诗》卷72，第785页。
⑤ 《全唐诗》卷101，第1079页。

复为欢乐，坐对松槚，曾无戚容。既玷风猷，并宜禁断。"①

经过一百多年的恢复发展，玄宗开元、天宝年间，出现了国力强盛、经济繁荣、政治稳定、教育发达、中外交往频繁、百姓安居乐业的盛世局面。当时，"海内富实，米斗之价钱十三，青、齐间斗才三钱，绢一匹钱二百。道路列肆，具酒食以待行人，店有驿驴，行千里不持尺兵。"② 经济的发展、财富的充裕不仅为节日消费提供了必要的物质条件，而且让无衣食之忧的人们有了更多休闲娱乐的热情。政治的平稳、社会的安定也为时人快乐过节提供了必要的外界环境。当时的最高统治者唐玄宗也在这方面表现出高度的热情，不仅本人热衷于节日中的寻欢作乐，且不止一次地号召官吏甚至全国人民都参与进来，普天同庆，共享歌舞升平。他自我作古，在自己的诞辰创立千秋节，以为"朝野同欢，足为美事"。他曾在开元二十四年（736）千秋节宴群臣时说道："自古风俗所传，岁时相乐，亦合因事，大小在人……今属时和气清，年谷渐熟，中外无事，朝野乂安，不因此时，何云燕喜？卿等即宜坐饮，相与尽欢。"③ 也曾在开元二十六年（738）正月"亲迎气于东郊祀青帝下制"："今朝廷无事，天下和平，美景良辰，百官等任追胜为乐。"④ 甚至还颁诏许百官游宴，所谓"百辟叶心，交修皇极，所以天降休命，宝祚维新。今郊庙精禋，大礼克举，万方无事，九有忻心。属献岁芳春，上元望日，既当行庆之序，式广在镐之恩。自今后，非惟旬休及节假，百官等曹务无事之后，任追游宴乐。"⑤ 不仅允许官员在节假日，而且只要他们办完公事，也可以在工作日里游宴欢乐。他不仅鼓励官吏百姓积极娱乐，甚至赐给赏钱，开元十九年（731）就下诏："三品已上……每至假日，宜准去年正月二十九日敕，赐钱造食，任逐胜赏。"⑥ 总之，他作为皇帝在风俗流播方面的示范性以及通过皇帝身份颁布政策、号召并动用资源积极营造节日气氛，等等，更

---

① 《唐会要》卷23"寒食拜扫"载："龙朔二年四月十五日诏：'如闻父母初亡，临丧嫁娶，积习日久，遂以为常。亦有送葬之时，共为欢饮，递相酬劝，酣醉始归。或寒食上墓，复为欢乐，坐对松槚，曾无戚容。既玷风猷，并宜禁断。'"见该书第439页。

② （宋）欧阳修：《新唐书》卷51，中华书局1975年版，第1346页。以下引《新唐书》皆为本版本，不再出作者、版本注。

③ 《册府元龟》卷2，第21页。

④ 《册府元龟》卷85，第1013—1014页。

⑤ 《册府元龟》卷110，第1311页。

⑥ 《赐百官钱令逐胜宴集敕》，载《唐大诏令集》卷80，第414页。

有助于提升时人过节的热情。安史之乱前唐玄宗统治时期，唐代节日生活呈现出前所未有的繁荣。

具体而言，与前一时期相比，这一时期的变化体现在以下几个方面：

1. 节日体系构成出现变化

在节日体系构成方面出现的最大变化就是唐玄宗诞节的出现，清明节和中秋节正在形成之中。关于千秋节、清明节和中秋节，本书将有专章进行论述，此不多论。此外，道诞日也在天宝五载（746）被规定成为法定假日。

2. 节日活动丰富，娱乐化色彩更加浓厚，节日普遍繁荣

这时期不仅节日体系中出现了新的节日，更为重要的是，节日活动十分丰富，节日由于唐人在寻欢作乐心态下的积极参与而表现出普遍的热闹、欢快与繁荣。玄宗诞节"处处祠田祖，年年宴杖乡"的盛况自不必多说，实际上它已成为盛唐气象的一个表征，其他节日同样如此。岳州的除夕，"除夜清樽满，寒庭燎火多。舞衣连臂拂，醉坐合声歌。"[①] 岳州的元旦，"夜风吹醉舞，庭户对酣歌"；元宵节，平常夜晚要关闭的坊门此时不再关闭，人们可以"暂得金吾夜，通看火树春。停车傍明月，走马入红尘。妓杂歌偏胜，场移舞更新"[②]。宫廷中，"明皇每初年望夜御勤政楼观灯作乐，太常乐府悬散乐毕，即遣宫女于楼前缚架，出眺歌舞以娱之。若绳戏竿木诡异巧妙，固无其比。"[③] 至于时处春意盎然季节的上巳、寒食节就更加热闹了。"巳日帝城春，倾都祓禊晨。停车须傍水，奏乐要惊尘。弱柳障行骑，浮桥拥看人。犹言日尚早，更向九龙津。"[④] 寒食节，"蹴鞠屡过飞鸟上，秋千竞出垂杨里。少年分日作遨游，不用清明兼上巳。"[⑤] 而七夕节时，"长安城中月如练，家家此夜持针线。"[⑥] 重阳节，则普遍插茱萸登高。总之，宴饮、出游、歌舞以及各种游艺娱乐性活动出现于众多节日之中。每逢节日到来，人们都积极参与各种节日活动中去，从而为自己的节日生活涂上最为绚丽欢快的色彩。

---

① 《全唐诗》卷87，第957页。
② 王諲：《十五夜观灯》，载《全唐诗》卷145，第1471页。
③ 《旧唐书》，第1052页。
④ 崔颢（？—754）：《上巳》，载《全唐诗》卷130，第1327页。
⑤ 王维：《寒食城东即事》，载《全唐诗》卷125，第1259页。
⑥ 崔颢：《七夕》，载《全唐诗》卷130，第1326页。

3. 节日放假制度化

"唐代节日的时代特征"之一便是"节假日的广泛设置",正如前文已经指出的,"普遍地以节日为假日,是从唐代开始的"。而在唐代,又是从唐玄宗时期开始的。开元七年令首次以国家法令的形式规定了诸多节日放假并给予长度不一的假期,从而将节日放假制度化。此后的开元二十五年令以及一些格敕则基本沿袭开元七年令的做法,从而将这一制度延续下来。节日普遍放假制度化,是唐玄宗统治时期节日领域的一个重大变化,同时也是这时期节日走向普遍繁荣的一个重要原因。对此,前文已有详细阐释,此不赘述。

二 安史之乱后的唐玄宗统治时期至唐代末年

"前人少所儆惕,故极盛往往转入始衰。"① 经过自唐高祖以来130余年的发展,大唐帝国至唐玄宗开元天宝年间达到极盛。但各种社会矛盾也在不断增长累积。土地兼并问题日益严重,"开元之季,天宝以来,法令弛宽,兼并之弊,有逾于汉成、哀之间。"② 唐玄宗的穷兵黩武、喜立边功又使当时的强将拥兵自重,成为中央政府统治的离心力量。再加上玄宗在其统治后期政治不明、任人不善、耽于声色、溺于宴乐(节日中的宴乐占了其中相当大的比重),最终招来了安史之乱的灾祸。

安史之乱给了大唐帝国一记重创,给社会经济造成了极大破坏,当时人口锐减,"东至郑、汴,达于徐方,北自覃怀,经于相土,人烟断绝,千里萧条",③ 人们的生活水平急剧下降。虽然安史之乱后来得以平定,大唐帝国却已元气大伤。从安史之乱中崛起的地方势力逐渐膨胀,又严重削弱了中央政府的力量。此时,朝廷财政入不敷出,捉襟见肘,普通百姓则赋役繁重,生活艰难,以消费而非生产为主要特征的节日生活受到深刻影响而颇显萧条。比如肃宗乾元元年(758),玄宗未死而天长节已经大不如前。该年"八月甲辰,上皇降诞日,于金明楼宴百官,赐采五百匹"。④ "赐采五百匹"的数目,根本无法与天宝十四载的赐采"二万匹"

---

① 岑仲勉:《隋唐史》,河北教育出版社2000年版,第187页。
② (唐)杜佑撰、王文锦等点校:《通典》卷2,中华书局1988年版,第32页。以下引《通典》皆为本版本,不再出作者、版本注。
③ 《旧唐书》卷120,第3457页。
④ 《册府元龟》卷2,第21页。

相提并论！代宗大历年间，杜甫则以亲历者的身份感叹了玄宗诞节"先朝常宴会，壮观已尘埃"的衰落。

面对着四方未宁的时局，继玄宗而起的肃宗显然已经没有了乃父对节日娱乐的大力提倡态度，我们屡屡看到的是他声称自己"每思素俭，敦以淳风，必约严章，以齐侈俗"，试图通过对节俭的号召矫正业已形成的奢侈之风。他曾颁布《节减常膳服御诏》、《减省服膳敕》，要求"自今已后，常膳及服御等物，悉从节减，周身之外，一切并停"①。还颁布过《禁大花绫锦等敕》，指出："风俗不一，逾侈相高，浸弊于时，其来自久。耗缣缯之本，资锦绣之奢，异彩奇文，资其夸竞。今师旅未戢，黎元不康，岂使淫巧之功，更亏恒制！"②对于织造淫巧进行禁断。这些诏敕虽然与节日并无直接关系，但它们所反映的态度应该会影响最高统治者的节日生活不至于太过奢侈浮华。

当然，这一时期节日总体处于萧条，并不意味着所有具体节日全部衰落，比如清明节和中秋节就正处于生长之中。

经过安史之乱的战火，人心思安。"德宗在779年中期人们期望恢复唐朝力量和光荣的热烈心情中登上了皇位。"③登基伊始他就进行财政改革，对国家的税收体制进行重大调整，以两税法取代了已陷入困境的租庸调制。在两税法推行之前，地方上交给中央政府的税钱每年约1200万贯，盐利占了二分之一，两税法实施后，则"赋入一千三百五万六千七十贯，盐利不在此限"，④较前增加了一倍以上，这当然加强了中央政府的经济力量。在政治上，为了树立中央权威，唐德宗积极推行削藩政策。虽然终德宗一朝，削藩战争都没有取得最后的胜利，但以妥协维持了大体均衡之势，社会趋于稳定。唐德宗自己曾对时局做过如下评价："朕在位仅将十载，实赖忠贤左右，克致小康。"⑤ 在这种背景之下，以皇帝为首，社会上兴起一股世俗享乐之风，正如陈寅恪先生所正确指出的："贞元之时，朝廷政治方面，则以藩镇暂能维持均势，德宗方以文治粉饰其苟安之局。

---

① 《册府元龟》卷56，第626—627页。
② 《唐大诏令集》卷109，第519页。
③ ［英］崔瑞德编：《剑桥中国隋唐史》，中国社会科学院历史研究所、西方汉学研究课题组译，中国社会科学出版社1990年版，第495页。
④ 《旧唐书》，第327页。
⑤ 同上书，第3762页。

民间社会方面,则久经乱离,略得一喘息之会,故亦趋于嬉娱游乐。"①

此时期商品经济的发达、商业文化的发展、城市的繁荣也有助于世俗享乐风气的形成。初唐时期,在政治稳定、农业手工业获得较大发展的基础上,商业以及作为商业繁荣标志的城市就已获得较大发展。但是中唐以后,商业和城市无疑发展更快。由于赋税沉重,大批农民为了争取更好的生存条件选择弃农经商,到城市里谋取立足之地安身之本。"年年逐利西复东,姓名不在县籍中。农夫税多长辛苦,弃业长为贩宝客"②的现象,在当时十分普遍,由此导致城市人口不断增加,规模不断扩大,商业迅速繁荣,在扬州、长安、汴洲等一些大都市里还出现了夜市。伴随着商业、城市的发展,具有较为独立的经济地位和独特消费需要的市民群体日渐形成。市民群体具有一定的经济基础,而且注重享受、乐于消费,他们推动着同时也引导着整个社会向世俗享乐方向发展。与此同时,中唐以后,文士的心态也发生了根本转变。"此前乐观、自信、自豪的心态在这一时期的文士身上很难看到,取而代之的是较为普遍的归隐心态、认为今不如昔的怀旧心态,视人生如梦或者向往理想社会的空幻心态以及远离是非、明哲保身的避祸心态。"③这些心态都极易引发对世俗享受的追求,使其更倾向于在寻欢作乐的生活中满足口腹声色之欲来求得心理上的平衡和精神上的解脱。

在世俗享乐的社会风气中,节日越来越成为陈寅恪先生所说的"嬉娱游乐"时间。当时最高统治者对过节的热衷与提倡也具有重要的导向作用。自以为"克致小康"而又追慕盛世的唐德宗对热闹过节有着特殊的嗜好,他似乎既把热热闹闹过节视为这个"中兴"时代所应该出现的景象,又把热热闹闹过节视为展示这个时代"中兴"的极好手段,因此在他统治期间,屡屡发布诏令,支持、鼓励并资助官员们节日娱乐,甚至为了增加娱乐时间而人为建构新的节日。贞元四年(788)九月他曾颁布诏书,将正月晦日、三月三日、九月九日设置为三令节,赐钱鼓励文武官吏们届时宴赏游乐。稍后,又颁诏改二月一日为中和节,规定"以二月

---

① 陈寅恪:《陈寅恪文集之六:元白诗笺证稿》,上海古籍出版社1978年版,第87页。
② (唐)张籍:《贾客乐》,载《全唐诗》卷382,第4287页。
③ 程国赋:《唐五代小说的文化阐释》,人民文学出版社2002年版,第227页。

一日为中和节,以代正月晦日,备三令节数,内外官司休假一日"①。贞元十四年(798)正月,又颁布《听朝官伏腊过从诏》,指出:"比来朝官或有诸处过从,皆畏金吾上闻。其间如素是亲故,或会同僚,伏腊岁序,时有还往,乃是常礼,人情所通。自今已后,金吾更不须闻奏。"②从而为官员在节日期间的交往提供了十分宽松的空间。贞元十五年(799)九月又诏,允许中和节和重阳节前放开屠一日。③所有这些规定,都表明了德宗皇帝对热闹轻松过节所持的肯定态度。值得说明的是,在这方面,唐德宗不仅提倡,而且力行。他屡屡于节日期间大宴群臣,《全唐诗》卷四收入他的作品共15首,可以明显看出其中10首反映了节日宴群臣的情况。黄正建在其《唐代官员宴会的类型及其社会职能》一文中,以《旧唐书》、《新唐书》皇帝本纪的记载为史料对诸帝赐宴情况做了统计,其中唐德宗的节日赐宴有17次,差不多相当于其他皇帝节日赐宴次数的总和(19次)。④德宗如此,穆宗与他相似,同样不以节日奢逸之风为忧,反而视为天下太平之象。《旧唐书·穆宗纪》载长庆元年(821)二月"丙子,上观杂伎乐于麟德殿,欢甚,顾谓给事中丁公著曰:'比闻外间公卿士庶时为欢宴,盖时和民安,甚慰予心。'"⑤

总之,从上到下,人们往往从享乐的目的出发,积极投入到节日生活中去。一直到唐帝国的灭亡,节日发展持续着世俗化的趋势。大体而言,这一时期呈现出的变化有如下几个方面:

1. 节日体系构成变化

唐德宗自我作古,下令以二月一日为中和节,代替正月晦日以备三令节之数,从而在唐代节日体系中增加了新成员。虽然后来即元和二年(807)宪宗皇帝下诏"停中和、重阳二节赐宴"⑥,取消了中和节赐宴定制,但中和节作为一个节日仍然存续。正月晦日作为一个具有悠久传统的节日,虽被中和节替代不再成为三令节之一,并失去法定假日的地位,但在此时期唐代人的生活中仍然占据一定位置。宪宗元和年间登进士第的姚

---

① 《旧唐书》卷13,第367页。
② 《册府元龟》卷64,第719页。
③ 同上。
④ 黄正建:《唐代官员宴会的类型及其社会职能》,载《中国史研究》1992年第2期。
⑤ 《旧唐书》卷16,第485—486页。
⑥ 《旧唐书》卷14,第420页。

合曾经创作三首"晦日送穷"诗,其一写道:"年年到此日,沥酒拜街中。万户千门看,无人不送穷。"[1] 韩愈也创作过《送穷文》,其中对如何送穷有所描写:"元和六年,正月乙丑晦,主人使奴星结柳作车,缚草为船,载糗舆粮,牛系轭下,引帆上樯。"[2] 由此可见正月晦日活动仍相当盛行。重要的是,在当时很多人的心目中,清明节已从寒食节里独立出来,发展成为一个与寒食、上巳并列的春天节日。而中秋节也凭借着"千家看露湿"、"今夜月明人尽望"等流行风俗跻身于唐代节日体系之中。

2. 节日活动新因素增加

对娱乐身心的追求以及自我作古的心态使得这一时期的人们已经无法满足于节日里的传统行事,他们往往在传统节日的时间里从事着称不上传统的活动,这些新风尚,或者个人的标新立异之举,有的只是昙花一现,有的则穿越了时间隧道流播后世,但无论哪一种,都将实践者的节日生活填充得多姿多彩,将这一时期的节日时间刻画得与众不同。

这一时期节日里出现的新风尚和标新立异之举有很多。如三月三日本为禊饮之日,所饮之物本来为酒,但有"诸子"别出心裁,"议以茶酌而代焉"。于是他们就真的"命酌香沫,浮素杯",以茶代酒了,并在茶宴上领略到此举带来的独特审美享受,所谓"殷凝琥珀之色,不令人醉,微觉清思。虽五云仙浆,无复加也"[3]。又如重阳节。一般认为重阳节源于避邪,吴均《续齐谐记》载桓景故事,就是明证。[4] 其节日活动有登高宴饮、赏菊、插茱萸等。但到了中唐时期,临水宴饮已和登高宴饮一样,成为人们经常采用的娱乐方式。畅当《九日陪皇甫使君泛江宴赤岸亭》云"同倾菊花酒,缓棹木兰桡",刘商《重阳日寄上饶李明府》云"陶潜何处登高醉,倦客停桡一事无"等,都是明证。独孤及的《同徐侍郎五云溪新庭重阳宴集作》甚至将重阳宴集与王羲之等人的上巳宴集相提并

---

[1] 《全唐诗》卷498,第5669页。
[2] 《全唐文》卷557,第5640页。
[3] (唐)吕温:《三月三日茶宴序》,载《全唐文》卷628,第6337页。
[4] 桓景故事为:"汝南桓景,随费长房游学累年。长房谓曰:'九月九日,汝家中当有灾,宜急去,令家人各作绛囊,盛茱萸,以系臂,登高,饮菊花酒,此祸可除。'景如言,齐家登山。夕还,见鸡犬牛羊一时暴死。长房闻之曰:'此可代也。'今世人九日登高饮酒,妇人带茱萸囊,盖始于此。"

论，所谓"万峰苍翠色，双溪清浅流。已符东山趣，况值江南秋。白露天地肃，黄花门馆幽。山公惜美景，肯为芳樽留。五马照池塘，繁弦催献酬。临风孟嘉帽，乘兴李膺舟。骋望傲千古，当歌遗四愁。岂令永和人，独擅山阴游"①。更可见在他的心目中，重阳节临水宴集是再自然不过的事情。

3. 城市乡村的节日习俗出现较大分野，节日生活世俗化倾向明显

处于乡村包围中的城市是不同于乡村的具有高集中度、复杂社会结构的地方，作为政治、经济、文化的中心地带，城市有着较乡村更为强大的经济实力和文化优势。生活在城市里的居民在谋生途径、生活方式、价值观念、人生理想、审美情趣等方面均与乡村居民有较大差别。这种差别，会自然地表现于或渗透于节日习俗之中。伴随着中唐以后城市的发展和壮大，城市乡村的节日习俗也在此时期出现了更大的分野。李商隐有诗《正月十五夜闻京有灯，恨不得观》，云："月色灯光满帝都，香车宝辇隘通衢。身闲不睹中兴盛，羞逐乡人赛紫姑。"以短短几十字将城市与乡村正月十五日节俗的不同展示出来。不仅如此，诗中还表现了作者对两种习俗的不同态度。②对帝都的繁华他一片倾心，对乡里的风俗却觉得羞愧。再比如社日，一定意义上堪称乡村民众的狂欢日，"黄昏林下路，鼓笛赛神归"、"桑柘影斜春社散，家家扶得醉人归"的场景对于乡村居民司空见惯，但在城市就难得一见。像韩愈这样"白布长衫紫领巾，差科未动是闲人"的官员，就只好"共向田头乐社神"，到乡村里寻找社日的欢乐。③

节日生活世俗化是指俗民主体在节日里对神灵的信仰、个人的精神追求以及对某些价值的深层寄托淡化，他们更多地注重个体感官刺激，追求现世欲望的满足。这一点在中唐以后，尤其是中唐以后的文人群体中表现得相当明显。"中唐以后，随着大唐盛世的结束，文人由建功立业来实现个体价值的可能性越来越小，政治局势的不稳定、仕途的险恶也逼迫他们另寻出路以获得心理平衡和精神解脱。同时，个体意识的觉醒却与时代的

---

① 《全唐诗》卷246，第2766页。
② 《全唐诗》卷541，第6221页。
③ （唐）韩愈：《游城南十六首·赛神》，载《全唐诗》卷343，第3850页。

发展同步……"① 于是，文人们对个体生活、人性要求和生活享受给予了更多关注，罗隐有首《七夕》诗非常有趣："月帐星房次第开，两情惟恐曙光催。时人不用穿针待，没得心情送巧来。"② 在这里，连牛郎织女这样的神灵也要贪恋男欢女爱，只恨聚少离长，反映了诗人对世俗生活的肯定。利用节日场合在美酒佳肴、歌儿舞女之中满足口腹声色之娱成了许多人的选择，节日生活的世俗化倾向十分明显。

以上，我们对有唐一代节日的变化状况做了大体的梳理。需要说明的是，节日作为一些特殊的、同时不可逾越的生活时间段，它在不同时期呈现出来的状态是由相应时期的唐代人如何过节决定的。受种种因素的制约，每一个个体的具体节日生活并不相同甚至差别很大，但正是某个特定时期所有个体的节日生活共同构成了这一时期节日的总体面貌。

---

① 王晓骊：《唐宋词与商业文化关系研究》，中国社会科学出版社 2004 年版，第 84 页。
② 《全唐诗》卷 663，第 7601 页。

第二章

新兴节日研究

唐代的新兴节日主要有唐玄宗诞节、中和节、清明节和八月十五（中秋节）等。

不同的节日有不同的来源，从发生学的角度说，大致可以划分为两种类型：一类是随着社会文化的不断发展而自然形成的节日；可以称为自然型节日。一类则是人为设置的，可称为建构型节日。就后一类节日而言，它们的建构性在于它们本非生活中的一部分，而是经由精心设计并被国家或地方政府以制定、颁布并实施政策的方式楔入人们日常生活之中的。这样的节日在现代社会尤其多，它往往反映了一个国家突显自身和巩固自己合法性并试图与世界接轨的努力。当然，建构型节日并非只出现于现代国家。在我国唐代，就存在这一节日类型，如唐玄宗诞节和中和节。同是唐代新兴节日的清明、八月十五则属于自然型节日。

建构型节日与自然型节日具有不同的生长机制，本章试从不同的角度进行探讨。对于唐玄宗诞节和中和节，将从政策过程的视角切入进行研究。

政策作为一门由多个学科知识交叉渗透而形成的边缘性、综合性学术领域，其兴起是新近不久的事情；但是作为一个实践领域，它是伴随着国家的出现就出现了的。随着政策学研究的深入，越来越多的学者认识到政策不仅仅是包括政策目标、范围和措施等在内的一套规则体系，而且是一套行动体系，是包括决策、执行、调整、终止等环节在内的行动过程。[①]

[①] 参见郑新立主编《现代政策研究全书》，中国经济出版社1992年版，第1—5页。关信平主编：《社会政策概论》，高等教育出版社2004年版，第4、5页。孙光：《政策科学》，浙江教育出版社1988年版，第14页。

上述关于政策的理解，对于理解唐玄宗诞节和中和节——之生成与存续具有重要价值。因为，它们的诞生完全是由具备合法权威的组织或个人为着某种明确的目的而建构的结果，让时人过唐玄宗诞节和中和节，则是唐朝在一定时期的国家政策，其中既含有政策范围、政策目标、政策措施等规则性要素，同时也是一个包含政策制定、实施、反馈、调整、终止等环节在内的行动过程。

本书从政策过程的视角切入对唐玄宗诞节和中和节的研究，因而关注作为国家政策，这两个节日是如何被设计出来的？政策实施的情况如何，即政策设计者的设计在何种程度上被实现？这项政策的实施对当时和后世产生了怎样的影响？我们又应当如何评估唐代社会出现的这两次以政策形式对既有时间制度加以改变的行为，等等。另外值得注意的是，虽然唐玄宗诞节和中和节都始于国家政策的颁布与实施，但二者的命运又颇不相同，本书也将对二者进行若干比较，以求对建构型节日有更深刻的理解。

从有关节日断代研究已经发表的成果来看，研究者们多将政治史的朝代作为节日断代研究中的段落，并常常将某个节日在某一朝代内的状况视为始终如一的，对它在某一个朝代内不同时期的变化缺乏足够的重视。笔者以为，研究者有必要根据某个节日具体的发展状况，寻找出它自身发展演变的阶段，而不应完全受制于政治史的朝代划分。此外，即便在一个政治意义的朝代之内，节日也经历着或快或慢的变化，尤其当一个朝代的时间跨度较长、影响节日发展的变数较为多出时更是如此。本书对于唐代清明节和中秋节的研究正是在这一观念指导下进行的。

第一节　建构型节日之一：政策过程视角下的唐玄宗诞节

诞节，是对那些作为国中官民同庆节日的皇帝诞辰的总称。不同皇帝的诞节往往有自己的专名。关于诞节的始设，李元素在《请禁以降诞日为节假奏》中引"太常博士王泾奏：'按《礼经》及历代典故，并无降诞日为节假之说。惟国朝开元十七年，左丞相源乾曜以八月五日是元宗降诞之辰，请以此日为千秋节，休假一日，群臣因献甘露万岁酎酒，士庶村社宴乐，由是天下以为常'"①。《封氏闻见记》卷四"降诞"条中引颜真卿奏亦云："礼经及历代帝王无降诞日，惟开元中始为之。"② 又宋人洪迈也认为："诞节之制，起于明皇，令下宴集休假三日，肃宗亦然。"③ 由此可见，诞节之设始于唐玄宗。

一　以唐玄宗诞日为节的政策方案设计及相关决策

从目前的文献来看，以玄宗生日为节的政策是先由诸多大臣（所谓"百僚"）动议，又由左右丞相张说、宋璟等人上表提出，后经唐玄宗的首肯而出台并在全国范围内加以实施的。对此《旧唐书·玄宗纪》中有如下简要记载，开元十七年（729）八月癸亥，"上以降诞日，宴百僚于花萼楼下。百僚表请以每年八月五日为千秋节，王公已下献镜及承露囊，天下诸州咸令宴乐，休暇三日，仍编为令，从之"。④《全唐文》全文收录了张说等的《请八月五日为千秋节表》：

> 左丞相臣说、右丞相臣璟等言：臣闻圣人出则日月记其初，王泽深则风俗传其后。故少昊著流虹之感，商汤本元鸟之命；孟夏有佛生之供，仲春修道祖之篆。追始寻源，其义一也。伏惟开元神武皇帝陛下二气含神，九龙浴圣，清明总于玉露，爽朗冠于金天。月惟仲秋，日在端五，恒星不见之夜，祥光照室之期，群臣相贺曰："诞圣之辰也，焉可不以为嘉节乎？比夫曲水祓亭，重阳射圃，五日彩线，七夕粉筵，岂同年而语也？"臣等不胜大愿，请以八月五日为千秋节，著之甲令，布于天下，咸令宴乐，休假三日。群臣以是日献甘露醇酎，上万岁寿酒，王公戚里，进金镜绶带，士庶以丝结承露囊，更相遗问，村社作寿酒宴乐，名为赛白帝，报田神。上明元天，光启大圣，下彰皇化，垂裕无穷，异域占风，同见美俗。⑤

这篇上表可以视为将玄宗诞日定为节日这一政策的设计方案，内容共

---

① （唐）李元素：《请禁以降诞日为节假奏》，载《全唐文》卷695，第7133页。
② （唐）封演撰、赵贞信校注：《封氏闻见记校注》卷4，中华书局1958年版，第25页。
③ （宋）洪迈：《容斋随笔》，上海古籍出版社1996年版，第78—79页。
④ 《旧唐书》，第193页。
⑤ 《全唐文》卷223，第2252—2253页。

分三个部分，第一部分主要阐明了政策目标，即以玄宗皇帝的生日——八月五日为"嘉节"以庆贺玄宗皇帝的出生，祝他福寿久长，并论证了制定这一政策的正当性。其具体的论证过程是这样的：首先点出"圣人出则日月记其初，王泽深则风俗传其后"，并举例加以说明；接着话题转向唐玄宗，唐玄宗也是一个圣人，所谓"开元神武皇帝陛下二气含神，九龙浴圣，清明总于玉露，爽朗冠于金天"，因此，也应该"日月记其初"，"风俗传其后"，这样一来，以诞圣之辰为嘉节便是合理的、有传统可借鉴的，因而也是正当的。

第二部分是对政策的具体设计，其中至少包含着如下几点内容。其一，设计了政策域，即"天下"。其二，设计了政策措施，主要包括（1）给诞辰日以专有名称，即"千秋节"；（2）咸令宴乐；（3）休假三日；（4）群臣、王公戚里、士庶、村社等政策目标群体在节日里的具体作为。

第三部分是对制定并实施此项政策之意义的阐述，即可以"上明玄天，光启大圣，下彰皇化，垂裕无穷，异域占风，同见美俗"。

也许是张说等人的上表说得有理有据因而打动了唐玄宗，也或许张说等人上《请八月五日为千秋节表》本来就是唐玄宗的授意，反正张说等人的上表很快就得到了唐玄宗肯定的答复：

> 凡是节日，或以天气推移，或因人事表记。八月五日，当朕生辰，感先圣之庆灵，荷皇天之眷命，卿等请为令节，上献嘉名，胜地良游，清秋高兴，百谷方熟，万宝以成。自我作古，举无越礼，朝野同欢，是为美事。依卿来请，宜付所司。[①]

在这篇手诏里，唐玄宗以不同于张说等人的口吻重复了以自己诞辰为节的正当性，同时也肯定了张说等人的政策设计，并决定具体交付"所司"加以实施。

由于唐玄宗作为皇帝的特殊身份，从此，以玄宗诞辰为节就作为一项国家政策被付诸实施了。被付诸实施的政策一定是一套有形的规则体系，包含着对政策范围、目标及措施等的具体规定。这项政策的规定，主要是

---

① （唐）李隆基：《答百寮请八月五日为千秋节手诏》，载《全唐文》卷30，第336—337页。

在张说等人设计方案的基础上加以不断丰富、调整而形成的，下面试作详细的说明。

1. 节日名称。张说等人"请八月五日为千秋节"，这一设计深受唐玄宗的喜爱，称其为"嘉名"。自从有关政策出台以后，唐玄宗的生日就被称为千秋节了。不仅官方的文件中作如此称呼，比如《大唐开元礼》中就有"皇帝千秋节受群臣朝贺（并会）"的嘉礼之名，唐玄宗自己也如此称呼，比如他有名为《千秋节赐群臣镜》、《千秋节宴》的诗作。臣子们也如此称呼，比如张九龄有《进千秋节金镜录表》、萧颖士有《为扬州李长史作千秋节进毛龟表》等。① 不过，千秋节的名称并没有一以贯之地使用下去，据《唐会要》载："天宝二年八月一日，刑部尚书兼京兆尹萧炅及百寮请改千秋节为天长节，制曰可。"② 另据《册府元龟》记载，改千秋节为天长节的时间是天宝七载："七月，文武百官、刑部尚书兼京兆尹萧照等及宗子咸上表，请改千秋节为天长节，从之。"③ 又《旧唐书》也记载是天宝七载改名，但具体日期有所不同，所谓"秋八月己亥朔，改千秋节为天长节"。④ 这里且不论改名的时间到底是天宝二年（743）还是七载（748），改名确是一个事实。而千秋节改名天长节后，时人也依政策规定按新名称加以称呼。梁锽有《天长节》诗，李白有《天长节使鄂州刺史韦公德政碑》，独孤及有《为独孤中丞天长节进镜表》，于邵有《为张监谢天长节答赐表》⑤ 等，均可为证。

2. 节日休假。张说在开元十七年《请八月五日为千秋节表》中已经提出了千秋节休假三日的方案，次年，礼部又奏请"千秋节休假三日"⑥。千秋节休假三日，成为定制。千秋节更名为"天长节"后，仍休假三天。

3. 宴会取乐。张说等在《请八月五日为千秋节表》中有"咸令宴乐"的设计，这一设计成为政策规定，人们得以在整个节日期间聚众宴饮。

---

① 《全唐诗》卷3、288、322。
② 《唐会要》卷29，第542页。
③ 《册府元龟》卷2，第21页。
④ 《旧唐书》卷9，第222页。
⑤ 分别载《全唐诗》卷202，《李太白文集》卷29（上海古籍出版社1994年版）、《文苑英华》卷613、590。
⑥ 《旧唐书》卷8，第195页。

4. 群臣、王公戚里朝贺，并进献礼物，士庶则结承露囊互相馈送。对于群臣、王公戚里等在千秋节的作为，张说等有如下设计："群臣以是日献甘露醇酎，上万岁寿酒，王公戚里，进金镜绶带。"从时人留下的文献中可知，这些设计是付诸实施了的。成书于开元二十年（732）的《大唐开元礼》，已将"皇帝千秋节受群臣朝贺（并会）"作为嘉礼列入其中，具体规定如下：

> 前三日所司供备如式，前一日尚舍铺御座，内外张设并如常御楼之仪，尚舍光禄供办如式，尚食先置寿罇于楼上御座之东，又置寿罇于楼前之东南。其日平晓陈引仗卫如常仪。百官常服，咸就横街南依东西班序立，侍中版奏外办，皇帝常服御座，候褰帘，通事舍人引群官诣横街北、寿罇之南，俱北面。中书门下及供奉官如例程立定，典仪赞再拜，横街南北百官俱再拜，讫，尚食奉御酌寿酒以授殿中监，殿中监以授侍中，侍中执酒以立，殿中监受侍中之酒，侍中执笏稍前跪奏称："千秋令节，臣等不胜大庆，谨上千万岁寿。"奏讫，兴，再拜，群臣上下皆再拜。内所司酌寿罇之酒以进，皇帝受酒，承制宣云："得卿等寿酒，与卿等内外同庆。"皇帝举酒，群官上下又再拜，三呼万岁，舞蹈，又再拜。讫，诣座所。太官令酌酒以进，侍中执酒以出，群官等俱出谢酒，讫，就座。太常卿引乐作，止如常仪。其群官所献甘露醇酎，尚食等所由并其日平晓于楼之便门奉进，会毕，楼上褰帘，群官各出就位，立定，典仪赞再拜，群官等俱再拜。垂帘，群官退。①

千秋节朝贺上酒庆寿是一套复杂的仪式活动，已成为国家礼制的重要组成部分，而群官"献甘露醇酎"也已成定规。节日期间，时人还有馈送承露囊之举，对此，《绀珠集》有明确记载："八月五日，明皇生辰，号千秋节，王公戚里进金镜，士庶结承露丝囊相遗。"②

5. 移社就节。所谓移社就节，指的是将本在秋社日举行的活动转移

---

① 《大唐开元礼》卷97，四库全书本。
② 《绀珠集》卷10，四库全书本。

到千秋节期间举行。《资治通鉴》中有"寻又移社就千秋节"的记载。①移社就节的做法,也源于张说等人在《请八月五日为千秋节表》中所做的设计,所谓:"村社作寿酒宴会,上万岁寿酒,名为赛白帝,报田神"。开元十八年闰六月,礼部将这一设计方案更加具体化:"辛卯,礼部奏请……及村间社会,并就千秋节先赛白帝,报田祖,然后坐饮,从之。"②这里,除了规定村间等唐代最基层的社会组织举行秋季社会的时间要由社日移至"千秋节"外,还规定届时应该举办的活动及具体程序。据"从之"二字,可知礼部的这一设计方案得到了实施。

6. 置寿星坛,祭老人星及角亢七宿。关于这一内容,《唐会要》卷二二记载:"开元二十四年七月十二日,有上封事者,言《月令》云,八月,日月会于寿星,祠于大社坛享之。敕曰:'宜令所司特置寿星坛,常以千秋节日修其祀典。'二十六日,敕寿星坛宜祭老人星及角、亢七宿,著之常式。"③

7. 禁屠。即千秋节禁止屠杀动物。《唐大诏令集》载开元二十六年(738)正月《亲祀东郊德音》云:"每年千秋节日仍不得辄有屠宰。"可见千秋节有禁屠之举,而从句中的"仍"字可以看出,这一政策规定在开元二十六年之前就已颁布,此时只是旧话重提而已。

从开元十七年张说等人上《请八月五日为千秋节表》以来,经过方案设计、决策、实施以及不断调整并加以推行,唐玄宗的诞日终于被建构成为一个具有丰富内容的节日并楔入时人的日常生活之中。

二 唐玄宗诞节的兴盛及其原因分析

安史之乱爆发前,唐玄宗诞节非常兴盛。唐玄宗的《千秋节宴》诗,就非常典型地反映了每届节日来临群臣相贺万民宴集的盛大景象:"兰殿千秋节,称名万寿觞。风传率土庆,日表继天祥。玉宇开花萼,宫县动会昌。衣冠白鹭下,帘幕翠云长。献遗成新俗,朝仪入旧章。月衔花绶镜,露缀彩丝囊。处处祠田祖,年年宴杖乡。深思一德事,小获万人康。"④

---

① 《资治通鉴》卷213,第6786页。
② 《旧唐书》卷9,第195页。
③ 《唐会要》卷22,第427页。
④ 《全唐诗》卷3,第38页。

张说有诗《奉和圣制千秋节宴应制》云："五德生王者，千龄启圣人。赤光来照夜，黄云上覆晨。海县衔恩久，朝章献舞新。高居帝座出，夹道众官陈。栾杖洗清景，磬管凝秋旻。珠囊含瑞露，金镜抱仙轮。何岁无乡饮，何田不报神。熏歌与名节，传代幸群臣。"① 同样体现了从上到下过千秋节的盛况。虽然唐玄宗所谓"处处祠田祖，年年宴杖乡"，张说所谓"何岁无乡饮，何田不报神"可能带有文学夸张的成分，然而应能在很大程度上揭示千秋节曾经有过的辉煌。

史书中也有一些对唐玄宗诞节庆祝活动的记录，如：

（十八年）八月丁亥，上御花萼楼，以千秋节百官献贺，赐四品已上金镜、珠囊、缣彩，赐五品以下束帛有差。上赋八韵诗，又制《秋景诗》。②

（十九年）八月辛巳，以千秋节降死罪，流以下原之。③

（二十三年八月五日）千秋节，御花萼楼，宴群臣御制千秋节诗序。时小旱，是日大会雨，百官等咸上表贺。

（二十三年）八月癸巳千秋节，命诸学士及僧道讲论三教同异。

（二十四年八月五日）千秋节，帝御广达楼，宴群臣，奏九部乐，内出舞人绳伎，颁赐有差。下制曰："自古风俗所传，岁时相乐，亦合因事大小在人。朕生于仲秋，厥日惟五，遂为嘉节，感庆诚深。今属时和气清，年谷渐熟，中外无事，朝野义安，不因此时，何云燕喜？卿等即宜坐饮，相与尽欢。"又召京兆父老等宴之。宣敕曰："今兹节日，谷稼有成，顷年以来，不及今岁。百姓既足，朕实多欢，故于此时与父老同宴。自朝及野，福庆同之。并宜坐食，食讫乐饮，兼赐少物，宴讫领取。"④

（二十四年）秋，八月，壬子，千秋节，群臣皆献宝镜。张九龄以为以镜自照见形容，以人自照见吉凶。乃述前世兴废之源，为书五

---

① 《全唐诗》卷88，第966页。
② 《旧唐书》卷8，第195页。
③ 《新唐书》卷5，第136页。
④ 上述资料出自《册府元龟》卷2、37。《文苑英华》卷635中载有张九龄的《贺论三教状》。

卷，谓之《千秋金镜录》，上之；上赐书褒美。①

这些将目光主要对准宫廷、皇帝和群臣的文字，展示了上层社会对诞节的格外重视。宫廷诞节里，往往有歌舞杂技之戏，格外增加了热闹气氛。如《新唐书》记载：

> 玄宗又尝以马百匹，盛饰分左右，施三重榻，舞《倾杯》数十曲，壮士举榻，马不动。乐工少年姿秀者十数人，衣黄衫，文玉带，立左右。每千秋节，舞于勤政楼下，后赐宴设酺，亦会勤政楼。其日未明，金吾引驾骑，北衙四军陈仗，列旗帜，被金甲、短后绣袍。太常卿引雅乐，每部数十人。间以胡夷之技。内闲厩使引戏马，五坊使引象、犀，入场拜舞。宫人数百衣锦绣衣，出帷中，击雷鼓，奏小破阵乐，岁以为常。②

据陈鸿《东城老父传》，当时诞节里的百戏更是丰富多彩。《东城老父传》的传主贾昌是宫中鸡坊的负责人，他亲历了唐玄宗诞节的繁华。文中有一段文字是通过对比的写作方式来突显贾昌指挥斗鸡的风采，无意之中留下了有关千秋节歌舞百戏的珍贵记录："诞圣于八月五日。中兴之后，制为千秋节……大合乐于宫中，岁或酺于洛，元会与清明节率皆在骊山。每至是日，万乐具举，六宫毕从。昌冠雕翠金华冠，锦袖绣襦袴，执铎拂，导群鸡叙立广场，顾盼如神，指挥风生。树毛振翼，砺吻磨距，抑怒待胜，进退有期，随鞭指低昂，不失昌度。胜负既决，强者前，弱者后，随昌雁行，归于鸡坊。角抵万夫，跳剑寻橦，蹴球踏绳，舞于竿颠者，索气沮色，逡巡不敢入。岂教猱扰龙之徒欤？"③ 可见，除了斗鸡之戏，尚有角抵、万夫、跳剑、寻橦、蹴球、踏绳、舞于竿颠等各种杂技活动，供人笑乐。

千秋节一度是如此兴盛，以至于盛景变成往事之后不由人痛心感叹。

---

① 《资治通鉴》卷214，第6821页。
② 《新唐书》卷22，第477页。
③ （唐）陈鸿：《东城老父传》，载张友鹤选注《唐宋传奇选》，人民文学出版社1979年版，第87页。

杜甫的《千秋节有感二首》、顾况的《八月五日歌》、戎昱的《八月十五日》、王建的《老人歌》、张祜的《千秋乐》[1] 等诗中都充满了对"率土普天无不乐,河清海晏穷寥廓"的千秋节的怀念,这也从侧面揭示了唐玄宗诞节一度兴盛的历史事实。

作为建构型节日,唐玄宗诞节是一项国家政策得到有效实施的结果,其兴盛的原因,我们似可从政策学的角度加以分析。

根据政策学的研究,所谓政策实施(或称为政策执行),就是按照已经确定、公布的制度规范和行动方案采取具体行动的过程,它将政策文本化成社会实践,是将社会政策目标转化为现实的重要活动。政策实施是实现政策目标的唯一途径。没有实施,制定出来的政策只是一纸空文。至于实施的效果到底如何,则要取决于众多因素的综合作用。娄成武、魏淑艳《公共政策学》认为影响政策实施的因素主要有政策制定的科学化和政策结构的合理性;强大的政府和强大的国家能力;适宜的政策环境;政策本身的可操作性和连续性;政策实施中损益关系的合理化;畅通有效的信息沟通能力;政策资源的投入程度,等等。[2] 这启发了笔者从如下几个方面分析唐玄宗诞节兴盛的原因。

第一,政策本身的正当性和可行性。

影响政策实施效果的首要因素是政策本身,如政策制定得是否合理,是否具有可行性等。当我们重新审视张说等人的《请八月五日为千秋节表》以及礼部移社就节的建议时,会发现,他们在进行政策设计时,就已充分考虑到政策本身的正当性和可行性。关于政策的正当性,前面已有阐述,此处不赘。关于可行性,张说等人对群臣、王公戚里、士庶、村社等不同群体在诞节里具体作为的设计尤值一提。这里,张说创造性地利用了传统的文化符号和民俗活动。

张说设计群臣应该在诞节里"献甘露醇酎"。在古人的心目中,露乃"阴阳之气也。夫阴气胜,则凝为霜雪;阳气胜,则散为雨露"。[3] 其特点是"无远近之偏",公平地降在万物之上,故而常被比喻为"德泽"之被。正如《毛诗名物解》中对露的解释:"造化权舆,曰中央之气露……

---

[1] 参见《全唐诗》卷265、270、301、511。
[2] 娄成武、魏淑艳:《公共政策学》,东北大学出版社2003年版,第117—122页。
[3] 转引自(唐)徐坚等辑、韩放主校点《初学记》,京华出版社2000年版,第54页。

老子曰：天地相合，以降甘露。甘露，人莫之令而自均。盖露虽雨类，而露无远近之偏，故《诗》以譬德泽。《诗》曰：'蓼彼萧斯，零露浓浓。'而叙者以为蓼萧废则恩泽乖矣，是也。《诗》曰：'野有蔓草，零露溥兮。'言天之下露高矣，而今延及蔓草，则以下流故也。又曰：'湛湛露斯，在彼丰草。'丰草者，露之所丰，又非特延及而已。丰草同姓卑之况也。"① 甘露，则历来被视为瑞应，是天地相合、风调雨顺之象，《瑞应图》云："露色浓为甘露。王者施德惠，则甘露降其草木。"又《晋中兴书》云："甘露者，仁泽也，其凝如脂，其美如饴。"② 诞节所在的金秋八月，正是降露最多的时候。因时制宜，设计运用这一具有象征意涵的文化符号，一方面是对唐玄宗统治的赞美，另一方面也包含着对他的期待，即希望唐玄宗能够像天降甘露一样不偏不倚，泽被万民。

除了甘露，张说还主张群臣届时要献"醇酎"。所谓"醇酎"，按《西京杂记》的说法："以正月旦作酒，八月成，名曰酎，一曰九酝，一名醇酎。"③ 玄宗的诞节时处八月，张说创造性地提议群臣进献八月酿成的"醇酎"之酒，也是因时制宜之举。

张说设计群臣在诞节里还要"上万岁寿酒"，即以献酒的方式向唐玄宗上寿（祝寿）。关于上寿仪式的源流，杜佑《通典》引《三朝上寿有乐议》做过考证：

  《礼记》但有献酬，无上寿文，唯《诗·雅》云："武拜稽首，天子万寿。"《豳风》曰："为此春酒，以介眉寿。"虽非灼然明文，要是仿佛其事。古者诗工皆歌之，故可得而言也。汉兴，叔孙通定礼仪。七年，长乐宫成，诸侯朝，礼毕，复置法酒，侍坐殿上，皆伏以尊卑次起上寿。④

这里将上寿和上寿文的历史均追溯至先秦时期，汉初叔孙通则上寿礼进行了明确规范。宋高承《事物纪原》中有"上寿"条，在转引上述

---

① （宋）蔡卞：《毛诗名物解》卷2，四库全书本。
② 转引自（唐）徐坚等辑、韩放主校点《初学记》，京华出版社2000年版，第54页。
③ （汉）刘歆撰，（晋）葛洪集，向新阳、刘克任校注：《西京杂记校注》卷1，上海古籍出版社1991年版，第5页。
④ 《通典》，第3759页。

《通典》文字后,进一步考证,并得出置酒上寿始于战国时期的结论:

> 《史记》项羽与汉王饮鸿门,项庄入为寿,则兹事已见于汉初矣。按《淳于髡传》,髡对齐威王有"侍酒于前,奉觞上寿"之语。及楚庄王置酒,优孟前为寿,皆战国时事,盖不自汉始也。春秋之间亦无闻焉,疑即七雄之礼云。①

这里姑且不论上寿到底始于何时,反正经过数代相传,到唐朝,称觞上寿已是司空见惯的事情。比如《旧唐书》卷一记载武德九年,"阅武于城西,高祖亲自临视劳将士而还置酒于未央宫",宴会之上太宗就曾奉觞上寿。上寿是祝愿受祝者寿命绵长之意,在纪念生命开始的诞辰日祝寿,可谓紧紧扣住了庆诞的主题。

关于"王公戚里",张说提议他们在诞节要"进金镜绶带"。在古人心目中,镜子"清明朗莹,毫细必察",既是避邪之物,又是为清明之道的象征。② 而绶带形长,且"绶"音同"寿"。在这里,张说用中国式的象征手法,希望王公戚里用进献镜、绶带等特殊物体的方式,表达对皇帝的期待和祝福,希望他能够明察秋毫、福寿绵长。

张说还为一般的老百姓设计了节日行为,所谓:"士庶以丝结承露囊,更相遗问。村社作寿酒宴乐,名为赛白帝,报田神。"

关于承露囊,《荆楚岁时记》有如下记载:

> 八月十四日,民并以朱墨点小儿头额,名为天灸,以压疾。又以锦彩为眼明囊,递相遗饷。按《述征记》云:"八月一日作五明囊,盛取百草头露洗眼,令眼明也。"《续齐谐记》云:"弘农邓绍尝以八月旦入华山采药,见一童子执五彩囊,承柏叶上露,皆如珠满囊。绍问:'用此何为?'答曰:'赤松先生取以明目。'言终便失所在。"今世人八月旦作眼明袋,此遗象也。或以金箔为之,递相饷焉。③

---

① (宋)高承撰,(明)李果订,金圆、许沛藻点校:《事物纪原》,中华书局1989年版,第35页。
② (唐)虞世南编、(明)陈禹谟注:《北堂书钞》卷136,载董治安主编《唐代四大类书》,清华大学出版社2003年版,第597页。
③ (南朝)宗懔著、谭麟译注:《荆楚岁时记译注》,湖北人民出版社1985年版,第119页。

由上述记载可知，承露囊是一种专门用来收集露水的袋子，人们可以用收集来的露水洗眼，能令眼明，结承露囊并相互馈遗是晋代以来流行的做法。大约因为这一习俗具有积极的社会价值和实用价值，兼以活动所在时间为八月十四日或八月一日，与唐玄宗的诞节八月五日相隔不远，张说便在政策设计中将其移至千秋节期间。

这一思路也体现在有关村社活动的设计中，开元十八年礼部奏请"及村间社会并就千秋节，先赛白帝报田祖，然后坐饮"，则是这一设计思路的延续。白帝为秋季的司时之神，唐代人一般在立秋日祭白帝，《大唐开元礼》中有关于"皇帝立秋祀白帝于西郊"、"立秋祀白帝于西郊有司摄事"的详细规定；一般在秋社日即"仲秋上戊"①（八月里的第一个戊日）祭祀社稷之神，报田祖，并进行宴饮歌舞活动。张说等人建议移社就节，同时赛白帝，祀田祖，以丰富千秋节的活动内容；并将社日宴饮的内容赋予"作寿酒宴乐"的意义，以使其与千秋节的主旨相吻合。

总之，我们看到，张说进行政策措施设计时，充分考虑到不同社会群体的实际情况，并因人而异地设计了不同的节日活动。这种做法（尤其是对士庶和村社的设计）本身当然不乏对民间社会的强行干涉，因为它毕竟是为了一个皇帝而强制性地改变数千万民众已经习惯的生活节奏。但是另一方面，张说又有意识吸纳了传统的文化符号和民间习俗，而且充分注意到吸纳的习俗在时间上与千秋节相接近，就使得干涉虽是强行，却也并不特别粗暴。而且，政策规定虽然改变了习俗活动举行的时间，习俗活动的内容和意义并未因此受到大的影响，百姓的生活亦未因此有太多不便，如此，政策规定实施后就不太容易受到民众反对，天下人同庆千秋节的政策目标也便具有了实现的可能性。

---

① 《唐大诏令集》卷73载武德九年正月《亲祀太社诏》："是以吉日惟戊，亲祀太社，率从百寮，以礼九谷。"《旧唐书》卷6载初三年（692）"九月大赦，天下改元为长寿，改用九月为社，大酺七日"。但中宗时，神龙元年（705）三月"丙午，改秋社依旧用仲秋"。事见《旧唐书》卷7。《唐六典》卷4："仲春上戊祭太社，以后土氏配焉，祭太稷，以后稷氏配焉。仲秋之月及腊日亦如之。"《唐会要》卷10："武德、贞观之制，仲春、仲秋时戊日祭太社大稷。"《旧唐书》卷24："仲春仲秋二时戊日祭太社太稷。"《大唐开元礼》卷1："仲春、仲秋上戊祭太社，以后土氏配；祭太稷，以后稷氏配。"

第二，强大的国家能力和较高的行政效率。

在政策实施中，一个强大的权力中心可以赢得必要的权威，做到令行禁止；较高的行政效率则保证国家政策得到及时贯彻。

经过百年努力，到颁布诞日设节政策的开元十七年，唐帝国已成为世界上最强盛的国家，具有强大的国家能力。这主要体现在以下几个方面：首先，在中央行政体制方面，唐代沿用并完善了始创于隋代的三省六部制，在中央设尚书、中书、门下三省，其中中书主起草诏令，门下主审议诏令，尚书是执行机构。尚书省下辖吏、户、礼、兵、刑、工六部，负责贯彻各项诏敕和政策，这一制度的完善表明了中央集权的加强。其次，在地方行政体制上，唐朝实行州、县两级制。唐太宗时还将全国划分为10个道，唐玄宗时又重新划分为15道，并经常派遣巡察使、按察使等官员对地方官吏的工作进行监督、协调和控制。再次，在土地制度方面，实行国家授田的均田制度。国家不仅对一般百姓授田，也给官僚贵族授田，在均田制度坚持较好的情况下，这无疑意味着国家掌握着他们的经济命脉。最后，在军事制度方面，唐朝实行西魏北周时期形成的建立于均田制基础上的府兵制度。"唐代的府兵制贯串着加强中央集权的原则，以'内重外轻'作为设置折冲府的指导思想。"[①] 府兵制的实行，使中央政府能够控制强大的兵力，造成内重外轻之实。上述诸方面都表明唐朝在玄宗统治初期具有强大的国家能力，这必然有利于中央政府制定的包括定诞日为千秋节在内的各项政策在全国范围内的顺利实施。

唐玄宗执政初期，政府具有较高的行动效率。据俞鹿年研究，隋唐五代时期，中央政府制定了一系列制度来保证行政的高效率，其中包括对政策下达的时间进行限制以保持政令传递的高速度；对政事处理的程限进行严格规定；制定周密的上班、值班、休假制度以维持官员较高的出勤率；实施主要承担"勾检稽失"、"省署抄目"、"受事发辰"等职能的勾检制度；对文书进行整理与简化等。[②] 而唐玄宗在即位之初，就针对贞观以后机构过度膨胀的现象，颁布了淘汰员外官、并严格限制员外官授予的《量减员外官诏》。在对正额官员的选授时则又格外重视他们的才能，"虽资高考深而非才实者并罢选，当时选者十不收一"，有效地遏制了机构的

---

① 朱绍侯、张海鹏、齐涛主编：《中国古代史》，福建人民出版社2000年版，第551页。
② 俞鹿年：《中国政治制度通史》，人民出版社1996年版，第213—219页。

恶性膨胀，"由是吏曹之职复理矣"。① 所有这些都令开元年间政府具有较高的行政效率。应该说，有关千秋节的各项政策就是在这种背景下在全国范围内实施开来的。

第三，政策实施中损益关系的合理化。

政策是对价值的权威性分配，一项政策的实施往往直接关系到多个利益主体之间的损益关系。为了政策目标的实现，必须对各个利益主体的利益得失进行全面考虑，争取损益关系的合理化。在唐玄宗诞节相关政策的实施过程中，唐朝最高统治者为促使损益关系的合理化做过一些努力。

比如过诞节时，并非只有臣民对皇帝的责任，也有皇帝对臣民的作为。每到诞节来临，一方面，群臣以及王公戚里要向皇帝进献衣物、金镜、珍玩、瑞应②等并称觞上寿，普通百姓要为皇帝祝福；另一方面，唐玄宗则设酒宴歌舞百戏以会群臣，相与尽欢，并加以赏赐。③ 当然，他也宴请赏赐过普通百姓，《千秋节赐父老宴饮敕》可为明证。又据长年为唐玄宗表演斗鸡之戏的贾昌后来回忆，"诞圣于八月五日，中兴之后制为千秋节，赐天下民牛酒乐三日，命之曰酺，以为常也。"④ 千秋节时还有可以度道士女冠僧尼的规定，以满足佛教和道教宗教集团的利益要求。天宝十四载天长节，玄宗更是颁布了《天长节推恩制》，"爰因欢庆之辰，用申雷雨之泽"，给予囚徒、百姓、官员、贵族等各色人等以不同恩惠。具体办法如下：

（1）为囚徒减刑，所谓："其天下见禁囚徒，有犯十恶及谋杀伪造头首罪至死者，特宜免死，配流岭南远恶处，自馀一切释放。"

（2）减百姓税赋，所谓："圣人积不涸之泉，王者用无穷之府，支计苟足，多赋何为？天下百姓今载租庸，并宜放半。"

---

① 《通典》卷15，第364页。
② 如扬州长史曾经进献毛龟，萧颖士作《为扬州李长史作千秋节进毛龟表》提到在江都县崇虚观讲《圣注道德经》时，玄元皇帝座隅有毛龟出现。"翠毫金介，烁日霏烟，迹殊生育，来缘感召。应陛下长灵之期，符先圣谷神之妙。知来藏往，实见于兹。休征委集，万方幸甚，手舞足蹈，倍百恒情。"因此进献。《全唐文》卷322，第3268页。
③ 比如开元十八年千秋节曾赐"四品已上金镜、珠囊、缣彩，赐五品已下束帛有差"。
④ （唐）陈鸿：《东城老父传》，载张友鹤选注《唐宋传奇选》，人民文学出版社1979年版，第87页。

（3）停来年漕运，所谓："所运粮储，本资国用，太仓今既馀羡，江淮转输艰劳，务在从宜，何必旧数？其来载水运入京宜并停。"

（4）安置逃户，所谓："如闻天下诸郡逃户，有田宅产业，妄被人破除，并缘欠负租庸，亲邻货卖，及其归复，无所依投，永言此流，须加安辑。应复业者，宜并给还。纵已代出租庸，不在征赔之限。"

（5）祭祀百神，赏赐侍老，所谓："《书》云'咸秩群望'，《诗》曰'怀柔百神'，永惟明征，岂忘昭报。今秋稼穑，颇胜常年，实赖灵祇，福臻稔岁。其五岳四渎所在山川，及得道升仙灵迹之处，宜委郡县长官，至秋后各令醮祭，务崇严洁，式展诚享，无广屠宰，以备牲牢。其天下侍老，宜各量赐米麦。"

（6）令官员荐人为官，所谓："宜令京官五品以上正员文官，三品以上正员武官，及郎中御史，各举堪任县令一人。具名申省，委有司试择奏授。其有善恶，赏罚与举主并同。"

（7）增加官员俸禄，所谓："其在两京文武九品已上正员，既亲于职务，可谓勤心。自今已后，每月给俸食杂用，防阁庶仆等，宜十分为率加二分，其同正员官加一分，仍永为常式。"

（8）赐物，所谓："其南衙九品已上，并京兆府畿令等，宜共赐物二万匹。左右龙武军各赐一千匹。其唐元功臣，念言勋旧，宜异常伦。两军各赐物二千匹，馀各有差。"①

皇帝的赏赐与推恩是对利益关系的有效平衡和协调，必然有利于受益群体形成对诞节的期待。

再如，由于政府允许并鼓励各地在千秋节宴饮，并进奉方物珍玩，结果很快出现了"诸州千秋节多有聚敛，颇成糜费"的现象，导致对百姓利益的损害。这种情况下，唐玄宗于开元二十二年六月十七日颁布敕文，对上述做法进行控制："自今已后，宜听五日一会，尽其欢宴，余两日休假而已。任用当处公廨，不得别有科率。"② 政策的及时调整也在一定程度上使政策实施中损益关系趋于合理化，从而有利于更多民众对诞节的接受和参与。

---

① 《全唐文》卷25，第292—293页。
② 《唐会要》卷82，第1518页。

第四，较为充足的政策资源支持。

所谓资源，一般是指维持某种自然或社会过程所必需的物质条件。任何政策行动都离不开资源，政策实施需要动用一定的人力、物力和财力。虽然资源的多寡不一定与政策目标的实现程度成正比，但一般来讲，在政策资源支持较为充足的情况下，政策实施起来会更顺利些，目标的实现程度也较高一些。应该说，唐玄宗诞节的兴盛与较为充足的政策资源支持具有密切关系。经过李唐初期和武周时期一百多年的恢复发展，玄宗开元、天宝年间社会经济发展达到新的高峰，无论是农业还是手工业抑或商业，均呈现出一派繁荣局面。当时，国家掌握着大量财富，这使最高统治者唐玄宗有充足的财力庆祝自己的诞辰并推恩及众。

最后，适宜的政策环境。

政策实施是一个国家或政府的政治行为，但并非仅与国家和政府有关，而是和整个社会的经济环境、政治环境、心态环境、文化习俗环境等密切相联。安史之乱前的唐玄宗统治时期，政治安定，人口增加，国富民殷，《通典》卷一二《食货·轻重》记载天宝八载（749）官仓的存粮共有粟米 96052220 石。卷七《食货》《历代盛衰户口》和《丁中》记载官方统计天宝十四载（755）全国有 8914709 户，人口 52919309。杜佑则估计全国实有户口要高于统计户口，实有户数至少有一千三四百万。《资治通鉴》卷二一二载当时物价非常便宜，开元十三年（725），"东都斗米十五钱，青、齐五钱，粟三钱。"又《唐语林》卷三载当时社会秩序安定，所谓"路不拾遗，行不赍粮"。杜甫的《忆昔》诗更以文学的笔触，描述了当时国泰民安的整体状况："忆昔开元全盛日，小邑犹藏万家室。稻米流脂粟米白，公私仓廪俱丰实。九州道路无豺虎，远行不劳吉日出。齐纨鲁缟车班班，男耕女桑不相失。宫中圣人奏云门，天下朋友皆胶漆。百余年间未灾变，叔孙礼乐萧何律。"这为诞节政策的实施，提供了十分有利的政策环境。同样的重要的是，在国泰民安的社会环境中，一种享受生活、纵情娱乐的社会风气在滋长漫延。连唐玄宗本人早年的励精图治也渐行渐远，取而代之的是奢侈享乐的心态和行为。为唐玄宗诞节所设计的多种活动，一定程度上是时人娱乐心态的反映，同时也因为与社会需求相吻合而容易得到有效实施。

除了适宜的政治、经济、心态环境外，文化习俗环境也不容忽视，这里尤值一提的是庆诞习俗在唐代的普遍流行。

据顾炎武研究,"生日之礼,古之所无。"① 但至迟到南北朝时期,江南一带就已盛行庆贺生日之俗,《颜氏家训·风操》对此作如下记载:"江南风俗,儿生一期,为制新衣,盥浴装饰,男则用弓矢纸笔,女则刀尺针缕,并加饮食之物及珍宝服玩,置之儿前,观其发意所取,以验贪廉愚智,名之为试儿。亲表聚集,致宴享焉。自兹以后,二亲若在,每至此日,尝有酒食之事耳。无教之徒虽已孤露,其日皆为供顿,酣畅声乐,不知有所感伤。"② 在这里,颜之推表达了自己的态度,他显然看不惯社会上有些人居然在给予自己生命的父母已逝世的情况下仍然酣畅声乐、大做生日的行为,并气愤地称其为"无教之徒"。不过,无论颜之推如何看不惯,庆贺生日在当时确实已经蔚然成风。这种风气在唐代大约并未稍减。唐玄宗未登基时,就有在生日里吃汤饼以庆祝的做法。③

而在唐玄宗之前,宫中也已有宴会大臣为皇帝庆生日之举。据《封氏闻见记》载:"中宗常以降诞宴侍臣贵戚于内庭,与学士联句柏梁体。然则国朝以来此日皆有宴会。"④《全唐诗》卷二中还存有当时联句的具体内容。参与联句的有李峤、宗楚客、刘宪、崔湜、郑愔、赵彦昭、李适、苏颋、卢藏用、李乂、马怀素、薛稷、宋之问、陆景初、上官婕妤等人。《资治通鉴》记载的一件事则表明,更早一些时候,百姓就已开始庆祝皇帝的生日了。贞观二十年十二月癸未,"上谓长孙无忌等曰:'今日吾生日,世俗皆为乐,在朕翻成伤感。今君临天下,富有四海,而承欢膝下,永不可得,此子路所以有负米之恨也。诗云:"哀哀父母,生我劬劳。"奈何以劬劳之日更为宴乐乎!'因泣数行下,左右皆悲。"⑤ 贞观二十年,唐太宗在自己的生日里想起了已逝的父母,满怀"子欲养而亲不在"的悲伤,但是在他的生日里,已是"世俗皆为乐"了。在这种文化习俗环

---

① (清)顾炎武著、(清)黄汝成集释、秦克诚点校:《日知录集释》,岳麓书社1994年版,第506页。

② 转引自(清)顾炎武著、(清)黄汝成集释、秦克诚点校《日知录集释》,岳麓书社1994年版,第506页。

③ (唐)李濬《松窗杂录》载:"何皇后始以色进,及上登位不数年,恩宠日衰。……忽一日泣诉于上曰:'三郎独不记何忠脱新紫半臂,更得一斗面,为三郎生日汤饼耶?何忍不追念于前时!'上闻之戚然改容,有悯皇后之色。"上海古籍出版社编,丁如明、李宗为、李学颖等校点:《唐五代笔记小说大观》(全二册),上海古籍出版社2000年版,第1214页。

④ (唐)封演撰、赵贞信校注:《封氏闻见记校注》卷4,中华书局1958年版。

⑤ 《资治通鉴》,第6242—6243页。

境中，唐玄宗令群臣百姓为自己过生日，是很容易为人所理解并加以接受的。

此外，唐玄宗的皇帝身份及其在时人心目中的地位也有助于诞节政策的实施。在古代人的心目中，皇帝是天子，是代表上天统治管理天下的君主，具有最高权威。唐玄宗是大唐帝国的合法天子，理应受到时人的敬仰和爱戴。不仅如此，唐玄宗还是一个英明有为的天子，开元盛世局面的形成诚然不能说全是唐玄宗的功劳，但又确实出现在唐玄宗统治期间，他早年的励精图治、锐意进取也毕竟是这一局面出现的重要原因。国家的强大、民众的丰衣足食让当时的臣民对这个皇帝有较高评价并心怀感恩崇拜之情。张说在《请八月五日为千秋节表》中称赞"开元神武皇帝陛下二气含神，九龙浴圣，清明总于玉露，爽朗冠于金天"，并将诞日称为"诞圣之辰"，就是这种感恩崇拜之情的表现。而官员对唐玄宗出生的诞生日——八月五日所作的神圣化解释，即"《月令》云：八月，日月会于寿星，居列宿之长。五者，土之数，以生为大。臣窃以寿者，圣人之长也，土者，皇家之德也，陛下首出寿星之次，旅于土德之数，示五运开元之期，万寿无疆之应"，[①] 也内在地蕴含着这样的感恩崇拜之情。让那些对当今皇帝怀有感恩崇拜之情的子民们为他们心目中的圣主明主祝寿，当不是一件困难的事情。更何况，从自身的生活、命运考虑，这些子民们也非常乐意祝愿唐玄宗福寿绵长。因为稍有常识的人都知道，皇权至上的社会中，皇帝统治是否英明实在与自己的生活休戚相关。圣主长寿，国泰民安的日子就会长久。

以上从五个方面分析了唐玄宗诞节兴盛的原因。总之，政策本身的正当性可行性、实施中较高的行政效率以及对政策乃至损益关系的及时调整、政策资源的支持和特定的时代背景等因素综合在一起，使得包括达官贵人、平民百姓在内的"天下"人都参与其中，为他称觞上寿，从而造就了唐玄宗诞节二十多年的辉煌。

三 唐玄宗诞节的衰亡及其原因分析

天宝十四载（755）八月的天长节，是唐玄宗诞节盛况的最后强音。这个天长节，唐玄宗颁布了《天长节推恩制》，总结了自己执政以来取得

[①] 《册府元龟》卷33，第360—361页。

的丰功伟绩，并对各色人等施以恩惠，显示了皇帝在诞节与民同乐的追求。然而，也正是在这一年的十一月，"渔阳鼙鼓动地来，惊破霓裳羽衣曲"，安禄山反于范阳，从此开始了长达七年之久的安史之乱。此后的玄宗诞节，虽然亦有庆贺，群臣亦有献礼之举，比如独孤及曾作有《为独孤中丞天长节进镜表》，提到向时为太上皇的唐玄宗和时为皇帝的唐肃宗进献两面镜子，以"续圣寿"①，但庆贺的规模已经大不如前。比如乾元元年（758），"八月甲辰，上皇降诞日，于金明楼宴百官，赐采五百匹。"②"赐采五百匹"的数目，实在无法与天宝十四载的"二万匹"相提并论！

不仅宫廷中的庆贺规模今不如昔，诞节的假期也大大缩短了。在宝应元年（762），唐玄宗去世（去世于唐肃宗元年建巳月）后几个月的又一个天长节来临前，代宗颁敕将休假日期由三天减为一天，对此，《唐会要》有如下记载："至宝应元年八月三日敕：八月五日本是千秋节，后改为天长节，旧给假三日，其前后一日假权停。"③

唐代宗大历四年（770），杜甫作《千秋节有感二首》，一首回忆千秋节的盛况，一首则表达因盛况已逝而生的伤感："自罢千秋节，频伤八月来。先朝常宴会，壮观已尘埃。凤纪编生日，龙池堑劫灰。湘川新涕泪，秦树远楼台。宝镜群臣得，金吾万国回。衢尊不重饮，白首独馀哀。"④据清代何焯分析，千秋节早已在天宝七载七月更名为天长节，杜甫"仍云千秋节者，纪其太平最盛之时也"。⑤这里，出生于公元712年、亲历了万民同庆千秋节盛况的杜甫，以一个当事人身份确认了它在此时的已然衰落。

唐德宗时期，唐玄宗诞节放假的规定被取消。据《封氏闻见记》载，"今上（指德宗）即位，诏公卿议"时，吏部尚书颜真卿（709—785）上书指出玄宗诞节继续为假的不妥之处："准《礼经》及历代帝王无降诞日，惟开元中始为之；又推复本意以为节者，喜圣寿无疆之庆，天下咸贺，故号节曰'千秋'。万岁之后，尚存此日以为节假，恐乖本意。"这

---

① 《全唐文》卷385，第3917页。
② 《册府元龟》卷2，第21页。
③ 《唐会要》卷82，第1518页。
④ 《全唐诗》卷233，第2570页。
⑤ （清）何焯撰、崔高维点校：《义门读书记》卷56，中华书局1987年版，第1229页。

一意见被采纳,"于是敕停之"。① 到唐宪宗元和年间,又有李元素上奏,指出:"臣等闻君子名之必可言,言之必可行,故可言不可行,君子不言。伏以玄宗、肃宗、代宗、德宗、顺宗五圣威灵,在天已久,而当时庆诞犹存,正可言不可行之礼,请依王泾奏议并停。"② 至此,曾经盛极一时的玄宗诞节彻底退出历史舞台。一个因相关政策的颁布而兴起的节日终随着相关政策的终止而消亡。

毫无疑问,玄宗诞节的衰落与安史之乱的爆发密切相关。安史之乱导致盛世局面遭到严重破坏,国力衰落,人心不安,连唐玄宗个人也处于狼狈不堪的困难境地。惶惶如丧家之犬,是不可能有"朝野同欢,足为美事"的心情来庆祝诞辰的。与此同时,远离皇帝的臣子的进献之路也因战争受到阻隔。比如《为独孤中丞天长节进镜表》就提及当年进献的两件镜乃是前一年五月五日于淮阳铸就的,"欲献之行在,为圣皇寿,冀申犬马之意、臣子之心",但当时"属豺狼方炽,道路艰阻,悬愿空积,上达无由"。只有等到"今宸极正而乾坤贞观,惊尘收而日月开朗,当白露盛序之秋,是黄河澄清之日",方才遣人奉上。

但如果没有安史之乱,唐玄宗诞节就不会衰落了吗?就可以成为一个超越朝代、流传久远的节日吗?答案应该是否定的。如果没有安史之乱,玄宗诞节也许不会衰落得那么迅速,但同样会衰落下去。在朝代不断更迭、君主权威不断强化的封建社会制度中,唐玄宗诞辰失去节日的地位,只是或早或晚的事情。对此,我们仍可以从政策学的角度加以分析。

其一,就政策目标而言,设计玄宗诞节的目的是为了让普天下人同来庆贺唐玄宗的诞辰,为他上寿,希望圣寿能够久长。然而,每个人都是向死而生,唐玄宗并不能因其帝王身份而逃脱死亡的宿命,他一去世,千秋节的设置也便失去了存在的意义。正如王泾所云:"按《礼经》及历代典故,并无降诞日为节假之说。惟国朝开元十七年,左丞相源乾曜以八月五日是玄宗降诞之辰,请以此日为千秋节,休假一日,群臣因献甘露万岁酎酒,士庶村社宴乐,由是天下以为常。乾元元年,太子太师韦见素以九月

---

① (唐)封演撰、赵贞信校注:《封氏闻见记校注》卷4,中华书局1958年版,第25—26页。
② (唐)李元素:《请禁以降诞日为节假奏》,载《全唐文》卷695,第7133页。

三日肃宗降诞之辰,又请以此日为天平地成节,休假一日。自后代宗、德宗、顺宗即位,虽未别置节日,每至降诞日,天下亦皆休假。臣以为乾曜、见素等所奏以为节假者,盖当时臣子之心,喜君父圣寿无疆,以为荣庆。今园陵既修,升祔将毕,谨寻《礼》意,不合更存休假之名。"①

其二,就政策的可行性而言,唐玄宗以后的皇帝往往循故事在自己的诞辰设节,如果不取消已逝皇帝的诞节,必然意味着诞节越来越多。如果每个诞节都加以庆祝,不唯是对国家人力、物力、财力的巨大消耗,而且因为新旧皇帝的诞辰日并不同时,而必然导致正常的工作、生活秩序被扰乱。

其三,从实施政策的环境看,"父传子、家天下"是我国传统社会主要的政权传承机制,政权在不同姓氏的王朝间更替,在同一个王朝的代际间传袭。每个王朝都格外强调自己家族作为天命所归的合法性,而每个最高统治者也格外强调自己的权威性。更何况,根据中国的文化传统,一个人活着的时候,人们会格外看重他的诞辰,一个人死去后,人们会格外看重他的忌日。在这种情况下,无法想象唐代以后的诸王朝会把一个已亡王朝的皇帝的生日作为节日在全社会推广,唐玄宗诞辰失去节日的地位,是一种历史的宿命。只是或许因为时人对唐玄宗功业的怀念或者情感上的依恋,也或许因为唐玄宗诞节之设毕竟是一种新的事物,人们还不知道在主人公去世之后应该如何对待它,因而唐玄宗诞节持续的时间要更长一些。

四 唐玄宗诞节对后世的影响

因国家颁布政策而生,因国家颁布政策而亡,唐玄宗诞节本身的生命史并不久长,但唐玄宗"自我作古",在自己的诞辰设置节日,确实是开先河之举。这一举动对后世产生了重要影响。他以后的几代李唐皇帝,乃至李唐以后各个朝代的皇帝,亦纷纷设置诞节,纪念自己的生辰。在世皇帝诞辰设节,全民庆贺,遂成一项国家制度。笔者通过对文献的梳理制成"唐朝诞节一览表",以反映唐朝皇帝诞节的总体状况。

---

① 转引自(唐)李元素《请禁以降诞日为节假奏》,载《全唐文》卷695,第7133页。

表 2—1 唐朝诞节一览表

皇帝庙号	诞日	诞节活动的政策规定及实施							
^	^	节名	假期	朝贺进献	赏赐	宴乐	禁屠	斋会置道场	三教讲论	其他
唐玄宗	八月五日	千秋节、天长节	3天①	√	√	√	√	√	√	移社就节，祀社报神；置寿星坛，祀寿星及角亢七宿
唐肃宗	九月三日	天成地平节②	3天③	√	√	√		√	√	
唐代宗	十二月十三	无④	1天⑤	√⑥						
唐德宗	四月十九	无	1天	√	√	√			√⑦	

---

① 宝应元年假期减为 1 天。
② 《资治通鉴》卷 222：（上元二年）"九月，甲申，天成地平节，上于三殿置道场，以宫人为佛菩萨，武士为金刚神王，召大臣膜拜围绕。"见该书第 7115—7116 页。又（宋）钱易撰、黄寿成点校《南部新书·壬》："上元二年九月甲申，天成地平节，上于三殿置道场。以内人为佛菩萨象，宝装饰之。北门武士为金刚、神王，结彩被坚执锐，严侍于座隅。焚香赞呗，大臣近侍作礼围绕。设斋奏乐，极欢而罢，各赐帛有差。"见该书第 148 页，中华书局 2002 年版。《唐会要》卷 29："永泰元年太常博士独孤及上表曰：故元宗生日命曰天长节，肃宗生日命曰天平地成节，并以饮食宴乐，布庆万方，使赐及同轨，风流后代。"见该书第 543 页。
③ 宝应元年假期减为 1 天。
④ 天兴节被普遍认为是唐代宗的诞节，其依据是永泰元年独孤及有《请降诞日置天兴节表》，但《唐会要》卷 29 指出，"表奏，不报"，可见并未采纳独孤及的建议。又《册府元龟》卷 2 载永泰二年诞辰，"诸道节度使进献珍玩、衣服、名马二十余万计，以陈上寿"时，并未说天兴节，亦可见天兴节只是提议而未成为正式的政策规定。见该书第 22 页。
⑤ 《册府元龟》卷 2："（代宗）宝应元年四月即位，十月，宰臣等上言今月十三日皇帝降诞日，望准天长节休假三日。帝以山陵未毕不许。宰臣又上言休假一日，从之。"见该书第 22 页。
⑥ 《唐会要》卷 29 记载："初，代宗时，每岁端午及降诞日，四方贡献者数千，悉入内库。"见该书第 543 页。
⑦ 《册府元龟》卷 2 载："（贞元十二年）四月庚辰，帝降诞之日，近岁尝以其日会沙门道士于麟德殿讲论……帝大悦，颁赐有差。"见该书第 22 页。

续表

皇帝庙号	诞日	诞节活动的政策规定及实施							
^	^	节名	假期	朝贺进献	赏赐	宴乐	禁屠	斋会、置道场	三教讲论	其他
唐顺宗	正月十二	无	1天①	√						
唐宪宗	二月十四	无	1天	√	√②	√③				
唐穆宗	七月六日	无	1天④	√⑤						奉贺皇太后⑥
唐敬宗	六月七日	无	1天	√						罢奉贺皇太后⑦

---

① 《唐会要》卷29记载："永贞元年十二月，太常奏，太上皇正月十二日降诞……并请休假一日，从之。"见该书第545页。

② 《唐会要》卷29记载：元和四年闰三月敕："其诸道进献，除降诞、端午、冬至、元正，任以上贡，修其庆贺，其余杂进，除二日条所供外，一切勒停。"又载，元和七年二月"癸卯，降诞节，宰臣旧例进衣一副，惟李吉甫方固恩泽，别进马二匹，赐通天犀带以答之。"见该书第546页。

③ 《旧唐书》卷15载：元和十三年二月乙亥，"御麟德殿，宴群臣，大合乐，凡三日而罢，颁赐有差。"见该书第462页。

④ 《唐会要》卷29载：宝历元年（825）四月，"中书门下奏皇帝降诞日，准故事，休假一日，从之。"见该书第546页。

⑤ 《旧唐书》卷16载：长庆三年，"敕应御服及器用在淮南、两浙、宣歙等道合供进者，并端午诞节常例进献者，一切权停。"见该书第502页。

⑥ 《唐会要》卷29记载长庆元年七月六日敕："自降诞之辰，百官于紫宸殿称贺毕，诣昭德门，外命妇光顺门，并进名奉贺皇太后。缘去年降诞称贺，百官与命妇同集光顺门，群情以为非便，故改其仪。"见该书第546页。

⑦ 《册府元龟》卷2记载："宝历元年六月敕：降诞日，文武百僚于紫宸殿称贺及诣光顺门奉贺皇太后，自今已后宜停。国朝本无降诞日贺仪，盖长庆初尚书左丞韦绶率情上疏行此礼，至是方罢。"见该书第23—24页。

第二章 新兴节日研究　107

续表

皇帝庙号	诞日	节名	假期	朝贺进献	赏赐	宴乐	禁屠	斋会、置道场	三教讲论	其他
唐文宗	十月十日	庆成节①	1天	√	√	√	√②	√③	√	皇帝于宫中奉迎皇太后，与昆弟诸王宴乐
唐武宗	六月十二	庆阳节	3天			√	√	√④		设斋钱，设斋行香，素食合宴
唐宣宗	六月廿二	寿昌节	3天	√⑤	⑥	√⑦	√⑧		√⑨	

---

① 《唐会要》卷29载：开成五年四月，"中书门下奏请以六月一日为庆阳节，休假二日，著于令式……依奏。是年文宗崩，武宗纂嗣，以诞庆日为庆阳节。"见该书第547页。

② 《旧唐书》卷17载：开成二年八月甲申，诏曰："庆成节朕之生辰，天下锡宴，庶同欢泰。不欲屠宰，用表好生……恐中外臣庶不谕朕怀，广置斋筵，大集僧众……自今宴会疏食，任陈脯醢，永为常例。"又十月庚子，"庆成节，赐群臣宴于曲江，上幸十六宅，与诸王宴乐。"见该书第571页。

③ 《旧唐书》卷17载：大和七年十月壬辰，"上降诞日，僧徒、道士讲论于麟德殿。"见该书第552页。《唐会要》卷29载：是日，"上于宫中奉迎皇太后，与昆弟诸王宴乐，群臣诣延英门奏觞，上千万寿，天下州府，并置宴一日，从之。"

④ （宋）程大昌：《演繁露》续集卷2"诞日设斋用乐"："开成五年以六月十一日为庆阳节，天下州府常设降诞斋行香，京城内宰臣与百官就大寺，设僧一千人斋，仍许量借教坊乐官充行香。"四库全书本。

⑤ （宋）计有功：《唐诗纪事》卷54"郑颢"条记载："旧史云颢绹之子，尚宣宗女万寿公主，因寿昌节上寿回，梦一宫殿，与数十人纳凉联句。"四库全书本。

⑥ 杜牧：《樊川文集》卷12载有《寿昌节宴谢赐音乐状》和《又谢赐茶酒状》。

⑦ 《唐会要》卷29记载：会昌六年六月，"中书门下奏，请以降诞日为寿昌节，天下州府，并置宴一日，以为令庆，前后休假三日，永著令式。从之。"见该书第548页。

⑧ 《唐会要》卷41记载：大中五年五月敕："寿昌节，天下不得屠杀。"见该书第734页。

⑨ （明）曹学佺：《蜀中广记》卷85记载：唐释知玄"属寿昌节讲赞，赐紫袈裟，署为三教首座"。四库全书本。

续表

皇帝庙号	诞日	诞节活动的政策规定及实施							
^	^	节名	假期	朝贺进献	赏赐	宴乐	禁屠	斋会、置道场	三教讲论	其他
唐懿宗	十一月十四	延庆节		√①		√			√	优倡为戏②
唐僖宗	五月八日	应天节		√③						
唐昭宗	二月廿二	嘉会节④								
唐哀帝	九月三日	乾和节	√	√			√	√⑤		

从表 2—1 可以看出，不仅唐玄宗颁布政策令天下人同庆自己诞辰的做法影响了后来皇帝的决策，有关千秋节活动的政策规定及其实施，也在很大程度上影响了后世诞节的政策规定和活动内容。玄宗以后的唐代诸诞节常常休假一至三天；节日里令天下宴乐；群臣要对皇帝进行朝贺，并进献贺礼；诞节要禁屠；等等，都受到了千秋节的深刻影响。当然，唐代诸诞节活动内容也有一些不同于千秋节的，比如奉和皇太后就是穆宗朝的新举。

---

① 《旧唐书》卷 19 载：咸通七年"七月，沙州节度使张义潮进甘峻山青鹘鹰四联、延庆节马二匹、吐蕃女子二人"。见该书第 660 页。

② （元）陶宗仪：《说郛》卷 24"优人滑稽"条记载："咸通中优人李可及，滑稽谐戏，独出辈流……尝因延庆节缁黄讲论，必次及优倡为戏，可及褒衣博带，摄齐以升，坐称三教论衡。"四库全书本。

③ （唐）李涪撰、张秉戍校点《刊误》卷下"进献奇零"："戊戌岁阅报状，见润州节度进应天节白金二千六百五十七两。"辽宁教育出版社 1998 年版。

④ 天佑元年敕停。

⑤ 《旧唐书》卷 20 载：天佑元年八月，"甲寅，中书奏：'皇帝九月三日降诞，请以其日为乾和节。'从之。""庚申，敕：'乾和节文武百寮诸军诸使诸道进奏官准故事。于寺观设斋，不得宰杀，只许酒果脯醢'。"《册府元龟》卷 2 记载："臣等商量以降诞日为乾和节……请依令式休假献贺，从之。"见该书第 786—787 页。

其实，不唯玄宗以后的唐朝皇帝纷纷设立自己的诞节，就是其他朝代的皇帝们也乐于如此作为①。后世帝王往往以玄宗设千秋节作为自己设置诞节的合法性基础。先谈唐玄宗的千秋节之设再谈自己的诞节之设，几乎成为模式。

五　余论：对玄宗设置诞节的评价

关于唐玄宗诞节之设的是与非，后世有一些评价。这些评价大体可分为两种观点：一种持否定态度，以《唐鉴》的作者范祖禹和《新唐书》的作者欧阳修为代表；一种持肯定态度，以《新唐书纠谬》的作者吴缜为代表。

范祖禹在《唐鉴》中这样评价千秋节：

> 十七年八月，帝以生日宴百官于花萼楼下，源乾曜、张说帅百官上表，请以每岁八月五日为千秋节，布于天下，咸令宴乐，寻又移社就千秋节。
>
> 臣祖禹曰：太宗不以生日宴乐，以为父母劬劳之日也。乾曜等乃以人主生日为节，又移社以就之。夫节者，阴阳气至之候，不可为也。社者，国之大祀，不可移也。明皇享国既久，骄心浸生，乾曜、说不能以义正君，每为谄首以逢迎之，后世犹谓说等为名臣，不亦异乎！②

在这里，范祖禹不仅全面否定了诞节之设，所谓"夫节者，阴阳气至之候，不可为也"，否定了移社就节的做法，所谓"社者，国之大祀，不可移也"，而且否定了参与诞节之设的重要人物。在范祖禹看来，诞节之设是唐玄宗"享国既久，骄心浸生"的产物，也是源乾曜、张说作为臣子谄媚逢迎、不能匡正君误的结果。

如果说范祖禹是从设置千秋节的思路和措施方面对其进行批评的话，那么欧阳修就更多从诞节之设对国家产生不良影响的角度对其加以否定：

---

① 明代徐应秋的《玉芝堂谈荟》卷1中有关于唐迄宋诸帝诞节的集中记载。
② （宋）范祖禹：《唐鉴》卷5，上海古籍出版社1984年版，第120—121页。

千秋节者，玄宗以八月五日生，因以其日名节，而君臣共为荒乐。当时流俗多传其事以为盛。其后巨盗起，陷两京，自此天下用兵不息，而离宫苑囿。遂以荒堙，独其余声遗曲传人间，闻者为之悲凉感动。盖其事适足为戒，而不足考法，故不复著其详。①

虽然范祖禹、欧阳修以为"其事适足为戒，而不足考法"，但玄宗以后的诸多皇帝仍然踵其足迹，这种行为本身就是对唐玄宗设置诞节做法的肯定。另有一些人则明确持肯定态度，如唐文宗大和七年（833），宰相路随等奏："诞日斋会，诚资景福，本非中国教法。臣伏见开元十七年张说、源乾曜请以诞日为千秋节，内外宴乐，以庆昌期，颇为得礼。"② 宋人吴缜更是旗帜鲜明地对玄宗诞节之设进行肯定，并对否定它的观点进行批驳。他将欧阳修的上述观点视为"谬"，并针对"诞节名及上寿仪纪传皆不载"的现象，在《新唐书纠谬》中详细阐明了自己的看法：

今案《唐会要》云："开元十七年八月五日左丞相源乾曜、右丞相张说等表请以是日为千秋节，著之甲令，群臣常以是日献万寿酒。"又宪宗元和十五年七月诏云："朕诞辰奉迎皇太后宫中上寿。"又文宗太和七年庆成节，是日，上于宫中奉迎皇太后宴乐，群臣诣延英门上寿。是盖人主因其诞辰，感其亲生育劬劳之恩，不敢同之常日，于是为之宴乐，以致其爱敬之心焉。为臣子者，又喜其君父生于是日，愿其享无疆之祚，亦相率奉觞献寿，以致其祝延之诚焉。是皆出于臣子之情而饰以礼文，故后世不可得而废者也。是以累朝相袭，未之有改。且上寿之礼，尚矣。古人每有吉庆喜乐之事，则上寿于君亲，以致其诚意。《经》所谓"称彼兕觥，万寿无疆"，则其比也。如汉高祖车千秋，东方朔止，偶因一事而犹且为之，况当君亲诞育之日？臣子若恬如平时，不少致其诚敬，则人情礼意，其可安乎？由是言之，因诞日立节名，上寿酒，亦臣子奉君亲之礼耳，未可遽削而不著也。且天宝之乱，盗起兵兴，而唐遂衰，其所以召之者，盖有由矣。刑政乖戾而任用匪人也，非以立千秋节也。使当时不立节名，不

---

① 《新唐书》卷22，第477页。
② 《旧唐书》卷17，第552页。

上寿，不宴乐，亦未免乎盗起而唐衰也。其后肃宗、文宗以至武、宣、懿、僖、昭、哀八朝，各尝立诞节名，亦不闻其召乱，迨其亡也，亦不自诞节起。然则史之所书，使后世可以为戒者，在乎刑政之得失，任用之贤否尔。立诞节而上寿宴乐，以致臣子之情礼者，非所以为戒也，徒使后世有司欲考按故事，则返区区乎求之于他书，是未可谓善为史者也。①

这里，吴缜主要从两个方面论证了诞节之设的合理性。一方面，就诞节（包括上寿之礼）的功能而论，于君，是"感其亲生育劬劳之恩，不敢同之常日，于是为之宴乐，以致其爱敬之心"的手段；于臣，是"喜其君父生于是日，愿其享无疆之祚，亦相率奉觞献寿，以致其祝延之诚"的手段。诞节之设"皆出于臣子之情而饰以礼文"，因此后世是不可以废除的。另一方面，就诞节之设与天宝之乱唐朝之衰的关系论，他认为二者并不具备因果关系，所谓："天宝之乱，盗起兵兴，而唐遂衰，其所以召之者，盖有由矣。刑政乖戾而任用匪人也，非以立千秋节也。"

"千秋"功罪，任人评说。对于同一件历史事实，不同的人站在不同的角度会有不同的看法。无论是范祖禹、欧阳修对玄宗诞节的全面否定，还是吴缜对它的全面肯定，在笔者看来，都有所偏颇。

范祖禹以为节日不可人为，唐玄宗偏以为节日既能够因"天气推移"，亦能够为"人事表记"；范祖禹以为社不可移，唐玄宗偏要移社就节，这其中恰恰反映了以唐玄宗为代表的一部分唐人的自信以及敢于"自我作古"的创新精神，而这种自信和创新精神恰为成就盛唐辉煌所必须。

至于欧阳修将天宝之乱归因于千秋节中的"君臣荒乐"，吴缜以为天宝之乱与千秋节无关而是"刑政乖戾而任用匪人"的结果，均有偏执一端之嫌。天宝之乱的爆发是各种矛盾积聚激化的结果，既不可以完全归因于"君臣荒乐"，也不可以完全归因于"刑政乖戾而任用匪人"。开元天宝年间，大唐一片繁荣景象的背后，土地兼并日趋激烈，国家控制的土地越来越少，均田制遭到严重破坏，广大均田农民的利益难以得到保障，社

---

① （宋）吴缜：《新唐书纠谬》卷8，四库全书本。

会矛盾加深。均田制的破坏也导致了以均田制为基础的租庸调制的破坏和府兵制的终结，租庸调制的破坏使国家租调收入不断减少，府兵制的破坏又导致外重内轻局面的形成。这些应该说都是天宝之乱爆发的重要原因。但是，我们也必须承认，在一个人治社会，居于决策中心的皇帝是心怀天下、锐意进取、从谏如流、任人唯贤，还是耽于享乐、奢侈腐败、一意孤行、弃贤任奸，确实关乎百姓生计、社稷命运，所以欧阳修和吴缜的解释又都有一定的道理。

总之，唐玄宗诞节完全是由具有合法权威的组织和个人为着某种明确的目的选择和建构的产物。诞节之设，既反映了唐玄宗、张说等人不拟古、敢于创新的时代精神，同时也体现了国家对民众日常生活干预程度的加深，以及皇权的进一步增强。

千秋节的兴盛，是在特定的时代环境中，国家积极推行相关政策的结果。毋庸置疑，唐玄宗诞节政策的颁布与实施，客观上参与了盛唐气象的营造，其实，在很大程度上，千秋节已成为盛唐气象的一种展示，一种表达，一种象征。天宝之乱后，许多人都十分怀念千秋节，杜甫的《千秋节有感二首》已为人熟知，顾况的《八月五日歌》、戎昱的《八月十五日》、王建的《老人歌》、张祜的《千秋乐》[①] 等无不是怀念千秋节的作品。然而与其说他们怀念的是千秋节，毋宁说他们怀念的是那个"稻米流脂粟米白"、"九州道路无豺虎"的开元全盛时代。但是，我们又不能不说，唐玄宗诞节政策的颁布与实施，也是影响盛世持久的一种因素。这不仅因为大过千秋节必然是对人力、物力、财力等各种资源的消耗，而且因为它参与营造了一个万民同乐、共享太平的繁荣景象，令唐玄宗居安而难再思危，犯下一个最高统治者所不应犯的大忌。这一点，大约是张说、唐玄宗在建构诞节时所不曾料到的。

第二节　建构型节日之二——政策过程视角下的中和节

同千秋节一样，中和节也是通过政策的颁布与实施而得以问世的节

---

① 参见《全唐诗》卷265、270、301、511。

日。这里仍从政策过程的视角切入对中和节的研究，关注相关政策的制定、实施及其影响，并在此基础上将其与同为建构型节日的唐玄宗诞节作一些比较。

一 以二月一日为中和节的政策动议、设计及决策

史书中对中和节的建构有不少记载，综合起来考察，可以发现以二月一日为中和节的政策动议、设计及决策的具体过程。其中宋人曾慥《类说》引李繁的《邺侯家传》"中和节"条对此描述最详：

> 德宗曰："前代三九皆有公会，而上巳与寒食往往同时，来年合是三月二日寒食，乃春无公会矣。欲于二月创置一节，何日而可？"
> 泌曰："二月十五日以后虽是花时，与寒食相值，又近晦日，以晦为节，非佳名色。二月一日，正是桃李开时，请以二月一日为中和节。其日赐大臣方镇勋戚尺，谓之裁度。令人家以青囊盛百谷果实相问遗，谓之献生子。酝酒，谓之宜春酒。村间祭勾芒神，祈谷，百僚进农书，以示务本。"
> 上大悦，即令行之，并与上巳、重阳谓之三令节，中外皆赐钱，寻胜宴会。①

此外，《旧唐书》和《新唐书》亦有记载。据《旧唐书·德宗纪》，（贞元）五年春正月"乙卯，诏：'四序嘉辰……自今宜以二月一日为中和节，以代正月晦日，备三令节数，内外官司休假一日。'宰臣李泌请中和节日令百官进农书，司农献穜稑之种，王公戚里上春服，士庶以刀尺相问遗，村社作中和酒，祭勾芒以祈年谷，从之"②。《新唐书·李泌传》的记载则与《邺侯家传》的记载极其相似：

> 帝以"前世上巳、九日，皆大宴集，而寒食多与上巳同时，欲以二月名节，自我为古，若何而可？"泌谓："废正月晦，以二月朔为中和节，因赐大臣戚里尺，谓之裁度。民间以青囊盛百谷瓜果种相

---

① （宋）曾慥编：《类说》卷2，上海古籍出版社1993年版，第873—28页。
② 《旧唐书》卷13，第367页。

问遗，号为献生子。里间酿宜春酒，以祭句芒神，祈丰年。百官进农书，以示务本。"帝悦，乃著令，与上巳、九日为三令节，中外皆赐缗钱燕会。①

以二月一日为中和节这一政策的发布时间是贞元五年（789）正月，结合上引《类说》中德宗所说"来年合是三月二日寒食"，可知新创一节的政策动议来自唐德宗，时间是贞元四年（788），动议的缘由是当时节日设置与上巳公会之间的矛盾。按照德宗的说法，前代有上巳节、重阳节宴会官僚的做法，这种做法在当朝也应该保留。但时在三月三日的上巳和时在清明前的寒食往往重合，比如贞元五年（即上文中的来年）的寒食节就在三月二日，恰在上巳前一天，这就会导致"春无公会"的现象，所以希望在"二月创置一节"。②

从记载来看，仿佛德宗一有动议，李泌马上就拿出了政策方案。但考虑到方案内容的丰富性和完整性，在动议和方案设计之间应该有一定的时间间隔。且不论间隔多久，最终李泌设计如下：一，节期在二月一日。二，节名为中和节。三，节日当天举办各种活动。

据《邺侯家传》，李泌对于节期的选择，是把以下三点作为了必须满足的条件：（1）不能违背德宗于二月创节的动议；（2）不要有与寒食节重合的可能性；（3）气候物候要适合公会。结果，他选择了二月一日。

之所以选择这一天，除了可以满足上述三个条件外，应该还与这天和正月晦日最为接近有关。

正月晦日，即正月的最后一天，是世人临河解除、湔裙的重要时日。其之为节，至少始于魏晋时期。《魏书》卷七一《裴粲传》载："前废帝初……复为中书令。后正月晦，帝出临河滨，粲起于御前再拜曰：'今年还节美，圣驾出游，臣幸参陪从，豫奉宴乐，不胜忻戴，敢上寿酒。'"③

---

① 《新唐书》，第4637页。
② 关于为什么寒食在上巳前一天就会影响到举行上巳公会，德宗没有说，笔者以为，应是因为此时寒食上墓已浸以成俗，公务人员也要在寒食清明放假期间上坟扫墓，国家自然不能夺情。
③ 《魏书》，中华书局1974年版，第1573页。

说明当时已有正月晦到河边之俗。南北朝时，"（正月）元日至于月晦，并为酺聚饮食。士女泛舟，或临水宴乐。"① 至隋朝，"元日至月晦，人并为酺食，度水。士女悉湔裳酹酒于水湄，以为度厄。"② 在唐代，尤其是中和节取而代之以前，正月晦日十分热闹，陈子昂《晦日宴高氏林亭并序》描写了该节的繁华："则有都人士女，侠客游童，出金市而连镳，入铜街而结驷。香车绣毂，罗绮生风，宝盖雕鞍，珠玑耀日。于时律穷太簇，气淑中京。山河春而霁景华，城阙丽而年光满。淹留自乐，玩花鸟以忘归；欢赏不疲，对林泉而独得。"③ 届时人们依然要到水边湔裳，张说《晦日》诗"晦日嫌春浅，江浦看湔衣"，便写到了湔衣之俗。正月晦日的热闹很容易令李泌进行节日设计时想到借助它去营造新节日的气氛。当然，令李泌想到正月晦日的，应该还有另外一个因素，即贞元四年（788）的一纸诏书刚刚将它与上巳、重阳并列，赐钱鼓励群臣届时宴赏游乐，所谓："比者卿士内外，左右朕躬，朝夕公门，勤劳庶务。今方隅无事，烝庶小康，其正月晦日、三月三日、九月九日三节日，宜任文武百僚选胜地追赏为乐。"④ 这一政策颁行的时间是贞元四年九月，距离唐德宗"二月设节"的动议最多不过三月之久，作为宰相的李泌对这一政策定是了然于心。这也当启发了李泌选择节期的灵感：选择正月晦日的次日，即二月一日为节，名作"中和节"。

关于李泌对节俗活动的设计，《邺侯家传》与《新唐书》所载相同，均包括裁度（皇帝赏赐大臣方镇勋戚尺）、献生子（人家以青囊盛百谷果实相问遗）、酝宜春酒、祭勾芒神祈谷、百官进农书等活动。而《旧唐书》的记载有所差别，包括"令百官进农书，司农献种稑之种，王公戚里上春服，士庶以刀尺相问遗，村社作中和酒，祭勾芒以祈年谷"等。姑将两种记载列表于下：

---

① （南朝）宗懔著、谭麟译注：《荆楚岁时记译注》，湖北人民出版社1985年版，第50页。
② （隋）杜台卿：《玉烛宝典》，转引自（南朝）宗懔著、谭麟译注《荆楚岁时记译注》，湖北人民出版社1985年版，第50页。
③ 《全唐诗》卷84，第911页。
④ 《旧唐书》卷13，第366页。

表 2—2　《邺侯家传》、《新唐书》、《旧唐书》所载中和节俗活动表

文献出处	所载节俗活动				
《邺侯家传》《新唐书》	百僚进农书	宜春酒	祭勾芒	裁度	献生子
《旧唐书》	百僚进农书	村社做中和酒	飨勾芒	王公戚里上春服	士庶以尺刀相遗　司农献种

那么如何看待这两种略有不同的记载？笔者以为，它们都是李泌的设计，只是在出台时间上《邺侯家传》所载在前，《旧唐书》所载在后。《旧唐书》所载当是贞元五年正月二十八日中书门下的奏请，据宋人张淏《云谷杂记》对设置中和节的考述，"贞元五年正月敕：'四序嘉辰，历代增置。'是月二十八日，中书门下又奏请令文武百寮以是日进农书，司农献穜稑之种，王公戚里上春服，士庶以刀尺相问遗，村社中作中和酒，祭勾芒神，聚会宴乐，名为享勾芒，祈年谷。仍望各下州令，所在颁行。制曰：'可。'"[①] 考虑到李泌在贞元三年"拜中书侍郎、同中书门下平章事"，且史书中未曾提及其他人参与中和节的设计，所以这里的中书门下当就是指李泌。

李泌设计的节日活动涉及社会中的各个群体。其中裁度是皇帝对臣下的赏赐，进农书是臣下对皇帝的进奉，上春服是王公戚里对皇帝的奉献，祭勾芒祈谷是农民的作为，献生子、酝酒，则不分阶层等级，全民通行。从这里可以看出，李泌显然是极力将中和节营造成一个能够协调人际关系、协调人与自然之间关系的全民的节日。不仅如此，他还努力通过中和节表明国家重农务本的倾向。而这已远远偏离了唐德宗当初设节动议的意图和目的。

李泌的政策设计如此，而最后的决策又如何呢？以二月一日为中和节的政策决策，唐德宗是以诏书的形式做出并公布的：

（贞元）五年春正月壬辰朔。乙卯，诏："四序嘉辰，历代增置，汉崇上巳，晋纪重阳。或说襏除，虽因旧俗，与众共乐，咸合当时。朕以春方发生，候及仲月，勾萌毕达，天地同和，俾其昭苏，宜助畅

[①] （宋）张淏撰、张宗祥校录：《云谷杂记》卷 2，中华书局 1958 年版，第 20 页。

茂。自今宜以二月一日为中和节，以代正月晦日，备三令节数，内外官司休假一日。"①

这篇诏书涵盖了至少三方面的内容。首先论证了设节的合法性，所谓"四序嘉辰，历代增置"，既然历代都有所增置，当朝设节只是循故事而为，如此便有了传统的合法性依据。其次论证了设置中和节的目的，所谓"朕以春方发生，候及仲月，勾萌毕达，天地同和，俾其昭苏，宜均畅茂"。再次，表明了政策措施，包括（1）以二月一日为中和节；（2）休假一日；（3）以中和节代替正月晦日节，令百僚集会宴乐。

不久，即正月二十八日，中书门下（李泌）又有前引《云谷杂记》所说的"奏请"，而德宗对于奏请的答复是："可。"这就意味着这次有关中和节活动的设计，同样以官方的名义以颁行政策的方式在全国范围内实施开来了。

值得一提的是，原本为增加娱乐机会而动议设节的唐德宗，在颁布诏书正式设节时，赋予了中和节在"春方发生，候及仲月，勾萌毕达，天地同和"之时，"俾其昭苏，宜助畅茂"的意义，从而突显了这个节日的顺天应时、重农务本色彩，也显示出和李泌同样的价值取向和努力，即要将中和节营造成一个协调人际、人与自然关系的全民的节日。

这样，经过唐德宗的动议、李泌的设计、唐德宗的批准，一个以顺天应时、重农务本为内涵的被称为中和节的节日诞生了。它以实施政策的方式在全国推广开来。

二 德宗朝中和节政策的实施和影响

尽管李泌进行节日设计以及国家颁行的政策规定，是将所有国民都作为政策目标群体，可是有关中和节在唐代的记载主要涉及的是君臣而非一般人家。受资料所限，这里所能做的分析也主要限于君臣之间的行为。

（一）节日宴会

君臣宴乐是中和节里一项重要内容。实际上，设置中和节的最初动机就是增加节日宴乐的机会。尽管李泌在设计、唐德宗在决策时，增加了中和节重农、劝农的内涵，尽管唐德宗自己也说过"耽乐岂予尚，懿兹时

---

① 《旧唐书》卷13，第367页。

景良"的话，然而，"与众宴乐、诚洽当时"的想法还是居于重要地位，由此不仅规定"内外官司休假一日"，给予官员宴乐的时间，而且以中和节代替正月晦日节，赐钱给官员令其集会为乐。从现存史料来看，除了特殊情况，唐德宗都要在中和节宴会群臣。

> 贞元五年，初置中和节。御制诗，朝臣奉和，诏写本赐戴叔伦于容州，天下荣之。①
> （六年）二月戊辰朔，百僚会宴于曲江亭，上赋《中和节群臣赐宴》七韵。
> （九年）二月庚戌朔。……是日中和节，宰相宴于曲江亭，诸司随便，自是分宴焉。
> （十三年）二月丁巳，赐宰臣、两省供奉官宴于曲江。
> （十四年）二月壬子朔。戊午，上御麟德殿，宴文武百僚。
> （十七年）二月癸巳朔，赐群臣宴于曲江亭，上赋《中和节赐宴曲江诗》六韵赐之。
> （十八年）二月戊子朔，赐群臣宴于马璘之山池。
> （十九年）二月壬午朔，赐宴马璘山池。②

从上述记载可以看出，中和节宴会的政策规定在很大程度上被遵行。

唐代的宴会上总少不了赋诗乐舞，中和节宴亦复如此。唐德宗本人就是赋诗活动的积极推动者。至少贞元五年、六年、十四年、十七年的节宴上，他都留下了抒情言志的诗篇。大臣亦有和诗，《全唐诗》中就收有李泌的《奉和圣制中和节曲江宴百僚》和权德舆的《奉和圣制中春麟德殿会百寮观新乐》、《奉和圣制中和节赐百官宴集因示所怀》等。③ 至于宴会乐舞，中和节设立之初即已盛行。李泌的《奉和圣制中和节曲江宴百僚》只能是贞元五年过第一个中和节时所作，因为这年的春天他就与世长辞

---

① （唐）李肇撰、曹中孚校点：《唐国史补》卷下，载上海古籍出版社编，丁如明、李宗为、李学颖等校点《唐五代笔记小说大观》（全二册），上海古籍出版社2000年版，第192页。

② 以上内容未标明出处者均出自《旧唐书》卷13，第369、376、385、387、394、396、397页。

③ 参见《全唐诗》卷109、320。

了。该诗有"金石何铿锵,簪缨亦纷纶"句①,就是对宴会乐舞的一种描绘。另外,王建《宫词》中有一首写道:"殿前明日中和节,连夜琼林散舞衣。传报所司分蜡烛,监开金锁放人归。"②"琼林散舞衣"正反映了中和节前夜歌舞的盛况。贞元十四年(中和节诞生十周年)的中和节宴上③,乐舞场面尤为盛大。据《旧唐书》载:中和节这天,"上御麟德殿,宴文武百僚,初奏《破阵乐》,遍奏《九部乐》,及宫中歌舞妓十数人列于庭。先是上制《中和乐舞曲》,是日奏之,日晏方罢。比诏二月一日中和节宴,以雨雪,改用此日。上又赋《中春麟德殿宴群臣诗》八韵,群臣颁赐有差"④。这次乐舞场面,唐德宗的《中春麟德殿会百僚观新乐》有所描写:"前庭列钟鼓,广殿延群臣。八卦随舞意,五音转曲新。顾非咸池奏,庶协南风熏。"权德舆的《奉和圣制中春麟德殿会百寮观新乐》也作了如下记录:"仲春蔼芳景,内庭宴群臣。森森列干戚,济济趋钩陈。大乐本天地,中和序人伦。正声迈咸濩,易象含羲文。玉俎映朝服,金钿明舞茵。"⑤ 其盛景由此可见一斑。

需要注意的是,有关中和节宴会的政策规定在实施过程中亦有所变化。比如最初的规定是京中百官共集一处宴乐,由于这种做法造成了比较严重的浪费现象和金钱往来上的诸多弊端,后来便做了调整,于是,合宴被分宴所替代。关于这一变化,《唐会要》卷二九有如下记载:

> (贞元)九年二月,中书门下奏状,以中和节初赐宴钱,给百官宰臣已下于曲江合宴,供办为府县之弊,请分给是钱,令诸司各会于他所。从之。自是三节公宴悉分矣。⑥

宴会不仅仅在都城举行,地方上也有宴会之举。梁肃的《中和节奉陪杜尚书宴集序》就记载了扬州一带的中和节宴会。当时参加的人员达百余人,"火旗在门,雷鼓在庭。合乐既成,大庖既盈。左右无声,旨酒

---

① 《全唐诗》,第1127页。
② 《全唐诗》卷302,第3440页。
③ 这次宴会因为二月一日下雪的缘故移到了二月七日举行。
④ 《旧唐书》卷13,第387页。
⑤ 《全唐诗》,第3604页。
⑥ 《唐会要》,第544页。

斯行。乃陈献酬之事，乃酣无算之饮。于是群戏坌入，丝竹杂逻，球蹈、盘舞、橦悬、索走之捷，飞丸、拔距、扛鼎、逾刃之奇，迭作于庭内。急管参差、长袖袅娜之美，阳春白雪、流徵清角之妙，更奏于堂上。风和景迟，既乐且仪。"① 宴会之上，既有美酒佳肴，又有乐舞百戏，与会人员觥筹交错，频频举杯，自朝至暮，直喝到酩酊大醉。符载的《中和节陪何大夫会宴序》同样是对地方上中和节宴会的描写：

> 我岳鄂连帅、御史大夫何公，盖所以祗明诏，宣德教而欢万民也……主人乃揖乎英僚上介，洎簪裾耆老之客，相与罗拜于北向，已而叙登于阼阶之上，脱剑撎笏，百戏具举焉。旌旗飘飘，马鸣萧萧，始金鼓以一振，忽端立而扬镳，铁衣铮鏦，白羽在腰，列高舸于虚碧，翻大旆于回飙。既而铿丝桐，耀丸剑，齐入体以岑崟，礨涌而川注。暄风徐来，春日未敛。美人盘跚，缓步前墀。态生横波，怨拂蛾眉，感青春之不再，歌朱实之离离。音绵眇以切云，块远放而如遗。乐及于繁奏，爵及于无算，检一变至于欢，欢一变至于醉，莫不载时之交泰，饮公之惠洽，恬悦餍饫，充塞脏腑而已哉。②

场面的热闹似乎并不亚于京城。

不过，值得注意的是，中和节宴会并非每年都举行。以都城君臣宴会为例，除了一些年份，如贞元七年、八年、十年、十一年、十二年，由于记载阙如我们不得而知外，贞元十五年、十六年以及二十年的节宴，或因"年凶故"，或因"岁俭"，都被有意识地停掉了。这种情况，显然可以被视为政策规定未被遵循的例证。不过罢宴这一行为本身又让我们看到，在最高统治者唐德宗眼里，还有比宴乐更高的价值在；他可以为了这个更高的价值或者为了显示他对这个具有更高价值的事物的重视程度，而放弃对中和节宴乐这一政策规定的实施。

无论如何，上述中和节罢宴终究起因于偶然事件的发生，是政策实施过程中对政策规定的变通性处理，从本质上不同于对政策规定的终止。终止中和节宴的政策是在德宗皇帝驾崩后出台的。元和二年（807）正月丁

---

① 《全唐文》卷518，第5262页。
② 《全唐文》卷690，第7068页。

巳，宪宗皇帝下诏明文规定："停中和、重阳二节赐宴，其上巳宴，仍旧赐之。"① 从此，中和节宴成为明日黄花，成为曾经亲历盛况者对往事的追忆。吕温曾作《二月一日是贞元旧节有感绝句寄黔南窦三洛阳卢七》："同事先皇立玉墀，中和旧节又支离。今朝各自看花处，万里遥知掩泪时。"表达了抚今追昔、怀念故交之情。② 不过，在后世，犹有中和节举行宴会的遗风。如在辽朝，国舅族萧氏就在中和节设宴以延国族耶律氏，"岁以为常"。③

（二）进书献种

"中和节日令百官进农书，司农献秬秠之种"，是国家的政策规定。贞元六年中和节，"百僚进《兆人本业》三卷，司农献黍粟各一斗"，正是对上述政策规定的实施。④《兆人本业》即《兆人本业记》，是一部官修农书。⑤ 据宋人王应麟《困学纪闻》记载，《兆人本业》所记为"农俗和四时种莳之法"，共八十事。在农务方兴的二月，百僚进这样的农书，显然具有"益厉农功"的象征意义，颇为具有农本思想的官员文人所称赞。柳宗元就在他的《进农书状》中对此进行了高度评价：

> 臣伏以平秩东作，虞书立制，俶载南亩，周雅垂文，是皆奉天时以授人，尽地力而丰食。自陛下惟新令节，益厉农功，既立典于可传，每陈书而作则。耕凿之利，敷帝力于嘉谟；稼穑之难，动天心于睿览。勤劳率下，超迈古先。凡诸率土，不胜幸甚。⑥

中和节进农书的做法颇受时人看重，贞元十九年甚至以《中和节百辟献农书赋》（以嘉节初吉修是农政为韵）为题，选拔人才。科举考试以此为题，从一个侧面反映了此举在德宗朝的盛行。

---

① 《旧唐书》卷14，第420页。
② 《全唐诗》卷370，第4162页。
③ （元）脱脱：《辽史》卷53《礼志》"岁时杂仪"，中华书局1974年版，第878页。
④ 《旧唐书》卷13，第369页。
⑤ 据《旧唐书·则天皇后本纪》记载："太后尝召文学之士周思茂、范履冰、卫敬业，令撰《玄览》及《古今内范》各百卷……《百僚新诫》、《兆人本业》各五卷……藏于秘阁。"《旧唐书》卷13，第133页。
⑥ 《全唐文》卷572，第5782页。

"弘我政本，实惟农书。"二月一日百僚进献农书这一做法更符合统治者的长远利益，故而在唐宪宗于元和二年明令取消了中和节宴会以后，它仍然被保留了下来。比如吕温曾有《代百僚进农书表》，明确指出："谨缮写前件书凡二十篇，共成三卷，谨诣东上阁门奉表陈献以闻。"① 这里的前件书即《兆人本业记》。由于吕温的文中有"睿圣文武皇帝"字样，据《旧唐书》，"睿圣文武皇帝"乃元和三年正月癸巳日群臣为宪宗所上尊号，故《代百僚进农书表》必作于元和三年正月之后，进农书之举也必发生于元和三年正月之后。另外，唐文宗大和二年（828）二月，"庚戌，敕李绛所进则天太后删定《兆人本业》三卷，宜令所在州县写本散配乡村。"② 李绛进书或许就在当年的二月初一日。宋代时还保留着进农书的做法。如《梦粱录》就记载当时"百官进农书，以示务本"。③

（三）赏赐

1. 赐钱

贞元四年九月，德宗曾经下令，以正月晦日、三月三日、九月九日为三令节，宜任文武百官选胜地追赏为乐，并赐与数量不等的金钱，规定："每节宰相及常参官共赐钱五百贯文，翰林学士一百贯文，左右神威、神策等军每厢共赐钱五百贯文，金吾、英武、威远诸卫将军共赐钱二百贯文，客省奏事共赐钱一百贯文，委度支每节前五日支付，永为常式。"④ 次年，"皇心不向晦，改节号中和"，中和节取代正月晦日，成为三令节之一，节宴由正月晦日改至中和节，赐钱之举也随之改移日期。贞元八年正月，又颁布诏书，对在京宗室赐钱的数目做出以下规定："在京宗室，每年三节宜集百官列宴会，若大选集，赐钱一百千，非大选集，钱三分减一。"同时规定："三节宴集，先已赐诸卫将军钱，其率已下可赐钱百千。"政府赐钱，为举办宴会提供了资金来源，这也是中和节宴之所以热闹繁盛的重要原因。

2. 赐尺

"裁度"，即"请皇帝赐大臣戚里尺"，也是中和节活动的重要内

---

① 《全唐文》卷626，第6325页。
② 《旧唐书》卷17，第528页。
③ （宋）吴自牧：《梦粱录》，浙江人民出版社1984年版，第6页。
④ 《旧唐书》卷13，第366页。

容。贞元八年，宏词科还曾以《中和节诏赐公卿尺》作为科举考试的试题，当年参与考试的陆复礼、李观、裴度都留下了佳作。从陆复礼的"皇恩贞百度，宝尺赐群公"、李观的"具寮颁玉尺，成器幸良工"、裴度的"阳和行庆赐，尺度及群公"等诗句中均可见当时赐尺行为的存在。

在笔者看来，李泌之所以设计出裁度的仪式并得到唐德宗的首肯并加以实践，很重要的原因在于这一做法本有其传统依据，且具有对于统治而言相当重要的象征意义。

选择在中和节赐尺（无论是李泌还是唐德宗），是有其传统依据的。中和节时在仲春二月，仲春二月正是传统上校准度量衡的季节。《礼记·月令》载，仲春之月，"日夜分，则同度量，钧衡石，角斗甬，正权概"。① 至于为什么要选择"日夜分"的时节，有人这样解释："形而上者谓之道，而阴阳之气运焉；形而下者谓之器，而阴阳之理寓焉。道则体乎天，器则用乎人。体乎天者，既适其中矣，用乎人者，可以失其中乎？此同度量之类所以必在乎日夜分之月也。"② "人之所用当须平均，人君于昼夜分等之时而平正此当平之物"，是符合我国传统社会一贯追求的顺天应人这一法则的。《唐六典》所载当时的中尚署令要在"每年二月二日，进镂牙尺及木画紫檀尺"，当是对《月令》传统的遵循。唐德宗于二月一日赐臣尺也是对这一传统的略做变通的现实性应用。

当然，还要指出的是，赐大臣尺对于唐德宗来说已不是什么新鲜事，因为早在他追慕的唐玄宗时期就已有赐尺之举。玄宗皇帝曾赐尺给张九龄，张九龄还写状表示谢意。李泌、唐德宗的创新在于将这一仪式移到二月一日的中和节来举行。

尺之用在度长短，与"数多少"的量、"示轻重"的衡同为日常生活必备之物。掌握着确定、校正度、量、衡的权力，就意味着掌握着治人治世的权力。人君将经过校正的尺度颁赐给大臣，其实是对治人治世权力的一种象征性分配，且含有对臣下公平正当行使权力的期待。对此，唐玄宗在《答张九龄谢赐尺诗批》中有个简短但不乏深刻的表述："尺之为数，阴阳象之。宰臣匠物，有以似之。卿等谋猷，非无法度。因之比兴，以喻

---

① 《十三经》（全一册）之六《礼记》，中州古籍出版社1992年影印本，第53页。
② （宋）卫湜：《礼记集说》卷40，四库全书本。

乃心。尽力钧衡，深知雅意。"① 相信有着"至化恒在宥，保和兹息人。推诚抚诸夏，与物长为春"抱负的唐德宗赐群臣尺时，会怀着同样的"雅意"。

当然，赐尺的意义在不同的人那里会有并不完全相同的解释，比如陆复礼就认为此举"欲使方隅法，还令规矩同。捧观珍质丽，拜受圣恩崇。如荷丘山重，思酬方寸功。从兹度天地，与国庆无穷"。李观认为："具寮颁玉尺，成器幸良工。岂止寻常用，将传度量同。人何不取利，物亦赖其功。紫翰宣殊造，丹诚厉匪躬。奉之无失坠，恩泽自天中。"裴度认为："阳和行庆赐，尺度及群公。荷宠承佳节，倾心立大中。短长思合制，远近贵攸同。共仰财成德，将酬分寸功。作程施有政，垂范播无穷。愿续南山寿，千春奉圣躬。"不过，话又说回来，他们的说法虽有所不同，但总体上来看，又都认同赐尺的做法不仅可以更有效地促成度量衡乃至度量衡所代表的国家制度在全国范围内的同一，而且可以激励臣子对君主的效忠之心。

大约正是因为赐尺对于统治所具有的意义，这一做法同进农书一样，在中和节宴于元和二年正月罢停以后，仍然保留了下来，据白居易《中和日谢恩赐尺状》可知，白居易就曾在中和日得到过"红牙银寸尺各一"的赏赐。据朱金城先生研究，该状作于元和二年（807）到元和六年（811）之间。②

3. 赐诗及春衣

关于赐诗，最著名的当属对戴叔伦的赐赏。李肇《唐国史补》记载："贞元五年，初置中和节。御制诗，朝臣奉和，诏写本赐戴叔伦于容州，天下荣之。"③ 另外，王纬有《谢赐中和节御制诗序表》，记载曾受赐"皇太子所写御制中和节诗序"。④ 宋代亦有中和节赐诗之举，王应麟《玉

---

① 张九龄：《谢赐尺诗状》，载《全唐文》卷289；李隆基：《答张九龄谢赐尺批》，载《全唐文》卷37，第406页。
② （唐）白居易著、朱金城笺校：《白居易集笺校》，上海古籍出版社1988年版，第3384页。
③ （唐）李肇撰、曹中孚校点：《唐国史补》卷下，载上海古籍出版社编，丁如明、李宗为、李学颖等校点《唐五代笔记小说大观》（全二册），上海古籍出版社2000年版，第192页。
④ 王纬，字文卿，并州太原人。举明经，以书判入等，累官彭州刺史、检校庶子兼御史中丞、西川节度营田副使。贞元中检校工部尚书。十四年卒，年七十一，赠太子少保。《全唐文》卷626，第4455、4456页。

海》卷三〇载宋真宗天禧元年（1017）"二月庚午朔，上作中和节五言诗，赐王旦已下。三年二月己丑朔，上作中和节诗"。①

据《唐会要》，关于中和节，有"王公戚里上春服"的政策规定，但事实上不仅有王公戚里对皇帝的进奉，也有皇帝对臣下的赐予。吕颂有《谢赐春衣及牙尺表》，令狐楚有《谢敕书赐春衣并尺表》，均可为证。在宋代，中和节沿袭了上春服之举。据《武林旧事》载："二月一日，谓之中和节，唐人最重，今惟作假，及进单罗御服，百官服单罗公裳而已。"②

4. 献生子

据《绀珠集》，当时"人家以青囊盛百谷果实更相馈遗，务极新巧，宫中亦然"。③ 宋代亦有流风余韵，如《梦粱录》记载："二月朔谓之中和节，民间尚以青囊盛百谷瓜果子种互相遗送，为献生子。"④

5. 节日放假

中和节放假一天，在唐德宗时期是有明文规定的。正是有了这一天假期，官员们选胜地宴赏才有时间保证。在宋代，中和节亦放假。庞元英《文昌杂录》卷一载"祠部休假岁凡七十有六日"，其中就包括中和节的一日。据《大金集礼》，金朝也做出过中和节放假一日的规定。⑤

综上所述，唐德宗时期制定了全民过中和节的政策并对这一政策进行了实施。从中和节的角度而言，这一政策过程将其生产出来并使其进入时人的日常生活之中，在一定程度上改变了时人的生活节奏。不仅如此，中和节及其诸多活动还穿越了一段时间隧道，影响及于后世。比如南宋诗人杨万里（1127—1206）至少有四首诗提到了中和节，其中《中和节日步东园》更明确提到："一年佳节又中和，两分春光一已过。"⑥ 又如刘昌诗为其《芦浦笔记》撰写"叙"时署名"嘉定（南宋理宗年号）癸酉中和节清江刘昌诗兴伯叙于通山阁"⑦，孙洵为廖行之著《省斋集》作跋署名

---

① （宋）王应麟：《玉海》卷30，四库全书本。
② （宋）周密：《武林旧事》，学苑出版社2001年版，第261页。
③ 《绀珠集》，四库全书本。
④ （宋）吴自牧：《梦粱录》，浙江人民出版社1984年版，第6页。
⑤ 《大金集礼》卷32，四库全书本。
⑥ 其他三首为《二月一日郡圃寻春》、《连天观望春忆毘陵翟园》、《过扬子桥》，分别载（宋）杨万里《诚斋集》卷36、8、16、30，四库全书本。
⑦ （宋）刘昌诗：《芦浦笔记·芦浦笔记原叙》，四库全书本。

"嘉泰（宋宁宗年号）命元中和节临川孙洵书"，[1] 等等，所有这些都可证明，至少在南宋时期的一些人中间，中和节是被作为节日来看待和度过的。

三 相同的起源，不同的命运：中和节与唐玄宗诞节的比较

唐玄宗诞节和中和节都是因国家政策的颁布实施而生成的建构型节日，而且后者之设，似乎受到了前者之设的深刻影响，二者在政策设计和实施方面有不少相同点。不过，这两个节日又有着不同的命运。这里，试对二者进行若干比较，以期望对建构型节日的存续和变迁有更深刻的理解。

（一）中和节与唐玄宗诞节的相同之处

1. 二者同是自我作古的产物

唐玄宗曾经在《答百寮请以八月五日为千秋节手诏》里指出，以八月五日为千秋节是"自我作古，举无越礼"，唐德宗在提出设节动议的时候，也用了"自我为古"一词。"自我作古"也好，"自我为古"也罢，都是打着"古"的名号所做的有意识的、目的明确的创新和发明。这种行为本身反映了以唐玄宗、唐德宗为首的一部分唐人敢于突破的勇气和自信。由于自我作古，以庆贺唐玄宗诞辰为内涵的千秋节面世；由于自我作古，以顺天应时、重农务本为内涵的中和节诞生。

2. 借助传统构建节日：相同的设计思路

我们在本章第一节中已经指出，为了营造节日的热闹气氛，张说等人在对千秋节进行设计之时，根据千秋节乃庆贺皇帝诞辰的性质，为大臣、王公戚里、士庶、村社等各种社会群体分别设计了节日活动。这些节日活动，如献甘露醇酎、上万岁寿酒、进金镜绶带、以丝结承露囊更相馈赠、村社作寿酒宴会等等，往往来自传统的文化符号和民间习俗，并且充分注意到所吸纳的习俗在时间上与千秋节的相接近。这种借助传统建构节日的做法为天下人同庆千秋节这一政策的实施提供了可行性基础。

李泌对中和节进行设计时，似深受千秋节设计和决策的影响。比如千秋节有"士庶以丝结承露囊"，李泌就"令人家以青囊盛百谷果实相问

---

[1] （宋）廖行之：《省斋集·原跋》，四库全书本。

遗";千秋节用"醇酎",李泌就令人酿酒曰"宜春";千秋节令村社"赛白帝,报田神",李泌就令村间"祭勾芒神,祈谷";千秋节令群臣"献甘露醇酎,上万岁寿酒",李泌就令群臣"进农书以示务本";等等。尤值一提的是,李泌还采用了张说等人根据节日性质借助传统建构节日的设计思路。

李泌为各种社会群体设计的节日活动,多有故事可循。如以"赐大臣方镇勋戚尺"为内容的裁度,本是唐玄宗朝的旧制;祭勾芒神、祈谷也是多年的传统做法。《礼记·月令》里已经指出,勾芒神乃孟春之神,在孟春之月的元日天子要祈谷于上帝,而至少在东汉时期,已有在立春日祭祀勾芒神的做法。如《后汉书·祭祀志》载:"立春之日,迎春于东郊,祭青帝勾芒,车骑服饰皆青,歌'青阳',八佾舞云翘之舞。"[1] 据《大唐开元礼》,当时规定在正月上辛日祈谷,立春日祭勾芒神。李泌将正月上辛日的祈谷与立春日的祭勾芒神移至二月中和节来做,与张说等人将八月一日(十四日)的结眼明囊、仲秋上戊的社会移时至八月五日千秋节这一设计思路有异曲同工之妙。李泌对传统文化符号的吸纳和应用,同样为中和节相关政策的实施提供了可行性基础。

3. 在各种因素综合作用下,两者都一度兴盛

关于唐玄宗诞节的兴盛及其原因,我们在前文已有专门论述,认为:"政策本身的正当性可行性、实施中较高的行政效率以及对政策乃至损益关系的及时调整、政策资源的支持和特定的时代背景等因素综合在一起,使得包括达官贵人、平民百姓在内的'天下'人都参与其中,为他称觞上寿,从而造就了唐玄宗诞节二十多年的辉煌。"中和节也一度兴盛,其最兴盛时在唐德宗时期。至于兴盛的原因,在不少方面亦与玄宗诞节兴盛的原因相一致。比如,中和节顺天应时、重农务本的内涵使其具有了被庆祝的正当性,借助传统的节日活动令其具有较普遍的可行性,较充足的政策资源的支持使各种活动尤其最能象征节日兴盛的追赏游宴活动得以红红火火开展起来。

再从实施环境来说,唐玄宗诞节的兴盛与开元盛世密切相联,中和节的兴盛则与安史之乱后的中兴有关。持续了八年的安史之乱给时人带来深重的灾难,"德宗在779年中期人们期望恢复唐朝力量和光荣的热烈心情

---

[1] (南朝)范晔撰、(唐)李贤注:《后汉书》,中华书局1965年版,第3181页。

中登上了皇位。"① 唐德宗登基伊始就进行了财政改革，对国家的税收体制进行重大调整，加强了中央政府的经济力量。在政治上，为了树立中央权威，唐德宗积极推行削藩政策。由于矛盾日趋尖锐，在他执政之初便发生了所谓的"四镇叛乱"。虽然在四镇叛乱过程中唐德宗一度狼狈不堪，甚至落到逃出长安的境地；虽然终德宗一朝，削藩战争都没有取得最后的胜利，但四镇之乱最终还是在中和节设置前三年的公元786年平息下来。正如贞元四年唐德宗自己所说："朕在位仅将十载，实赖忠贤左右，克致小康。"② 中和节正是在这种"克致小康"的时代背景中面世的。其实小康局面的形成，不仅是唐德宗动议二月设节的背景，更是中和节设置之后兴盛的重要原因。因为，只有国泰民安，才会有真正的节日欢乐。

当然，我们也不应该忽视唐德宗对节日功能的利用。节日之际的宴会欢乐，最能表现社会的小康、百姓的安居乐业。唐德宗显然具有追慕盛世的心理，这从他将自己的年号取名贞元即可看出。《类说》卷二"年号贞元"载："德宗初议改元，帝谓泌曰：'本朝之盛，无如贞观、开元，各取一字，乃改号贞元。'"③ 唐德宗命三令节百官公会、改节号中和，正是追慕盛世心理作用下利用节日营造国泰民安的盛世气氛的产物。换句话说，唐德宗本人对于中和节的热衷是这一节日得以兴盛的又一重要原因。

4. 两个建构型节日都以自己的方式对后世产生了重要影响

虽然唐玄宗诞节经历了二十多年的辉煌后衰落下去，直至最后因为一纸政令被取消而退出历史舞台，但是它所开创的皇帝诞日设节的制度却影响深远，为历代封建王朝所延续。中和节虽然在后世不如唐德宗朝那样兴盛，然而仍有流风余韵，中和节的不少做法如进春衣、进农书、献生子乃至休假等，在宋代以后还是为宫廷或民间所实践并得以传承，直到近世，依然有人亦视二月一日为中和节，从而在很大程度上实现了从官方建构向民间传统的转变。

（二）唐玄宗诞节与中和节的不同

上面主要对玄宗诞节与中和节的相同处进行了归纳，但二者毕竟又有

---

① ［英］崔瑞德编：《剑桥中国隋唐史》，中国社会科学院历史研究所、西方汉学研究课题组译，中国社会科学出版社1990年版，第495页。
② 《旧唐书》卷137，第3762页。
③ （宋）曾慥编：《类说》卷2，上海古籍出版社1993年版，第873页。

不同，其中最主要的在于，唐玄宗诞节（千秋节/天长节）虽然开风气之先，为后世帝王设置诞节做出了榜样，它本身则如昙花一现，虽不乏辉煌却生命短暂；中和节正如前面所说，通过代代的实践和传承而成为一种民间传统。同是建构型节日，唐玄宗诞节和中和节具有并不相同的命运，个中原因，可以从节日的公共性角度加以解释。

节日是一个群体或若干个群体共享的具有公共性的日子。当唐玄宗诞节设置之时，唐玄宗是在世的最高统治者、国家权力的合法继承人，虽然诞节是个人领域的生日，但因为这个人具备公共性，这个节日便具有了一定的公共性，因而具有在全社会推广、实践的合法性和正当性。随着玄宗的离世，政权易代，在人逝之后忌日重于生日的文化观念中，在"父传子、家天下"的政权传承机制中，玄宗的公共性丧失，他的诞日重回私人领域，不再具备全社会为之庆祝的正当性了。唐玄宗诞节之迅速没落，在传统社会的政治和文化环境中实属必然。

但中和节不同。无论是中和节的节日名称还是节日活动和节日内涵，都体现了对公共性的诉求，而且并不因王朝易代、政权更迭而受到影响。

先从节日的名称上来说。

对于李泌何以将新设置的节日叫做"中和节"，各种文献均语焉不详，但这个名字既然是有意识设计的，便必然蕴含一定的深意。这个深意，又不能不与作为我国传统文化核心概念的"中和"一词相关。关于中和，儒、道、佛诸家均作过阐发。但从原创性和主导性上说，儒家"中和观"具有根本性的意义。《中庸》解释："喜怒哀乐之未发，谓之中；发而皆中节，谓之和。中也者，天下之大本也；和也者，天下之达道也。致中和，天地位焉，万物育焉。"[1] 董仲舒以为："中者，天地之所终始也；而和者，天地之所生成也。夫德莫大于和，而道莫正于中。中者，天地之美达理也，圣人之所保守也……是故能以中和理天下者，其德大盛；能以中和养其身者，其寿极命。"[2] 此可谓代表了唐代以前儒家对于"中和"的基本看法。在他们那里，中和既是一种天地、四时、万物各守其正而又彼此和谐共处的理想状态，又是天下之德、之道，还是赖以达致"中和"状态的行动方法。对于中和思想概念的这些内涵，"博涉

---

[1] （宋）朱熹：《四书章句集注·中庸章句》，齐鲁书社1992年版，第1—2页。
[2] （汉）董仲舒：《春秋繁露·循天之道》，四库全书本。

经史，精究易象"①的李泌不会不知。他将节日名称设计成"中和"，显然包含着对达致"天地位焉，万物育焉"之中和状态的殷切期待。

贞元五年的诏书中有"候及仲月，勾萌毕达，天地同和，俾其昭苏，宜助畅茂"语，正反映了李泌的期待。当然，诏书的颁布说明李泌的期待同时也是德宗的期待。此后，还有一些唐人对中和节做过阐释，如白居易有《中和节颂》，谓："中者揆三阳之中，和者酌二气之和。"又说："和维大和，中维大中。以畅中气，以播和风。"梁肃在《中和节奉陪杜尚书宴集序》中认为："原夫中以立天下之本，和以通天下之志，明君所以揔万邦也，奉时以协气，播气以授人。"符载在《中和节陪何大夫会燕序》中提到："中和，王节也……唯仲春木德乃茂，沃生人之恺乐，洗万物之枯槁，当三阳之正中，凝四气之太和，以正星鸟，以推律度。"所有这些，都使我们看到，"中和"二字绝不仅仅是简单的节日的代号，它具有非常丰富的象征意义，是包括唐德宗、李泌、白居易、符载、梁肃等在内的精英内部共享的思想。

不仅如此，正如周来祥先生所说："'中和'（或和谐）在古代中国是一个贯彻始终的思想概念，从远古到清末，源远流长……在发展中，'和'的内涵越来越深刻，越来越丰富，由一个日常词语逐步升华为一个哲学概念、美学概念、伦理道德概念，日益成为中华民族文化的核心范畴和主导精神。""中国传统文化所讲的'中和'，不只是贯彻始终，同时又是一个几乎无所不包的大概念、大范畴，它无所不在，无处不在，无时不在，渗透于民族的大脑、灵魂和发肢，甚至于从每一个文化细胞中都能看到它的踪迹和影子。"② 中和不仅是精英内部共享的思想，还是精英与普通民众共享的思想。它包含着社会成员对一个理想社会状态的愿望，也包含着对最高统治者运用中和之道以求天下大治的期待，从而使得中和节的存在有着广泛的思想基础，易于为不同时代的不同的社会群体所认同。

再从节日活动及其体现的文化内涵上说。

---

① 《旧唐书》卷 130，《李泌传》。
② 周来祥：《和·中和·中——再论中国传统文化的和谐精神及其审美特征》，载《文史哲》2006 年第 2 期。

尽管最初唐德宗动议设节时的目的在于增加自己和官员们的娱乐时间，但李泌设计的、最终通过政策规定得以实践的节日活动，涉及社会中的各个群体，其中裁度是皇帝对臣下的赏赐，进农书是臣下对皇帝的进奉，上春服是王公戚里对皇帝的奉献，祭勾芒祈谷是农民的作为，献生子、酝酒，则不分阶层等级，全民通行，从而远远偏离了最初的意图和目的，使中和节成为一个能够协调人际关系、协调人与自然之间关系的全民的节日，尤其突出了顺天应时、重农务本的倾向。

我国传统社会历来以农业立国，汉文帝有诏曰："农，天下之大本也，民所恃以生也。而民或不务本而事末，故生不遂。"[1] 唐太宗谓侍臣曰："凡事皆须务本，国以人为本，人以衣食为本，凡营衣食以不失时为本。"[2] 对于国家而言，农为邦本；对于个人而言，农为衣食之源，故要重农务本。这不仅是我国传统社会所有朝代的重要政策，亦是从社会精英到普通民众都具有的思想观念。重农务本就必须顺天应时，其实不仅农业生产，其他行为也要顺天应时。这同样是从官方到民间从社会精英到普通民众共享的思想。

因此可以说，中和节之名称、活动及其内涵均建基于"共享的思想"[3]之上，这使得中和节具有较强的公共性：不仅与特定的政府组织成员有关，亦与社会公众有关；不仅有对统治者自身利益的满足，亦有对社会公共利益的关照，从而不仅具有超个体的普适能力，在我国传统社会甚至具有超朝代的普适能力，由此中和节不仅被楔入时人的日常生活，也成功地融入他们的日常生活之中，在一定程度上改变了时人的生活节奏，且影响及于后世。

---

[1] 《汉书》卷4，中华书局1962年版。
[2] （唐）吴兢撰、谢保成集校：《贞观政要集校》卷8，中华书局2003年版。
[3] 葛兆光在其《中国思想史》（第一卷）中曾这样说："过去的思想史只是思想家的思想史或经典的思想史，可是我们应当注意到在人们生活的实际的世界中，还有一种近乎平均值的知识、思想与信仰，作为底或基石而存在……似乎在精英和经典的思想与普通的社会与生活之间，还有一个'一般知识、思想与信仰的世界'。"在赵世瑜看来，这"'一般的思想史'并非仅指共同的思想背景，更重要的是指一种'共享的思想'（shared idea）"。参见赵世瑜《小历史与大历史——区域社会史的理念、方法与实践》，生活·读书·新知三联书店2006年版，第239页。

总之，同作为建构型节日，唐玄宗诞节和中和节以自己不同的命运讲述着一个道理：公共性，乃建构型节日得以存续的必要条件。

现代社会，建构型节日更多，不仅如此，当前还出现了重构节日（即以传统节日为依托，对节日活动进行重新设计，以恢复传统节日的活力）的现象。如果希望这些节日能够传承久远或恢复活力，融入百姓生活，那么借助传统并令节日具备一定的公共性，当是建构节日或者重构节日时所应该格外注意的。这也是同为建构型玄宗诞节和中和节不同的命运史给予我们的启示。

第三节　清明作为独立节日的兴起

清明节是一个非常重要的传统节日。今天，人们将其与春节、端午、中秋节并列，称为我国四大传统节日。学术界比较普遍的看法是，清明原本是二十四节气之一，早在汉代以前即已出现。但作为节气的清明与作为节日的清明毕竟不同。譬如韩养民、郭兴文即明确指出："清明作为节日，与纯粹的节气又有所不同。节气是我国物候变化、时令顺序的标志，而节日则包含着一定的风俗活动和某种纪念意义。"[①] 杨琳《中国传统节日文化》也表达了同样的意见："节气只是季节时序的标记，而节日则要有一定的庆祝纪念及相应的仪式习俗。"[②] 笔者赞同此说。

那么清明节气是何时成为清明节日的呢？关于这一点，大致有两种意见：一种以为"以清明为节萌芽于唐代"，当时的清明节只是寒食节的一个组成部分。[③] 这种观点的代表学者可推杨琳与黄涛。一种认为早在唐代

[①] 韩养民、郭兴文：《中国古代节日风俗》，陕西人民出版社1987年版，第145页。

[②] 杨琳：《中国传统节日文化》，宗教文化出版社2000年版，第211页。

[③] 杨琳指出："寒食与清明并提也说明社会上有了以清明为节的意识，但它并不独立，只是意味着清明是寒食节中重要的一天而已。"《中国传统节日文化》，宗教文化出版社2000年版，第216页。又黄涛在《清明节的起源、变迁与公假建议》中指出："其实，唐宋时期清明前后的一系列活动是连成一片的，在当时人们的观念里，清明节是寒食节的一部分。"中国民俗学会、北京民俗博物馆编：《节日文化论文集》，学苑出版社2006年版，第49页。

以前业已存在。比如刘伯根、华景杭编《中华传统文化大观》就认为："清明节始于周代……大致到了唐代，寒食节与清明节合而为一，变成清明节的一部分。"①笔者同意清明成为节日始于唐代的观点，但不同意认为它在唐代只是寒食节的一部分。

一 清明在中唐时期已成为独立的节日

判定一段日子是否在唐代作为独立节日而存在的依据，是它在唐人生活和意识中的存在状态。这一方面包含着一定的客观内容，即一定区域内的许多唐人确实在年度周期内的这个特定时间段里不约而同地从事大致相同的活动；另一方面则还包含着主观的认定，即那些在这个特定时间段里不约而同从事大致相同活动的唐朝人认定自己是在过一个独立的节日。如果两个条件同时具备，那么这段日子在当时就是一个独立节日。拿这个标准衡量清明，我们可以认为中唐时期（指742—820年间）②，它已成为一个独立节日。

从第一方面说，至少在清明日这个清明节的标志性时间里，唐人有许多约定俗成的活动，如取新火③、出游、荡秋千、宴饮等。关于取新火，刘长卿《清明后登城眺望》云："百花如旧日，万井出新烟。"关于出游，李正封《洛阳清明日雨霁》云："游人恋芳草，半犯严城鼓。"关于荡秋千，韩偓《秋千》云："池塘夜歇清明雨，绕院无尘近花坞。五丝绳系出墙迟，力尽才瞵见邻圃。"关于宴饮，王表《清明日登城春望寄大夫使君》云："兴来促席唯同舍，醉后狂歌尽少年。"④从上述所引中唐诗人所作诗歌来看，许多唐代人在清明日里不约而同地从事大致相同的活动是没有疑问的。尤为重要的是，如果说寒食节的标志性习俗活动——禁火寒食深入人心的话，那么中唐时期，清明节标志性习俗活动——点燃新火同样已在民间广为流行开来。

从第二方面说，亦有充分的证据。

综观当代学者对我国传统节日的研究，少见对某一节日的独立性

---

① 刘伯根、华景杭编：《中华传统文化大观》，中国大百科全书出版社1993年版，第676页。
② 范文澜：《中国通史简编》（修订本）第三编第一册，人民出版社1965年版，第91页。
③ 关于取新火，下文将有详细说明，此处仅引一处资料为证。
④ 分别见《全唐诗》卷147、347、683、281，第1479、3881、7846、3199页。

质持怀疑态度，但在清明节方面是个例外。这当然不是偶然，而确与寒食节、清明节二者之间的复杂关系密切相关。关于寒食节及其对清明节兴起的意义，下文将有详细论述，这里需要说明的是，初唐时期，清明节确实不是一个独立的节日，清明日只是作为寒食节的一部分被人度过的，还没有成为一个新节日的标志性时间。这从李峤一首名为《寒食清明日早赴王门率成》可以看出。由于李峤"赴王门"是"寒食清明日"一早的行为，因此，题中的"寒食清明日"显然不是指从寒食日到清明日这一段时间，而只能是确指清明日这一天，这样一来，寒食清明日的意思就是寒食节的清明日这天，由此可见清明日与寒食节的关系。

但是到了中唐时期，情况就发生了变化。这种变化可以从时人创作的诗歌中看得出来。如窦常《之任武陵寒食日途次松滋渡先寄刘员外禹锡》诗云："杏花榆荚晓风前，云际离离上峡船。……看春又过清明节，算老重经癸巳年。"① 该诗题"寒食日"，诗文中却云"清明节"，且里面又不存在为押韵合仄而不得不用"清明节"字样的因素，那便只能解释为在窦常看来，清明节已是有其特定名称的独立节日了。非但如此，似还有将寒食日视为清明节一部分的可能。再如陈润诗《东都所居寒食下作》云："江南寒食早，二月杜鹃鸣。日暖山初绿，春寒雨欲晴。浴蚕当社日，改火待清明。更喜瓜田好，令人忆邵平。"② 诗将寒食、清明、社日三节并举。无独有偶，羊士谔《寒食宴城北山池即故郡守荥阳郑钢目为折柳亭》诗云："别馆青山郭，游人折柳行。落花经上巳，细雨带清明。"③ 写寒食宴，同时提及上巳与清明。这种现象的出现反映出，在他们心中清明的确与寒食不同，它已是与寒食、上巳、社日同样重要的春天节日了。

当然，必须说明的是，笔者所谓清明独立成节，并不意味着在所有中

---

① 《全唐诗》作者小传云：窦常，字中行，大历中及进士第。隐居广陵之柳杨著书，二十年不出。后淮南节度杜佑辟为参谋。元和间，自湖南判官入为侍御史，转水部员外郎，出刺朗州、固陵、浔阳、临川四郡，入为国子祭酒，致仕。卒赠越州都督。《全唐诗》卷271，第3030—3033页。

② 《全唐诗》作者小传云：陈润，大历间人，终坊州鄜城县令。诗出《全唐诗》卷272，第3061页。

③ 《全唐诗》卷332，第3708—3709页。

唐人心目中清明节都已从寒食节中独立出来。事实上，我们同样可以找出其他例子证明，在一些人那里，清明仍作为寒食节的组成部分而存在。只是我们不应该忽视清明节在中唐时期取得的进展，至少可以说，在中唐时期一部分人眼里，清明不再是寒食节的组成部分，而是与寒食节并存共在的另一个节日了。

　　清明节作为独立节日在中唐时期兴起当然不是偶然的。关于清明节日兴起的原因，韩养民、郭兴文以为："清明本是二十四节气之一，但因注入寒食禁火、扫墓习俗后，二者合二为一，才形成了清明节日。"①黄涛则在指出应将清明节气"看做清明节的源流之一"后，进一步说明："从唐代开始，清明节逐渐成为一个融合了寒食节与上巳节习俗的重要民俗节日。"② 杨琳在他的论证中也格外注意到了墓祭习俗，并将其视为"清明节产生的社会基础"，并且也将清明节的"萌芽"与寒食禁火联系起来："清明标志着寒食的结束，热食的开始，是寒食节当中比较重要的一天，这种重要地位是它后来喧宾夺主并以它为名来涵盖寒食节的原因之一。"此外他还明确指出"清明节在发展过程中又融汇了上巳节的内容"。③ 笔者以为，将清明节日与清明节气区别开来的同时又兼顾节气对节日的重要影响，是理解清明节日起源的重要方面。但同时必须考虑到这样一个问题，即清明节气早在先秦时代即已出现且一直与其他节气一起为人们所熟悉，但清明节日为何兴起于唐代而不是其他朝代？这里必然有唐代的特殊原因。比如盛唐时代的安定与富庶，人们追求娱乐的心态等，具体则与寒食节的盛行、改火之制复兴对寒食节禁火习俗的重构以及节假日的设置密切相关。下面仅对清明节兴起的具体原因作较详细的阐述。正是这些因素，突出了清明节气及其前后几天一段日子的重要性，以致唐朝政府和民间都在清明日从事一些引人注目的活动，而这又反过来越发突出了清明日的重要性，直到唐中期已在部分唐人心目中成为一个可与社日、寒食、上巳并置的重要节日。

---

① 韩养民、郭兴文：《中国古代节日风俗》，陕西人民出版社1987年版，第145页。
② 黄涛：《清明节的起源、变迁与公假建议》，载中国民俗学会、北京民俗博物馆编：《节日文化论文集》，学苑出版社2006年版，第51页。
③ 杨琳：《中国传统节日文化》，宗教文化出版社2000年版，第215、217、222页。

二　清明作为独立节日兴起的原因分析

（一）寒食节的盛行与清明节日的兴起

寒食节，曾是我国传统社会中一个十分重要的节日。因人们在节日期间禁止用火、吃冷食而得名。关于寒食节的起源，说法不一。① 但是学者们大多同意寒食节起源于汉代，而在唐代达致鼎盛。②

汉代寒食节时在冬季，且节期长短不一，这从当时记载这一节日的文献资料中可以明晰。就目前所知，有关这一节日最早的记载当是两汉之际桓谭的《新论》，该书卷下《离事》说："太原郡民以隆冬不火食五日，虽有疾病缓急，犹不敢犯，为介子推故也。"③ 此后有《后汉书·周举传》："太原一郡旧俗以介子推焚骸，有龙忌之禁，至其亡月咸言神灵不乐举火，由是士民每冬中辄一月寒食，莫敢烟爨。老小不堪，岁多死者。"周举做了并州刺史后，到子推庙中，作吊书，"言盛冬去火，残损民命，非贤者之意，以宣示愚民使还温食。于是众惑稍解，风俗颇革"。④ 再后有曹操的《禁绝火令》云："闻太原、上党、西河、雁门冬至后一百有五日皆绝火寒食，云为介子推。夫子推晋之下士，无高世之德，子胥以直亮沉水，吴人未有绝水之事，至于子推，独为寒食，岂不偏乎？云有废者，乃致雹雪之灾，不复顾不寒食乡亦有之也。汉武时京师雹如马头，宁当坐不寒食乎？且北方沍寒之地，老小羸弱，将有不堪之患，令书到，民一不得寒食。若有犯者，家长半岁刑，主吏百日刑，令长夺俸一月。"⑤ 《新论》说"隆冬不火食"五日，可见寒食节期长五天，《后汉书》提及寒食节长达一月，曹操的《禁绝火令》竟然告诉我们太原、上党等地的寒食节长达一百零五天。这里姑且不管汉代寒食节到底持续多长，汉代寒食节时处寒冷季节，且给时人的生活带来了极大不便，导致"老小不堪，

---

① 可参见张勃《寒食节起源新论》"对前人有关寒食节起源诸观点的思考"部分，载《西北民族研究》2004年第3期。又见本书附录一。

② 可参见王赛时《唐代的寒食节》，载《民俗研究》1990年第3期。

③ （汉）桓谭：《新论》，上海人民出版社1977年版，第47页。

④ （南朝）范晔撰、（唐）李贤注：《后汉书》，中华书局1965年版，第2024页。

⑤ 转引自（隋）杜台卿撰、（清）杨守敬校订《玉烛宝典》，《续修四库全书》编纂委员会编：《续修四库全书·八八五·史部·时令类》，上海古籍出版社2002年版，第31页。以后所引《玉烛宝典》皆为本版本，不再出作者、版本注。

岁多死者"当是事实。恰恰因为这一点，唐代以前寒食节总是处于被官方禁断的地位。无论是周举采取软的方法，还是曹操采取硬的方法，都是想禁止人们过寒食节。后来，后赵的石勒、北魏孝文帝也都曾禁断寒食。①

不过，官方的禁断并没有阻止寒食节扩张的势头，至少约成书于六世纪中叶的《齐民要术》②在描述寒食节时已使用了"中国"一词："昔介子推怨晋文公赏从亡之劳不及己，乃隐于介休县绵上山中。其门人怜之，悬书于公门。文公寤而求之，不获，乃以火焚山。推遂抱树而死。文公以绵上之地封之，以旌善人。于今介山林木，遥望尽黑，如火烧状，又有抱树之形。世世祠祀，颇有神验。百姓哀之，忌日为之断火，煮醴酪而食之，名曰'寒食'，盖清明节前一日是也。中国流行，遂为常俗。"③ 考虑到《齐民要术》一书所涉及范围"主要在黄河中下游，包括今山西东南部、河北的中南部、河南的黄河北岸和山东"，④ 这里的"中国"一词应该至少包括这些地区。而如果我们再联系稍后的《荆楚岁时记》中有关记载及该书作者的人生轨迹，可以认为，至少六世纪时，伴随着大量移民的南迁，寒食已经传播到荆楚一带。⑤

---

① 石勒禁寒食事见《晋书·载记第五》，魏孝文帝禁断寒食事见《魏书·高祖本纪》。
② 《山东省志·诸子名家志·贾思勰志》认为《齐民要术》约成书于533—544年。见该书第21页，齐鲁书社2001年版。
③ 贾思勰：《齐民要术》卷9《醴酪第八十五》，载《山东省志·诸子名家志·贾思勰志》，齐鲁书社2001年版，第389页。
④ 《山东省志·诸子名家志·贾思勰志》，齐鲁书社2001年版，第24—25页。
⑤ 《荆楚岁时记》是我国古代最早一部以年度周期的岁时民俗为记述对象的专项民俗志，也是一部记述荆楚地区岁时节令、风物故事的区域民俗志。它以时为序，记录了荆楚一带民众在从元旦到除夕诸多节令中的典故与时俗。《荆楚岁时记》的作者是南朝梁人宗懔。宗懔，字符懔，又字怀正。约生于公元502年，卒于565年。祖籍南阳涅阳（今河南邓县），西晋永嘉之乱中，八世祖宗承因军功官封柴桑县侯，除授宜都郡守，后死于任上，子孙遂定居江陵。至宗懔出生之时，宗家已世居江陵近二百年。对于生于斯长于斯的宗懔来说，他对江陵怀有十分深厚的乡土情怀，对故乡的风土人情充满热爱和眷恋。承圣三年（公元554年），西魏攻破江陵，梁元帝遇害，宗懔则与数万百姓一起被俘，押解长安。"及江陵平，与王褒等入关。周文帝以懔名重南土，甚礼之。"背井离乡的宗懔在北国政权的礼遇中度过了他人生的最后一段岁月。对《荆楚岁时记》颇有研究的萧放先生认为："回忆故里的生活成为他晚年的精神排遣，在这种思想动机之下，宗懔有心将江汉故里的日常生活记述成文，《荆楚岁时记》很可能成于这一时期，虽然我们还没有直接的证据。"萧放：《〈荆楚岁时记〉研究——兼论传统中国民众生活中的时间观念》，北京师范大学出版社2000年版，第5页。

据《荆楚岁时记》记载："去冬节一百五日，即有疾风甚雨，谓之寒食。禁火三日，造饧、大麦粥。寒食，挑菜。斗鸡，镂鸡子，斗鸡子。"① 这一有关寒食节的文献资料，透露出寒食节在南朝发生的对后来寒食节的发展具有重要影响的三个变化。其一是将节期固定在冬至后一百零五日，其二是节俗活动从单调向丰富发展，其三是节日气氛从悲凉黯淡向欢快明丽发展。

有唐一代，国家形成了大一统的局面，社会相对安定，日渐发达的生产力带来了相对富裕的物质生活，人们的精神面貌也大为改观，人性得到较自由的发挥与张扬，呈现出一种蓬勃向上、恢宏自信的大唐气象。在这种大背景下，唐人在寒食节从事一系列特征鲜明、格调突出的节俗活动，从而将寒食节过成唐代最引人注目的节日之一。敦煌文书中存有时人王冷然的《寒食篇》云："天运四时成一年，八节相迎尽可怜。秋贵重阳冬贵腊，不如寒食在春前。"② 非常典型地概括了寒食节在唐代节日体系和唐人心目中的地位。

其实早在初唐时期，寒食节就已经风靡全国，在禁火方面，沈佺期③（一说为李崇嗣）的《寒食》写到初唐时每届寒食节，"普天皆灭焰，匝地尽藏烟"。关于寒食上墓，唐高宗龙朔二年的诏书中业已提及。④ 而从

---

① （梁）宗懔著、宋金龙校注：《荆楚岁时记》，山西人民出版社1987年版，第33—37页。
② 转引自王赛时《唐代的寒食风俗》，载《民俗研究》1990年第3期，第47页。
③ 关于沈佺期的生卒年，学界有以下几种看法：（1）吴海林、李延沛编著的《中国历史人物生卒年表》认为，沈佺期生于高宗显庆元年（656），卒于开元二年（714），享年58岁，刘大杰《中国文学发展史》，连波、查洪德校注的《沈佺期诗集校注》所附查编《沈佺期年谱》亦持此说；（2）闻一多《唐诗大系》认为沈佺期约生于显庆元年，卒于开元四年（716）；（3）陆侃如、冯沅君的《中国诗史》认为沈佺期约生于公元650年（高宗永徽元年），卒于公元714年（开元二年）；（4）刘开扬《谈沈佺期、宋之问、李峤、杜审言等人的诗》一文则认为，沈佺期约生于公元656年（高宗显庆元年），卒于713年（玄宗开元元年）。杜晓勤：《二十世纪隋唐五代文学研究综述》，载 http://libweb.zju.edu.cn:8080/renwen/site/guoxue/Newbook/book22/duxiaoqin/20centure-03-6.htm。
④ 《唐会要》卷23"寒食拜扫"载："龙朔二年四月十五日诏：'如闻父母初亡，临丧嫁娶，积习日久，遂以为常。亦有送葬之时，共为欢饮，递相酬劝，酣醉始归。或寒食上墓，复为欢乐，坐对松槚，曾无戚容。既玷风猷，并宜禁断。'"见该书第439页。

杜淹的《咏寒食斗鸡应秦王教》[①]中可以看出，斗鸡等活动也已在初唐时期的民间广泛流行。初唐时期，时在冬至后一百零五日寒食节的盛行对于清明节兴起的重要意义，在于它突出了清明节气日的重要性，并使清明日成为寒食节的组成部分。

包括立春、雨水、惊蛰（启蛰）、春分、清明、谷雨、立夏、小满、芒种、夏至、小暑、大暑、立秋、处暑、白露、秋分、寒露、霜降、立冬、小雪、大雪、冬至、小寒、大寒等的二十四节气是我国人民的伟大发明，早在成书于秦代的《吕氏春秋》一书中，已对二十四个节气中的二十二个有了较为详实的规定和描述。西汉时，淮南王刘安的《淮南子·天文训》补充了小满和大雪，二十四节气至此基本完善，并且一直沿用至今。二十四节气是根据地球绕太阳运行的位置变化确定的，相邻两个节气之间的间隔大致是十五天，根据唐代的算法冬至与清明相距大约为106或107天、这种表记时间的方法在唐代是流行的，是为唐人所熟悉的。[②]因此，当初唐时期以冬至为参照系，寒食节已经固定于冬至后一百零五天时，若以清明为参照，这个日子就在清明节气日前一日或前两日。由于寒食节的节期其实并不仅仅只有一天，距冬至一百零五日的那天其实只是寒食节的标志性时间。由此清明节气日就成为寒食节的一部分。所以在李峤的眼里，清明日只是"寒食清明日"。但是，我们不应忽视这一点对于清明独立成节的重要意义。正是因为清明日是当时极为流行的寒食节的组成部分，使得它不仅从一年三百多个常日里突出出来，也从二十四节气里突出出来。

（二）改火之制的复兴对寒食节禁火习俗的重构与清明节日的兴起

改火曾经是世界范围内普遍流行的一项非常古老的习俗，在我国也是

[①] 杜淹，"字执礼，如晦叔也。材辩多闻。秦王引为文学馆学士。及即位，召为御史大夫。俄检校吏部尚书。所荐引赢四十人，后皆知名"转引自（唐）吴兢撰、谢保成集校《贞观政要集校》，中华书局2003年版。诗云："寒食东郊道，扬鞲竞出笼。花冠初照日，芥羽正生风。顾敌知心勇，先鸣觉气雄。长翘频扫阵，利爪屡通中。飞毛遍绿野，洒血渍芳丛。虽然百战胜，会自不论功。"《全唐诗》卷30，第435页。

[②] "唐终始二百九十年，而历八改。初曰《戊寅元历》，曰《麟德甲子元历》，曰《开元大衍历》，曰《宝应五纪历》，曰《建中正元历》，曰《元和观象历》，曰《长庆宣明历》，曰《景福崇玄历》而止矣。"无论哪种历法，其中一项重要内容就是对二十四节气的确定。参见《新唐书·历志》卷25—30。圆仁《大唐求法巡礼行记》中记载圆仁曾在开成五年的正月十五日得到当年历日抄本，其中标明了节气的具体日期。见该书第75页，上海古籍出版社1986年版。

古已有之。对于改火习俗的成因，汪宁生先生在《改火与易水》中有过精辟的论析：

> 改火之俗原与古人用火方式有关。虽然旧石器时代人们即发明人工取火方法，在实际生活中并不是动辄就生新火，而是采取保存火种使其昼夜不灭方法，来保证人们取暖、炊爨、照明等日常需要……
> 在远古人类心目中，万物有灵，火自不能例外。火焰的不断跳动，小火迅速变成大火，再加上火种的长年不灭，使火更像一种有生命之物。故世界上拜火习俗普遍盛行，凡是人类遭受与火有关的灾难，都认为是火的精灵作祟。而由于火种长年不灭，又使人们认为作祟者多是这些旧火……人们为了免除旧火的危害，除了平常对火要小心地供奉献祭及恪守一系列禁忌外，还要举行禳解仪式，定期改火即其中的一种。[①]

有关我国改火的记载，较早出现于《管子》中。《禁藏》载："当春三月，萩室熯造，钻燧易火，抒井易水，所以去兹毒也。"[②] 又《轻重己》亦载："以冬日至始，数四十六日，冬尽而春始……教民樵室钻燧，墐灶泄井，所以寿民也。"[③] 此外，《论语·阳货》中也提到："君子三年不为礼，礼必坏；三年不为乐，乐必崩。旧谷既没，新谷既升，钻燧取火，期可已矣！"从上述记载中可以看出先秦时代改火习俗的盛行。

改火之制一直延续到东汉时期。居延汉简保存有西汉宣帝时丙吉奏书，建议夏至改火：

> 御史大夫吉昧死言：丞相相上大常昌书言：大史丞定言：元康五年五月二日壬子日夏至，宜寝兵，太官抒井，更水火，进鸣鸡。谒以闻，布当用者。臣谨案比原泉御者，水衡抒大官御井，中二千石、二千石令官各抒。别火官先夏至一日以除隧取火，授中二千石、二千石官在长安、云阳者，其民皆受，以日至易故火。庚戌寝兵不听事，尽

[①] 汪宁生：《改火与易水》，载《古俗新研》，敦煌文艺出版社2001年版，第149、150页。
[②] 钟肇鹏、孙开泰、陈升校释：《管子简释》，齐鲁书社1997年版，第394页。
[③] 同上书，第597页。

甲寅五日。臣请布，臣昧死以闻。①

又《后汉书·礼仪志》中还明确地说道："日冬至，钻燧改火。"

在汉代以前，我国还有专治改火的官吏，如周代的司爟。《周礼·夏官·司爟》说到司爟的职司："掌行火之政令，四时变国火，以救时疾。季春出火，民咸从之。季秋纳火，民亦如之。时则施火令。"② 汉代也有主治改火之事的别火丞。《汉书·百官公卿表》载："典客……景帝中六年更名大行令……武帝太初元年更名大鸿胪，属官有行人、译官、别火三令丞。"颜注曰："如淳曰：'《汉仪注》别火，狱令官，主治改火之事。'"③

虽然从上面的诸多记载来看，汉代以前改火的时间并不一致，或在春中，或在秋后，或在冬至，但改火之制、改火官的存在是没有问题的。但是，汉代以后的一段时间内，改火之制停止了。

到了隋代，又有人旧事重提，并得到最高统治者的支持。《隋书·王劭传》云：

> 王劭，字君懋，太原晋阳人也。……劭以古有钻燧改火之义，近代废绝，于是上表请变火，曰："臣谨案《周官》，四时变火，以救时疾。明火不数变，时疾必兴。圣人作法，岂徒然也。在晋时，有以洛阳火渡江者，代代事之，相续不灭，火色变青。昔师旷食饭，云是劳薪所爨。晋平公使视之，果然车辋。今温酒及炙肉，用石炭、柴火、竹火、草火、麻荄火，气味各不同。以此推之，新火旧火，理应有异。伏愿远遵先圣，于五时取五木以变火，用功甚少，救益方大。纵使百姓习久，未能顿同，尚食内厨及东宫诸主食厨，不可不依古法。"上从之。④

---

① 中国社会科学院考古研究所编：《居延汉简甲乙编》10·27、5·10 二简，中华书局 1980 年版。

② 《十三经》（全一册）之四《周礼》，中州古籍出版社 1992 年影印本，第 81 页。

③ （汉）班固撰、（唐）颜师古注：《汉书》，中华书局 1962 年版，第 730 页。

④ （唐）魏徵：《隋书》卷 69，中华书局 1973 年版，第 1601 页。以后引《隋书》皆出自本版本，不再出作者、版本注。

在这篇上书中，王劭先说改火乃是古礼，《周礼》中有载，使自己的上书师出有名；接着以前人经历为例说明火若不改，则火色变青，又用经验证明新火旧火是不同的；继而提出既然改火用功甚少，作用甚大，当然应该改火；最后，为了使自己的建议更具可行性，又提出先从宫廷内部做起。王劭的上书有理有据，层层推进，得到了隋文帝的首肯。"上从之"，意味着曾为古礼又一度湮没的改火之制，因为个别士人的提倡和最高统治者的认可而梅开二度！

到了唐代，改火之制复兴。改火的做法不仅在宫廷中也在民间普遍流行开来。但与前代相比不同的是，唐代的改火虽然深受被官方和知识精英视为周代定制的"四时变国火"的影响，但并没有按照"四时变国火"的法则行事，而是以"礼标纳火之禁，语有钻燧之文"①为依据，借取了在民间已广为流行的寒食节的禁火习俗，将改火集中于寒食清明期间，一年一度进行。

禁火是寒食节的标志性习俗。关于寒食节禁火习俗的起源，有些学者将其归于古代的改火之制，②笔者则以为寒食节禁火习俗原与改火没有任何关系③。但到唐代，随着改火之制的复兴，二者就发生了密切的关系。

就目前笔者所掌握的材料，至少在唐前期宫廷中就已有改火的做法。主要生活于公元7世纪的韦承庆（？—707）已在其《寒食应制》中写道："凤城春色晚，龙禁早晖通。旧火收槐燧，馀寒入桂宫。"盛

---

① 语出天宝十载三月敕："礼标纳火之禁，语有钻燧之文，所以燮理寒燠，节宣气候，自今以后，寒食并禁火三日。"载《唐会要》卷29。关于"礼标纳火之禁"，其依据当是《周礼·秋官·司烜氏》"中春以木铎修火禁于国中"、《周礼·夏官·司爟氏》"司爟掌行火之政令，四时变国火，以救时疾。季春出火，民咸从之。季秋纳火，民亦从之"等说法。"语有钻燧之文"当出自《论语》中的一段话："宰我问：'三年之丧，期已久矣。君子三年不为礼，礼必坏；三年不为乐，乐必崩。旧谷既没，新谷既升，钻燧改火，期可已矣。'"

② 这种观点认为寒食禁火与古老的改火习俗有关。持此说的近现代中国学者当推李玄伯、汪宁生、裘锡圭、杨琳诸先生。李玄伯：《希腊罗马古代社会研究序》，载李玄伯《中国古代社会新研》，上海文艺出版社1987年影印本，第1—80页。汪宁生：《古代礼俗丛考》，载作者论文集《古俗新研》，敦煌文艺出版社2001年版，第146—154页。裘锡圭：《寒食与改火——介子推焚死传说研究》，载作者论文集《古代文史研究新探》，江苏古籍出版社1992年版，第524—554页。杨琳：《中国传统节日文化》，宗教文化出版社2000年版，第179—210页。

③ 张勃：《寒食节起源新论》，载《西北民族研究》2004年第3期。亦见本书附录一。

唐以降，改火被越来越多的人提及，兹以列表形式举出十数例。

表 2—3　《全唐诗》所收与改火有关的诗句及其相关信息一览表

作品名	与改火有关的诗句	作者	《全唐诗》中的卷号（页码）
清明日诏宴宁王山池赋得飞字	承恩如改火，春去春来归。	张说	八六（925）
清明宴司勋刘郎中别业	霁日园林好，清明烟火新。	祖咏	一三一（1336）
清明后登城眺望	百花如旧日，万井出新烟。	刘长卿	一四七（1497）
清明日宴梅道士房	丹灶初开火，仙桃正落花。	孟浩然	一六〇（1643）
清明	燧火开新焰，桐花发故枝。	孙昌胤	一九六（2013）
清明二首	朝来新火起新烟，湖色春光净客船。 旅雁上云归紫塞，家人钻火用青枫。	杜甫	二三三（2577）
东都所居寒食下作	浴蚕当社日，改火待清明。	陈润	二七二（3061）
清明日送邓芮二子还乡	晓厨新变火，轻柳暗翻霜。	戴叔伦（一作方干诗）	二七三（3089）
清明日登城春望寄大夫使君	寒食花开千树雪，清明日出万家烟。	王表	二八一（3199）
平陵寓居再逢寒食	火燧知从新节变，灰心还与故人同。	朱湾	三〇六（3477）
寒食寄李补阙	万井闾阎皆禁火，九原松柏自生烟。	郭郧	三〇九（3494）
清明节……呈马十八郎丞公	钻火见樵人，饮泉逢野兽。	崔元翰	三一三（3522）
清明日次弋阳	家人定是持新火，点作孤灯照洞房。	权德舆	三二九（3677）
清明日后土祠送田彻	榆柳芳辰火，梧桐今日花。	杨巨源	三三三（3720）

续表

作品名	与改火有关的诗句	作者	《全唐诗》中的卷号（页码）
洛阳清明日雨霁	千门尚烟火，九陌无尘土。	李正封	三四七（3881）
同锦州胡郎中清明日对雨西亭宴	郡内开新火，高斋雨气清。	张籍	三八四（4322）
清明日登老君阁望洛城，赠韩道士	风光烟火清明日，歌哭悲欢城市间。	白居易	四五六（5167）
清明日园林寄友人	晴风吹柳絮，新火起厨烟。	贾岛	五七四（6691）
清明日题一公禅室	山头兰若石楠春，山下清明烟火新。	李郢	五九〇（6855）

从表2—3的诗句可以看出盛唐以降改火活动在民间的盛行。唐代改火的具体做法是：寒食节来临时将正用的火熄灭，到清明日再取得新火。在一灭一取间，寒食节的禁火被重构为改火活动的组成部分，寒食节灭的火与清明日取的火也被分别赋予"旧"和"新"的不同价值。显而易见，改火活动中，"旧火"是被遗弃的，"新火"是被渴望的，取得新火是目的，灭掉旧火是准备。总之，在改火活动中，清明日由于是取得新火的时间而越发从常日里突出出来，这自然有助于清明日的独立成节。同时也不难看出时人确实对清明火赋予了"新"的含义，取新火也确实让时人对清明日多了几分关注。

此外，还有一项与改火有关的活动也有助于引发时人关注清明日，这就是皇帝对大臣的"赐新火"活动。清明日，宫廷中要钻燧取得新火，据《辇下岁时记》载："长安每岁诸陵当以寒食荐饧粥，鸡球等，又荐雷子车。至清明，尚食内园官小儿于殿前钻火，先得火者进上，赐绢三匹，金碗一口。"[①] 皇帝要将钻取的新火分赐给臣工。有关赐新火活动的记载绝大多数出自中唐时人之手，赐新火活动似尤盛行于中唐时期，参见表2—4。

---

① 阙名：《辇下岁时记》，《说郛》本，上海古籍出版社1988年版，第3218页。

表2—4 《全唐诗》、《全唐文》所收与赐新火活动相关的诗文一览表

作品名	作者资讯	资料出处
寒食谢赐新火及春衣表	武元衡（758—815）	《全唐文》卷五三一
谢赐新火及新茶表		《全唐文》卷五三一
清明谢赐火状	白居易（772—846），此状约作于元和二年（807）至六年（811）	《全唐文》卷六六八
清明日恩赐百官新火赋（以题为韵除清字）	谢观，生活于中唐时期。刘得仁有诗《送谢观之剑南从事》、《寄谢观》诗。刘得仁《全唐诗》有传，中唐时期人。	《全唐文》卷七五八
寒食日即事	韩翃，登天宝十三载进士第……建中初，以诗受知德宗，除驾部郎中、知制诰，擢中书舍人卒。	《全唐诗》卷二四五
寒食日恩赐火	窦叔向，《全唐诗》云："代宗时，常衮为相，引为左拾遗、内供奉。衮贬，出为溧水令。"	《全唐诗》卷二七一
清明日赐百僚新火	史延（大历九年进士及第）	《全唐诗》卷二八一
清明日赐百僚新火	韩浚（大历九年进士及第）	《全唐诗》卷二八一
清明日赐百僚新火	郑辕（大历九年进士及第）	《全唐诗》卷二八一
清明日赐百僚新火	王濯（大历九年进士及第）	《全唐诗》卷二八一
寒食直归遇雨	韩愈（768—824）	《全唐诗》卷三四三
长安清明[①]	韦庄（847—910）	《全唐诗》卷七〇〇

关于赐新火仪式，谢观的《清明日恩赐百官新火赋》有较为明晰的描述：

> 国有禁火，应当清明。万室而寒灰寂灭，三辰而纤霭不生。木铎罙徇，乃灼燎于榆柳；桐花始发，赐新火于公卿。由是太史奉期，司烜不失。平明而钻燧献入，匍匐而当轩奏毕。初焰犹短，新烟未密。

---

① 此诗作于892年秋至900年间，参见齐涛《韦庄诗词笺注》，山东教育出版社2002年版，目次第11—12页。

我后乃降睿旨，兹锡有秩。中人俯偻以耸听，蜡炬分行而对出。炎炎就列，布皇明于此时；赫赫遥临，遇恩光于是日。观夫电落天阙，虹排内垣，乍历闱璅，初辞渥恩。振香炉以朱喷，和晓日而焰翻。出禁署而萤分九陌，入人寰而星落千门。于时宰执具瞻，高卑毕赐。降五侯以殷渥，历庶僚以简易。暖逐来命，风随逸骑。入权门见执热之象，阅有司识烛幽之义。咸就第以照临，示广德之遐被。于是传诏多士，同欢令辰。将以明而代暗，乃去故而从新。均于庭燎，毕彼元臣。耀耀当门，烟助松篁之茂；荧荧满目，焰如桃李之春。群臣乃屈膝辟易，鞠躬踧踖。捧煦育之温惠，受覆载之光泽。各罄谢恩，竞输忠赤。拜手稽首，感荣耀之无穷；舞之蹈之，荷鸿私之累百。然后各爨鼎镬，传辉膳官。争焚炉灶，竞爇膏兰。销冷酒之馀毒，却罗衣之晓寒。方知春秋故事，未逾于我，周礼救灾，徒称变火。曷若赐于百官，万方同荷？①

这首赋用约 400 字的篇幅，描写了清明节颁赐新火的盛况，而从"出禁署而萤分九陌，入人寰而星落千门"的诗句可以知道，盛大的仪式不仅局限于宫中，它还被引出宫门，而这足以引起都城的震动，也足以令身处帝京的人们加深对清明日的印象。

总之，清明在中唐时期的迅速崛起与改火活动、赐新火仪式在唐朝中期的盛行不无关系。

这里还应提到的是寒食节的墓祭习俗。据文献记载，唐朝初年寒食节墓祭已经蔚然成风。唐玄宗开元二十年四月二十四日的一张敕文更将它从民间风俗上升为国家礼制："寒食上墓，礼经无文，近世相传，浸以成俗，士庶有不合庙享，何以用展孝思，宜许上墓，同拜扫礼。② 于茔南门外奠祭撤馔讫，泣辞，食馀于他所，不得作乐。仍编入礼典，永为常

---

① 《全唐文》卷 758，第 7873—7874 页。
② 《大唐开元礼》卷 76 载拜扫礼的具体程序是："先期卜日如常仪。前一日，掌事者设次于茔南百步，道东西向北上，备芟翦草木之器。赞礼者设主人以下位于茔门外之东西面，以北为上。其日，主人到次，改服公服，无者常服。赞礼者赞再拜，主人以下俱再拜。赞礼者引主人以下入奉行坟茔，至于封树内外环绕展省三周。其有荆棘，虑与荒草连者，皆随即芟翦，不令火田得及。扫除讫，赞礼者引主人以下复门外位。赞礼者引之次遂还第。若假满，或远行，辞墓。若外官假满，或京官远行，辞墓，泣而后行。其寒食上墓如前拜扫仪，惟不卜日。"

式。"官方因俗制礼，极大地激发了人们实践这一习俗的热情，柳宗元在《寄许京兆孟容书》中谈到："田野道路，士女遍满，皂隶佣丐，皆得上父母丘垄；马医夏畦之鬼，无不受子孙追养者。"颇能说明当时寒食节扫墓习俗的流行。而至少在中唐时期，墓祭时给死者送纸钱也亦蔚然成风，张籍"寒食家家送纸钱"[①]的诗句可以为证。不过，由于寒食节期间禁火[②]的要求，纸钱不能烧而只能抛撒或压于坟顶或挂于某处，这种对纸钱的处理方式有其缺陷。正如王建在其《寒食行》里所说："三日无火烧纸钱，纸钱那得到黄泉？"[③] 相信燃烧是令纸钱达到黄泉途径的人当然不会是王建一个，所以我们相信定有不少人选择在能够用火的清明日上坟祭扫。事实也正是如此，白居易曾经留下《寒食野望吟》和《清明日登老君阁望洛城赠韩道士》两首诗。前者云："乌啼鹊噪昏乔木，清明寒食谁家哭。风吹旷野纸钱飞，古墓垒垒春草绿。棠梨花映白杨树，尽是死生离别处。冥漠重泉哭不闻，萧萧暮雨人归去。"后者云："风光烟火清明日，歌哭悲欢城市间。何事不随东洛水，谁家又葬北邙山？中桥车马长无已，下渡舟航亦不闲。冢墓累累人扰扰，辽东怅望鹤飞还。"都表明时人有不少是在清明日扫墓的。而这也应该在一定程度上突出了清明日的重要性。

（三）节假日的设置与清明节日的兴起

关于寒食清明期间的放假，《唐会要》卷八二《休假》中有明确记载："（开元）二十四年（736）二月十一日敕：'寒食、清明四日为假。'至大历十三年（778）二月十五日敕：'自今已后，寒食通清明，休假五日。'至贞元六年（790）三月九日敕：'寒食清明，宜准元日节，前后各给三日。'"[④] 又元和年间，"寒食通清明休假七日"[⑤]。可见，寒食清明的

---

① 张籍：《北邙行》，载《全唐诗》卷382，第4283页。
② 唐代寒食节的禁火是相当严格的。天宝年间有明确的规定，禁火三天。元稹的《连昌宫词》中提到"须臾觅得又连催，特敕街中许然烛"，街中燃烛本常事，寒食节期间有特敕方才允许，可见火禁之严。
③ 《全唐诗》卷298，第3374页。
④ 《唐会要》卷82，第1518页。相关记载亦可见于他书。如《唐六典》卷2载内外官吏则有假宁之节，"谓元正、冬至各给假七日，寒食通清明四日……"《册府元龟》卷60载："二十四年二月壬戌，许寒食清明四日为假。"又"（大历）十三年诏：'自今已后，寒食清明休假五日'"。又（贞元）"六年三月丙午，加寒食假宁七日。"见该书第672、673、674页。
⑤ （唐）郑余庆：《大唐新定吉凶书仪》，载周一良、赵和平《唐五代书仪研究》，中国社会科学出版社1995年版，第185页。

假期在唐代呈不断增长之势。这一趋势反映出寒食清明在时人心目中和当时节假日体系中日益变得重要，而这自然越发突出了寒食清明在时人生活中的重要性。

不仅如此，如果分析不错的话，那么节假日从四日或五日增至七日，主要是增在了清明日以后。由于资料所限，这里只能用稍晚一点的材料作为证据，这就是日僧圆仁（794—864）在《入唐求法巡礼行记》中的记录。《入唐求法巡礼行记》有四处关于寒食的记载，兹列举如下：

> 1.（开成四年二月）十四、十五、十六日，此三个日是寒食日。此三日天下不出烟，总吃寒食。
>
> 2.（开成五年二月）廿三日，寒食节，三日断火。
>
> 3.（会昌二年二月）十七日，寒食节。前后一日，都三日暇，家家拜墓。
>
> 4. 会昌五年岁次乙丑……寒食，从前已来，准式赐七日暇。筑台夫每日三千官健，寒食之节，不蒙放出，怨恨把器伏，三千人一时衔声。皇帝惊怕，每人赐三尺绢，放三日暇。①

首先看第 4 条说"寒食，从前已来，准式赐七日暇"，可见寒食通清明放假七天，这与贞元六年的相关规定是一致的。再看第 3 条，该条说寒食节"前后一日，都三日暇"，两相对比，则可知七天假期中的另四天假是放给清明节的。再看第 2 条，该条记录了开成五年寒食节的日子，幸运的是在另外的地方圆仁还记录了当年的清明日是二月廿六日。据此可以推断开成五年的假期，是从二月二十三日至二十九日七天，清明日之后的三天均处于假期之中。所以七天假期是以清明日为中心的，因此《唐会要》载贞元六年（790 年）三月九日敕所谓"寒食清明宜准元日节，前后各给三日"中"前后"一词前省略的主语，当就是"清明日"。如此，与早期规定的"寒食、清明四日为假"的规定相比，清明节是假期增长的受益者。

我们在本书第一章第二节中已对有唐一代节假日的设置做了比较详细的说明，对于节假日的设置与节日的兴盛关联也做了一些阐释。具体到寒食清明的放假而言，笔者持同样的看法，即唐朝政府规定于寒食清明节期

---

① ［日］圆仁：《入唐求法巡礼行记》，上海古籍出版社 1986 年版，第 31、83、153、181 页。

间放假，表明了官方对清明日作为节日（即便是寒食节的一部分）的认可，同时必然加深时人对清明日的关注，或者说强化了时人以清明为节的意识。当然，反过来，透过唐代政府假日制度在寒食清明期间的变革，也能看出清明节在中唐时期的成长。

小　结

唐朝是清明由一个节气日成长为民俗节日的时代。寒食节的盛行、改火之制复兴及其对寒食节禁火习俗的重构，以及节假日的设置等，突出了与寒食节相临的清明节气日的地位，引起时人更多的关注。由此，他们在清明日及其前后的日子里从事一些约定俗成活动的同时，也开始将清明作为独立的节日来看待。

清明节的兴起与寒食节有着极其密切的关系，这不仅因为节气清明因寒食节而化成为节日，还在于清明节的习俗也深受寒食节习俗的影响，在唐代，绝大多数清明节的习俗活动，如上坟扫墓，开展斗鸡、蹴鞠、拔河、秋千、宴饮、踏青出游等，都不过是寒食节习俗的延续和挪移。而这些活动所包含的感恩情怀、生命意识和应时精神，也主要是对寒食节独特气质的承继。

第四节　重月传统与文化选择：中秋节的形成

一　中秋节在唐代已是民俗节日

中秋节是我国当代四大传统节日之一。关于这个节日的起源时间，主要有两种观点：一种观点认为中秋节起源于宋代，此说可以尚秉和、周一良、萧放、朱红、刘德增、熊海英为代表。[1] 如周一良在《从中秋节看中

---

[1]　尚秉和：《历代社会风俗事物考》，上海文艺出版社1989年6月影印本，第445页。周一良：《从中秋节看中日文化交流》，载《周一良集》（第四集）辽宁教育出版社1998年版。萧放：《中秋节俗的历史流传及当代意义》，载中国民俗学会、北京民俗博物馆编《节日文化论文集》，学苑出版社2006年版，第65—69页。朱红：《唐代节日民俗与文学研究》复旦大学博士论文，2002年，第35—44页。刘德增：《中秋节源自新罗考》，载《文史哲》2003年第6期，第97—101页。熊海英：《中秋节及其节俗内涵在唐宋时期的兴起与流变》，载《复旦学报》2005第6期，第135—140页。

日文化交流》一文中指出，"中国人在唐以前以及唐代，根本不过中秋节"，并从中国官方文献、敦煌书仪、笔记（如圆仁《入唐求法巡礼行记》、韩鄂《岁华纪丽》）、类书（李昉编《太平御览》等）以及"显然沿袭了唐朝的典制"的日本文献（即菅原道真在892年从《六国史》中分类纂辑而成的《类聚国史》卷七三至七四的岁时部）中没有对中秋节的记载加以论证。另一种以为中秋节形成于唐代。此说可以张泽咸、李斌城、吴玉贵、杨琳、黄涛为代表[1]，张泽咸、李斌城、吴玉贵通过对唐代中秋节习俗活动的描述而间接表明了中秋节源于唐代的观点。杨琳、黄涛则通过直接的论证坚持了唐代说。

笔者亦赞成唐代说。如果我们将之所以一个日子称为节日，是因为这个日子已有了自己的专名，同时有一定数量的人会在这个日子里不约而同地举行某些相对固定的活动的话，那么中秋节确实在唐代就已经出现了。

首先，在唐代，中秋、八月十五已经成为专名。中秋，也称仲秋，本来是指秋季的第二个月份，并非专指八月十五日，然而在许多唐代人那里，中秋已经专指八月十五了。李峤、朱庆馀、无可、马戴、张祜、李洞、潘纬、方干、栖白、薛莹、白居易、许昼、唐彦谦、裴夷直、武元衡、崔备、柳公绰、徐放、王良会、郑畋、元稹、许浑、孙纬、孙蜀等人都有针对八月十五日或八月十五情感而作的诗文，但题目径直为"中秋"或"中秋夜"如何如何。

除了中秋之外，在唐代，"八月十五"也是一个节日专名。以节日所在历法中的时间指称节日，在我国传统社会是一种极其普遍的事情，甚至在今天，亦不鲜见，比如在笔者的老家——山东定陶，如今依然将时在农历二月二的龙抬头节称为"二月二"，将时在五月五日的端午节称为"五月五"，将时在七月七日的七夕节称为"七月七"，将时在九月九的重阳节称为"九月九"，等等。唐人留下的关于玩月赏月怀月的诗作，除了以"中秋月"或"中秋夜月"冠名外，便多以"八月十五夜"来冠名。《全唐诗》中收录30余首，如杜甫有《八月十五夜月二首》，刘禹锡有《八

---

[1] 张泽咸：《唐朝的节日》，载《文史》1993年第37辑，第65—92页。李斌城：《隋唐五代社会生活史》，中国社会科学出版社1998年版，第624—625页。吴玉贵：《中国风俗通史·隋唐五代卷》，上海文艺出版社2001年版，第635—637页。杨琳：《中国传统节日文化》，宗教文化出版社2000年版，第318—326页。黄涛：《中秋》，生活·读书·新知三联书店出版社2010年版，第14—18页。

月十五夜观月》、《奉和中书崔舍人八月十五日夜玩月二十韵》,白居易有《答梦得八月十五夜玩月见寄》、《八月十五日夜同诸客玩》,刘沧有《八月十五夜玩月》,秦韬玉有《八月十五夜同卫谏议看月》,韩愈有《八月十五夜赠张功曹》,陆龟蒙、皮日休都有《天竺寺八月十五日夜桂子》等。翻检唐人的诗作,可以发现,除非是节日,否则很少出现许多诗人不约而同用某个日期作为诗文题目(或题目的一部分)的现象,据此可以认为,多个诗人以"八月十五"命名自己的诗作,便揭示了"八月十五"作为节日专名的事实。

第二,中秋节所在的八月十五日已有众人参与的约定俗成的玩月活动。据刘德增统计,《全唐诗》咏八月十五中秋的诗有111首,出自65个诗人之手。① 这100余首诗,最核心的主题就是玩月。依据这些载有丰富信息的文学作品,辅以其他记载,可以揭示唐代人对八月十五玩月活动的普遍参与。

一些学者认为,在唐代,八月十五玩月主要只是文人的喜好和作为。然而,只要看看这时的一些诗作,就可以发现它其实并非只是文人的风习。比如王建《十五夜望月寄杜郎中》诗中写道:"今夜月明人尽望,不知秋思在谁家",② 张南史《和崔中丞中秋月》诗中写道:"千家看露湿,万里觉天清",③ 吴融《八月十五夜禁直寄同僚》诗中写道:"中秋月满尽相寻,独入非烟宿禁林",刘禹锡的《奉和中书崔舍人八月十五日夜玩月二十韵》中也有"远近同时望,晶荧此夜偏"④ 的诗句,"人尽望"、"千家看"、"尽相寻"、"远近同时望"这些词汇语句,虽不免有夸张之处,但也能说明八月十五夜玩月已是极其普遍的行为,而且往往以家庭为单位来进行。

唐人玩月时往往有饮酒宴会之举,上引"去年今夜醉兰舟"句、前引元稹《中秋夜不见月》"玩处临尊却掩扉"句均可为证。《开元天宝遗事》载,某年的八月十五日夜,苏颋等人"于禁中直宿,诸学士玩月",

---

① 刘德增:《中秋节源自新罗考》,载《文史哲》2003年第6期,第99页。
② (清)彭定求等校点:《全唐诗》,卷301,第3437页。
③ 《全唐诗》卷296,第3357页。
④ 《全唐诗》卷362,第4049页。

亦"备文酒之宴"。①《纂异记》所载"嵩岳嫁女"是以八月十五玩月为背景展开的传说故事，田璆、邓韶二人因中秋玩月，得以参与嵩山上的群仙之会，并主持了上清神女和玉京仙郎的婚礼。故事以田璆、邓韶二人相约中秋玩月开始，而他们的玩月就与酒有关："三礼田璆者……家于洛阳。元和癸巳中秋望夕，携觞晚出建春门，期望月于韶别墅。行二三里，遇韶，亦携觞自东来"。二人都带着名为"乾和五酘"的美酒，显然是准备边饮边玩了。十分有趣的是，当嵩山神仙之会的主角西王母问刚刚驾临的穆天子"何不拉取老轩辕来"时，穆天子回答说："他今夕主张月宫之宴，非不勤请耳。"② 可见在时人心目中，连神仙也要在中秋宴饮的，而这当然是时人过中秋节的反映。

第三，唐代流传着一些有关中秋的传说故事。中国人对于月亮有着十分特殊的情感，很早就有许多想象，并形成了诸如嫦娥奔月等美丽传说。在唐代，这样的传说依然流传。不过，值得特别关注的是，唐代新生成了若干关于中秋的传说故事，其中又多与唐玄宗有关。前文提到的"嵩山嫁女"亦是其中之一。在这则传说里，唐玄宗名列仙班，有自己的职掌范围，称为"李君"。他出现在嵩山神仙会现场时，"驾黄龙，戴黄旗，道以笙歌，从以嫔嫱"。只是在这里唐玄宗并非处于主导地位，这与他在唐玄宗八月十五游月宫传说中的角色是很不相同的。

唐玄宗八月十五游月宫的传说，在唐朝已经广为流传，《太平广记》卷二二"罗公远"条和卷二六"叶法善"条均有记载，其中"罗公远"条的情节如下：八月十五夜，帝于宫中玩月→罗公远取拄杖化为大桥→帝登桥行至月宫→见仙女乐中舞蹈→帝记音调→返回→据记忆制《霓裳羽衣曲》。"叶法善"条的情节如下：八月十五夜，叶法善与帝游月宫→听月中天乐名"紫云曲"→帝记音调，归传其音，名曰《霓裳羽衣》→自月宫还，过潞州城上→师请帝以玉笛奏曲→师遣人回寝殿取玉笛回→奏曲→投金钱于城中→返回→潞州奏八月望夜有天乐临城，并获金钱以进。此二则传说，《太平广记》注云前者，出《出神仙感遇传》、《仙史拾遗》、

---

① （唐）王仁裕撰、丁如明校点：《开元天宝遗事》，载上海古籍出版社编，丁如明、李宗为、李学颖等校点《唐五代笔记小说大观》（全二册），上海古籍出版社2000年版，第1729页。

② 见（唐）李玫撰、李宗为校点《纂异记》，载上海古籍出版社编，丁如明、李宗为、李学颖等校点《唐五代笔记小说大观》（全二册），上海古籍出版社2000年版，第496—500页。

《逸史》等书；后者出薛用弱《集异记》。①

另外，相传为柳宗元著述的《龙城录》中也有关于唐玄宗八月十五游月宫的专门记载，即《明皇梦游广寒宫》，它的描写更为绮丽详细：

> 开元六年，上皇与申天师、道士鸿都客，八月望日夜，因天师作术，三人同在云上游月中。过一大门，在玉光中飞浮，宫殿往来无定，寒气逼人，露濡衣袖皆湿。顷见一大宫府，榜曰"广寒清虚之府"。其守门兵卫甚严，白刃粲然，望之如凝雪。时三人皆止其下，不得入。天师引上皇起跃，身如在烟雾中。下视王城崔巍，但闻清香霭郁，视下若万里琉璃之田。其间见有仙人道士，乘云驾鹤，往来若游戏。少焉，步向前，觉翠色冷光，相射目眩，极寒不可进。下见有素娥十余人，皆皓衣乘白鸾往来，舞笑于广陵大桂树之下。又听乐音嘈杂，亦其清丽。上皇素解音律，熟览而意已传。顷天师亟欲归，三人下若旋风。忽悟，若醉中梦回尔。次夜，上皇欲再求往，天师但笑谢而不允。上皇因想素娥风中飞舞袖，被编律成音。制《霓裳羽衣舞曲》。自古泊今，清丽无复加于是矣。②

唐玄宗八月十五游月宫的传说至迟在唐玄宗逝世不久即已传至敦煌地区，敦煌本《叶净能诗》讲述的这则故事就非常的完整。③

唐玄宗八月十五游月宫传说在唐代广为流传，既是唐代时八月十五已为民俗节日的重要表现，同时也丰富了八月十五这个民俗节日的内容，使其具有了更强的神秘色彩和趣味性，而这也有助于八月十五节在更广阔的时空范围内流传。

最后，唐人对于中秋月还有神性崇拜，以为可以震慑妖精。对此，孙纬《中秋夜思郑延美有作》中明言："中秋中夜月，世说慑妖精。"④ 另

---

① 《太平广记》卷22、26，第147、172页。
② （唐）柳宗元撰、曹中孚校点：《龙城录》"明皇梦游广寒宫"，载上海古籍出版社编，丁如明、李宗为、李学颖等校点《唐五代笔记小说大观》（全二册），上海古籍出版社2000年版，第115页。
③ 王重民、王庆菽等编：《敦煌变文集》，人民文学出版社1957年版，第223—224页。
④ 《全唐诗》卷600，第6936页。

外，方干《中秋月》"列野星辰正，当空鬼魅愁"句，① 秦韬玉《八月十五日夜同卫谏议看月》"寒光人水蛟龙起，静色当天鬼魅惊"句，② 亦可为证。

综上所述，可以确信八月十五在唐代已成为民俗节日。当然，考虑到有关八月十五的资料主要来自盛唐之后，因此，中秋节的形成应该不会早于盛唐，而且在唐代它还没有成为国家的法定假日，也不像后世那样拥有丰富多彩、具有较大地方性差异的习俗活动。

这里还需要说明的是，持中秋节形成于宋代说的学者，通常并不否认唐代有八月十五玩月的习俗，但为什么他们仍然坚持中秋节形成于宋代呢？主要是因为在他们看来，八月十五玩月只是唐代文人的习惯，没有全民认同，不足以称为节日。他们与笔者的分歧主要有二：其一，笔者以为，不能以全民认同作为判断一个日子是否是节日的根本标准，只要一个日子有约定俗成的活动，而且社会上有一群人在这个日子里从事这些活动，这个日子的节日性质就是可以确定的。其二，八月十五玩月并非只是唐代文人的风气，它有更多的活动主体。这在前面已经做过论证。

二 关注月亮的传统与时人的文化选择：八月十五成节的原因分析

（一）中秋节形成原因诸说

关于中秋节形成的原因，学者们仁者见仁，智者见智，提出了不同的观点，至少有如下几种：

1. 新罗说。如刘德增有文《中秋节源自新罗考》，熊飞也在《中秋节起源的文化思考》中表达了同样的观点。开成四年（839），日本高僧圆仁在文登县清宁乡赤山村法花院见到寺中新罗僧人过八月十五节，遂在当天的行记中写道："十五日，寺家设馎饦饼食等，作八月十五日之节，斯节诸国未有，唯新罗国独有此节。老僧等语云：'新罗国昔与渤海相战之时，以是日得胜矣，仍作节乐而喜舞，永代相续不息。设百种饮食，歌舞管弦以昼续夜，三个日便休。今此山院追慕乡国，今日作节。其渤海为新罗罚，仅有一千人向北逃去，向后却来，仍旧为国。今唤渤海国之者是

---

① 《全唐诗》卷 649，第 7459 页。
② 《全唐诗》卷 670，第 7658 页。

也.'"① 刘德增以圆仁的上述记录为基本资料,结合其他文献,认为:"在唐代文献中,中唐,特别是入晚唐以后,士大夫中出现中秋赏月之事。但在唐代,中秋尚无节日性质。中国传统的中秋节是唐朝士大夫的赏月活动与新罗侨民的节庆活动相互影响,融合而成。"②

2. 祭祀说。如杨琳认为:"中秋节是伴随着唐王朝繁荣稳定的社会局面的出现而形成的,它跟新罗国庆祝战争胜利的节日风马牛不相及",其形成基础是"秋分祭月的古老礼俗",但"秋分是八月的中气,日期并不固定。如果秋分出现在上旬或下旬,祭月时所见之月就是缺月,甚至还有可能根本见不到月亮,这种情况下祭月不能不说是一种缺憾。所以唐代民间选择八月十五这一月满之日来祭月赏月,让祭月之俗摆脱秋分的束缚,并将宗教色彩的庄严祭典世俗化为娱乐色彩的民俗活动,这就形成了中秋节"。③

3. 玄宗生日说。如孙机在《中秋节·秋千镜·月宫镜》中以为它"似乎与唐代的千秋节不无关系。千秋节为八月五日,本是唐玄宗的生日。自开元十七年起,将皇帝'降诞'的这一天定为大节"。"但千秋节是八月五日,与八月十五日还差十天,人们的注意力是怎样越过这十天,聚焦到八月十五夜之月亮上的呢?"孙机先生认为与玄宗游月宫传说密切相关。这一传说在当时非常流行,"而中秋赏月之举,在这种形势下,也就不胫而走,成为一种新的时尚……在后人的印象里面,中秋夜与唐玄宗的关系几乎比其降诞日八月五日更为密切。"后来,玄宗的千秋节虽然"自节令中消失",但是开元全盛日,却在人们心目中难以忘却。"这种感情在满月流辉的八月十五夜更易被触发,于此夜赋诗者遂不乏人。"④

4. 融合说。以朱红为代表,认为"由于皇帝(唐玄宗)的提倡,道教在当时兴盛起来。中秋玩月的那种虚空之境、月宫神仙的不老传说,与道教的思想开始融合,因此,原本即是诗歌传统题材之一的中秋赏月,则由于道教思潮的促使,而在唐代玄宗朝以后开始兴起",并以如下的一个

---

① [日]圆仁:《入唐求法巡礼行记》,上海古籍出版社1986年版,第67页。
② 刘德增:《中秋节源自新罗考》,载《文史哲》2003年第6期,第97页。
③ 杨琳:《中国传统节日文化》,宗教文化出版社2000年版,第318—325页。
④ 孙机:《中秋节·秋千镜·月宫镜》,载孙机、杨泓《寻常的精致》,辽宁教育出版社1996年版,第29—34页。

线性图来说明中秋节在宋代的形成：

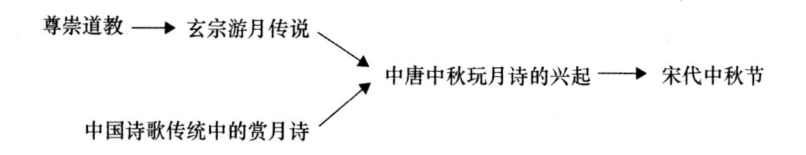

```
尊崇道教 ——→ 玄宗游月传说 ↘
                              中唐中秋玩月诗的兴起 ——→ 宋代中秋节
中国诗歌传统中的赏月诗      ↗
```

对于新罗说、祭祀说和玄宗生日说等三种观点的难以服人之处，朱红在她的博士论文中已有若干辨析[1]，这里略作补充。祭祀说应该说在一个方面解释了中秋节的起源，但这种观点仅仅阐明官方的"秋分夕月"之礼，并不足以构成对中秋节在唐代形成原因的充分解释，因为秋分夕月礼早在先秦时期即已出现，为何中秋节却只是在唐代才形成呢？再就八月五日说、新罗说、融合说而言，这三者都将注意力放在对唐代特定因素的探讨上，这种思路无疑是十分正确的。但是，八月五日乃唐玄宗诞日，其活动自有官方设计施行，上寿也好，献镜也罢，均与八月十五玩月无关，因此，完全将八月十五的起源归结为千秋节的八月五日说不能成立。隋唐时期新罗重八月十五亦是事实，但其节俗活动主要是宴赏与歌舞，亦与八月十五玩月无甚关联，故而将八月十五完全归结为受了新罗人影响的新罗说亦不能成立。朱红的解释将八月十五的兴起与作诗联系起来，并同孙机先生一样，将唐玄宗游月宫传说看做兴起的原因之一，确实有其合理性。但是对于阐释八月十五的兴起而言，尚有所欠缺。更何况并没有充足的证据证明唐玄宗游月宫传说的兴起，到底是八月十五玩月行为兴起的原因，还是八月十五玩月行为已经流行的体现。

笔者以为，探究中秋节在唐代形成的原因，一方面应该考虑中国历来有关注月亮的传统，另一方面则应该考虑唐朝的时代背景以及时人的主观诉求。

（二）中国素有关注月亮的传统

日月这两大天体，与人们的生活息息相关。"悬象著明，莫大乎日月。"它们不仅带给人们温暖和光明，其运行规律还是中国古代制订历法的基础；根据它们抽象出来的阴阳观念，则是中国古代哲学的一对范畴，

---

[1] 朱红：《唐代节日民俗与文学研究》，复旦大学博士论文，2002年，第44页。

也是中国人理解自然和社会现象的基本概念。而月亮的时缺时盈，盈时的圆满、照亮黑夜以及无月时的无边黑暗，都能引发人们对月亮的兴趣和感情。中国素有关注月亮的传统。

这个传统的表现之一是历代王朝都重视对月亮的祭祀。《文献通考》"祭日月"对祭月礼的价值、内容与源流有十分详细的考证，姑引其中一些如下：

> 陈氏《礼书》曰："古者之祀日月，其礼有六：《郊特牲》曰：'郊之祭，大报天而主日，配以月。'一也；《玉藻》曰：'朝日于东门之外。'《祭义》曰：'祭日于东，祭月于西。'二也；《大宗伯》：'四类于四郊，兆日于东郊，兆月于西郊。'三也；《大司乐》：'乐六变而致天神。'《月令》：'孟冬，祈来年于天宗。'天宗者，日月之类，四也；《觐礼》：'拜日于东门之外，反祀方明。礼日于南门之外，礼月于北门之外。'五也；雪霜风雨之不时，于是乎禜，六也。夫因郊蜡而祀之，非正祀也。类禷祀之，与觐诸侯而礼之，非常祀也。春分朝之于东门之外，秋分夕之于西门之外，此祀之正与常者也。日言朝，则于日出之朝朝之也；月言夕，则于月出之夕夕之也。日坛谓之王宫，以其有君道故也；月坛谓之夜明，以其明于夜故也。
>
> ……
>
> 汉武帝因郊泰峙，朝出行宫，东向揖日，其夕西向揖月，则失东西郊之礼也。魏文帝正月祀日于东门之外，则失春分之礼也。齐何佟之曰：'王者兄日姊月，马、郑用二分，卢植用立春。佟之以为日者太阳之精，月者太阴之精。春分阳气方永，秋分阴气向长。天地至尊，故用其始，而祭以二至，日月次天地，故祭以二分，则融与康成得义矣。'魏薛靖曰：'朝日宜用仲春之朔，夕月宜用仲秋之フ。'此尤无据也。后周于东门外为坛，以朝日，燔燎如圜丘；于西门外为坛于坎中，方四丈，深四尺，以夕月，燔燎如朝日。隋唐坛坎之制，广狭虽与后周差异，大概因之而已。"①

从这两段文字可以看出，我国古代是十分重视日月祭祀的，虽然不同

---

① （元）马端临：《文献通考》（全二册）卷79，中华书局1986年版，第723—724页。

历史时期祭月时间有所不同，但"春分朝之于东门之外，秋分夕之于西门之外，此祀之正与常者也"，也是普遍的主张和做法。

夕月属于国家祭祀活动，民众难能参与。然而，这并不影响民众对月亮普遍抱有神秘而美好的情感。关注月亮传统的表现之二，就是民间流传不少关于月亮的传说和故事，如嫦娥奔月、玉兔捣药等。

表现之三，则在于我国拥有大量吟咏月亮以及借月抒怀的文学作品，从《诗经·陈风·月出》到宋谢灵运的《怨晓月赋》、谢庄的《月赋》，到梁元帝的《望江中月诗》、梁沈约的《咏月诗》等，月亮成为一个颇具中国特色的文学意象。

关注月亮的传统在唐代依然延续。在国家层面，依然重视对月亮的祭祀，如根据《大唐开元礼》，政府要在秋分日于西郊祭月，卷26、27分别有关于"皇帝秋分夕月于西郊"、"秋分夕月于西郊有司摄事"的详细规定。在民众层面，一方面，人们依然讲述着先前已有的月亮故事，李白的《古朗月行》可谓这方面的明证。"小时不识月，呼作白玉盘。又疑瑶台镜，飞在白云端。仙人垂两足，桂树何团团。白兔捣药成，问言与谁餐。蟾蜍蚀圆影，大明夜已残。羿昔落九乌，天人清且安。阴精此沦惑，去去不足观。忧来其如何，凄怆摧心肝。"[①] 在仙人、桂树、白兔、蟾蜍等词汇的背后，都隐藏着关于月亮的美丽传说和想象。另一方面则有拜新月的习俗。吉中孚妻所作《杂曲歌辞·拜新月》就描绘了女子们拜新月的景与情：

> 拜新月，拜月出堂前，暗魄深笼桂，虚弓未引弦。拜新月，拜月妆楼上，鸾镜未安台，蛾眉已相向。拜新月，拜月不胜情，庭前风露清，月临人自老，望月更长生。东家阿母亦拜月，一拜一悲声断绝。昔年拜月逞容仪，如今拜月双泪垂。回看众女拜新月，却忆红闺年少时。[②]

至于唐代文人对月亮的书写，有新月、初月，有春月、秋月、关山月，更是不胜枚举。庾抱的《卧痾喜霁，开扉望月，简宫内知友》，上官

---

① 《全唐诗》卷163，第1695页。
② 《全唐诗》卷28，第407页。

仪的《入朝洛堤步月》，李峤的《秋山望月酬李骑曹》，姚崇的《秋夜望月》，陈子昂的《月夜有怀》，张若虚的《春江花月夜》，卢照邻的《明月引》、《江中望月》，张九龄的《望月怀远》、《秋夕望月》，等等，或写月色月景，或借月抒情，无不显示出月亮在他们心目中的重要位置。

基于上述种种，或可以说，中秋赏月习俗的兴起，其实是中国素来关注月亮这一传统在唐代的延续，当然，在唐代这个具有其自身特性的历史时期，经由时人的文化选择，它也变得与先前有所不同了。而最大的不同，就是赏月这个本来在很多日子都可以进行的活动，已越来越集中于八月十五这个日子。

（三）赏月集中于八月十五夜：唐代人的文化选择

贞元十二年（796）八月十五夜，诗人欧阳詹与众文士聚集于长安永崇里华阳观观月赋诗，留下了一首有名的《玩月》诗，在为这首诗所作序中，他写道：

> 月可玩。玩月，古也。谢赋鲍诗，朓之庭前，亮之楼中，皆可玩也。贞元十二年，瓯闽君子陈可封在秦，寓于永崇里华阳观。予与乡故人安阳邵楚苌、济南林蕴、颍川陈诩，亦旅长安。秋八月十五日夜，诣陈之居，修厥玩事。月之为玩，冬则繁霜太寒，夏则蒸云太热。云蔽月，霜侵人，蔽与侵俱害乎！玩秋之于时，后夏先冬。八月之于秋，季始孟终。十五于夜，又月之中。稽于天道，则寒暑均，取于月数，则蟾兔圆。况埃尘不流，太空悠悠。婵娟徘徊，桂华上浮。升东林，入西楼。肌骨与之疏凉，神魂与之清冷。四君子悦而相谓曰："斯古人所以为玩也。"既得古人所玩之意，宜袭古人所玩之事，乃作玩月诗。①

这里，欧阳詹阐述了为什么要在八月十五玩月的理由。在他看来，八月十五"稽于天道，则寒暑均，取于月数，则蟾兔圆"，这时候，"埃尘不流，太空悠悠，婵娟徘徊，桂华上浮。升东林，入西楼。肌骨与之疏凉，神魂与之清冷"，正是赏玩的最佳时机。这里颇值得注意的是，唐代以前玩月的诗文，即欧阳詹所谓"谢赋鲍诗"（当指谢灵运的《怨晓月

---

① 《全唐诗》卷349，第3899页。

赋》或谢庄的《月赋》，鲍照的《代朗月行》或《玩月城西门廨中》等），都没有明言是在八月十五，而细读这些诗作，可以发现它们其实与八月十五并没有多少关系。因此，欧阳詹对八月十五宜于玩月的解释，其实只是他的个人观点，当然，从他的解释得到了在座所有人的认可来看，他的个人观点应该代表了当时的一般看法。

从地球上望月，月有盈有缺，但无论盈缺，都可以给夜晚带来光明；若从实用的角度言，似乎不必格外强调它的缺或盈。即便考虑缺盈，一年也会有十二次月圆（闰年会有十三次）。从天文学的角度看，八月月半的月亮并不比其他月半时的月亮更圆一些；更何况，"十五的月亮十六圆"，八月十六的月亮比八月十五的更圆也是惯常现象。但是唐代人基于自己的需求，对八月十五青睐有加，并肯定、赋予其非同寻常的价值和意义，欧阳詹对八月十五之所以玩月的解释就是一种价值判断和意义赋予。栖白在其《八月十五夜玩月》中所说"寻常三五夜，不是不婵娟。及至中秋满，还胜别夜圆。清光凝有露，皓魄爽无烟。自古人皆望，年来又一年"[1]，同样是一种价值判断和意义赋予。而这里的"需求"，主要是指"玩"的需求。

唐代人爱"玩"，并且"不以耽玩为耻"[2]。玩不是简单的娱乐，尤其在文人那里，玩是欣赏，是研讨，是探究，是体味。爱玩，有玩的心情，有玩的兴致，往往就会产生玩的艺术。当月亮成为玩的对象，一些"好事者"便会主动比较最宜于玩的时间，结果发现：八月十五，中秋恰半，金风荐爽，玉露生凉，此时天高气清，月亮比平常显得更大更圆，此时的月亮是最美、最堪玩赏的。他们不仅发现了这一点，而且将这一发现运用于生活中，果然就在这一天去玩月了；而有的人还将自己的发现、体味写成诗篇。在特定的语境中，由个别人发现并赋予本体的意义可以成为社会的普遍认同，由个别人所做的价值判断可以成为社会的主流价值观念，由个别人率先开始的八月十五玩月活动也可以成为更多人的文化选择。而事实正是如此，八月十五玩月活动在唐代的盛行就是诸多唐代人于多种生活可能性中加以选择的结果。

---

[1]《全唐诗》卷823，第9276页。

[2]（唐）李肇撰、曹中孚校点：《唐国史补》，载上海古籍出版社编，丁如明、李宗为、李学颖等校点《唐五代笔记小说大观》（全二册），上海古籍出版社2000年版，第185页。

如果要细究这种选择的基础，或曰形成这种选择的"特定的语境"，除了经济、政治、社会的因素之外，我们不应忽略唐代人的人生态度和精神追求。大体而言，唐代人普遍爱好自然，亲近自然，欣赏自然之美；具有较强的生命意识，享受人生，珍惜美好时光，追求人事的圆满。而这些，在唐人留下的中秋诗篇中都有集中的体现。

三　欣赏自然之美、珍惜韶华与渴望团圆：唐代人的中秋情怀

（一）欣赏自然之美

也许和大唐是诗的国度、人人心中有诗意相关，对于大自然赐予的美，唐代人总是能够仔细观察，认真体会，哪怕为生活所累的凡夫俗子也不例外。戴叔伦曾有一首《女耕田行》，描写了两个农村女孩子生活的艰难：

> 乳燕入巢笋成竹，谁家二女种新谷。无人无牛不及犁，持刀斫地翻作泥。
> 自言家贫母年老，长兄从军未娶嫂。去年灾疫牛囤空，截绢买刀都市中。
> 头巾掩面畏人识，以刀代牛谁与同。姊妹相携心正苦，不见路人唯见土。
> 疏通畦陇防乱苗，整顿沟塍待时雨。日正南冈下饷归，可怜朝雉扰惊飞。
> 东邻西舍花发尽，共惜馀芳泪满衣。①

哥哥打仗去了，母亲年老体衰，两个女孩子只好自己下地耕田，偏偏牛又死了，拉不动犁，她们所能做的就是用刀来翻地。她们先到市上买了刀，怕人家认出来而用头巾掩住脸面，因为她们实在感到不好意思，谁家像自己这样用刀来耕地呀？姊妹两个又是疏通畦垄，又是整顿沟塍，干了整整一个上午的活，又累又饿。生活是这样的艰辛啊，可当两个女孩子收工回家时，仍然不忘记看看身边的花，感受身边的美，甚至因为看到"东邻西舍花发尽"而"共惜馀芳泪满衣"了。也许这两个普通的女孩子根本

---

① 《全唐诗》卷273，第3070页。

不会写诗，但是她们拥有和诗人相似的情怀。这种普遍存在的诗人情怀会令人对自然之美格外瞩目。

具体到中秋玩月，无论是月形、月色还是月亮升起后周边环境的改变，都被时人摄入他们的眼底心中，创作于当时的不少诗篇都描写了中秋夜的风光之美：

"天将今夜月，一遍洗寰瀛。暑退九霄净，秋澄万景清。星辰让光彩，风露发晶英。能变人间世，倏然是玉京。"① 在这首名为《八月十五日夜玩月》的作品中，刘禹锡以清丽的语句描绘了月光"能变人间世"的神奇力量，在它的照耀下，秋夜的一切显得那样清凉干净。"万古太阴精，中秋海上生。鬼愁缘辟照，人爱为高明。历历华星远，霏霏薄晕萦。影流江不尽，轮曳谷无声。似镜当楼晓，如珠出浦盈。岸沙全借白，山木半含清。小槛循环看，长堤踯阵行。殷勤未归客，烟水夜来情。"② 这是张祜对杭州中秋夜的描写。在他的笔下，似镜如珠的月亮将中秋夜的杭州装扮得安详宁静，情意绵绵，诗意无限。"镜里秋宵望，湖平月彩深。圆光珠入浦，浮照鹊惊林。澹动光还碎，婵娟影不沉。远时生岸曲，空处落波心。迥彻轮初满，孤明魄未侵。桂枝如可折，何惜夜登临。"③ 这是陈羽在镜湖边望边的所睹所闻与所思。在陈羽的眼中，澹动的湖水、惊起的山鹊、摇曳的月光，共同构成一幅动感十足、活泼可人却又格外显得静谧的月夜图景。不同地方不同年份的中秋夜是不同的，然而在唐代人的心目中，中秋夜皓月当空的疏朗与高远，月色如水的清凉与沉静，月光化平庸为神奇的伟力，无疑是最值得玩味的自然之美。

为了更好地欣赏自然之美，唐人非常讲究玩月的地点。寺观是唐代文人八月十五的常到之处，白居易的《华阳观中秋夜招友玩月》、许浑的《鹤林寺中秋夜玩月》、欧阳詹的《太原和严长官八月十五日夜西山童子上方玩月寄中丞少尹》、广宣的《中秋夜独游安国寺山亭院步月李益迟明至寺中求与联句》等所记述的都是在寺观中赏月玩月。有时人们也在船上或水边玩月，裴夷直的《同乐天中秋夜洛河玩月二首》，就描写了"清

---

① 《全唐诗》卷357，第4017页。
② 张祜：《中秋夜杭州玩月》，载《全唐诗》卷511，第5830页。
③ 陈羽：《中秋夜临镜湖望月》，载《全唐诗》卷348，第3891页。

洛半秋悬璧月，彩船当夕泛银河"的动人情景，①许浑在《中秋夕寄大梁刘尚书》中提到"去年今夜醉兰舟"，可见他也有船中玩月的经历。②高处最宜赏月，所以唐代人也喜欢八月十五到山上去。刘禹锡《八月十五日夜桃源玩月》诗云："凝光悠悠寒露坠，此时立在最高山"③，就明言是在山上玩月的。据《开元天宝遗事》记载，唐玄宗甚至为望月之便还打算修建专门的望月台："玄宗八月十五日夜与贵妃临太液池，凭栏望月不尽，帝意不快，遂敕令左右：于池西岸别筑百尺高台，与吾妃子来年望月。"④只是由于安史之乱的爆发未能如愿以偿。

（二）珍惜韶华

珍惜韶华是与欣赏自然之美紧密联系在一起的。动人心魄的中秋之美，固然令人心生愉悦，却也往往激发良辰短暂、美景难再并进而哀叹生命易逝的焦虑与感伤。身心愉悦与焦虑感伤叠加在一起，使得他们不由自主地展开对生存与死亡、短暂与永恒的思考，思考的结果往往将其导向珍惜韶华、享受当下的人生态度。这是生命意识在特殊场合里的觉醒和释放。欧阳詹的《玩月》诗可以说很好地揭示了这种觉醒和释放的过程："八月三五夕，旧嘉蟾兔光。斯从古人好，共下今宵堂。素魂皎孤凝，芳辉纷四扬。徘徊林上头，泛滟天中央。皓露助流华，轻风佐浮凉。清冷到肌骨，洁白盈衣裳。惜此苦宜玩，揽之非可将。含情顾广庭，愿勿沉西方。"⑤在月明星稀的中秋之夜，诗人首先感受到月光之美、秋夜之韵、人情之欢，但很快就意识到眼前的现实：圆圆的月亮远在天边，"揽之非可将"，是根本无法接近的，而且很快就要落下去；而这，让他自然产生了"愿勿沉西方"的深切期望。与欧阳詹相似的还有韩愈和白居易，前者在《八月十五夜赠张功曹》中极写中秋美景和人事沧桑之后，不由地感慨："一年明月今宵多，人生由命非由他。有酒不饮奈明何？"⑥后者在其《八月十五日夜同诸客玩月》显示了几乎同样的心路历程："清景难逢

---

① 《全唐诗》卷513，第5856—5857页。
② 《全唐诗》卷536，第6119页。
③ 《全唐诗》卷356，第4006页。
④ （唐）王仁裕撰、丁如明校点：《开元天宝遗事》，载上海古籍出版社编，丁如明、李宗为、李学颖等校点《唐五代笔记小说大观》（全二册），上海古籍出版社2000年版，第1744页。
⑤ 《全唐诗》卷349，第3899页。
⑥ 《全唐诗》卷338，第3789页。

宜爱惜，白头相劝强欢娱。诚知亦有来年会，保得晴明强健无。"

在珍惜韶华、享受当下这一人生态度的导向下，许多唐代人尽量延长玩月时间，常常到更深才罢，有的人甚至通宵不眠。当时留下的诸多诗篇都对此做了记录。如崔备《和武相公中秋锦楼玩月（得前字、秋字二篇）》诗云："清景同千里，寒光尽一年。竟天多雁过，通夕少人眠。"① 又徐凝《八月十五夜》诗云："皎皎秋空八月圆，常娥端正桂枝鲜。一年无似如今夜，十二峰前看不眠。"② 其他像孙蜀《中秋夜戏酬顾道流》中有"不那此身偏爱月，等闲看月即更深"③ 句，刘禹锡《八月十五日夜桃源玩月》中有"金霞昕昕渐东上，轮欹影促犹频望"④ 句，王建《和元郎中从八月十二至十五夜玩月五首》中有"立多地湿舁床坐，看过墙西寸寸迟"、"夜深尽放家人睡，直到天明不炷灯"等句，⑤ 均可以表明当时有许多人都是玩月到深夜甚至到次日天明的。

事实上，还有一些人对玩月是如此热衷，以至他们绝不满足于仅仅在八月十五这一个夜晚欣赏月亮。比如大历二年的杜甫，就曾经连续玩月三天，并留下《八月十五日夜月二首》、《十六夜玩月》、《十七夜对月》的诗作；更有甚者会连续玩月五天，并十分自豪地宣称："合望月时常望月，分明不得似今年。仰头五夜风中立，从未圆时直到圆。"⑥ 如若天阴不能见到月亮，他们会痴痴等候。等来了，便格外觉得惊喜；等不来，便异常觉得遗憾。刘禹锡的《八月十五日夜半云开然后玩月因书一时之景寄呈乐天》描写的是前者："半夜碧云收，中天素月流。开城邀好客，置酒赏清秋。影透衣香润，光凝歌黛愁。斜辉犹可玩，移宴上西楼。"⑦ 诗人等到夜半时分，终于盼来云开月出，于是不顾天晚夜深，摆下了酒席。元稹的《中秋夜不见月》则描写了后者："蟾轮何事色全微，赚得佳人出绣帏。四野雾凝空寂寞，九霄云锁绝光辉。吟诗得句翻停笔，玩处临尊却

---

① 《全唐诗》卷318，第3585页。
② 《全唐诗》卷474，第5378页。
③ 《全唐诗》卷607，第7007—7008页。
④ 《全唐诗》卷356，第4006页。
⑤ 《全唐诗》卷301，第3434—3435页。
⑥ （唐）王建：《和元郎中从八月十二至十五夜玩月五首》，载《全唐诗》卷301，第3434—3435页。
⑦ 《全唐诗》卷358，第3434—3435页。

掩扉。公子倚栏犹怅望，懒将红烛草堂归。"① 描写月出情景的诗句已经想好，为玩月而设的酒杯也已备齐，月亮却始终不露形容，人们痴心地盼啊等啊，到很晚还不愿意回去。

珍惜韶华、享受当下这一人生态度，使许多唐代人不仅自己不放过玩月的时机，而且劝别人也要做出同样的选择，恰似许浑在其《鹤林寺中秋夜玩月》中所说："莫辞达曙殷勤望，一堕西岩又隔年"②，又如薛莹在其《中秋月》中所言："劝君莫惜登楼望，云放婵娟不久长。"③

（三）渴望团圆

在我国，明月早已与思恋亲人、怀念故乡联系在一起。而中秋月，既圆且明，又处于万物开始变得萧索的仲秋季节，就更容易触动人们的心弦。对月思人，是许多唐代人的中秋节活动主题；渴望团圆，则是他们的萦绕难去的中秋情怀。

团圆，只有在离别后才显示出其存在的意义，渴望团圆，也是离别后才会滋长的一种情绪。在唐代，由于社会经济的发展、社会风气的开放、守卫国家安全等因素，离开故乡亲人外出求学、经商、仕进、游历、戍边的人很多，相知相交的好友也会由于多种原因被迫分开。在这种情况下，"高秋今夜月，皓色正苍苍。远水澄如练，孤鸿迥带霜"的时候，也便成为"旅人方积思"的当然时间④。鹊飞露重里的寂寞，清秋朗月下的孤独，他日相守相聚时相知相契的温暖与欢乐，此时此地不能共享良辰美景的惋惜与遗憾，种种滋味酝酿发酵成浓得化不开的情思与乡愁。一般的人只能将这种情思和乡愁化做泪水，诗人却能将他们化做诗行。武元衡怀念从兄，于是写道："地远惊金奏，天高失雁行。如何北楼望，不得共池塘。"（《八月十五酬从兄常望月有怀》）白居易思念元稹，于是写道："银台金阙夕沈沈，独宿相思在翰林。三五夜中新月色，二千里外故人心。"（《八月十五日夜禁中独直对月忆元九》）李群玉怀念家乡，于是写道："泪逐金波满，魂随夜鹊惊。支颐乡思断，无语到鸡鸣。"（《中秋广江驿示韦益》）⑤。仔细阅读唐朝人留下的中秋诗篇，类似武元衡《八月十

---

① 《全唐诗》卷774，第8775页。
② 《全唐诗》卷534，第6096页。
③ 《全唐诗》卷542，第6266页。
④ 张正一：《和武相公中秋锦楼玩月得苍字》，载《全唐诗》318，第3584页
⑤ 《全唐诗》卷316，第3548页；卷437，第4844页；卷569，第6592页。

五酬从兄常望月有怀》、白居易《中秋夜禁中独直对月忆元九》的作品是相当多见的，如郑谷的《荆渚八月十五日夜值雨寄同年李屿》、孙纬的《中秋夜思郑延美》、许浑的《中秋夕寄大梁刘尚书》等，诗里都充溢着对亲人朋友的思念之情。张祜更在其《中秋月》中发出了"人间系情事，何处不相思"的反问式感叹。① 中秋节，在唐代已经具有了深深的团圆内涵。

　　欣赏自然之美、珍惜韶华与渴望团圆，这些在唐代有突出表现的中秋情怀，并没有因为后来唐代的灭亡而消失，只是伴随着社会变迁和不同时代价值观念、审美倾向的变化而有所变化。尤其是中秋节所蕴含的团圆内涵，由于现实生活中别离现象的普遍而越发浓厚，宋代以后，中秋节成为中国传统节日体系中最具团圆意味的一个节日，乃至许多地方就径直以团圆节来称呼它了。

---

① 《全唐诗》卷510，第5810页。

第 三 章

传统节日研究

我们在前面已经指出:"以唐建国为界,此前已经出现并在唐帝国(包括武周)的全部或部分统治时期得以传承的节日都是传统节日。"除了中和节、诞节、降圣节以及清明节、八月十五等节日之外,在唐代流传的节日往往在唐代以前即已出现,是谓传统节日。本章将选取年节、春秋社日、上巳节和五月五日作为分析的对象,关注它们在唐代的变迁和表现形态。

第一节 年节

年节是标志新年旧年交替的节日。在重视时间周期变换的中国社会,年节自其产生之后一直被视为最重要的节日。①

年节是以年终和岁首为时间基础形成的,岁首的确定对于年节形成起着根本性的作用。一般认为,年节萌芽于先秦,初步定型于汉代。年节在

---

① 关于年节的起源,学术界有不同的看法。有的学者认为源于上古时期的腊祭或蜡祭,参见段宝林《中国古代的狂欢节——春节、蜡祭与傩》,载《中国文化研究》1996年夏之卷。有的认为源于古代的巫术仪式参见王娟《中国的春节》,载《中华文化讲座丛书》(第2集),北京大学出版社1995年版。有的认为源于鬼节,参见徐华龙《春节源于鬼节考》,载《浙江学刊》1997年第3期。有的则将岁终大祭和新年祈谷之礼视为上古年节的雏形,参见萧放《春节》,生活·读书·新知三联书店2008年版,第21—24页。还有的认为年节乃是"人的生存本能的自然要求,并不需要什么特殊背景的触发才会形成过新年的习俗"。参见杨琳《中国传统节日文化》,宗教文化出版社2000年版,第3—4页。

汉代初步定型与汉武帝颁行太初历确定了以正月初一为"王者岁首"并两千余年大致未变密切相关。据《汉书·律历志》，汉武帝之前共行用过六种历法，即黄帝历、颛顼历、夏历、殷历、周历和鲁历。"黄帝及殷、周、鲁，并建子为正。"① 建子之月时当夏历十月。秦王朝用颛顼历，亦以十月为正，岁终置闰，故十月初一为一岁之首。西汉初年，沿袭秦制仍用颛顼历。汉武帝太初元年（公元前 104 年），朝廷重新厘定历法，以建寅之月（即夏历正月）为岁首、将二十四节气订入历法、以没有中气的月份为闰月，中国传统社会的阴阳合历至此基本形成。尽管之后不同朝代的历法仍有变更，但大体保持了太初历的原则，以正月为农历岁首从此固定下来，一直延续至今，正月初一作为新年的标志性时间亦由此得到确立。

值得注意的是，汉代有四个"岁始"，即有四个标志新年开始的时间，正月初一作为"王者岁首"，只是其中之一。根据《汉书·天文志》的记载："凡候岁美恶，谨候岁始。岁始或冬至日，产气始萌。腊明日，人众卒岁，一会饮食，发阳气，故曰初岁。正月旦，王者岁首；立春，四时之始也。四始者，候之日。"② 可见"产气始萌"的冬至日、"一会饮食，发阳气"的腊明日、"王者岁首"的正月旦和作为"四时之始"的立春日，都是岁始。它们均被视为具有特殊重要意义的日子，各自有特殊的活动如期举行，是汉代节日体系的重要组成部分。尤其腊岁时间长，活动多，地位十分突出，比王者岁首更显重要。具体可参见表 3—1。

表 3—1　　　《四民月令》对十二月、正月活动的记录③

月份名	具体日子	相关活动的记述
十二月	腊（蜡）日	荐稻、雁。前期五日，杀猪，三日，杀羊。
	前除二日	齐、馔、扫、涤，遂腊先祖五祀。
	小新岁	进酒降神。——其进酒尊长，及修刺贺君、师、耆老，如正日。
	小新岁次日	又祀；是谓"蒸祭"。

---

① 转引自柳诒徵《中国文化史》，东方出版中心 1988 年版，第 45 页。
② （汉）班固：《汉书》，中华书局 1962 年版，第 1299 页。
③ 参见（汉）崔寔著、石声汉校注《四民月令校注》，中华书局 1965 年版，第 1、15、74—77 页。

续表

月份名	具体日子	相关活动的记述
十二月	蒸祭后三日	祀家事毕，乃请召宗、亲、婚姻、宾旅，讲好和礼，以笃恩纪。休农息役，惠必下洽。
		是月也，群神频行，大蜡礼兴；乃家祠君、师、九族、友、朋，以崇慎终不背之义。遂合耦田器，养耕牛，选任田者，以俟农事之起。去猪盍车骨，及腊时祠祀炙箠。东门磔白鸡头。求牛胆合少小药。
正月	正日	躬率妻孥，洁祀祖祢。前期三日，家长及执事，皆致斋焉。及祀日，进酒降神。毕，乃家室尊卑，无小无大，以次列坐于先祖之前，子、妇、孙、曾，各上椒酒于其家长，称觞举寿，欣欣如也。谒贺君、师、故将、宗人、父兄、父友、友、亲、乡党耆老。
	上丁	祀祖①于门，道阳出滞，祈福祥焉。
	上亥	祠先穑及祖祢，以祈丰年
	上辛	扫除韭畦中枯叶。

表3—1是《四民月令》对十二月、正月活动的记述，从中可见十二月的习俗活动远比正月丰富得多，且十二月的习俗活动是围绕着腊日进行的。腊日前五天要杀猪，前三天要杀羊。腊日前一天是除日，除日前两天要准备烹制食物，打扫卫生，祭祀祖先和五祀之神。腊日后一天是小新岁，要向神灵和尊长敬酒，并像正月初一一样拜贺君长。小新岁次日又有蒸祭仪式，蒸祭之后三日则与亲朋好友宴会修好。围绕着腊日展开的活动要持续10天左右。相比之下，围绕着王者岁首的活动只持续大约4天，而且主要集中在正月初一这一天。

不过，由于传统社会国家十分重视通过颁布历法的方式授民以时，历法是国家确定的时间制度，由历法确定的历年是国家、社会事务运行的基本周期，因此，伴随着国家力量和中央集权主义的加强，历年岁首（或曰王者岁首）正月初一作为"岁始"的标志逐渐被官方和民间所认可，汉代时人们以"正月旦"、"正旦"、"正日"来称呼它，到魏晋南北朝时期，它已有"元日"、"元正"、"元会"的专名，而"元"的意思就是

---

① 本注：祖，道神。黄帝之子曰累祖，好远游，死道路，故祀以为道神。正月，草木可游，蛰虫将出，因此祭之，以求道路之福也。[先穑]先穑，谓先农之徒，始造稼穑者也。

首、开始、开端。唐代时，正月初一被称做"正旦"、"元朔"、"岁日"、"正朝"、"岁旦"或"新正"，作为新年之始更无可争议。至于腊岁，在唐代虽仍然存在，标志性时间在冬至后的第三个戌日，且有皇帝赐大臣药物之举，但地位已大不如前。

作为标志新年旧年交替的节日，唐代的年节由年终岁首两个前后接续的阶段构成。从法定节假规定看，年节是七天，若从民俗生活来看，广义的年节远远超过七天，可从旧年的腊日前五日算起，一直到新年的正月晦日才告结束，期间包括腊日、岁除、元正、人日、元宵、正月晦日等一系列节日。其中处在旧年最后一天的岁除日和处在新年第一天的元日是年节中最重要的日子，也是我们这里所着重分析的对象。

一　岁除日习俗

岁除日，唐人常称为"岁除"、"除日"、"岁暮"，这天受到社会各个阶层的重视。它的习俗活动主要有以下几个：

（一）驱傩

驱傩是一种驱除灾疫的仪式活动，早在先秦时期就非常盛行。《周礼·夏官·方相氏》云："方相氏掌蒙熊皮，黄金四目，玄衣朱裳，执戈扬盾，帅百隶而时傩，以索室驱疫。"郑鄂以为文中"时傩"乃指季春、仲秋及季冬三时举行的驱傩活动。[①] 在汉代，朝廷十分重视"大傩"仪式，通常在腊日（即冬至后第三个戌日）[②] 前一天举行。据《荆楚岁时记》，南朝时驱傩在十二月八日，"谚语：'腊鼓鸣，春草生。'村人并击细腰鼓，戴胡头，及作金刚力士以逐疫"。[③] 到了唐代，驱傩仍然盛行，它仍然是以逐除疫鬼为目的的大型礼仪活动，与汉代、南朝不同的是，这一仪式多在岁除日即十二月晦日举行。根据《南齐书·魏虏传》的记载，魏孝文帝时曾经专门下令确定驱傩仪式举行的时间："又诏罢腊前傩，唯年一傩。"[④] 将驱傩由腊岁前一日改为正旦前的岁除日举行，不仅表明以

[①]　参见（宋）王与之《周礼订义》，卷51，四库全书本。

[②]　腊日起源很早。《风俗通义·祀典》引《礼传》云，腊日，"夏曰嘉平，殷曰清祀，周曰大蜡，汉改为腊"。关于腊日的来源，至少有三种说法。其一："腊者，猎也，言田猎取兽以祭祀其先祖也。"其二："腊者，接也，新故交接，故大祭以报功也。"其三："腊者，所以迎刑送德也。大寒至，常恐阴胜，故以戌日腊。戌者，土气也，用其气日杀鸡以谢刑德。"参见（汉）应劭撰、王利器校注《风俗通义校注》，中华书局1981年版，第379、374页。

[③]　（南朝）宗懔著，谭麟译注：《荆楚岁时记译注》，湖北人民出版社1985年版，第133页。

[④]　（梁）萧子显：《南齐书》"魏虏传"，中华书局1997年版，第991页。

正月初一为基础的年节地位的提升，而且进一步提升了它的地位。

唐代的驱傩活动不仅在宫廷中举行，各州县也都举行，宫中驱傩还有大内和东宫的区别。唐代职官设置中有专门负责宫廷大傩礼的，包括太常卿以及太卜署、鼓吹署的官员和内寺伯等。"鼓吹署令二人，从七品下；丞二人，从八品下；乐正四人，从九品下。令掌鼓吹之节……大傩，帅鼓角以助侲子之唱。"又"太卜署令一人，从七品下；丞二人，从八品下；卜正、博士各二人，从九品下。掌卜筮之法……季冬，帅侲子堂赠大傩，天子六队，太子二队，方相氏右执戈、左执楯而导之，唱十二神名，以逐恶鬼。傩者出，磔雄鸡于宫门、城门。"① "内寺伯六人，正七品下。掌纠察宫内不法，岁傩则莅出入。"② 另外，参与该仪式的官吏还有太祝、斋郎和祝史等。

《大唐开元礼》将大傩礼视为五礼之一的军礼，并对宫廷和州县举行大傩礼的时间、参加人员、仪式用品及其使用方式、程序、祝词等分别做了具体规定。先看宫廷中的大傩礼：

> 大傩之礼前一日，所司奏闻选人年十二以上十六以下为侲子，着假面，衣赤布袴褶，二十四人为一队，六人作一行，执事者十二人，着赤帻褠衣，执鞭，工人二十二人，其一人方相氏，着假面，黄金四目，蒙熊皮，玄衣朱裳，右执戈，左执楯，其一人为唱师，着假面皮衣，执捧鼓角，各十合为一队，队别鼓吹令一人，太卜令一人，各监所部，巫师二人（令已下皆服平巾帻袴褶）以逐恶鬼于禁中。有司预备每门雄鸡及酒，拟于宫城正门皇城诸门磔禳设祭，太祝一人，斋郎三人，右校为瘗埳，各于皇城中门外之右方，深称其事。前一日之夕，傩者赴集，所具其器服，依次陈布以待事。其日未明，诸卫依时勒所部屯门列仗，近仗入陈于阶下如常仪。鼓吹令帅傩者各集于宫门外，内侍诣皇帝所御殿前奏"侲子备，请逐疫"讫，出，命寺伯六人分引傩者于长乐门、永安门以入。至左右上阁，鼓噪以进，方相氏执戈扬盾，唱率唱，侲子和，曰："甲作食殃，胇胃食疫，雄伯食魅，腾简食不祥！览诸食咎，伯奇食梦，强梁、祖明共食磔死寄生，委随食观，错断食巨，穷奇、腾根共食蛊，凡使一十二神追恶鬼凶，赫汝躯，拉汝干，节解汝肌肉，抽汝肺肠，汝不急去，后者为粮。"周呼

---

① 《新唐书》卷48，第1244—1246页。
② 《新唐书》卷47，第1222页。

讫，前后鼓噪而出，诸队各趋顺天门以出，分诣诸城门，出郭而止。傩者将出，祝布神席，当中门南向，出讫，宰手斋郎罍牲匈，磔之神席之西，藉以席北首，斋郎酌酒，太祝受奠之。祝史持版于坐右，跪读祝文曰："维某年岁次月朔日，天子遣太祝臣姓名敢昭告于太阴之神，玄冬已谢，青阳驭节，惟神屏除凶厉，俾无后艰，谨以清酌敬荐于太阴之神，尚享。"讫，兴，奠版于席，乃举牲并酒瘞于埳，讫，退。其内寺伯导引出顺天门外止。

根据规定，大傩礼举行前一天日间，大傩礼的组织者就将仪式活动参加者的情况上奏皇帝；另外，组织者还要准备下仪式所需要的雄鸡和酒，并预先挖掘埋鸡的坑。晚间，仪式活动的参加者则汇集一起，共同等待激动人心时刻的到来。第二天天还未明，诸卫队列仗，鼓吹令就率领傩者在宫门外集合，等内侍向皇帝奏明后，寺伯引傩者分别从长乐门和永安门进入大内和东宫。执戈扬盾、戴着面具、蒙着熊皮的方相氏，执棒鼓角、戴着假面、穿着皮衣的唱师，手执鞭子、顶赤帻穿褠衣的执事者，以及戴着假面、身穿红衣的侲子在宫中挥舞着，敲打着，大声地唱着言辞犀利的逐疫歌。而后，各队鼓噪着从顺天门而出，再分队走向不同的城门，一直到出了城廓才停止。在傩者将要出城廓时，要设置神席；队伍走出城廓后，宰手和斋郎将预先备下的雄鸡宰杀，之后，斋郎酌酒，太祝受奠，祝史跪读祝文，并将鸡与酒置入预先挖好的坑中掩埋。至此整个驱傩仪式才告结束。

从《大唐开元礼》看，参加驱傩的人共分6队，每队包括侲子24人，执事者12人，工人22人，鼓吹令1人，太卜令1人，再加上巫师2人，共360多人。事实上参与驱傩的人要多得多。《南部新书》记载了唐代的一次驱傩盛况：

> 岁除日，太常卿领官属乐吏并护僮侲子千人，晚入内。至夜，于寝殿前进傩。然蜡炬，燎沉檀，荧煌如昼，上与亲王妃主以下观之，其夕赏赐甚多。是日，衣冠家子弟多觅侲子之衣，着而窃看宫中。[①]

在这次驱傩仪式中，参与人数高达千人。还有许多官宦家子弟为了观看宫中的驱傩仪式，竟然装扮成侲子模样，混入驱傩队伍。甚至一些老年

---

① （宋）钱易撰、黄寿成点校：《南部新书·乙》，中华书局2002年版，第22页。

人也夹杂其中凑热闹。《南部新书》的记载反映了驱傩仪式在当时备受欢迎，且已明显具有强烈的娱乐性特征。而在汉代之前，这一仪式是极其严肃而紧张的。

州县驱傩仪式举行的时间、程序、所唱驱傩词与祝词均与宫廷的类似，只是规模要小，侲子的年龄规定也有所不同：

> 方相四人，俱执戈楯，唱率四人，（戈今以小戟。方相、唱率俱以杂职充之）侲子（都督及上州六十人，中下州四十人，县皆二十人，其方相、唱率县皆二人）取人年十五以下十三以上，杂职八人，四人执鼓，四人执鞭。①

不过，礼典中的上述规定只是一种理想，现实生活中，驱傩仪式表现出丰富多样的地方性色彩。李淖《秦中岁时记》记当地"岁除日进傩，皆作鬼神状，内二老儿，傩公，傩母"，② 李正宇《敦煌傩散论》一文详细考证了敦煌一带的驱傩礼，指出了若干当地此项仪式实践中的特别之处，如有不同于礼仪规定的歌唱与伴乐③，从歌词来看，"敦煌傩不仅是单纯例行古代传袭下来的逐鬼驱疫仪式，它还加进了社会人事的内容"；"敦煌驱傩仪仗可以巡门驱傩，而且每到一处都有适于该处的驱傩歌"。此外，当地除了官办的驱傩队伍之外，还有包括坊巷傩队、佛教傩队以及袄教傩队等在内的民办驱傩队，它们"不仅强烈的寄托着敦煌人驱鬼逐

---

① 《大唐开元礼》卷90，四库全书本。
② （唐）李淖：《秦中岁时记》，载陶宗仪《说郛》卷69，四库全书本。
③ 兹举《敦煌傩散论》一文中所举二首如下。一首为P.3270号第五首：
"儿郎伟 盖闻二仪交运，故制四序奔驰，若说迎新送故，兼及近代是非。总交青龙部领，送过葱领（岭）海隅。敦煌神砂（沙）福地，贤圣助力天威。灾病永无侵遴（挠），千门保愿安居。皆是太保位分，八方俱伏同知。河西是汉家旧地，中隘猃犹安居。数年闭塞东路，恰似小水之鱼。今遇明王礼化，再开河陇道衢。太保神威发愤，遂便色缉兵衣。略点精兵十万，各各尽还（攓）铁衣。直致甘州城下，回鹘藏窜无知（地）。走人楼下乞命，逆者入火愤（焚）尸。大段披发投告，放命安口城际。已后勿愁东路，便舜日尧时。内使亲降西塞，天子慰曲（屈）名师。向西直至于阗，纳供（贡）献玉瑠璃。四方总皆跪伏，只（至）是不绝汉仪。太保深信三保（宝），寿与彭祖同时。"
一首为P.2569号第一首（亦见于P.3552号）："适从远来至宫门，正见鬼子一郡郡（群群），就中有个黑论敦，条（倏）身直上舍头存。耽气袋、戴火盆；眼赫赤，着非（绯）裈；青云烈、碧温存。中庭沸匝匝，院里乱纷纷。唤中（锺）馗，兰（拦）着门；弃弃，放气熏；慑肋折，抽却筋；拔出舌，割却唇。正南直须千里外，正北远去亦不论。"

疫的愿望，而且把送故迎新的岁末娱乐活动推向高潮"。① 孟浩然有《弦歌行》一诗写道："驱傩击鼓吹长笛，瘦鬼染面惟齿白。暗中崒崒拽茅鞭，倮足朱裈行戚戚。相顾笑声冲庭燎，桃弧射矢时独叫。"也是对驱傩场面的状描，其中的"吹长笛"、"染面"等，应该同样反映了一种与礼仪规定不相吻合的地方性特色。

从总体上看，唐代的除夕因驱傩仪式的举行而成为时人的欢乐节，每到这天，从都城到州县，"则有伥童丹首，操缦杂弄；舞服惊春，歌声下凤。夜耿耿而将尽，鼓喧喧而竟送。"② 更有数百千万人涌上街头观看驱傩盛况，连孟浩然这样的文人亦不能免俗。

（二）贴春书，插桃枝，画虎头，书罋字，悬幡子

贴春书，插桃枝，画虎头，书罋字，悬幡子等都是对活动空间的装饰。张子容《除日》诗云："腊月今知晦，流年此夕除。拾樵供岁火，帖牖作春书。"③ 可见除日要在窗户上张贴春书。春书，当即是宜春帖。《荆楚岁时记》有"立春之日，悉剪彩为燕以戴之，贴宜春二字"的记载，《玉烛宝典》卷一"附说"亦云："立春多在此月之始，俗间悉剪彩为燕子，置之檐楹，以戴，帖宜春之字。"④ 春书最初大约更多张贴于立春日，由于立春日距年节不远，更兼年节亦有迎春之意，故而也加以张贴。

岁除插桃枝、画虎头的做法历史更为悠久，据应劭《风俗通义·祀典》引《黄帝书》云："上古之时，有荼与郁垒昆弟二人，性能执鬼，度朔山上立桃树下，简阅百鬼，无道理，妄为人祸害，荼与郁垒缚以苇索，执以食虎。于是县官常以腊除夕饰桃人，垂苇茭，画虎于门，皆追效前事，冀以卫凶也。"⑤ 可见汉代是流行此俗的，至唐代仍在传承。张说《岳州守岁二首》诗云"桃枝堪辟恶，爆竹好惊眠"，说明至少岳州有着插桃枝以避恶的习俗。⑥ 段成式《酉阳杂俎》提到"俗好于门上画虎

---

① 李正宇：《敦煌傩散论》，载《敦煌研究》1993年第2期，第111—122页。
② （唐）乔琳：《大傩赋》，载《全唐文》卷356，第3613—3614页。
③ 张子容：《除日》，载《全唐诗》卷116。
④ （隋）杜台卿撰，（清）杨守敬校订：《玉烛宝典》，载《续修四库全书》编纂委员会编《续修四库全书·八八五·史部·时令类》，上海古籍出版社2002年版，第14页。
⑤ （汉）应劭撰、王利器校注：《风俗通义校注》，中华书局1981年版，第367页。
⑥ 张说：《岳州守岁二首》，载《全唐诗》卷89。

头"，① 则是门上画虎的证据。

关于"书罋字"，最早的记载出自段成式的《酉阳杂俎》中："俗好……书罋字，谓阴刀鬼名，可息疫疠也。予读《汉旧仪》，说傩逐疫鬼，又立桃人、苇索、沧耳、虎等。罋为合沧耳也。"② 按照段成式的解释，"罋"字是"沧耳"二字的合成，沧耳是一种鬼的名字，写它具有平息疫疠的作用。

此外，悬幡也是当时除夕常见的做法。薛能有诗《除夜作》提到："燎照云烟好，幡悬井邑新。祯祥应北极，调燮验平津。"③ 悬幡也在元日举行，唐武宗会昌二年（公元842年），日本僧人圆仁在都城长安度过了年节，他在《入唐求法巡礼行记》中写道："会昌二年岁次壬戌正月一日，家家立竹杆悬幡子，新岁祈长命。"④ 其实不仅一般人家，寺庙中更是高悬幡旗，司空图的《丙午岁旦》中就描写了"晓催庭火暗，风带寺幡新"的新年景致。⑤

（三）燃庭燎，点灯烛

每到除夕，唐代人就在庭院中燃起燎火，或点上灯烛，在火焰灯光中送走旧年，迎来新年。《太平广记》中有一则资料，言及唐太宗时期的除夜庭燎与燃烛："唐贞观初，天下乂安，百姓富赡，公私少事。时属除夜。太宗盛饰宫掖，明设灯烛，殿内诸房莫不绮丽，后妃嫔御皆盛衣服，金翠焕烂。设庭燎于阶下，其明如昼，盛奏歌乐。"⑥ 庭燎、灯烛竟将黑夜照得如同白昼一般，不知堆了多少柴禾，又备了多少灯烛。王建（约767-831）《宫词一百首》之一中有对9世纪初宫廷中点灯燃燎状况的摹写，所谓："院院烧灯如白日，沉香火底坐吹笙。"⑦ 曹松的《江外除夜》中描绘了宫廷之外"千门庭燎照楼台"的壮观辉煌。圆仁在他的日记中记述了他所目见的唐文宗开成三年（838年）时期扬州在

---

① （唐）段成式撰，曹中孚校点：《酉阳杂俎》，载上海古籍出版社编，丁如明、李宗为、李学颖等校点《唐五代笔记小说大观》（全二册），上海古籍出版社2000年版，第741页。
② 同上。
③ 薛能：《除夜作》，载《全唐诗》卷558。
④ ［日］圆仁：《入唐求法巡礼行记》，上海古籍出版社1986年版，第153页。
⑤ 司空图：《丙午岁旦》，载《全唐诗》卷885。
⑥ 《太平广记》，第291页。
⑦ 王建：《宫词一百首》，载《全唐诗》卷302。

除夜点灯的情景，并与本国（日本）作了比较："日本国此夜宅庭屋里门前，到处尽点灯也。大唐不而，但点常灯，不似本国也。"① 当时庭燎或灯烛大约要燃上一夜，所以丁仙芝《京中守岁》诗云："守岁多燃烛，通宵莫掩扉。"② 储光羲《秦中守岁》诗云："阖门守初夜，燎火到清晨。"③

（四）守岁

关于守岁，根据《荆楚岁时记》的记载，时人以聚会饮酒的方式迎接新年的来临，所谓："岁暮，家家具肴蔌诣宿岁之位，以迎新年。相聚酬饮。"④ 守岁也是唐代岁除之夜非常重要的民俗活动，唐代人习惯在庭燎烛光里，在清醒的等待中，送走旧年的最后一段时光，迎来新年的第一个清晨。唐诗中名为"守岁"的诗作相当多出，可以为证。

歌舞饮酒欢宴是唐代人守岁重要的方式。张说《岳州守岁》写道："除夜清樽满，寒庭燎火多。舞衣连臂拂，醉坐合声歌。"⑤ 就反映了这一情形。有时候皇帝也会赐宴，与王公贵戚权要大臣们共度佳节。唐太宗李世民就曾经在太原召侍臣赐宴守岁⑥，杜审言也参加过皇帝岁除之夜的宴会，并留下《守岁侍宴应制》的诗篇："季冬除夜接新年，帝子王孙捧御筵。宫阙星河低拂树，殿廷灯烛上薰天。弹弦奏节梅风入，对局探钩柏酒传。欲向正元歌万寿，暂留欢赏寄春前。"诗篇反映了宫廷守岁的基本状况：光耀如昼的殿廷之上，优美的丝竹声中，皇帝摆开筵席，大家说着祝福的话，饮着象征长寿的酒，兼有好玩的游戏，真是一幅君臣同乐的祥和守夜图。

僧人的除夕守岁则与俗人不同。唐文宗开成三年（838）日僧圆仁在扬州开元寺度过了一个岁除之夜，亲眼目睹了僧人除夕守岁的独特方式："寺家后夜打钟，众僧参集食堂礼佛。礼佛之时，众皆下床，地下敷座具。礼佛了，还上床座。时有库司典座僧，在于众前，读申岁内种种用途

---

① ［日］圆仁：《入唐求法巡礼行记》，上海古籍出版社1986年版，第24页。
② 丁仙芝：《京中守岁》，载《全唐诗》卷114。
③ 储光羲：《秦中守岁》，载《全唐诗》卷139。
④ （南朝）宗懔著，谭麟译注：《荆楚岁时记译注》，湖北人民出版社1985年版，第147页。
⑤ 张说：《岳州守岁》，载《全唐诗》卷87。
⑥ 李世民：《于太原召侍臣赐宴守岁》，载《全唐诗》卷1。

账，令众闻知。未及晓明，灯前吃粥。饭食了，便散其房。"这夜僧人不仅礼佛，还要听库司典座僧讲述寺内的用度开支，并于灯前吃粥。又开成四年除夕，在登州文登县（今山东文登）青宁乡赤山法花院，他看到这里的僧人（主要是新罗侨民）以点灯供养经藏和礼佛的方式度过岁除之夜："晚头，此新罗院佛堂经藏点灯供养。别处不点灯。每房灶里烧竹叶及草，从突出烟。黄昏、冬夜、后夜、寅朝礼佛。"[1]

二 元日习俗

新年第一天，唐人习惯称其为元日，亦有称做正旦、元朔、岁日、正朝、岁旦、新正的。作为新年的第一天，元日备受重视，习俗活动多有。

（一）宴会亲朋

元日重视阖家团圆，人们往往设家宴庆祝新年到来。白居易《岁日家宴戏示弟侄等兼呈张侍御二十八丈殷判官二十三兄》诗就描写了元日家宴的其乐融融："弟妹妻孥小侄甥，娇痴弄我助欢情。岁盏后推蓝尾酒，春盘先劝胶牙饧。形骸老倒虽堪叹，骨肉团圆亦可荣。犹有夸张少年处，笑呼张丈唤殷兄。"[2] 这天出嫁的女子也要回娘家，所以薛逢的《元日田家》写道："蛮榼出门儿妇去，乌龙迎路女郎来。"[3] 此时，亲朋好友也往往设置宴会，以便共度佳节。这种宴会在唐都长安要持续很长时间："长安市里风俗，每至元日以后，递余食相邀，号为传座"。[4]

宴会上饮酒是必不可少的，而且讲究饮一种特制的药酒——屠苏酒。韩鄂《四时纂要》详细记述了屠苏酒的制法、用法和功能："大黄、蜀椒、桔梗、桂心、防风各半两，白术、虎杖各一两，乌头半分。右八味，剉，以绛囊贮。岁除日薄晚，挂井中，令至泥。正旦出之，和囊浸于酒中，东向饮之。从少起至大，逐人各饮少许，则一家无病。候三日，弃囊并药于井中。此轩辕黄帝之神方矣。"俗有屠苏，乃草菴之名。昔有人居草庵之中，每岁除夜间里一药贴，令囊浸井中，至元日取水，置于酒樽，

---

① ［日］圆仁：《入唐求法巡礼行记》，上海古籍出版社1986年版，第75页。

② 载（唐）白居易撰、朱金城笺校《白居易集笺校》卷24，上海古籍出版社1988年版，第1651页。

③ 薛逢：《元日田家》，载《全唐诗》卷548。

④ 参见（宋）钱易撰、黄寿成点校《南部新书》卷2，中华书局2002年版。又《法苑珠林》载："唐长安风俗，元日以后递饮酒相邀，号传生。"

合家饮之，不病瘟疫。"①

饮屠苏酒特别讲究年龄大小，一定是年少者先饮，年老者后饮。不少唐诗都反映了这一习俗。如顾况的《岁日作》写道："不觉老将春共至，更悲携手几人全。还丹寂寞羞明镜，手把屠苏让少年。"②又裴夷直的《戏唐仁烈》写道："自知年几偏应少，先把屠苏不让春。倘更数年逢此日，还应惆怅羡他人。"③

在唐代元日酒宴上，又非常尊重年长者，晚辈要给长辈敬酒上寿，年长者也还有先喝酒的权利。发生在白居易和刘禹锡之间的一个小故事反映了这一点。白居易与刘禹锡同岁，有一年元日，白居易到刘禹锡家中贺年，刘禹锡设宴招待，二人就谁先饮寿酒辞让一番，刘禹锡在《元日乐天见过因举酒为贺》中描写了"与君同甲子，寿酒让先杯"④的情景。酒宴上还有一种酒叫蓝尾酒，讲究让年龄大的人喝，白居易有诗句云"岁盏后推蓝尾酒"，蓝尾酒之设同样表达了对长者的尊重。

（二）饮食

在唐代，元日已经有特定的饮食。饮品方面，屠苏酒当是非常普遍的。上文已述，此不赘及。在食品方面，各地并非一致，但多求新奇，从而形成了一些富有地方特色的食品。比如"洛阳人家正旦造丝鸡、葛燕、粉荔枝"⑤享用。在关中一带，馄饨是普遍的节日食品，圆仁记长安资圣寺僧人过年也吃馄饨："更则入新年。众僧上堂，吃粥、馄饨、杂果子。"⑥除馄饨外还有粥和杂果子。《太平广记》记载的一则有趣的故事，也传递了元日要吃馄饨的信息。话说有个叫李宗回的进士，与一个人同行去华阴县，这个人说他能预先知道人的饮食情况，"毫厘不失"。华阴县令和李宗回是故交，派人先送来书信。当时正是年节，李宗回就问："岁节，人家皆有异馔，况县令与我旧知。看明日到何物吃？"这个人回答说："大哥与公各饮一盏椒葱酒，食五般馄饨，不得饭吃。"李宗回颇不以为然。但后来因为各种偶然事件的发生，二人果真只喝了一盏椒葱酒，

---

① （唐）韩鄂原编，缪启愉校释：《四时纂要校释》，农业出版社1979年版，第262页。
② 顾况：《岁日作》，载《全唐诗》卷267。
③ 裴夷直：《戏唐仁烈》，载《全唐诗》第513卷。
④ 刘禹锡：《元日乐天见过因举酒为贺》，载《全唐诗》卷358。
⑤ （唐）冯贽：《云仙杂记》，卷1，四库全书本。
⑥ ［日］圆仁：《入唐求法巡礼行记》，上海古籍出版社1986年版，第146页。

吃了些五般馄饨作罢。以至作者禁不住大发感慨："异哉，饮啄之分也！"① 这篇文字中提到的椒葱酒，大约是当地的节令饮品。

苏州地方时兴春盘和胶牙饧，敬宗宝历二年（公元826年）的白居易，在苏州阖家团圆的家宴席上，就享用了这两种食品。扬州的除日夜晚的街店之内，"百种饭食异常弥满"，② 可见元日的食品花样十分繁多。

（三）拜年贺寿

每到新年来临，唐人还有拜年贺寿的习俗。唐代拜年讲究登门拜贺，刘禹锡"异乡无旧识，车马到门稀"的"元日感怀"从反面揭示了这一点。③ 拜年时人们要说些吉祥话语，比如圆仁记扬州一带民众拜年时"声道万岁"，显然是祝福长寿。薛逢《元日田家》诗云"相逢但祝新正寿"，说的也是这个意思。

拜年在僧人间也十分流行，据圆仁的记载，僧人拜年有点像我们现在所说的团拜："开成五年（庚申年）正月一日戊寅……礼佛了，便于堂前，众僧同礼拜，更互参差，不依次第。"又"开成六年辛酉正月一日，僧俗拜年寺中。"④ 可见僧俗之间也有互相拜年的做法。

（四）元日朝会

元日朝廷举行朝会大典，在汉代已然如此。在朝会之上，皇帝要"受四海之图籍，膺万国之贡珍"，并接受百官臣僚的上寿祝贺，上寿毕，太官会赐群臣酒食，宴会往往在百戏表演和乐曲的伴奏声中进行。这是盛大壮观的聚会活动，呈现出歌舞升平、天下和谐、等差有序的欢乐气氛。有时，正旦朝会中还穿插讲论经学的节目。比如光武帝时，就曾在正旦朝贺百僚毕集之时，让大家辩论经学，并要求学理不通者要将坐席让给经义通达者，结果侍中戴凭凭借深厚的学养、出色的表现夺得50余席，以至京都盛传"解经不穷戴侍中"。

在唐代，元日举行朝会也是例行之举。朝会属于五礼中的嘉礼，关于其程式仪典，《大唐开元礼》中有十分详细的规定。参加朝会的人员既有京中文武官员，又有来自各州的朝集使、使人，还有来自外

---

① 《太平广记》，第1097页。
② ［日］圆仁：《入唐求法巡礼行记》，上海古籍出版社1986年版，第24—25页。
③ 刘禹锡：《元日感怀》，载《全唐诗》卷358。
④ ［日］圆仁：《入唐求法巡礼行记》，上海古籍出版社1986年版，第75、146页。

国的客人以及皇亲国戚等,要事先安排好他们的排列位次。等到元日,"将士填诸街,勒所部列黄麾大仗屯门及陈于殿庭,群官就次",接着,皇帝升上御座,"皇太子献寿,次上公献寿,次中书令奏诸州表,黄门侍郎奏祥瑞,户部尚书奏诸州贡表,礼部尚书奏诸蕃贡表,太史奏云物,侍中奏礼毕,然后中书令又与供奉官献寿,殿上皆呼万岁。"朝会大典上,还要奏乐舞蹈,朝会人员还要向皇帝敬酒,并共进餐饭。王建有一首《元日早朝》,用诗的语言极好地描摹了元日朝会的盛大状况:

> 大国礼乐备,万邦朝元正。东方色未动,冠剑门已盈。帝居在蓬莱,肃肃钟漏清。将军领羽林,持戟巡宫城。翠华皆宿陈,雪仗罗天兵。庭燎远煌煌,旗上日月明。圣人龙火衣,寝殿开璇扃。龙楼横紫烟,宫女天中行。六蕃倍位次,衣服各异形。举头看玉牌,不识宫殿名。左右雉扇开,蹈舞分满庭。朝服带金玉,珊珊相触声。泰阶备雅乐,九奏鸾凤鸣。裴回庆云中,竽磬寒铮铮。三公再献寿,上帝锡永贞。天明告四方,群后保太平。"①

在这里,王建主要描写了宫廷之内的盛况,而为了参加朝会,文武大臣从四面八方涌向宫廷的场面同样恢宏盛大,洋洋可观。"欲曙九衢人更多,千条香烛照星河。今朝始见金吾贵,车马纵横避玉珂。"② 灵澈的这首《元日观郭将军早朝》,以短短的28个字精妙地写出了这一场面的辉煌壮观。《南部新书》记载了朝会途中的宰相、三司使、大金吾:"每岁正旦晓漏已前,宰相、三司使、大金吾,皆以桦烛百炬拥马,方布象城,谓之火城。仍杂以衣绣鸣珂,焜耀街陌。"③ 除了宰相、三司使和大金吾外,其他待朝的文武官员、皇亲国戚、外蕃使者同样赶赴宫廷。可以想像在这长长的队伍中,有些人是第一次有资格参加元日朝会,他们从来没有见过真命天子,甚至从来没有迈进过宫廷的大门,当他们马上踏进宫门亲历声势浩大的仪式之时,心中定然充满了关于朝会的种种想象;而那些不止一

---

① 王建:《元日早朝》,载《全唐诗》卷297。
② 灵澈:《元日观郭将军早朝》,载《全唐诗》卷810。
③ (宋)钱易撰、黄寿成点校:《南部新书》,卷4,中华书局2002年版,第51页。

次亲历朝会大典的人，也许少了一点想象，却也不免有几分自豪感和优越感。这样的队伍浩浩荡荡地行进在长安的通衢大道上，又围观了诸多看热闹的人们，是何等的轰轰烈烈！

元日是履端之日，元日朝会上多有新政颁行。这些新政往往是惠民政策，能给许多人带来切实的利益。唐穆宗《长庆四年正月一日德音》为罪犯减刑，为参加朝会的官吏赐爵赐物等：

> 自今年正月一日已前，犯死罪者，并降从流；流罪以下。递减一等。其故杀、官典犯赃、犯十恶者，并不在降等之列。左降官未曾经量移者，与量移近处。流人各据本年限。与减一年，如本限只一年，放还……其应元日缘朝贺行事官，三品以上赐爵一级，四品以下加一阶。文武常参官，六品以下，及宗子应加陪位者，并诸道贺正使，各赐勋一转，诸藩陪位，赐物有差。①

唐文宗时颁布的《开成改元赦文》让更多的人从中受益，比如"大辟罪已下，罪无轻重，常赦所不免者，咸赦除之。其左降官量移复资及才用足称者，中书门下处分。贬流人元赦不许量移及终身勿齿者，并与量移。"又减免了一些地方的税收和进贡，并分别赐予受灾的同州杂谷六万石，河中绛州共十万石分别等。还规定："内外文武官及诸色人，任上封事，极言得失，有补时政者，必加升擢，待以不次。其有藏器待时、隐身岩穴、奇节独行、可激风俗者，委常参官及所在长吏，各以名闻。文武之道，合而兼济。勋臣子弟，有能修词务学、应进士明经、及通诸科者，委有司先加奖引。"② 惠政的颁布让朝廷的元旦朝会成为唐朝官吏百姓心灵中的热切期盼。

元旦也有不举行朝会的时候，比如会昌五年（845 年），唐武宗有病"道士以为换骨，上秘其事，外人但怪上希复游猎，宰相奏事者亦不敢久留，诏罢来年正旦朝会。"③ 又如德宗贞元六年（790）元日被预测有日

---

① 《唐大诏令集》，第 441 页。
② 《唐大诏令集》，第 26—27 页。
③ 《资治通鉴》卷 248，第 8021 页。

食，朝会因此取消，不过元日这天并没有发生日食，结果百官又纷纷称贺。[1]

(五) 卜年

卜岁在汉代已是主要节俗。《史记》云"凡候岁美恶，谨候岁始"，作为岁始之一的"王者岁首"正月旦，是重要的吉凶预测日。在唐代，同样流行卜年之俗。孟浩然有诗："昨夜斗回北，今朝岁起东。我年已强仕，无禄尚忧农。桑野就耕父，荷锄随牧童。田家占气候，共说此年丰。"[2] 就反映了农家卜年的习俗。据《四时纂要》记载，元日占卜的方式主要是根据当天的气象如阴晴、风向、云气、冷暖、有雷无雷、有雨无雨、有雾无雾等状况加以判断。如当天有雾，则"岁饥"；若有雷雨，则"下田与麦善，禾黍小熟"。若元日"风从东北来，大熟；东南来，疾疫"，若"无风，沉阴不见日而温，岁美十倍；若大风寒，菜甚贵"，等等。亦根据元日与地支日的关系预测未来。如元日若"值甲，米贱，人疫；值乙，米麦贵，人病死；值丙，四十日旱，人安；值丁，丝绵六十日贵；值戊，粟麦鱼盐贵，又旱四十五日；值己，米贵，蚕凶，多风雨；值庚，金铜贵，谷熟，人多病；值辛，麻麦贵，谷熟；值壬，米麦贱，绢、布、豆贵；值癸，谷伤，人病，多雨。"又或者在元日听"都邑人民之声"，根据五音加以预测，所谓："声宫则岁美，商则有兵，徵则旱，羽则水，角则岁凶。"[3] 从中可见元日所卜主要是年成、旱涝和是否有疾疫等。这反映了在以农业立国的社会，身体健康和农业收成是人们最为关心的事情。

(六) 其他

《荆楚岁时记》有"鸡鸣而死，先于庭前爆竹，以辟山臊恶鬼"的记载，元日燃放爆竹，是南朝荆楚一带的习俗活动，也是唐代人的元日习俗。正如圆仁所说："俗家后夜烧竹与爆。"[4] 这时的爆竹当是真正的竹子，燃烧时可以发出噼噼啪啪的声响，烧后则留下许多灰烬，因此来鹄（约为9世纪时人）有"小庭犹聚爆竿灰"[5] 的诗句。

---

[1] 参见《太平御览》卷29。
[2] 孟浩然：《田家元日》，载《全唐诗》卷160。
[3] (唐) 韩鄂原编、缪启愉校释：《四时纂要校释》，农业出版社1979年版，第5—10页。
[4] [日] 圆仁：《入唐求法巡礼行记》，上海古籍出版社1986年版。第24页。
[5] 来鹄：《早春》，载《全唐诗》卷642。

在士人中间还有"迎年佩"的风气:"(唐懿宗)咸通后,士风尚于正旦未明佩紫赤囊,中盛人参木香如豆样,时时倾出,嚼吞之,至日出乃止,号迎年佩。"① 又元稹的《酬复言长庆四年元日郡斋感怀见寄》诗中提到,"富贵祝来何所遂,聪明鞭得转无机",并解释作:"祝富贵、鞭聪明,皆正旦童稚俗法",② 可见当时还有祝富贵、鞭聪明的做法,具体如何操作已难以确知,也或许就是一边拿着鞭子轻轻抽打孩童,一边念念有辞,说着祝愿聪明的话。

根据《四时纂要》的记述,元日最好还要按以下方法做事,争取消灾免难,人寿年丰:"岁旦服赤小豆二七粒,面东以齑汁下,即一年不疾病。阖家悉令服之。又岁旦投麻子二七粒、小豆二七粒于井中,辟瘟。""又元日理败履于庭中,家出印绶之子。又晓夜子初时,凡家之败帚,俱烧于庭中,勿令弃之出院,令人仓库不虚。又缕悬苇炭,芝麻稽排插门户上,却疫疠,禁一切之鬼。"③

又有一些做法是与农事相关的,如:"取前月所斩鼠尾,于此月一日日未出时,家长于蚕室祝曰:'制断鼠虫,切不得行。'三祝而置于壁上,永无鼠暴。""正月旦鸡鸣时,把火遍照五果及桑树上下,则无虫。时年有桑果灾生虫者,元日照者,必免也。""元日日未出时,以斧斑驳椎斫果木等树,则子繁而不落,谓之'嫁树'。"④ 诸如驱鼠,照虫灾,嫁树等做法,均有利农业生产。

此外,元旦还有祭祖的习俗活动。这一活动在汉代十分盛行。根据崔寔《四民月令》的记录,元日首先是祭祀祖先的日子,为此,提前三日家长和执事都要进行斋戒。当天向祖先敬酒请神后,全家无论年龄大小,要依照尊卑等次列坐于先祖之前,并向家长敬上椒酒,祝福长寿。在唐代仍有此俗,元稹《告祀曾祖文》可以为证:"昔我先府君,深惟孝思,终已不怠,每岁换正至涉佳辰,睹儿孙宾游相会聚,未尝无悲,是用日至暨正旦、仲夏之五日、季秋之初九,莫不修奉祠祀以达事生之意焉……今谨依约,庙则每岁以二至二分暨正旦,与宗积彼此奉祀

---

① (宋)曾慥:《类说》卷120,四库全书本。
② 元稹:《酬复言长庆四年元日郡斋感怀见寄》,载《全唐诗》卷417。
③ (唐)韩鄂原编、缪启愉校释:《四时纂要校释》,农业出版社1981年版,第10—11页。
④ 同上书,第17—21页。

于治所，始用变礼，不敢不告，伏惟尚飨。① 从中可见元稹家祭祖的次数和时间在元稹父亲主持和元稹主持时有所不同，不过，无论哪个时期，元旦都非常重要。皇家这天也要祭祀，比如唐中宗景龙二年（708）就规定"乾陵（唐高宗和武则天的墓）每岁正旦、冬至、寒食，遣外使去，二忌日遣内使去"。②

三 更新、祈吉、迎春、庆贺、团圆：唐代年节的主题

综观岁除日和元日的习俗活动，可以发现唐代年节的主题主要体现在更新、祈吉、迎春、庆贺、团圆等几个方面。

（一）更新

时辰、日、旬、节（节气）、月、时（季节）、岁（年）是唐代基本的时间计量单位。在唐代人的心目中，时间有新旧之分，刚刚开始的时间周期为新，已经存续很久、即将弃而不用或者已经弃而不用的时间周期为旧。他们已经或行将过去的年度周期称为"故岁"、"旧年"，将刚刚开始的年度周期称为"新岁"或者"新年"，正如张说《钦州守岁》中所说："故岁今宵尽，新年明旦来。"③ 司空图有诗《新岁对写真》，卢延让有诗《观新岁朝贺》、贾岛有诗《新年》，许棠有诗《新年呈友》，等等，亦可为证。同时唐代人又将关于新年度周期的历书称为"新历日"，白居易就有《谢赐新历日状》，是感谢皇帝赐予自己新年历书而写作的文书。《四时纂要》也提醒人们在元日时不要忘记"备新历日"。④ 因此，时间的变化并非是从一个时间周期进入到下一个时间周期的自然迁变，而是一个时间周期对先它之前的那个时间周期的替代和更新。

"天下随时，随时之义大矣哉。""顺天应时，随时而动"是先秦时期已经相当成熟的中国传统社会的思维逻辑和基本行为规范，它强调无论是国家施政还是个人行事，都要讲究与时间的变化相适应。唐代人延续了这一传统，通过在年度周期更新的关键时间点即岁除日和元日采取一系列除旧布新的措施（这些措施已化成为礼俗习惯），一方面遵循了时间变化要

---

① 元稹：《告祀曾祖文》，载《全唐文》卷655。
② 参见（宋）王溥：《唐会要》，中华书局1955年版，第402页。
③ 张说：《钦州守岁》，载《全唐诗》卷89。
④ （唐）韩鄂原编、缪启愉校释：《四时纂要校释》，农业出版社1981年版，第11页。

求人事相应变化的要求，另一方面也是帮助时间周期实现了顺利的转换。唐代人则在这一过程中实现了自我的更新。

唐代人的除旧布新体现在空间的净化更新以及人事的更新上。

岁除日的驱傩是典型的空间净化仪式，其目的是将隐藏在家中、宫廷中的恶鬼驱逐出去。按《大唐开元礼》的说法，宫廷驱傩就是"逐恶鬼于禁中"。礼仪从参与者、礼器、礼容、辞令、程序安排等方面均体现出驱逐的用意。唐代宫廷驱傩礼的参与者主要有方相氏、唱师、执事者、侲子等。方相氏本来是周代的官职名，《周官·夏官》中提到其重要职责就在于"掌蒙熊皮，黄金四目，玄衣朱裳，执戈扬盾，帅百隶而时难，以索室驱疫"。方相氏是唐代驱傩礼的一个仪式主角，他头戴假面，身披熊皮，手执具有攻击和防卫作用的戈和盾，显然准备要与恶鬼作一决战。而另一个仪式主角唱师，则手持可以发出巨大声音俗信可令鬼魅胆战心惊的乐器鼓和角，在仪式过程中，他还要引领其他人众大声唱着吓唬、驱逐恶鬼的歌谣。参与驱傩礼的另一种重要角色侲子，都由十二至十六岁之间的男孩子担任，他们血气方刚，阳气正足，最宜于对抗"阴气重"的恶鬼。其衣服为红色，也具有驱邪的作用。此外，"鸡主以御死辟恶"，[①]每个门上都预备雄鸡，同样具有借助雄鸡的神奇功能以压伏恶鬼之意。在唐代，宫城和皇城都有城墙包围，成为相对封闭的空间，城门成为城内城外的联结点，驱傩队伍从宫城正门顺天门出去，然后"分诣诸城门，出郭而止"，宫廷空间的"恶鬼"被驱逐到城郭之外，宫城由此得到净化。宫廷驱傩如此，州县组织的以及民间的驱傩仪式具有同样的象征性作用。

插桃枝、画虎头、书罋字、燃庭燎、点灯烛、放爆竹、悬苇炭、插芝麻秸等也是净化空间的重要象征性方式。无论桃枝、虎头、"罋"字、庭燎、灯烛（庭燎和灯烛是火光的来源，是阳气的象征）、苇炭和芝麻秸，在唐代人心目中都具有压制邪恶的作用，庭燎、灯烛、爆竹多在庭院、屋宇之内点燃，可以将其中的邪恶驱除出去；桃枝、虎头、"罋"字、苇炭、芝麻秸则多被置于兼具屏障和通道功能的门户之上，目的主要是隔离，即要将邪恶摒除之外，从而保证庭院之内的干净和安全。不仅如此，插桃枝、画虎头、书罋字、燃庭燎、点灯烛、放爆竹还具有实际的意义，这些做法使桃枝、虎头、罋字、庭燎、灯烛、爆竹灰烬、苇炭、芝麻秸等

[①] （汉）应劭撰、王利器校注：《风俗通义校注》，中华书局1981年版，第376页。

以物的形态、可见的方式出现在家庭场所，从而改变了之前的状态，呈现出新的风貌，这是对家庭空间的实际更新。

除了空间的净化和更新，人事也要净化和更新。年节期间人们通常脱下旧裳，换上色彩艳丽的新衣，人体由此得到更新。国家新政在元日的颁布，同样是人事更新的表现。

总之，在年度周期更新的时间点上，唐代人采取了一系列除旧布新的措施、行动以确保"一元复始，万象更新"。而万象的更新，也确认了"一元复始"。人们穿着新的衣服，置身于更新了的空间当中，切切实实地感受到时间的不同，那个难免令人有所失望的旧周期成为过去，一个给人更多期待和憧憬的新周期已经开始。正所谓"共知人事何常定，且喜年华去复来。"①

（二）祈吉

《逸周书》说"礼义顺祥曰吉"，吉就是吉利，就是吉祥，就是有福，就是事物处于一种美好如意的状态。吉是中国人一贯的追求，诸多节日都包含祈吉的主题。不过，年节作为年度周期转换的时间点，祈吉的内容更为丰富。凶、恶与吉相对，是吉的反面，吉内在地包含着对凶的驱避，因而，驱（避）凶既是达致吉的必要前提，同时也是祈吉的重要内容，祈吉实际上包括驱辟凶邪和祈求吉祥两个方面。

生命的平安和健康是最基本的诉求，也是吉祥的重要内容，唐代人在年节中特别注意通过采取一些行动保证生命平安和健康的实现。前面所讲种种净化空间的仪式，都旨在驱除为害人类的恶鬼，既是为更新创造一个合适的环境，同时也有助于保障生命的平安和健康。此外，唐代人习惯饮用八种药物制成的屠苏酒，据说这种酒全家喝了，可以"不病瘟疫"；唐代人还喜欢吃春盘，春盘也即五辛盘，其意正在求福："此旦皆当生吞鸡子，谓之练刑，又当迎晨啖五辛菜，以助发五脏气而求福之中。"② 又"岁旦服赤小豆二七粒，面东以齑汁下，即一年不疾病"，"岁旦投麻子二七粒、小豆二七粒于井中，辟瘟"。这些年节中的饮食活动都含有明显的祈吉内容，即远离瘟疫，不生疾病，身体健康。

---

① 张说：《幽州新岁作》，载《全唐诗》卷87。
② 转引自（隋）杜台卿撰、（清）杨守敬校订《玉烛宝典》，载《续修四库全书》编纂委员会编《续修四库全书·八八五·史部·时令类》，上海古籍出版社2002年版，第14页。

聪明智慧、升官发财同样是吉祥的重要内容。唐代有祝富贵、鞭聪明之俗，又认为元日这天在庭院中整理破旧的鞋履可以使家中"出印绶之子"，个中所包含的正是祈求富贵聪明的民俗心理。

吉祥还包括风调雨顺、农业丰收。唐代年节期间的种种占岁活动以及驱鼠，照虫灾，嫁树等做法，都是对这一方面吉祥的期盼。

（三）迎春

"连月为时，纪时为岁。"在中国传统社会，一年分作春夏秋冬四个季节，虽同是季节，但春夏秋冬各自在人们心中引起的感觉却十分不同。刘勰在《文心雕龙》中作过总结："春秋代序，阴阳惨舒，物色之动，心亦摇焉……是以献岁发春，悦豫之情畅；滔滔孟夏，郁陶之心凝；天高气清，阴沉之志远；霰雪无垠，矜肃之虑深"。①"春，蠢也，蠢动而生也"。春天是播种的季节，是希望的季节，是生命勃发的季节。相对于其他季节，更多的人喜欢春天，对春天的到来持更加欢迎的态度，人们总是埋怨春天来得太慢，走得太快，对春天的离去总是依依不舍，唐代诗人留下了许多关于迎春、惜春、伤春、谴春、春怨、春恨的诗文，表明了他们对于春天因爱而生发的欢、惜、伤、怨、恨等复杂态度。正月是春季的第一个月，号称孟春之月，正月初一"是三元之日也"②，既是一年的头一天，又是春季和孟春之月的头一天，在唐代那里，年节也就具有了迎春的意涵。在户牖上张贴"宜春"帖，将五辛盘称为春盘，都明白无误地显示出对春天的迎候。当时关于年节的诗作中，也多有"春"的身影。比如韩愈《奉和库部卢四兄曹长元日朝回》诗云"天仗宵严建羽旄，春云送色晓鸡号"，武平一《奉和正朝赐群臣柏叶》诗云"绿叶迎春绿，寒枝历岁寒"，刘长卿《岁日作》诗云"建寅回北斗，看历占春风"等，均将过年与春联系起来。因为有迎春的主题，年节更加给人希望，令人蓬勃向上，正像李世民《守岁》诗所表现出的那样："暮景斜芳殿，年华丽绮宫。寒辞去冬雪，暖带入春风。阶馥舒梅素，盘花卷烛红。共欢新故岁，迎送一宵中。"③这里几乎没有对逝去时光的留恋，而只有面向当下和未

---

① 周振甫：《文心雕龙甫今译》，中华书局1986年版，第409页。
② （南朝）宗懔原著，谭麟译注：《荆楚岁时记译注》，湖北人民出版社1985年版，第1页。
③ 李世民：《守岁》，载《全唐诗》卷1。

来的积极向上和乐观豪迈。

(四) 庆贺

《周礼·秋官·小行人》："若国有福事，则令庆贺之。"① 庆贺，是对于福事降临的一般态度和行为。过年值得庆贺，首先是因为"年"本来意味着庄稼丰收。甲骨文和金文中的"年"字，都"从禾从人"，禾是指垂着穗儿成熟的谷子。人背着成熟的谷子，当然意味有了好收成。《说文》解释"年"的意思是"谷孰（熟）"，《春秋穀梁传》则说"五谷皆熟谓有年。"当农作物有了好"年成"，辛苦了一年的人们加以庆贺是最自然不过的事情。早在《诗经》里就记载："九月肃霜，十月涤场。朋酒斯飨，曰杀羔羊。跻彼公堂，称彼兕觥：万寿无疆！"九月寒来始降霜，十月份清扫打谷场。摆上美酒敬宾客，宰杀羊羔大家尝。登上主人的庙堂，大家共同举杯，祝福万寿无疆。其次是因为过年意味着更新，更新是人们通过实施一系列趋吉避凶行动实现了新时间对旧时间的胜利。胜利是值得庆贺的。同时，如同一个新生儿出世后受到全家的欢迎，家庭乃至家族要为它举行"洗三"等一系列庆祝礼仪一样，面对新生的时间，人们也要举行庆贺仪式。再次是因为年轻者健康成长、年长者平安长寿是普遍的愿望，而寿命长短是由年龄来计算的，一个人进入新年，意味着又长大一岁，同样值得庆祝。

在唐代，庆贺是年节的主题之一，前文所说拜年贺寿、宴会亲朋都是重要的庆贺仪式。拜年一般有两种，一是家内的拜年，通常是小辈依次向长辈叩头恭贺新禧。一种是朋友相识之间相互拜贺，即薛逢所谓"相逢但祝新正寿"。宫廷的元日朝会也体现了庆贺主题。据《大唐开元礼》，元日朝会包括皇帝受皇太子朝贺、皇后受皇太子朝贺、皇帝受皇太子妃朝贺、皇后受皇太子妃朝贺、皇帝受群臣朝贺、皇后受群臣朝贺、皇后受外命妇朝贺、皇太子受群官贺、皇太子受宫臣朝贺等仪式。② 其中对皇帝的朝贺最为重要，皇帝升上御座后，依次接受来自各方面的庆贺和祝福："皇太子献寿，次上公献寿，次中书令奏诸州表，黄门侍郎奏祥瑞，户部尚书奏诸州贡表，礼部尚书奏诸蕃贡表，太史奏云物，侍中奏礼毕，然后中书令又与供奉官献寿，殿上皆呼

---

① 《十三经》（全一册）之四《周礼》，中州古籍出版社 1992 年影印本，第 111 页。
② 参见《大唐开元礼》卷 95、96、97、98、112、113 卷。

万岁。"

(五) 团圆

中国传统社会是血缘宗法制社会,家庭作为由男女之间的婚媾关系繁殖、衍生出来的社会群体,是社会的基本单位。以具有血缘关系的多个家庭组成的家族无论在生产方面还是生活方面均起着十分重要的作用。中国人重视家庭伦理关系,讲求家族和睦。家是一个人被养育长大的地方,是心灵的港湾、情感的归宿,生活、经商、仕进等让许多唐代人远离家庭,到别处寻找生存和发展的机会,但是过节时正如王维那首著名的诗句所表达的"每逢佳节倍思亲",在外的人总希望能够回去同家人团聚,一如在家的人希望他能够回来。在一元复始、万象更新的年节,就更愿意和家人一起,共同守候旧年的离去,共同庆贺新年的来临,共同祈求新年的幸福如意。所以孟浩然有《岁除夜有怀》诗云"守岁家家应未卧"。唐代有些诗作中描写岁除日不能与家人共度的感伤思念情绪,白居易的《客中守岁(在柳家庄)》是其中的好例:"守岁尊无酒,思乡泪满巾。始知为客苦,不及在家贫。畏老偏惊节,防愁预恶春。故园今夜里,应念未归人。"[①] 类似的愁绪也曾令戴叔伦挥之不去:"旅馆谁相问,寒灯独可亲。一年将尽夜,万里未归人。"[②] 这些均从反面揭示了当时阖家相聚守岁是一种普遍现象。在唐代,元日讲究设家宴庆祝新年,全家要合饮屠苏酒,出嫁的女子也要回娘家。

年节团圆,不仅是指生者之间的团圆,也指生者与逝去的亲人之间的团圆。元日祭祖用隆重的礼节以"达事生之意",敬请祖先回来共度佳节。

如果前面所说是民间层面的家庭或家族团圆,那么国家层面也在年节期间讲求团圆,其团圆的形式就是正旦朝会。唐代的正旦朝会是在宫廷内举行的大规模团聚活动,参与人员甚众,除了皇帝外,还有许多文武大臣、皇亲国戚和外藩使者等。朝会大典举行前一天,要陈设好各种所需。朝会大典上,有奏乐舞蹈和百戏表演,朝会人员要向皇帝敬酒,并共进餐饭。整个朝会其乐融融,仿佛是放大了的家族式团圆。

---

① 白居易:《客中守岁(在柳家庄)》,载《全唐诗》卷436。
② 戴叔伦:《除夜宿石头驿(一作石桥馆)》,载《全唐诗》卷273。

更新、祈吉、迎春、庆贺、团圆是唐代年节的主题。年节在唐代之后历经1000余载当下仍存，虽然其最广为人知的名称变做了春节，但其主题并未有大的变化。这反映了年节中积淀着中国人关于宇宙、社会、人生最基本的态度、需求和好尚。很大程度上正是因为这一点，年节具有了穿越时空的伟力，至今仍然盛行于世。

第二节　春秋二社

社日作为民众祭社会聚的日子，曾是中国社会的重要节日。近些年来，学者们采用历史学、民俗学、宗教学、文化人类学对社日和社神进行了颇为深入的研究，并出现了较多成果。如萧放的《社日与中国古代乡村社会》对社日的源流、特征和民俗功能进行了梳理和概括，并对社日衰变从信仰和基层组织的角度进行了深度解读。晁福林的《试论春秋时期的社神与社祭》，赵世瑜的《明清华北的社与社火》，唐仲蔚的《试论社神的起源、功用及其演变》，高臻、贾艳红的《略论秦汉时期民间的社神信仰》，杨建宏的《论宋代土地神信仰与基层社会控制》、傅晓静的《唐五代乡村民间结社研究》等，也都从不同角度涉及社日和社神信仰。[①]

社神缘于对土地的崇拜。土地是人类居住生活的场所，是人类获取生存资料最重要的源地。对人们赖以生存的自然物质进行崇拜是原始信仰的重要内容，我国先民早就有对土地的崇敬和膜拜。但由于"土地广博，不可遍敬也；五谷众多，不可一一祭也。故封土立社而示有土尊"[②]。也

[①] 参见萧放《社日与中国古代乡村社会》，载《北京师范大学学报》（社会科学版）1998年第6期；晁福林：《试论春秋时期的社神与社祭》，《齐鲁学刊》1995年第2期，第47—51页；赵世瑜：《明清华北的社与社火——关于地缘组织、仪式表演以及二者的关系》，赵世瑜：《狂欢与日常——明清以来的庙会与民间社会》，生活·读书·新知三联书店2002年版，第231—256页；唐仲蔚：《试论社神的起源、功用及其演变》，载《青海民族研究》（社会科学版）2002年第3期，第86—88页；高臻、贾艳红：《略论秦汉时期民间的社神信仰》，载《聊城大学学报》（社会科学版）2003年第4期，第45—48页；杨建宏：《论宋代土地神信仰与基层社会控制》，载《湖南科技大学学报》（社会科学版）2006年第3期，第81—87页；傅晓静：《唐五代乡村民间结社研究》，山东大学博士论文，2004年。

[②] （清）陈立撰、吴则虞点校：《白虎通义疏证》，中华书局1994年版，第83页。

就是筑一土堆作为广袤土地的象征加以礼拜。这个土堆便是社。

随着原始信仰向人格神崇拜的转变，对土地的原始信仰也便转化为对土地神的崇拜，以前作为广袤土地象征物的土堆也便成为土地神寄寓的场所和标志，即社主。① 祭社还有配祭制度，所谓"社稷，土谷之神，有德者配食焉"。配祭土地的"有德者"最著名的就是勾龙。《国语·鲁语上》载："共工氏之伯九有也，其子曰后土，能平九土，故祀以为社。"② 正如赵世瑜已经正确指出的："几乎从一开始，社就不仅具有一般的'田土'的意义，它还具有'疆土'的意义，所以祭祖表示血缘的联系，而祭社表示地缘的联系。"③ 在先秦时期，存在着不同等级的社，《礼记》说："王为群姓立社曰太社，王自为立社曰王社，诸侯为百姓立社曰国社，诸侯自为立社曰侯社，大夫以下，成群立社曰置社。"④ 这里，不同等级的社对应着不同级别、不同疆域的土地。对于王、诸侯等统治者而言，有权立某一级别的社并进行祭祀便意味着对相应土地及生活于其上的民众的神授权力。对一般民众而言，他们因生活于同一方土地被"成群立社"，并有机会聚集在一起，共同参与祭祀同一个"社"的活动，从而更加强化了彼此之间的地缘认同感。

社日，便是祭社神的日子。据研究，作为节日，社日"起源于三代，初兴于秦汉，传承于魏晋南北朝，兴盛于唐宋，衰微于元明及清"。⑤ 在社日发展史上，唐代无疑是个重要段落。

到唐代，春秋二社发展至其兴盛期。当时，不同层级的政府每年两次组织社日祭社活动，皇帝还经常在社日里赐予大臣节物，像常衮就曾经在一个社日里得到过羊酒、脯腊、海味、油面、粳米、药饮等赏赐，在另一个社日里得到过羊酒、海味及茶等赏赐⑥；白居易也在某个秋社日受到过

---

① 可以充当社主的还有大树、木牌、石块乃至活人等。
② 上海师范大学古籍整理研究所校点：《国语》，上海古籍出版社1988年版，第166页。
③ 赵世瑜：《明清华北的社与社火——关于地缘组织、仪式表演以及二者的关系》，赵世瑜：《狂欢与日常——明清以来的庙会与民间社会》，生活·读书·新知三联书店2002年版，第233页。
④ 《十三经》（全一册）之六《礼记》，中州古籍出版社1992年影印本，第166页。
⑤ 萧放：《社日与中国古代乡村社会》，载《北京师范大学学报》（社会科学版）1998年第6期，第27页。
⑥ 常衮：《谢社日赐羊酒等表》、《社日谢赐羊酒海味及茶等状》，载董诰《全唐文》卷418，中华书局1983年影印版。

酒、蒸饼、糯饼等赏赐①。官员们也会在社日里宴客饮酒，苏颋的《秋社日崇让园宴得新字》、权德舆的《和王祭酒太社宿斋，不得赴李尚书宅会，戏书见寄》等均可为证。范摅《云溪友议》"弘农忿"记载的一则故事，也能反映过社日不仅仅是乡村民众的事情：东川处士柳全节有子柳棠，"应进士举，才思优瞻，见者奇之"。后来柳棠返归东川，"历旬，但于狭斜旧游之处，不谒府主杨尚书汝士。杨公谓诸宾曰：'每见报前柳棠秀才多于妓家饮酒，或三更至暮，竟未相访。社日必相召焉。'及召棠至，已在醉乡矣。"事情的后来发展是留下了一段文坛佳话，杨汝士作诗讽刺柳棠："文章谩道能吞凤，杯酒何曾解吃鱼？今日梓州张社会，应须遭这老尚书。"柳棠则反唇相讥曰："未向燕台逢厚礼，幸因社会接余欢。一鱼吃了终无恨，鲲化成鹏也不难。"②

尽管如此，社日节终究还是与乡村民众的关系更为密切，乡村民众的社日也更令人印象深刻。他们"酿酒迎新社"，早在节日来临之前就积极做着准备；他们"木盘擎社酒，瓦鼓送神钱"，在节日期间饮酒赛神，沉醉于巨大的欢乐之中，连女子也不例外。③ 即便一些官员、文人同样体会到社日的欢乐，也多是因为他们参与了乡民的活动并受到强烈感染。就像韩愈有过"白布长衫紫领巾，差科未动是闲人。麦苗含秽桑生葚，共向田头乐社神"那样的经历和体验。④ 这里，我们将目光集中于乡村社会中的社日节。

一 唐代乡村社会春秋社日的标志性时间和标志性节俗

（一）标志性时间

唐代以前，祭社分别于仲春月和仲秋月一年两次进行，但不同的朝代有不同的标志性时间。最初，祭社是在仲春月、仲秋月中择吉日进行，如《礼记·月令》所云："仲春择元日，命民社。""仲秋择元日，

---

① 白居易著、朱金城笺注：《白居易集笺注》，上海古籍出版社1988年版，第3385页。
② （唐）范摅著、阳羡生校点：《云溪友议》，载上海古籍出版社编，丁如明、李宗为、李学颖等校点：《唐五代笔记小说大观》（全二册），上海古籍出版社2000年版，第1292页。
③ （唐）张籍《吴楚歌词》中有"今朝社日停针线，起向朱樱树下行"句，可为证。诗载《全唐诗》卷386，中华书局1960年版，第4360页。
④ （唐）韩愈：《游城南十六首·赛神》，载《全唐诗》，第3850页。

命民社。"后来仍然择日，但相对固定了一些，如晋嵇含曾说："社之在于世尚矣。自天子至于庶人，莫不咸用。有汉卜日丙午，魏氏择用丁未。至于大晋，则社孟月之酉日。各因其行运。"① 不过，社日标志性时间的实际情况可能比嵇含所述还要复杂。比如汉代的社日不仅是在丙午，如《淮南子·时则训》记载："仲春之月……择元日，令民社。"② 这是择日祭社的例证。又《史记·封禅书》记载："高祖十年春，有司请令县常以春三月就腊祠社稷以羊豕，民里社各自财以祠。"③ 似乎还有季春之月祭社的做法。而晋似乎也不仅仅如嵇含所说在"孟月之酉日"，如晋王廙《春可乐》中指出"吉辰兮上戊，明灵兮惟社"，明言祭社在上戊日。又《晋书·武帝纪》载丑日祭社，所谓"腊以酉，社以丑"。

到唐代，社日就基本固定于二月、八月的上戊日了，而且唐初即已如此，④ 有《旧唐书》载武德九年（626）二月戊寅高祖曾"亲祀太社"为证。到玄宗时期，《大唐开元礼》明文规定在二月和八月的上戊日祭社。这就从国家制度的层面确立了唐代春、秋社日节的标志性时间。这一规定不仅在很大程度上规范了唐代人的祭社时间，比如柳宗元《衡州刺史东平吕君诔》中写及元和六年八月某日，衡州刺史东平吕君去世，当地人深为悲痛，"湖南人重社乡饮酒，是月上戊，不酒去乐，会哭于神所而归。"⑤ 而且影响及于后世，如清朝时修《香山县志》载当地"八月上戊祭社"。⑥ 民国二十六年（1937）广西《宜北县志》载："（二月）戊日为春社。"⑦

当然，这并不意味着唐帝国境内所有地方的俗民都在同一个标志性时间里过社日节，且不论唐以前和唐以后历朝历代社日节的标志性时间从来

---

① （晋）嵇含：《社赋序》，载《古今图书集成·岁功典》卷32，中华书局1934影印本。
② （汉）刘安等著、高诱注：《淮南子》，上海古籍出版社1989年版，第49页。
③ 《史记》卷28，中华书局1959年版。
④ 这个时期祭社并不仅仅局限于社日，十二月大蜡之后，还要在社宫祭社。参见《旧唐书》卷24。
⑤ 《全唐文》，第5987页。
⑥ 胡朴安：《中华全国风俗志》（上册），河北人民出版社1986年版，第260页。
⑦ 丁世良、赵放主编：《中国地方志民俗资料汇编·中南卷》，北京图书馆出版社1991年版，第931页。

就没有在全国范围内整齐划一过，① 就是唐代的若干资料也表明这一点。比如唐玄宗开元年间曾有移社就节的做法，即把社日活动移到每年八月五日的千秋节举行，"先赛白帝，报田祖，然后坐饮"。② 再比如一件名为《乙亥年③九月十六日秋座局席转帖》（伯三七六四号）的敦煌文书表明时在九月。又被定为撰于九世纪末的《某年十月廿八日秋坐局席转帖抄》（斯三二九背/2）表明时在十月。虽然在九月或十月祭社的宴饮会聚活动多是非正常情况下的权宜之举，但亦能反映出唐代社会乡民的祭社实践活动呈现出因人而异和因地而异的状况。

（二）标志性习俗

春、秋社日自其产生之时起，就是官方和民众共享的节日，只是对于官方和普通民众而言具有并不完全相同的意义。在前者那里，祭社是社日的标志性习俗。先秦时代，祭社被用来确立诸侯对相应土地及生活于其上的民众的神授权力。④ 秦汉以降，伴随着地方行政体制的变化，原有按宗法等级分封土地和民众的封建制度被郡县乡里制度取代（汉代是郡国并行），诸侯之社已在很大程度上被郡县之社代替，形成了帝王之社、郡县之社和乡里之社几个层级。县社以上的社祭通常由政府官员出面主持并由官方出资，象征着以官员为代表的国家对一方土地和一方民众的管辖权。在后者那里，祭社和庆乐共同构成了其社日节的标志性习俗，先秦时期，"以我齐明，与我牺羊，以社以方。我田既臧，农夫之庆。琴瑟击鼓，以御田祖，以祈甘雨，以介我稷黍，以谷我士女"⑤；汉代，"民里社各自财

---

① 以清代所修地方志资料来看，吴桥县在二月二日这天"乡村咸祭赛土地神"，长子县在"立秋后第五戊日为社"，通州一带，"社日祀土神，春祈而秋报也。或以三月初三日，或以九月初九日，祭毕受胙"。嘉兴府则以"二月十八日为春社"，又罗田县在"仲春初戊日为社，每坊合为祭赛，名曰坐社"。见《古今图书集成·历象汇编·岁功典·社日部》所引地方志资料。

② 具体可参见本书第二章第一节《建构型节日之一：政策过程视角下的唐玄宗诞节》。

③ "秋座局席系社邑举行的秋季祭社等会聚、饮宴活动。"而"乙亥年"怀疑为大中九年，即公元855年。此解释见宁可、郝春文辑校《敦煌社邑文书辑校》，江苏古籍出版社1997年版，第133页。

④ 当时存在着不同等级的社，《礼记》说："王为群姓立社曰太社，王自为立社曰王社，诸侯为百姓立社曰国社，诸侯自为立社曰侯社，大夫以下，成群立社曰置社。"参见上海师范大学古籍整理研究所校点《国语》，上海古籍出版社1988年版，第166页。

⑤ 《十三经》（全一册）之三《毛诗》，中州古籍出版社1992年影印本，第95页。

以祠"①，"穷鄙之社也，叩盆拊瓶，相和而歌，自以为乐也。"② 在晋朝，"伯仲兮毕集，祈祭兮树下。濯卵兮菹韭，啮菝兮擗鲜。缥醪兮浮蚁，交觞兮并坐。气和兮体适，心怡兮志可。"③ 南北朝时期荆楚一带，"四邻并结综会社，牲醪，为屋于树下，先祭神，然后食其胙"。④ 总之，普通民众因生活于同一方土地被"成群立社"，并有机会聚集在一起，共同参与同一个"社"的祭祀活动，祈求、感谢、庆祝社神的恩惠，并娱乐自己。

在唐代乡村社会民众那里，祭社稷与歌舞宴饮仍是社日节的两大标志性习俗。

"社为九土之尊，稷乃五谷之长，春祈秋报，祀典是尊。"⑤ 在此种观念之下，祭社稷一直是唐朝政府主张并鼓励乡村民众去实践的行为，《大唐开元礼》专门有"诸里祭社稷"，对祭社稷仪式的安排和程式做出具体规定，包括祭祀前的准备工作、祭祀前的设席和入席、祭社神、祭稷神、社正饮福酒、瘗埋祭品等多个环节。至于每个环节中的参与者，不同参与者的站位、方向、职司、动作，仪式用品的摆放和使用等，也都一一说明：

首先，是祭祀前的准备工作。准备工作包括在社日前一天进行斋戒、打扫社祭场所、挖掘用于瘗埋祭品的坑坎、安排祭祀者和仪式用品的位置、社日当天凌晨烹牲、将祭品放置于祭器中等。所谓："社正及诸社人与祭者各清斋一宿于家之正寝。应设馔之家预修理神树之下。又为瘗坎于神树之北，方深取足容物。掌事者设社正位于稷坐西北十步所，东面；诸社人位于其后，东面南上。设祝奉血豆位于瘗坎之北，南向……祭日未明烹牲⑥于厨。夙兴，掌馔者实祭器。"

其次，祭祀前的设席和入席。具体步骤为：掌事者以席入，社神之席

---

① 《史记》卷28，中华书局1959年版。
② （汉）刘安著、高诱注：《淮南子》，上海古籍出版社1989年版，第74页。
③ （晋）王廙：《春可乐》，载引自陈梦雷、蒋廷锡《古今图书集成·岁功典》卷32，北京：中华书局1934年影印本。
④ （南朝）宗懔著、谭麟译注：《荆楚岁时记译注》，湖北人民出版社1985年版，第55页。
⑤ （唐）李隆基：《饬敬祀社稷诏》，转引自《册府元龟》，第361—362页。
⑥ 在唐代，祭社仪式的供品有过一些变化。据《文献通考》，开元十九年正月曾经下敕："其春秋二时社及释奠，天下诸州府县等并停牲牢，唯用酒脯，务存修洁，足展诚敬。"二十二年三月二十五日下敕，又恢复了用牲之制："春秋祈报，郡县常礼。比不用牲，岂云血祭？阴祀贵臭，神何以歆？自今以后，州县祭祀，特以牲牢，宜依例程。"

设于神树下，稷神之席设于神树西，俱北向→天明后，社正以下各常服，掌事者以盥水器入，设于神树北十步所，加勺一巾二爵于其下，盛以箱→又以酒樽入，设于神树北近西。社神之樽在东，稷神之樽在西，俱东上南向→执樽者立于樽后。

第三，祭社。其具体步骤为：掌事者实樽酒→祝（以有学识的社人来担任）和执樽者入（位置在社神北，南向）→所有人拜两拜→执酒樽者各就樽后立→执盥者就器后立→赞礼者引社正以下俱就位，立定→赞礼者赞再拜，社正以下皆再拜→祝诣樽所→赞礼者赞再拜，社正以下皆再拜→掌事者以馔入，各设于神坐前（菹醢居前，左右厢黍，稷在其间，俎居其外）→掌事者出，赞礼者引社正诣盥器，所执盥器者酌水，社正洗手，取巾拭手，洗爵→赞礼者引社正诣社神酒樽所，酌酒→赞礼者引社正诣社神坐前跪，奠爵于馔右，兴，少退，南向立→祝持版进社神坐东，西向，跪读祝文→祝兴，社正以下及社人等俱再拜。

第四，祭稷。其具体步骤为：赞礼者引社正诣稷神酒樽所，取爵，酌酒→赞礼者引社正诣稷神馔前，南向，跪奠酒于馔右，兴，少退，南向立→祝持版进于稷神馔西，东向，跪读祝文→祝兴，社正以下及社人俱再拜。

第五，社正饮福酒。其具体步骤为：赞礼者引社正立于社神坐前，南向→祝以爵酌社神及稷神福酒，合置一爵，进社正之右→社正再拜，受酒，跪祭酒，遂饮卒爵，祝受爵，还樽所→社正兴，再拜→赞礼者引社正还本位，立定→赞礼者赞再拜，社正及社人俱再拜。

最后，瘗埋祭品，礼毕。祝以血寘于坎，坎东西各一人寘土半坎→赞礼者稍前宣布礼毕，引社人等出→祝与执樽者复社神位，再拜。其祝版燔于祭所。①

《大唐开元礼》对于诸里祭社稷的礼制规定是祭社稷仪式的理想化和标准化，体现了整个过程必须有序、严肃、庄重的要求，为唐代乡村社会民众的祭社实践活动提供了赖以遵循的规则，既引导着、又约束着唐代乡民的社日祭祀活动。但民间祭社绝不局限于官方规定的仪式，届时各地总会举行规模不同的迎神赛社活动。王维的《凉州郊外游望》对此有所描写："野老才三户，边村少四邻。婆娑依里社，箫鼓赛田神。洒酒浇刍

---

① 《大唐开元礼》卷71，文渊阁四库全书本。

狗，焚香拜木人。女巫纷屡舞，罗袜自生尘。"可见凉州虽然地处偏远，人烟稀少，赛神活动却十分热闹。至于"刍狗"、"木人"、"女巫"等字样，就则表明乡村社会的祭社活动大大突破了官方的制度规定。李建勋《田家三首》描写的"木盘擎社酒，瓦鼓送神钱"①，反映了同样的情况。

社祭后歌舞宴饮之俗古已有之，唐代民众继承了这一传统做法。传世的敦煌文书中有一些资料显示出社日宴饮的流行。社日宴饮在敦煌一带叫"春秋座局席"，春社时举行的叫"春座局席"，秋社时举行的叫"秋座局席"，在一社之中由社人轮流承办，全社襄助。之前社司要用转帖将有关内容，如该次活动的承办人、举行时间、社人要缴纳的物品及数量、对于违规的惩罚措施，等等，通知全体社人。敦煌文书中春秋座局席的转帖数量很多，仅《敦煌社邑文书辑校》中就收有50多件，②足以说明宴饮乃敦煌一带社日节的标志性习俗。当然，宴饮并不只在敦煌才有，在诸如"桑柘影斜春社散，家家扶得醉人归"、"酒熟送迎便，村村庆有年"、"陵阳百姓将何福，社舞村歌又一年"③等描写中，可以发现它亦是其他地方乡村民众的社日标志性习俗活动。

祭社稷为人们提供了娱神的场合，娱神的场合又被乡民们营造成娱人的场合，祭社稷与宴饮活动共同构成了乡村社会春秋社日节的独特性格。社日节在很大程度上成为乡村社会难得的狂欢节。这其中，正如有学者已经指出的，酒与鼓起了重要作用。"人们借着娱神的机会，击鼓喧闹，纵酒高歌。鼓与酒成为社日公共娱乐的两大要素。"④的确，咚咚的鼓乐犹如春雷阵阵，唤醒大地，催生万物，令群情激奋；酒更是一种不可思议的奇特的物质，"它和欢乐者结为良友，为悲伤者视为知己；它让失意者超脱，更让得意者放达；它给灰色的社会增辉，更给苦涩的人生添彩；它给寂寞者以安慰，更给孤独者以温暖；它给凡夫俗子以现实的欢愉，更给骚

---

① 《全唐诗》，第8427页。
② 参见宁可、郝春文《敦煌社邑文书辑校》"社司转帖"之"春座、秋座、座社等局席转帖"，第132—242页。
③ 张演：《社日村居》，殷尧藩：《郊行逢社日》，罗隐：《寄池州郑员外》，载《全唐诗》，第6938、5563、7590页。
④ 萧放：《社日与中国古代乡村社会》，载《北京师范大学学报》（社会科学版）1998年第6期。

人墨客以惬意的诗情……"① 在饮酒、醉酒中，处于不同心境和处境中的人多会沉溺于一种忘掉生活负累、如梦如幻、身心自由的狂放状态。于是"酿酒迎新社"、"家家扶得醉人归"，成为唐代乡村社会的一道迷人风景。社日的狂欢性格也便在鼓乐声中、在觥筹交错中得以形成。

二 唐代乡村社会社日节兴盛的原因分析

社日节在唐代乡村社会的兴盛可谓学者们的共识，但对其兴盛原因却少有论及者。笔者试作如下分析：

第一，社日活动是民众共同体的有组织的活动。

在唐代乡村社会诸多岁时节日中，春秋社日具有非常鲜明的特征，即其活动不以个人或家庭为单位进行，而以民众共同体为单位来进行。民众共同体主要是基于地缘关系的村以及有"社"、"社邑"、"义社"、"义邑"、"邑义"之称的民间组织——私社。

正如马新、齐涛两位先生已经指出的："唐代的乡里组织上承北朝之三长制、南朝之乡里村落制，较前代发生了重要变化，其集中表现是乡长与乡正的消失，里正直接向县衙负责，成为实际上的乡政处理者；前代里正的职掌则交由村正行使，村落的行政与法律地位得到确认，乡里之制演化为乡村之制。"② 乡村之制的基点是村落，唐代社日祭祀宴饮活动的基本单位也是村落。此由《大唐开元礼》"诸里祭社稷"的祝文可知。祝文由祝跪读，曰："维某年岁次月朔日，子某坊（村即云某村，以下准此）社正姓名，合社若干人敢昭告于社神。"③ 由"村即云某村"五字可见"诸里祭社稷"规定适用的范围不是里，而是村。不仅官方规定如此，实际上村落也是社日活动的基本单位。《旧唐书·司空图传》载："岁时村社零祭祠祷，鼓舞会集，图必造之，与野老同席。"④ 司空图参加的是"村"社的活动。又比如"步屧随春风，村村自花柳。田翁逼社日，邀我尝春酒"⑤、"农收村落盛，社树新团圆"⑥、"酒熟送迎便，村村庆有年"、

---

① 向春阶等：《酒文化》，中国经济出版社1995年版，第1—2页。
② 马新、齐涛：《汉唐村落形态略论》，载《中国史研究》2006年第2期，第92页。
③ 《大唐开元礼》卷71，文渊阁四库全书本。
④ 《旧唐书》，第5084页。
⑤ 杜甫：《遭田父泥饮美严中丞》，载《全唐诗》，第2311页。
⑥ 元稹：《古社》，载《全唐诗》，中华书局1960年版，第4451页。

"陵阳百姓将何福，社舞村歌又一年"等唐诗中都含有"村"字，表明了村落作为乡村社会社日活动基本单位这一事实。当然，需要指出的是，村落作为乡村居民的基本居住和生活单位，固然不能与血缘无关，但它之被确认还是基于地缘关系。或者说，以村为单位举行社日活动的基本理念在于村里的居民共同生活于这一方水土之上，共同受着一方水土的恩惠和滋养。

除村社外，乡村社会大量存在的私社也是开展社日活动的单位。这些私社组织，多数虽按地域结成，但往往只是部分居民（这些居民之间可能有血缘关系，血缘关系也可能在结社过程中起到了一定作用，但它往往并非结社的关键理由或根本动机）出于某种共同志趣或共同的利益追求而自愿结合起来的。宁可先生在其《述社邑》①中将唐代私社划分为两种类型，"一类主要从事佛教活动，如营窟、造象、修寺、斋会、写经、刻经、诵经、念佛、燃灯、印沙佛、行象等，与寺院与僧人有密切关系，多数就是寺院和僧团的外围组织，僧人参加或领导的也不在少数。一类主要从事经济和生活的互助，其中最主要的是营办丧葬，也有的还兼营社人婚嫁、立庄造舍的操办襄助，以及困难的周济、疾病的慰问、宴集娱乐、远行、回归的慰劳等。有些社则兼具上述两类社的职能。"②如上类型的划分，反映了私社的志缘组织性质。

无论对于村社还是对于私社而言，社祭和宴饮都是社日活动的重要内容。③以民众共同体为单位而不是以个人或家庭为单位举行，使社日节俗活动具备了其他节日难以具备的组织性特征。每届社日来临，就有专人（如社长、社首、社官、"掌事者"）主事，负责安排有关社祭和宴饮的种种事宜，包括确定"应设馔之家"、通知社人有关事项、筹办社日祭品、主持社祭仪式、分配胙肉等。在出资方面基本实行 AA 制，全体社人都要根据组织规定缴纳一定的物品（通常是油、面、麦、米等）。这里且引两份敦煌文书来看为社日所做的部分组织工作。一份是被确定为九世纪后半叶的《春座局席转帖抄》（伯三三一九背）："社司转帖右缘年支春座局

---

① 宁可：《述社邑》，载《北京师范学院学报》1985年第1期。
② 宁可先生所说"兼具上述两类社的职能"的社应该被视为私社的第三种类型。
③ 大中九年（855）的一份敦煌文书《九月廿九日社长王武等再立条件》（伯三五四四）中就有"社内每年三斋二社，每斋人各助麦斗，每社各麦一豆斗，粟一豆斗"的规定。

席，次至，人各麦一斗，粟一斗，面二斤，油半升……"① 规定了社人所应缴纳的物品及其数量。另一份是光启二年（886）十月的《座社局席转帖抄》（斯一四五三号背/2）：

> 社司转帖右缘年支座社局席，幸请诸公等，帖至，并限今月十日于节如兰若门前取（齐）。如右（若）于时不到者，罚酒一角；全不到者，罚半瓮，其帖速递相分付，不得停带（滞），如带（滞）帖者，准条科罚，帖周却付本司，用告（罚）。②

对事因，时间，地点，迟到者、不到者以及滞帖者的罚则等均作了规定。

乡村社会社日活动的这种组织性特征，保证了活动具有一定的规模，保证了活动的经济来源，保证了参与者来自不同的家庭，也在很大程度上保证了活动空间的户外性和民众参与活动的同步性，从而有效地促成了节日场合的多人共在。而节日场合中的多人共在，尤其是共同参与歌舞宴饮活动，恰是唐代社日节兴盛的表现和直接原因。

第二，官方的支持。

唐朝政府十分重视一年两次的社日祭祀。早在建国之初高祖李渊就亲祀太社，并于祀前颁布《亲祀太社诏》，阐明祭社（稷）的意义，指出"厚地载物，社主其祭。嘉谷养民，稷惟元祀。列圣垂范，昔王通规。建邦正位，莫此为先。爰既旦都邑，建于州里，率土之滨，咸极庄敬。所以劝农务本，修始报功，敦叙教义，整齐风俗"；并针对当时社祭式微的现实，力倡在全国复兴社祭仪式，令"京邑庶士，台省群官，里闬相从，共遵社法，以时供祀，各申祈报。兼存宴醑之义，用洽乡党之欢"。③ 这一诏书"具立节文，明为典制"，使社日活动有了更高层次的制度保障。

玄宗时期，社祭成为《大唐开元礼》规范的重要内容，"皇帝仲春仲秋上戊祭太社"、"仲春仲秋上戊祭太社有司摄事"、"诸州祭社稷"、"诸县祭社稷"、"诸里祭社稷"均有详细规定，这就将从最高层到最基层的

---

① 宁可、郝春文：《敦煌社邑文书辑校》，江苏古籍出版社1997年版，第144页。
② 同上书，第137页。
③ 转引自《册府元龟》，第356页。

社祭活动都纳入国家的制度体系。天宝元年（742），玄宗下《饬敬祀社稷诏》，要求人们依礼祭社稷。天宝三年（744），又将祭社稷从中祀升为大祀。所有这些均表明社祭在唐代确实备受官方重视。

上述国家政策并不仅限于纸面上，一些官员积极作为，采取若干举措使其得以实施。比如唐朝初年刘仁轨为青州刺史时，就曾"劝课耕种，为立官社"。① 高宗永徽年间，张文琮为建州刺史，也曾成功地劝说当地春秋不祭社的百姓改弦更张，"欣而行之"。②

不仅如此，官方还承认了民间私社祭社的合法性。天宝元年，玄宗有《饬敬祀社稷诏》云：

> 社为九土之尊，稷乃五谷之长，春祈秋报，祀典是尊。而天下郡邑所置社稷等，如闻祭事，或不备礼，苟崇敬有亏，岂灵祇所降，欲望和气丰年，焉可致也。朕永惟典故，务在洁诚，俾官吏尽心，庶苍生蒙福。自今已后，应祭官等庶事宜倍加精洁，以副朕意。其社坛侧近，仍禁樵牧。至如百姓私社，宜与官社同日致祭。③

此外，国家还规定了社日放假，通常是春、秋社日各一天，便于官员们有时间参与社日活动，韦应物《社日寄崔都水及诸弟群属》诗云"山郡多暇日，社时放吏归"④ 就反映了这一情况。

官方积极支持社祭活动的开展，一方面固然缘于社祭乃"列圣垂范，昔王通规"，是一种国家传统，但更重要的，当还是出于现实的考虑，统治者们已经深刻地认识到社祭活动具备特殊的经济功能和政治功能。有唐一代，仍然执行以农为本、以农立国的政策，而在统治者（包括皇帝及臣僚）看来，"田多不熟，抑不祭先农所致乎？神在于敬，可以邀福。"⑤所以要想农业丰收，就必须祭祀社稷之神。同时，他们还认为祭社、宴酺能够"敦叙教义，整齐风俗"，令参与者在"进退俯仰，登降折旋，明加

---

① 《新唐书》，第4083页。
② 《旧唐书》，第2816页。
③ 转引自《册府元龟》，第361—362页。
④ 《全唐诗》，第1918页。
⑤ 《旧唐书》，第2816页。

诲厉，递相劝奖"之间达致"齐之以礼，有耻且格"的境界。① 或者换句话说，官方试图通过定期举行的社祭活动来密切乡里关系，明确尊卑秩序，并加强地缘的联系和控制。法国著名历史学家谢和耐曾正确指出："中国成功地发现了一种手段，能以最少的直接干预去统治最大数量的人民。此中最关键之点在于：应当在最小社会群体的水平上维持统治秩序。"② 支持祭社的目的之一就是力争"在最小的社会群体的水平上维持统治秩序"。更何况，"有张有弛，文武之道"，给老百姓以娱乐时空，使其劳逸结合，乃是重要的治国良方。其实无论出于何种意图，官方对祭社的支持甚至是硬性规定，都必然在客观上成为促进乡村社会社日盛行的重要因素。

第三，也是最重要的，在于民众对社日活动的主观诉求与社日活动的客观功能之间的契合，即，乡村民众能够通过对社日活动的参与满足自身的种种需求。

首先，对生活在一方土地之上、以农业为安身立命之本的唐代乡村社会民众而言，生活安宁、庄稼丰收是其首要愿望。而"社公千万岁，永保村中民"③，"惟（社）神载育黎元，长兹庶物"，"惟（稷）神主兹百谷，粒此群黎"，④ 社稷神正是他们心中的保护神。对神灵的信仰与"神在于敬，可以邀福"的信仰结合一起，就成为社日节祭社稷活动展开的神性基础。这颇像葛兰言在《古代中国的节庆与歌谣》中对于节庆的分析：

> 每个个人都在狂热氛围中想像他正参加的行动拥有无限的效力（vertu），这种效力远远超出了人类生活的圈子，扩张到整个宇宙的领域。在他看来，世界的延续性与和谐状态是由社会稳定状态和社会凝聚状态促成的，而这种状态是他自身产生的结果。因此，虽然一般活动具有全面的包容性，并以多种不同的形式在节庆期间展示出来，但它那超凡的强度，其庄严表现形式的威望，特别是它的成功和它的

---

① 转引自《册府元龟》，第356页。
② ［法］谢和耐：《蒙元入侵前夜的中国日常生活》，刘东译，江苏人民出版社1995年版，第187页。
③ 元稹：《古社》，载《全唐诗》，第4451页。
④ 《大唐开元礼》卷71，文渊阁四库全书本。

深远力量，将这种奇异的活动与日常生活中的活动区分开来。这种活动属于一种崇高的非凡的秩序，就像它们属于宗教秩序一样。古代节庆中的行为，即一个集体在希望鼓舞下而作出的简单姿势，都是神圣的行为，它们是宗教崇拜的基本要素。与此相类似，人们相信这些姿势能够对人类命运和他们所生活的自然环境造成决定性的影响，这种虔信感是中国宗教和中国思想的教义原理得以形成的信仰基础。[①]

一方面，为实现美好愿望，人们用自己的行动（祭祀、歌舞甚至饮酒）向神灵表示敬意，祈求神灵的福佑，春社就是这样的场合；另一方面，当生活安宁、庄稼丰收在秋天成为一种客观现实且被视为神灵福佑的结果时，民众以祭祀的方式向神灵表示衷心的感谢，这便是秋社的主要目的。

其次，唐代乡村社会的民众和所有朝代的人一样，都有休息娱乐的需求。任何社会群体为了生存都必须从事生产活动。当社会成员在从事生产活动不得不付出繁重的劳动时，身心必然处于紧张状态。长时期处于紧张状态不仅对于生理和心理健康极为不利，而且也是任何社会成员无法承受的。所以人们需要休息，需要娱乐，需要将平淡无奇的生活装扮得丰富多彩富有节奏。尤其当庄稼丰收之后，就更需要举行活动庆祝自己的辛勤付出获得了回报，需要举行庆祝活动以表达安居乐业的喜悦之情。社日节显然具有满足这种需要的功能。在社日节，人们演奏乐器，跳起舞蹈，品尝佳肴，畅饮美酒，在娱神的同时娱乐了自己。

再次，以民众共同体（地缘组织或志缘组织或业缘组织）为单位的社日活动具有联络组织成员感情、固化组织关系、建设并强化组织成员认同感和归属感等功能，可以满足共同体成员相应的需求。

毫无疑问，生活在现实社会中的成员都会面临着来自疾病、伤害、老年、家人死亡、经济困难等方方面面的风险。在我国传统社会，社会风险一般通过"养儿防老，积谷防饥"的家庭保障方式来承担和化解。由于乡村小农经济的脆弱，当风险尤其是重大风险来临时，仅依靠单个家庭的力量往往难以化解，于是，多个家庭、来源于不同家庭的民众之互助便成

---

① [法] 葛兰言（Marcel Granet）：《古代中国的节庆与歌谣》，赵丙祥、张宏明译、赵丙祥校，广西师范大学出版社 2005 年版，第 196 页。

为一种必须。事实上，基于地缘关系而形成的村落内部的互助关系一直存在于乡村社会之中，所谓"远亲不如近邻"。在唐代，作为业缘、志缘组织的私社的出现，往往基于组织成员之间相互帮助或互相依赖（包括精神需求方面）的关系，基于时时处于风险之中的组织成员对于生存安全感的需求，这可从敦煌地区两个私社的约定中窥见一斑。其中一个私社成立的目的在于"一为圣主皇帝，二为建窟之因，三为先亡父母追凶就吉"；[①] 另一个私社的目的则是："夫邑仪（义）者，父母生其身，朋友长其值（志），遇危则相扶，难则相救，与朋友交，言如信，结交朋友，世语相续，大者若姊，小者若妹，让语先登。"[②]

显然，当一些人（属于不同的家庭）为着某种明确的目标结合成一个共同体的时候，他们必然期望着这个目标的实现。目标的实现，则有赖于全体成员对所属组织的认同感、归属感，有赖于全体成员对业已约定的社内规章（社条）的遵守，以及彼此之间建立起相互信任的友好合作关系。因此，如果一个社人希望当其遭遇风险时能够依约得到其他成员帮助的话，他就需要一种社会安排发挥联络组织成员感情、固化组织关系、建设并强化组织成员认同感和归属感等功能。强调以民众共同体为单位、全体成员共同参与其中的社日节恰恰就是这种社会安排。[③]

最后，乡村社会民众的安居乐业有赖于社会有序，因此希望并维护社会有序便不只是官方的追求，也是乡村社会民众的普遍需要。尽管社日在一定意义上可视为乡村民众的狂欢日，会对业已存在的某种社会秩

[①] 见《大中九年（八五五）九月廿九日社长王武等再立条件》（伯三五四四），载宁可、郝春文辑校《敦煌社邑文书辑校》，江苏古籍出版社1997年版，第1页。

[②] 见《显德六年（九五九）正月三日女人社社条》（斯五二七），载宁可、郝春文辑校《敦煌社邑文书辑校》，江苏古籍出版社1997年版，第23—24页。这则文书虽是显德六年的，不属唐代，但距唐不远，且它是"再立条件"，初立时当距唐更近，故而为证据差可。

[③] 正如一些学者已经指出的，"仪式作为社会认同与社会动员的方式之一，既可以有整合、强固的功能，又可能具有瓦解、分化的作用。"（郭于华：《导论：仪式——社会生活及其变迁的文化人类学视角》，载郭于华主编《仪式与社会变迁》，社会科学文献出版社2000年版，第2页。）但节日中仪式的整合、强固功能是主流，而瓦解、分化作用是支流。很多学者都通过自己的研究证明了这一点。如赵世瑜在《明清华北的社与社火—关于地缘组织、仪式表演以及二者的关系》中明确指出："上古村社的重要凝聚力量之一，就是社祭活动。"赵世瑜：《狂欢与日常——明清以来的庙会与民间社会》，生活·读书·新知三联书店2002年版，第238页。

序造成疏离甚至反叛。① 但与此同时，它也被用以厘定、重整、强化日常生活所应该遵循的规则。祭社活动依照程式有条不紊地进行，在共同体中处于不同地位、具有不同身份的人在祭社活动中各有其职司，祭社场合中的宣政教化，等等，都具有维护、建设乃至强化社会秩序的作用。其实不仅祭祀，宴饮的场合亦有同样功用。不少私社在成立之时，就以制定规章制度（社条）的方式对宴饮场合可能发生的破坏秩序的行为做了严惩规定，如敦煌文书斯六五三七号背/3—5《拾伍人结社社条（文样）》云："五音八乐进行，切须不失礼度。一取录事观察。不得昏乱事（是）非。稍有倚醉胸（凶）粗，来晨直须重罚。"又曰："凡为邑义，虽有尊卑，局席斋延（筵），切凭礼法，饮酒醉乱，胸（凶）悖粗豪，不守严条，非理作闹，大者罚醨腻一席，少者决丈（杖）十三，忽有拗戾无端，便任逐出社内。"② 这些规定无疑具有维护秩序的作用。再如《太平广记》录有唐人侯白《启颜录》中的一篇《千字文语乞社》，内有对社日宴乐场面的描写："遂乃肆筵设席，祭祀蒸尝；鼓瑟吹笙，弦歌酒宴；上和下睦，悦豫且康；礼别尊卑，乐殊贵贱。"③ 从中亦可看出对上下、尊卑之别的格外强调。而强调上下尊卑之别正是维护传统社会秩序的重要手段。

总之，民众对社日活动的主观诉求与社日活动客观功能之间的契合，吸引着民众对社日活动的主动参与。

当然，寻求社日节在唐代兴盛的因素，还有一点不能忽视，即社日乃唐代的传统节日。尽管由于战乱等原因，唐朝初年祭社的传统在一些地方遭遇断裂，如武德九年《亲祀太社诏》所说，"末代浇浮，祀典亏替。时逢丧乱，仁惠施薄。坛壝缺昭备之礼，乡里无纪合之训"，但作为一种民俗传统，它还是深深地扎根于乡土社会，社日祭祀宴饮仍被绝大多数人视为"常识"并加以实践。张文琮立劝建州百姓祭社时说"春秋二社，盖本为农，惟独此州，废而不立"，"惟独此州" 可能是张文琮为了提高恢

---

① 关于狂欢的反规范性，或曰反秩序性，可参见［苏联］巴赫金《拉伯雷研究》，李兆林、夏忠宪等译，河北教育出版社1998年版。亦可参见赵世瑜《中国传统庙会中的狂欢精神》，载赵世瑜《狂欢与日常——明清以来的庙会与民间社会》，生活・读书・新知三联书店2002年版，第129—135页。

② 宁可、郝春文：《敦煌社邑文书辑校》，江苏古籍出版社1997年版，第49—52页。

③ 转引自《太平广记》，第1955页。

复春秋二社的正当性而有所夸张的说法，但也说明祭社仍具有一定的普遍性。

总之，春秋二社从唐代以前官方与民众对社日节俗活动不断的反复实践那里获得了基本的生存力量，当唐朝建立，它又为官方所支持，为乡村民众所需要，从而获得了更加强大的生命力，呈现出兴盛的态势。值得注意的是，官方对社日节支持的意图与乡村民众对社日活动参与的动机之间保持着一定的一致性，却又并非完全相同。当官方以礼制加以约束和指引之时，民众在具体的实践中并没有完全遵循礼制规定从事，他们往往从自身的需求出发，以迎神赛社、歌舞宴饮的方式表达对于神灵的祈求与感恩，从而突破了祭社理应有序、庄重、严肃的要求，呈现出活泼、自由、欢快的格调和特征。

三 社日节的变化与唐代乡村私社的发展

综合考量，社日节无疑是唐代乡村社会的盛大节日，这是在多种因素作用下不断发展的结果，初唐时期社日节并不兴盛，前引高祖的《亲祀太社诏》以及张文琮力劝建州百姓祭社的历史事实均可为证。大约到玄宗时期，社日节才真正兴盛起来。如果从公共节日与基层社会之间关系的角度看这种变化，可以说，社日节的发展既是唐代乡村社会私社发展的表征，也是促进私社发展的重要因素。

私社作为一种主要基于志缘关系（并常常与地缘关系和血缘关系、业缘关系有关）而形成的民间组织，因其成员"基于一系列共有的目标、价值观或经验的共同认同，能够形成社会运动的重要基础"[①] 往往对官方统治具有潜在威胁而受到限制和禁断。如咸亨五年（674）三月高宗下诏：

> 春秋二社，本以祈农，如闻除此之外，别立当宗及邑义诸色等社，远集人众，别有聚敛，递相绳纠，浪有征求。虽于吉凶之家，小有裨助，在于百姓，非无劳扰。自今已后，宜令官司严加禁断。[②]

---

① [英] 安东尼·吉登斯：《社会学》，赵旭东译，北京大学出版社2003年版，第38页。
② 转引自《册府元龟》，第707页。

明令对私社进行禁断。大约两个月后，高宗再次下诏：

> 春秋二社，本以祈农，如闻此外别为邑会。此后除二社外，不得聚集。有司严加禁止。①

值得注意的是，与咸亨五年诏要求全面取缔私社相比，这次下诏体现了政府态度的某些转变：它承认了私社存在的合法性。这种转变大约出于两方面原因：其一，私社是民众需要的民间组织，要全面取缔它不仅不可能而且容易引起民众的普遍反感；② 其二，官方看到私社热衷有利于维护地方秩序的"社会"活动并希望借此以维护地方秩序。于是在既有所忌、又有所用的两难之中，官方认可了私社的存在，同时又对其活动作出限制。在"除二社外，不得聚集"的规定里，我们看到了社日节对私社获得其存在合法性的重要价值。或者说，正是借助或部分地借助春秋二社节里的"社会"活动，私社才得到对其怀有戒心的政府的承认，从而获得了更加广阔的生存空间。发展到唐玄宗天宝七载（748），官方文献中已有"闾阎之间，例有私社"的词句。③ 显然，此时，私社的合法性不再是个问题。

对于并非生活在政治真空中的私社来说，祭社是难得的为政府认可的聚会由头，而私社也希望借此继续赢得政府的信任，一些社条中明确写有拥护国家拥护皇帝的文字。如《大中九年（八五五）九月廿九日社长王武等再立条件》（伯三五四四）中写明结社三个目的中首要一个便是"为圣主皇帝"。④ 更何况私社也是其成员为联络彼此感情、固化组织关系、建设并强化组织成员认同感和归属感之所需。因此，各个私社总是积极参与祭社活动，并常常在结社之初就将"社会"作为组织的重要活动加以强调，如敦煌文书《大中九年（八五五）九月廿九日社长王武等再立条件》（伯三五四四）规定："社内每年三斋二社……其社官录（事）行下文帖，其物违时，罚酒一角……其社二月、八月。其斋社违月，罚麦一

---

① 《旧唐书》，第98—99页。
② 从两次下诏的时间来看，很可能第一道所下诏书已经在地方上实施并在实施过程中引起了民众的普遍反感，才不得不下第二道以对原有政策作局部调整以应付新局面。
③ 李隆基：《加应道尊号大赦文》，载《全唐文》，第430页。
④ 宁可、郝春文辑校：《敦煌社邑文书辑校》，江苏古籍出版社1997年版，第1页。

硕，决杖卅，行香不到，罚麦一斗。"又《敦煌郡等某乙社条一道（一）》（斯五六二九）、《某甲等谨立社条（文样）》等中均有关于春秋二社的规定。① 而这必然促进社日节的繁荣。由是，在社日节的变化与私社的发展之间出现了一个互动关系，二者互为结果，又互为原因。

节日作为一种社会安排，是具有公共性的俗民活动日，与基层社会有着十分复杂的关系。对考察这两者之间的关系而言，唐代社日与私社的故事提供了一个很好的个案。节日及其约定俗成的活动为私社成员提供了周期性聚会的平台，私社成员则通过对节日活动的参与赢得了组织在国家那里存在的合法性，并加强了彼此之间的交往，密切了彼此之间的联系。同样重要的是，对节日活动的种种安排和组织，乃至相关惩罚措施的制定，展现了、同时也锻炼了乡村民众自我组织、自我管理、自我教育、自我服务的自治能力。然而，节日与基层社会之间并不必然是良性的互动，不同基层社会对某一节俗活动（尤其是竞争性的活动）的共同参与往往引发彼此之间的矛盾和冲突，以至造成恶劣后果，严重影响社会秩序，致使政府不得不出面干预。而干预的结果之一便是对节俗活动本身加以禁断，从而对节日、节俗造成较大的负面影响。历史上这种例子屡见不鲜。甚至公元 2005 年温州还发生了政府因 2004 年端午龙舟竞渡引发村际械斗而明令一些区域禁划的事件。② 当然，这已是涉及唐代社日之外的另一个话题。

第三节　上巳节

上巳节是一个历史悠久的节日，大多数学者认为上巳节早在周代即已出现。比如刘维治在《从唐诗看唐代三月三上巳节俗的流变》一文中说："三月三，这个古老的节日，早在周代就有了。"③ 李然在《上巳节俗演变的文学轨迹》中也明言："三月三上巳节是我国古代的传统节日，早在周

---

① 宁可、郝春文：《敦煌社邑文书辑校》，江苏古籍出版社 1997 年版，第 1—2、36、42 页。
② 参见 http://news.66wz.com/system/2005/04/28/001037400.shtml。
③ 刘维治：《从唐诗看唐代三月三上巳节俗的流变》，载《民间文学论坛》1997 年第 2 期，第 32—34 页。

代就有了。"① 杨琳《中国传统节日文化》中说："早在春秋时期上巳节已在流行。"② 他们所用以证明自己观点的论据主要来自《周礼·春官·女巫》、《周礼·地官·媒氏》等文献中的相关记述或郑玄、蔡邕等人的言辞。《周礼·春官·女巫》云："女巫掌岁时祓除衅浴。"郑玄注："岁时祓除，如今三月上巳如水上之类。衅浴，谓以香薰草药沐浴。"《周礼·地官·媒氏》云："中春之月，令会男女。于是时也，奔者不禁。"③ 沈约《宋书·礼志二》引《韩诗》云："郑国之俗，三月上巳，之溱、洧两水之上，招魂续魄，秉兰草，拂不祥。"④ 又刘昭注《后汉书·礼仪志》"是月上巳，官民皆絜于东流水上"句引蔡邕语云："《论语》：'暮春者，春服既成，冠者五六人，童子六七人，浴乎沂，风乎舞雩，咏而归。'自上及下，古有此礼。今三月上巳，祓禊于水滨，盖出于此。"⑤《宋书·礼志二》也援引了蔡邕的上述解释。但也有学者持不同意见。比如孙思旺就在对上述古代文献资料的细密分析后说："我们可以暂时达成以下论断：第一，正像世上有了玫瑰这种植物，有了接吻这种动作，并不代表世上就有情人节这个节日一样，古老的祓禊仪式的存在并不代表上巳节节俗的诞生。⑥ 第二，严格来讲，上巳节是两汉尤其是东汉以后才开始形成并流行的节日，早期的节日活动笼罩着一层神秘的巫术外衣。"⑦

在上巳节起源的具体原因方面，学者的看法更加不同。有的认为源于兰汤辟邪的巫术活动⑧，有的认为源于先民的生殖崇拜活动⑨。还有的认为源于原始社会的性禁忌制度，节日的最初含义就是性爱狂欢。⑩ 也有学者特别强调了先秦时期上巳节水滨祓禊、招魂续魄的巫觋色彩，认为

---

① 李然：《上巳节俗演变的文学轨迹》，载《华南农业大学学报》2004年第1期，第116—119页。

② 杨琳：《中国传统节日文化》，宗教文化出版社2000年版，第96页。

③ 《十三经》（全一册）之《周礼》，中州古籍出版社1992年影印本，第38页。

④ （梁）沈约：《宋书》，中华书局1974年版，第386页。

⑤ （晋）司马彪撰、（梁）刘昭注：《后汉书》，中华书局1965年版，第3110、3111页。

⑥ 笔者以为孙思旺提到的第一点很有价值，他强调了节日之形成乃在于特定时间与特定习俗的结合。

⑦ 孙思旺：《上巳节渊源名实述略》，《湖南大学学报》（社会科学版）2006年第3期。

⑧ 胡新生：《中国古代巫术》，山东人民出版社1998年版。

⑨ 陶思炎：《风俗探幽》，东南大学出版社1995年版。宋兆麟：《中国生育信仰》，上海文艺出版社1999年版。杨琳：《中国传统节日文化》，宗教文化出版社2000年版。

⑩ 成林：《"三月三"溯源》，载《民俗研究》1991年第2期。

"既为我国荒古时期巫（觋）文化的绵延和传承，又有古印度文化东来的吸取和融合"。① 此外，日本学者小南一郎引用古籍中关于"三月三日，清明之节，将修事于水侧，祷祀以祈丰年"等说法，认为水滨祓禊与农耕礼仪有关。② 法国学者葛兰言则认为上巳节最初与春天的复苏相关联。③

笔者以为，《诗经》中所展示的先秦时期春季郑国男女相聚于河边的活动④当是上巳节俗的渊源所在。但作为一个具有特定节期的民俗节日，上巳节是在汉代得以形成并流行起来的。经由数百年的发展，它形成了自己的民俗传统。唐代的上巳节在继承既有传统的同时又发生了某些变化，呈现出属于这个时代的特殊风貌。为了考察唐代上巳节的风貌，有必要对唐代以前的上巳节做一回顾。

一 唐代以前的上巳节

汉代上巳节的标志性时间是三月上巳日，标志性习俗是河边祓禊，参与者是不分男女，不论尊卑，祓禊的目的主要是求休纳吉，拂除不祥，祓禊本身具有较强的巫术意义。东汉蔡邕《禊文》所云"洋洋暮春，厥日除巳，尊卑烟鹜，维女与士，自求百福，在洛之涘"⑤，正是对汉代上巳节之节期、节俗、节俗意义、节日俗民的较好概括。此外，同时期或较早时期的一些资料也能反映出汉代上巳节的状况。如《后汉书·礼仪志》载："是月上巳，官民皆絜于东流水上。"再如上述《宋书·礼志二》引《韩诗》、《太平御览》引《韩诗外传》对《诗经·郑风·溱洧》所做的"招魂续魄，拂不祥"的解释，表面上看是针对郑国之俗的，实际上也是汉代上巳节的反映。《溱洧》诗云："溱与洧，方涣涣兮。士与女，方秉蕑兮。女曰观乎，士曰既且。且往观乎，洧之外，洵訏且乐。维士与女，伊其相谑。赠之以勺药。溱与洧，浏其清矣。士与女，殷其盈矣。女曰观

---

① 巫瑞书：《南方传统节日与楚文化》，湖北教育出版社1999年版。
② ［日］小南一郎：《中国的神话传说与古小说》，孙昌译，中华书局1993年版。
③ ［法］葛兰言：《中国古代的祭礼与歌谣》，赵丙祥、张宏明译，广西师范大学出版社2005年版。
④ 《溱洧》诗云："溱与洧，方涣涣兮。士与女，方秉蕑兮。女曰观乎，士曰既且。且往观乎，洧之外，洵訏且乐。维士与女，伊其相谑。赠之以勺药。溱与洧，浏其清矣。士与女，殷其盈矣。女曰观乎，士曰既且。且往观乎，洧之外，洵訏且乐。维士与女，伊其将谑。赠之以勺药。"载《十三经》（全一册）之《毛诗》，中州古籍出版社1992年影印本，第39页。
⑤ 《古今图书集成·岁功典》卷37，"上巳部"，中华书局影印本1934年版。

乎，士曰既且。且往观乎，洧之外，洵訏且乐。维士与女，伊其将谑。赠之以勺药。"① 字里行间我们可以看到溱水洧水的春潮涌动，可以看到男男女女的欢会调笑，却看不出拂除不祥的意义。"拂除不祥"的意义当是被熟悉汉代上巳节的人根据自己或者时人的理解而赋予的。

当然，东汉上巳节还有更丰富的内容。这从东汉初年杜笃所作《祓禊赋》中可见一斑。赋云：

> 王侯公主，暨乎富商，用事伊洛，帷幔元黄，于是旨酒嘉肴，方丈盈前，浮枣绛水，酹酒醼川。若乃窈窕淑女，美媵艳姝，戴翡翠，珥明珠，曳罗袿，立水涯，微风掩壒，纤縠低徊，兰蕙肸蛮，感动情魂。若乃隐逸未用，鸿生俊儒，冠高冕，曳长裾，坐沙渚，谈诗书，咏伊吕，歌唐虞。②

从中可以看出，此时已经出现了富贵之家在郊外张设帐幕、禊饮的宴饮游乐形式，还有浮枣、酹酒的做法，士人们（包括隐士与儒生）则成为节日中一个令人瞩目的群体，他们坐在沙渚上"谈诗书，咏伊吕，歌唐虞"，用与众不同的行为方式表达着这个群体的理想与追求，同时也向世人昭示着这个群体的独特存在。

魏晋南北朝时期的上巳节是对汉代上巳节的承继，但此时期发生了一些重要变化，体现在如下几个方面：

第一，节日的标志性时间由三月上巳日变成了三月三日。《晋书·礼志》中明确指出："汉仪，季春上巳，官及百姓皆禊于东流水上，洗濯祓除去垢。而自魏以后，但用三日，不以上巳也。"③ 时人的诸多诗文，如晋张华的《太康六年三月三日后园会》、王济的《平吴后三月三日华林园诗》、陆机的《三月三日》、潘尼的《三月三日洛水赋》、南朝谢灵运的《三月三日侍宴西池》、鲍照的《三日》、沈约的《三月三日率尔成章》，等等④，都显示了三月三日已成为节日的标志性时间。

---

① 《十三经》（全一册）之《毛诗》，中州古籍出版社1992年影印本，第39页。
② 《古今图书集成·岁功典》卷37，"上巳部"，中华书局影印本1934年版。
③ 《晋书》，中华书局1974年版，第671页。
④ 《古今图书集成·岁功典》卷37，"上巳部"，中华书局影印本1934年版。

第二，习俗活动变得更加丰富多彩。成公绥（231—273）《洛禊赋》云："考吉日，简良辰，被除解禊，同会洛滨。妖童媛女，嬉游河曲，或振纤手，或濯素足。临清流，坐沙场，列罍樽，飞羽觞。"① 晋张协《洛禊赋》更详细描写了洛水祓禊的盛况："乃至都人士女，奕奕祁祁，车驾岬嵑，充溢中逵；粉葩鬻习，缘阿被湄。振袖生风，接衽成帷。若夫权戚之家，豪侈之族，采骑齐镳，华轮方毂，青盖云浮，参差相属，集乎长洲之浦，曜乎洛川之曲。遂乃停舆蕙渚，税驾兰田，朱幔虹舒，翠幕蜺连，罗樽列爵，周以长筵。于是布椒醑，荐柔嘉，祈休吉，蠲百痾。潄清源以涤秽兮，揽绿藻之纤柯。浮素妆以蔽水，洒玄醪于中河。"② 《荆楚岁时记》亦载："三月三日，士民并出江渚池沼间，为流杯曲水之饮。"③ 从上述诗文可以发现，此时期，每届三月三日，无论缙绅先生，还是权戚之家，无论豪侈之族，抑或普通都人士女，都会来到水边濯足洗手，洒酒于河，浮卵与枣，列宴作饮，并形成前所未有的曲水流觞之俗④。此外，据北周庾信的《三月三日华林园马射赋》，此日还有皇帝与臣工们举行马射活动的做法。又在隋代，这天皇后还要率"三夫人、九嫔、内外命妇"用一献礼祭先蚕于坛。⑤

第三，在活动场所方面，汉代人总是选择郊野天然的河流水边，魏晋南北朝时期已经有一部分人开始选择人造的园林、宫殿作为节日活动场所。这"一部分人"主要是以最高统治者为首的社会上层人物。从史书记载来看，最早建立的曲水流觞人工环境是曹魏时在洛阳御苑中建造的"流杯石沟"和"禊堂"。据《宋书·礼志》记载："魏明帝天渊池南，设流杯石沟，燕群臣。"⑥ 稍后，梁朝萧子显撰《南齐书·礼志》中谈到"三月三日曲水会"时引述西晋陆机的话："天渊池南石沟，引御沟水，池西积石为禊堂，跨水，流杯饮酒。"⑦ 后来，东晋废帝海西

---

① （唐）徐坚等辑：《初学记》，京华出版社 2000 年版，第 112 页。
② 《古今图书集成·岁功典》卷 37，"上巳部"，中华书局影印本 1934 年版。
③ （南朝）宗懔著、谭麟译注：《荆楚岁时记译注》，湖北人民出版社 1985 年版，第 71 页。
④ 所谓曲水流觞，即三月三日人们至水边相聚时，将酒斟于带有双翅的酒杯即"羽觞"或曰"耳杯"内，令其顺着宛曲的流水漂浮游动。谁有幸饮到杯中酒，要看流杯（流觞、泛觞）是否漂到他的面前。
⑤ 《隋书》，第 146 页。
⑥ 《宋书》，中华书局 1974 年版，第 386 页。
⑦ 《南齐书》，中华书局 1972 年版，第 149 页。

公于建康"钟山立流杯曲水，延百僚。"在南北朝时期的文献中，已屡屡可见三月三日于园林中聚饮和诗会的记载。比如《艺文类聚》卷五六有一首《华林都亭曲水联句效柏梁体诗》，共八句，为宋孝武帝刘骏与江夏王刘义恭、竟陵王刘诞、领军将军柳元景、吏部尚书谢庄、御史中丞颜师伯等人在华林都亭曲水联句而成的作品。①再如齐武帝永明九年（491），"上幸芳林园，禊饮朝臣，使（王）融为曲水诗序，文藻富丽，当世称之。"②又沈约有《上巳华光殿》、《三日侍林光殿曲水宴》、《三日侍凤光殿曲水宴应制》，庾肩吾有《三日侍兰台曲水宴》，陈叔宝有《上巳宴丽晖殿各赋一字十韵》、《上巳玄圃宣猷禊饮同共八韵》、《春巳禊辰尽当曲宴各赋十韵》、《祓禊泛舟春日玄圃各赋七韵》、《上巳玄圃宣猷嘉辰禊酌各赋六韵》③等诗，均是君臣在园林宫殿中的禊饮相和之作。三月三（而不是其他日子）宫廷禊饮诗会的频频出现，标志着最高统治者对这一节日的重视和利用，也在一定程度上促进了节日的繁荣。但这同时又导致了普遍于开放空间进行的禊饮活动部分地进入封闭的空间。这一空间的转化显然意味着，也进一步导致着某种隔离：过去在节日场合与普通民众共同在场（比如东汉时期的不分官民共禊于东流水上）的可以称为士或官的社会精英开始走进普通民众看不见的地方。

第四，在上巳节的俗民方面，魏晋南北朝时期，上巳节虽然仍是不同等级的社会成员共享的一个节日，但文人学士的活动显得格外突出起来。他们往往在节日场合有意识地聚集成一个独特的圈子，张协《洛禊赋》所谓"缙绅先生，啸俦命友，携朋接党，冠童八九。主希孔墨，宾慕颜柳。临涯咏吟，濯足挥手"④，很好地表明了这一点。在这里，文人学士（张协当然是其中之一）已被他们自己有意识地与普通民众区别开来了。确实，这个圈子里的人有着共同的志趣和爱好，他们能够在上巳节里"同欢情而悦豫，欣斯乐之慨慷。发中怀而弦

---

① （唐）欧阳询撰、汪绍楹校：《艺文类聚》，上海古籍出版社1965年版，第1004页。
② 《南齐书》，中华书局1972年版，第821页。
③ 《古今图书集成·岁功典》卷38，"上巳部"，中华书局影印本1934年版。
④ 《古今图书集成·岁功典》卷37，"上巳部"，中华书局影印本1934年版。

歌，托情志于宫商"①，能够在清谈中洋溢自身的智慧与情趣，进而获得惬意的审美享受，恰如《世说新语·言语》的一则记载所反映的那样：

> 诸名士共至洛水戏，还，乐令问王夷甫曰："今日戏，乐乎？"王曰："裴仆射善谈名理，混混有雅致；张茂先论《史》、《汉》，靡靡可听；我与王安丰说延陵、子房，亦超超玄著。"②

当然，历史上最为有名的三月三文人学士之会，还是东晋永和九年（353）的会稽（今浙江绍兴）兰亭集会。王羲之和东晋名士孙绰、谢安等四十余人聚会兰亭，游弋林泉，修目山水，临流浮觞，行令畅饮，各呈才藻，竞展风华，歌咏情怀，得序二，得诗三十七首，结为《兰亭集》。也许是因为这次集会的"群贤毕至，少长咸集"，"虽无丝竹管弦之盛，一觞一吟亦足以畅叙幽情"的飘逸洒脱，也许是因为王羲之的"书圣"地位，也许是因为这次集会赋诗最多，而诗中、序中显现的那种顺乎自然、寄情山水、于观照山水中体悟宇宙人生的方式特别适合文人学士的口味，也或许是因为这一举动本身就具有区分士人身份特征的功能，反正兰亭集会成为后来众多文人学士纷纷效仿的对象。③ 这时，兰亭集会就不仅仅只是永和九年的那次集会了，它成为高雅的象征。效仿兰亭集会是对高雅的自觉追求。

第五，就习俗性质而言，如果说汉代人祓禊的目的主要是求休纳吉，拂除不祥，具有较强的巫术意义，因而这一活动本身可以视为一种生存技

---

① （晋）阮瞻：《上巳会赋》，载《古今图书集成·岁功典》卷37，"上巳部"，中华书局影印本1934年版。

② （南朝）刘义庆撰：《世说新语》，上海古籍出版社1982年版，第63页。

③ 民国时期的不少地方志资料中还有对文人雅集禊饮的记载。在甘肃张掖，"三日，士庶出城踏青，游池沼间，为流杯曲水之饮"。见丁世良、赵放主编《中国地方志民俗资料汇编·西北卷》，北京图书馆出版社1989年版，第222页。在山西临晋、灵石，文人学士也在这天饮酒赋诗。在河北丰润，文士雅集禊饮。在山东莘县，"士夫、名贤选山水胜处，携具相招，饮酒赋诗，即古修禊之义"。见丁世良、赵放主编《中国地方志民俗资料汇编·华东卷》，书目文献出版社1995年版，第327页。这种影响甚至持续到现在。浙江绍兴，近年来成立了兰亭书会，每逢三月三，书会成员及来自全国各地的书法名流，雅集兰亭，纪念书圣，切磋书法艺术，举办书法展览。

术的话，那么到魏晋南北朝时期，祓禊就在这种性质之外还具有了娱乐和审美性质，并被作为一种权力技术得到运用。

首先让我们看一下时人对祓禊、曲水流觞来历的解释。对此，《后汉书·礼仪志》刘昭注、《宋书·礼志》、《南齐书·礼志》、吴均《续齐谐记》以及周处、吴徽注《吴地记》①，都有所提及。刘昭注云："后汉有郭虞者，三月上巳产二女，二日中并不育，俗以为大忌，至此月日讳止家，皆于东流水上为祈禳，自絜濯，谓之禊祠。"② 《宋书·礼志》和《南齐书·礼志》的说法与刘昭注相仿佛，只是在郭虞产女数量和时间上有所不同，"旧说后汉有郭虞者，有三女，以三月上辰产二女，上巳产一女，二日之中而三女并亡，俗以为大忌"，云云。③《续齐谐记》中记载了晋武帝问"曲水"之义一事，当时尚书郎挚虞也讲了大致相同的故事，只不过故事的主人公由郭虞变成了徐肇。④ 其实无论事关郭虞还是事关徐肇，无论郭虞生了三女还是两女，我们都可以从这个解释中看出汉代人到水上盥洗的目的在于祈吉驱凶，因而此时的祓禊具有明显的巫术意义，是一种攸关生死的生存技术。

关于祓禊、曲水流觞来历的上述解释在魏晋南北朝时期的文献中被屡屡提及，这在一定程度上说明了其流传的普遍性，进而说明祓禊仍然是民众生活中的一种生存技术。但不容忽视的是，当这个解释被提及之时又总是它被质疑之时。比如沈约在说了这一段民间解释后就引用《周礼》、《韩诗》、《月令》、蔡邕《章句》以证明三月上巳禊于水滨本是"古有此礼"（蔡邕语）。萧子显也不认同这一解释。他指出人们到水边的目的其实是"祷祀以祈丰年"。至于《续齐谐记》中的相关记载，就更是对这一解释的官方颠覆。

  晋武帝问尚书郎挚虞曰："三日曲水，其义何指？"答曰："汉章

---

① 宗懔《荆楚岁时记》对"三月三日，士民并出江渚池沼间，为流杯曲水之饮"的按语云："周处、吴徽注《吴地记》，则又引郭虞三女。并以元巳日死，故临水以消灾。所未详也。"见《荆楚岁时记译注》，第72页。

② 《后汉书》，中华书局1965年版，第3111页。

③ 《宋书》，中华书局1974年版，第385—386页。《南齐书》，中华书局1972年版，第149页。

④ 关于晋武帝问曲水之义一事的始末，详见下文。

帝时，平原徐肇以三月初生三女，至三日俱亡，一村以为怪，乃相携之水滨盥洗，遂因水以泛觞，曲水之义起于此。"帝曰："若如所谈，便非好事。"尚书郎束皙曰："仲治小生，不足以知此。臣请说其始。昔周公卜城洛邑，因流水以泛酒，故逸诗云'羽觞随波'，又秦昭王三日置酒河曲，见有金人出，奉水心剑曰：'令君制有西夏。'及秦霸诸侯，乃因此处立为曲水祠，二汉相缘，皆为盛集。"帝曰："善！赐金五十斤，左迁仲治为阳城令。"①

在这一事件中，挚虞将曲水流觞的来历与徐肇三月三日生女俱亡的事情相联系，被晋武帝认为"若如所谈，便非好事"；束皙将曲水流觞的来历与周公卜城洛邑和秦霸诸侯相联系，就被赞许有加，二人还因此受到迥异的对待，一个由尚书郎贬为阳城令，一个却得到五十斤金的厚赏。这一方面表明不同解释在当时的并存，另一方面表明，水边洗濯、曲水流觞以拂除不祥的观念已在很大程度上消解了，更受认同的是这一习俗具有吉祥的意义。晋武帝惩挚虞而奖束皙的做法更也体现了最高统治者追求吉祥含义并期望借此树立统治权威的心态。

其次，从时人诗文反映的观念和他们的三月三活动中也可以看出节俗娱乐性质和作为权力技术的被运用。在当时的诗文中，经常可以看到如下描写："欢兹嘉月，悦此时良。庭散花蕊，傍插筠筼。洒玄醪于沼沚，浮绛枣于泱泱，观翠沦之出没，戏青舸之低昂。"②"临清川而嘉燕，聊假日以游娱。……列四筵而设席，祈吉祥于斯涂。酌羽觞而交酬，献遐寿之无疆。同欢情而悦豫，欣斯乐之慨慷。"③ 从诗文中出现的"欢"、"嘉"、"悦"、"良"、"欣"、"游娱"、"欢情"、"悦豫"等词，可以看出时人对三月三的态度以及他们在过这个节日时的娱乐心情。不仅如此，据《南齐书·礼志》记载："元帝又诏罢三日弄具，今相承为百戏之具，雕弄技

---

① （唐）欧阳询撰、汪绍盈校：《艺文类聚》卷4，上海古籍出版社1965年版，第63—64页。

② （南朝）萧子范：《家园三日赋》，载《古今图书集成·岁功典》卷37，"上巳部"，中华书局影印本1934年版。

③ （晋）阮瞻：《上巳会赋》，载《古今图书集成·岁功典》卷37，"上巳部"，中华书局影印本1934年版。

巧，增损无常。"① 可见当时三月三日已有专门的娱乐用具。这种设百戏之具的做法在隋炀帝那里得到更大的发扬。据《大业拾遗记》载："隋炀帝敕学士杜宝修《水饰图经》新成，以三月上巳日会群臣于曲水以观水饰，总七十二势，皆刻木为之，或乘舟，或乘山，或乘平洲，或乘宫殿，木人长二尺，衣以绮罗，装以金碧，及作禽兽鱼鸟，皆能运动如生，随水曲而行。"② 这些专门娱乐用具的存在无疑强化了三月三活动的娱乐性。

伴随着流杯石沟、禊堂等人工设施的建设，皇帝在三月三招宴禊饮作诗已经成为该节日中重要的活动。虽然不能排除皇帝组织该活动的娱乐目的，但借此广招文学之士、粉饰太平、树立君主权威的政治目的也相当鲜明。由此宫宴成为一个政治舞台，这在南朝表现更为明显。魏晋时期较多出现的抒发性灵思考人生的三月三日诗文，在很大程度上被那些对皇朝皇帝歌功颂德、阿谀奉承的诗文所替代。颜延之的《三日侍游曲阿后湖》、沈约的《三日侍林光殿曲水宴》，多是谀美之词，③ 王融作于齐武帝永明九年的《三月三日曲水诗序》更是极尽谀颂吹捧之能事，不仅将萧齐王朝视为天命之所归，所谓"革宋受天，保生万国，度邑静鹿丘之叹，迁鼎息大坰之惭。绍清和于帝猷，聊显懿于王表，骏发开其远祥，定尔固其洪业"；而且盛赞皇帝"体膺上圣，运钟下武，冠五行之秀气，迈三代之英风……"；盛赞皇太子"睿哲在躬，妙善居质，内积和顺，外发英华……"；并将大齐的天下描写成国泰民安的盛世景象："族茂麟趾，宗固盘石，跨掩昌姬，韬轶炎汉。……用能免群生于汤火，纳百姓于休和，草莱乐业，守屏称事。"④ 从这些诗文可以看出，最高统治者的政治目的真的是达到了，但也正是在迎合最高统治者达到这些目的的时候，文人消解了自己的独立人格。

综上所述，上巳节在汉代形成之后，经历魏晋以来发生的种种变化，

---

① 《南齐书》，中华书局1972年版，第149页。
② 转引自《古今图书集成·岁功典》卷39，"上巳部"，中华书局影印本1934年版。《资治通鉴》卷183有类似的记载。
③ 颜延之《三日侍游曲阿后湖》云："虞风载帝狩，夏谚颂王游。春方动宸驾，望幸倾五州……德礼既普洽，川岳遍怀柔。"沈约《三日侍林光殿曲水宴》云："宴镐锵玉銮，游汾举仙旗。荣光泛彩旄，修风动芝盖。淑气婉登晨，天行笃云斾。帐殿临春御，帷宫绕芳甍。渐席周羽觞，分墀引回濑。穆穆玄化升，济济皇阶泰。将御遗风轸，远侍瑶台会。"载《古今图书集成·岁功典》卷38，"上巳部"，中华书局影印本1934年版。
④ 《古今图书集成·岁功典》卷37，"上巳部"，中华书局影印本1934年版。

它为唐代人留下的遗产主要有：（1）节日名称，即上巳节、上巳或三月三；（2）标志性节期，即夏历的三月初三；（3）节俗，包括水边祓禊活动（如浮枣，浮卵、濯足、洗手、曲水流觞等），文人的雅集，宫廷的招宴等；（4）趋向娱乐审美的节俗性质；（5）关于上巳节活动的文学作品和记载。所有这些，不仅为唐代人过上巳节搭建了习俗活动的框架，而且为他们过上巳节提供了可以取用的文化资源。

二 上巳节在唐代的变迁

从整体上看，唐人对这个节日的称呼是上巳节、上巳日或三月三，节期则在夏历三月三，唐代人十分重视这个节日。比如唐代宗永泰元年（765），太常博士独孤及上表请以代宗生日为天兴节时，指出"至若寒食、上巳、端午、重阳，或以因人崇尚，亦播风俗……"，① 他将上巳与寒食、端午、重阳并列，足见上巳节的重要性。又唐懿宗大中年间（859）登进士第的刘驾作过一首《上巳日》，指出这天曲江边上的热闹繁华，并寻找出所以如此的原因在于人们对此节的重视，即："物情重此节，不是爱芳树。明日花更多，何人肯回顾。"② 此时候，"奕奕车骑，粲粲都人。连帷竞野，祓服缛津。"③ 人们不分阶层不分男女至水边相戏的活动依然存在，文人的雅集，宫廷的招宴也十分盛行，唐代的上巳节似乎在沿着魏晋南北朝人开辟的道路继续前行。然若仔细分析，可发现上巳节在唐代也发生了不少变化。

（一）以祓除不祥为目的的水边活动减少，踏青游玩成为上巳节的重要习俗

唐以前，一般人到水边活动仍然较多含有祓除不祥的目的，在毗邻唐代的隋朝依然如此。王绩曾在《三日赋并序》中描写了大业四年（608）上巳节他在京城的所见所闻，其中就提到："倾两京之贵族，聚三都之丽人。自须祓秽，非徒解绅。"④ 到了唐代，尽管时人从事一些节日活动仍然难以离开水，但他们来到水边的目的主要不为了祓除不祥，而是为了踏

---

① 《唐会要》，第543页。
② 《全唐诗》卷585，第6775页。
③ 陈子昂：《三月三日宴王明府山亭》，载《全唐诗》卷84，第917页。
④ 《全唐文》卷131，第1314页。

青游玩。试看万齐融的《三日绿潭篇》："春潭滉漾接隋宫，宫阙连延潭水东。苹苔嫩色涵波绿，桃李新花照底红。垂菱布藻如妆镜，丽日晴天相照映。素影沉沉对蝶飞，金沙砾砾窥鱼泳。佳人祓禊赏韶年，倾国倾城并可怜。拾翠总来芳树下，踏青争绕绿潭边。公子王孙恣游玩，沙阳水曲情无厌。禽浮似把羽觞杯，鳞跃疑投水心剑。金鞍玉勒骋轻肥，落絮红尘拥路飞。绿水残霞催席散，画楼初月待人归。"① 他虽然也提到了临水祓禊，但轻轻带过，临水祓禊只是踏青游乐的引子。又如许棠（咸通十二年登进士第）在《曲江三月三日》中描写道："满国赏芳辰，飞蹄复走轮。好花皆折尽，明日恐无春。鸟避连云幰，鱼惊远浪尘。"② 由此亦可见踏青赏芳已成为时人在上巳节走出家门的重要动机。吴融在其《上巳日》中写自己"本学多情刘武威，寻花傍水看春晖"③，也反映了上巳节成为踏青赏芳重要时日的历史事实。

颇值一提的是，如果说唐代以前的人们习惯在水边相戏，唐人就更愿意在水中乘船而行。乘着船一边饮酒一边寻春游玩是唐人的赏心乐事。宋之问曾泛舟昆明池，亲眼看到如下美景："桃水涨而浦红，苹风摇而浪白……曲岛之光灵乍合，神魂密游；中流之萍藻忽开，龟鱼潜动。"④ 皇甫冉则在义兴李明府后亭泛舟，见到"处处艺兰春浦绿，萋萋藉草远山多"⑤。刘长卿曾经在越中与鲍侍郎泛舟耶溪，他们"兰桡缦转傍汀沙"，一路看到春光无限；⑥ 卢纶则奉陪浑侍中上巳日泛渭河，领略了"青舸锦帆开，浮天接上台。晚莺和玉笛，春浪动金罍"的优美风情……

伴随着船成为许多唐人在上巳节的活动空间，船上、水中的活动变得丰富起来。人们在水中竞渡，在船上设宴禊饮，在船上歌舞奏乐，安排百戏表演。对此，符载的《上巳日陪刘尚书宴集北池序》中有集中描写：

  有事之辰也，拥幢盖，揖宾客，寅及于近郊，卯及于北池。其降车也，鼙鼓发；登舟也，丝桐揭；解缆也，百戏作。览水府，摧江

---

① 《全唐诗》卷117，第1182页。
② 《全唐诗》卷603，第6971页。
③ 《全唐诗》卷687，第7903页。
④ 宋之问：《上巳泛舟昆明池宴宗主簿席序》，载《全唐文》卷241，第2436页。
⑤ 皇甫冉：《三月三日义兴李明府后庭泛舟》，载《全唐诗》卷249，第2795页。
⑥ 刘长卿：《上巳日越中与鲍侍郎泛舟耶溪》，载《全唐诗》卷151，第1567页。

蓠，叱天吴，拉冯夷，跃龟鱼，腾蛟螭，召琴高，啸宓妃，引蓬壶以回泊，若云蔚而霞被，一何壮也……观夫水嬉之伦，储精蓄锐，天高日晏，思奋馀勇，实有赤县，两为朋曹，献奇较艺，钩索胜负。于是划万人之浩扰，豁一路之清泚，南北稳彻，中无飞鸟，爰挂锦彩，从风为标，烂然长虹，横拖空碧。乃计才力，量远迩，一号令，雷鼓而飞，千桡动，万夫呼。闪电流于目眦，羽翼生于肘下。观者山立，阴助斗志，肺肠为之沸渭，草树为之偃悴。揭竿取胜，扬旌而旋。①

此外，从张祜的《上巳乐》来看，宫中也有竞渡的做法，所谓"猩猩血彩系头标，天上齐声举画桡。却是内人争意切，六宫罗袖一时招"。

（二）文人的集会由高雅向世俗化方向发展

在唐代，文人学士于上巳节集会是非常盛行的，他们或聚坐于园林，或泛舟于水流，并往往因集会而赋诗，从而留下许多诗篇，比如宋之问有《三月三日奉使凉宫雨中禊饮序》、《上巳泛舟昆明池宴宗主簿席序》，王勃有《上巳浮江宴序》、《上巳浮江宴韵得址字》、《上巳浮江宴韵得遥字》、《三月上巳祓禊序》，张九龄有《三月三日申王园亭宴集》，崔知贤、席元明、韩仲宣、高球、高瑾、陈子昂等有《三月三日宴三明府山亭》，张说有《三月三日定昆池奉和萧令得潭字韵》，杜甫有《上巳日徐司录林园宴集》，刘禹锡有《三月三日与乐天及河南李尹奉陪裴令公泛洛禊饮各赋十二韵》、刘长卿有《上巳日越中与鲍侍郎泛舟耶溪》，卢纶有《奉陪浑侍中上巳日泛渭河》、《上巳日陪齐相公花楼宴》，刘商有《上巳日两县寮友会集时主邮不遂驰赴辄题以寄方寸》，张登有《上巳泛舟得迟字》，权德舆有《上巳日贡院考杂文不遂赴九华观祓禊之会以二绝句申赠》，刘言史有《上巳日陪襄阳李尚书宴光风亭》，等等。但同是文人聚会，不同时期的面貌却大有不同，呈现出从高雅脱俗向世俗享乐的变化。

初唐时期，文人的上巳聚会仍颇有魏晋遗风。试看宋之问（约650至656—712至713间）在《三月三日奉使凉宫雨中禊饮序》的描写："违北京之宴乐，坐南山之雾雨，相与会良友，陶慕春，席幽林，觞曲水。是日也，杂英初发，群物半荣，春透迤而上山，雪欹崟而藏谷。高人

---

① 符载：《上巳日陪刘尚书宴集北池序》，载《全唐文》卷690，第7066页。

一坐，杞梓交阴，作者肆筵，芝兰同气。递袭歌咏，不登弦管。嵇叔夜之鸣琴，偏依绿竹；郭子期之春酒，本出青山。论史可听，谈玄愈默，不觉齐万品，溢九围，爱流波，惜迟景。顾眄相谓，虽非巢许之闲；左右同声，盍各岩泉之助？请染翰操纸，赋诗言志，人探一言，俱题四韵。"① 序文简洁地描写了山水风光，并道出"禊饮"的具体内容：会良友，陶慕春，席幽林，觞曲水，论史谈玄，递袭歌咏，赋诗言志。而他们在瞩目自然景物并进行上述活动时，获得的是一种"齐万品，溢九围"的心灵享受。这样的禊饮不为口腹耳目之娱，无疑具有高雅脱俗的气质。无独有偶，在他另一篇名为《上巳泛舟昆明池宴宗主簿席序》的作品中，宋之问描写这次聚会的情形是："高明一座，桂树丛生，君子肆筵，玉山交映。束晳以言谈得俊，张华以史汉先鸣，登旨酒而无荒，弦清琴而自逸。"② 仍然体现了一种高雅脱俗、宁静致远的气质。

类似的气质也出现在崔知贤、席元明、韩仲宣、高球、高瑾等人参加的一次聚会中，所谓："洛城春禊，元巳芳年。季伦园里，逸少亭前。曲中举白，谈际生玄。陆离轩盖，凄清管弦。萍疏波荡，柳弱风牵。未淹欢趣，林溪夕烟。"又所谓："暮春元巳，春服初裁。童冠八九，于洛之隈。河堤草变，巩树花开。逸人谈发，仙御舟来。间关黄鸟，瀺灂丹腮。乐饮命席，优哉悠哉。"③ 这些文人尚能于热闹繁华之中持一种旁若无人、唯有山水景物的超然。

但是这种高雅脱俗的气质在中唐以后上巳文人聚会中就难得见到了。试看唐文宗开成二年（837）三月三日白居易、刘禹锡等人在洛阳的一次聚会。据白居易的记述，参加这次聚会的共有十五人，他们"合宴于舟中。由斗亭，历魏堤，抵津桥，登临溯沿，自晨及暮，簪组交映，歌笑间发，前水嬉而后妓乐，左笔砚而右壶觞，望之若仙，观者如堵"。因为有赋诗活动，这次聚会不能不说带有雅意，但是聚会之上，"妓接谢公宴，诗陪荀令题。舟同李膺泛，醴为穆生携。水引春心荡，花牵醉眼迷……舞急红腰软，歌迟翠黛低"，又"盛筵陪玉铉，通籍尽金闺。波上神仙妓，

---

① 《全唐文》卷241，第2436页。
② 同上。
③ 高球：《三月三日宴王明府山亭（得烟字）》，高瑾：《三月三日宴王明府山亭（得哉字）》，载《全唐文》卷72，第787、788页。

岸傍桃李蹊。水嬉如鹭振，歌响杂莺啼"。轻歌曼舞，美花美酒，佳人佳肴，声色光影，这一切令这次聚会又呈现出非常浓厚的世俗享乐性质。连白居易自己也说："尽风光之赏，极游泛之娱。美景良辰，赏心乐事，尽得于今日矣。"① 这次聚会活动被刘禹锡认为比兰亭集会更胜一筹，所谓"洛下今修禊，群贤胜会稽"，但它声色秾艳，且不说已经失去了兰亭集会时魏晋士人于"崇山峻岭，茂林修竹，清流激湍"、"无丝竹管弦之盛"之中，一觞一咏以畅叙幽情，仰观宇宙之大俯察品类之盛即足以游目骋怀、极视听之娱的精神，也与初唐士人于"陶慕春，席幽林，觞曲水，论史谈玄，递袭歌咏，赋诗言志"中"齐万品，溢九围"的追求大异其趣了。

再看刘言史参加的一次上巳聚会。这次聚会发生在元和年间的襄阳。与开成二年白居易等人的聚会一样，它也被参加者视为堪与兰亭集会相媲美（如果不是更胜一筹的话），所谓"为报会稽亭上客，永和应不胜元和"。在刘言史的笔下，与这次光风亭宴会相关的，是"碧池萍嫩柳垂波"和"绮席丝镛舞翠娥"，② 由此不仅可见上巳集会的世俗享乐性质，亦可见当时士人的好尚。

（三）皇帝的招宴盛行且官员的上巳游宴制度化了

魏晋南北朝时期，皇帝虽然屡屡对官员招宴，但毕竟取决于皇帝的兴之所至。中唐以前，依然沿袭了这种做法。当时有不少诗文传世，如徐彦伯、刘宪、韦嗣立、沈佺期③均作有《上巳日祓禊渭滨应制》，宋璟（663—737）有《三月三日为百官谢赐宴表》，张说（667—730）有《三月三日诏宴定昆池宫庄赋得筵字》，崔国辅（678—755）作有《奉和圣制上巳祓禊应制》，陈希烈（？—758）作有《奉和圣制三月三日》，王维（701—761）作有《奉和圣制与太子诸王三月三日龙池春禊应制》、《三月三日勤政楼侍宴应制》、《三月三日勤政楼侍宴应制》、《奉和圣制上巳于望春亭观禊饮应制》、《三月三曲江侍宴应制》，宋之问在其《桂州三月三

---

① 白居易：《三月三日祓禊洛滨并序》，载《白居易集笺注》，上海古籍出版社1988年版，第2298—2299页。

② 刘言史：《上巳日陪襄阳李尚书宴光风亭》，载《全唐诗》卷468，第5329页。

③ 徐彦伯，先天元年致仕，开元二年卒。《唐书》有传。刘宪，《旧唐书》、《新唐书》中均有传，前者见卷190零，后者见卷202。主要活动于武则天到李隆基执政期间。韦嗣立，主要活动于武则天到李隆基执政时。

日》也回忆了"伊昔承休盼，曾为人所羡。两朝赐颜色，二纪陪欢宴"的热闹与繁华，所有这些都说明此时期皇帝对大臣的上巳招宴相当盛行。不过，尽管盛行，毕竟还没有形成制度。

官员上巳宴赏的制度化是在唐德宗时期形成的。其标志便是贞元四年（788）九月颁布的《三节赐宴赏钱诏》。在这篇诏书里，三月三日被定为三令节之一，这一方面给予了官员宴赏时间上的制度保证，"其正月晦日、三月三日、九月九日三节日，宜任文武百僚，择胜地追赏"；另一方面给予了资金上的制度支持："每节宰相常参官共赐钱五百贯文，翰林学士一百贯文，左右神威、神策等十军各赐五百贯，金吾英武威远及诸卫将军共赐二百贯，客省奏事共赐一百贯，委度支每节前五日支付，永为常制。"① 之后，关于这一制度又发布过一些诏令，主要围绕着节日赐钱而展开。比如贞元八年，下诏："在京宗室，每年三节，宜集百官列宴会。若大选集，赐钱一百千。非大选集，钱三分减一。又诏：三节宴集，先已赐诸衙将军钱，其率府已下，可赐钱百千。"② 唐穆宗长庆三年（823）三月颁布敕文："内侍省每年上巳、重阳日，如有百官宴会，宜每节赐钱五百十贯文，令度支支给。"③ 二十余年后，唐宣宗在其《受尊号赦文》中重申了对节日赐钱的规定："上巳重阳，曲江宴会，自有本色五百贯钱，费用之间，不合欠阙。"同时针对官员将宴赏所需资金"差配百姓，不免扰人"的现状，进一步要求："从今已后，宜令京兆府先与度支盐铁计料，据所用一物已上，除以本色钱物外，如有欠少，即委度支盐铁据数均给，府县不得辄配百姓。"④

上巳宴赏不仅仅是制度规定，而且在很大程度上被付诸实施，德宗朝至武宗朝期间，关于上巳赐宴的记载屡屡见诸史籍，如贞元六年"三月庚子，百僚宴于曲江亭，上赋《上巳诗》一篇赐之"。十一年"三月辛未，赐宰臣两省供奉官于曲江亭"。十四年三月上巳日，赐宰臣百官宴于曲江亭。十七年三月乙丑，"赐群臣宴于曲江亭"。十八年三月乙丑，赐群臣宴于马璘山池。唐宪宗元和二年正月丁巳，"停中和、重阳二节赐

---

① 《全唐文》卷51，第562页。
② 《唐会要》卷29，第544页。
③ 同上书，第546页。
④ 《全唐文》卷82，第862页。

宴，其上巳宴，仍旧赐之"。长庆三年三月丁巳"宰臣百僚赐宴于曲江亭"。敬宗宝历二年三月甲戌"赐宰臣百僚上巳宴于曲江亭"。又文宗大和八年春三月甲寅上巳，开成元年三月十三日①，开成四年三月乙酉等，均有赐宴。而从武宗会昌六年因旱而停上巳曲江赐宴的记载来看，武宗朝正常年份也是遵循定制的。②

（四）上巳节弥漫着寻欢作乐的气氛，盛唐中唐时期尤为浓厚

殷尧藩有诗《上巳日赠都上人》云："三月初三日，千家与万家。蝶飞秦地草，莺入汉宫花。鞍马皆争丽，笙歌尽斗奢。吾师无所愿，惟愿老烟霞。曲水公卿宴，香尘尽满街。"③可视为对这种情绪的绝好状描！与此同时，曾经普遍存在的、在上巳节开展活动以祓除不祥的动机越来越淡出时人的生活。一个明显的例子就是，在魏晋南北朝时期虽然被批驳但仍流行的关于曲水流觞的来历解释（指挚虞所说），在唐人那里已很少得到认同。早在初唐时期，宋之问就已做出"有祓除禊饮者，成俗久矣，挚虞对而不经，束晳言而有礼"的判断，至于同时或后来的文人作品中多有诸如"皇情尚忆垂竿佐，天祚先呈捧剑人"、"金人来捧剑，画鷁去回舟"、"不数秦王日，谁将洛水同"、"卜洛成周地，浮杯上巳筵"等语句，更表明这些作品的作者都和当年的晋武帝一样，在挚虞和束晳提供的两种解释中选择了后者。这一择此弃彼的行为意味着对禊饮旨在祓除不洁这一意义的抛弃。欧阳詹在《鲁山令李胄三月三日宴僚吏序》中，径直将"禊饮"解释为"三月三日，以酒食出于野"，④更以这种无意识的置换明确地透露出，关于禊饮意义的原初理解在唐代已经在很大程度上丧失了。禊饮在当时已成为上巳节野外宴饮的代名词。

唐代人喜欢在上巳节寻欢过乐，而且似乎格外愿意与朋友一起"寻欢作乐"，也似乎只有在与朋友的共同"寻"、"作"中才能感受到快乐。没有朋友的时候，他们便觉得索然无味。比如孟浩然在上巳日涧南园"期王山人、陈七诸公不至"，便心生"坐歌空有待，行乐恨无邻……群公望不至，虚掷此芳晨"之感。白居易也曾有闲游没有好友相陪、只得

---

① 据《唐会要》卷29，这次上巳赐宴改在三月十三日举行，原因是"两公主出降，府司供帐事殷"。见该书第547页。
② 上述资料出自《旧唐书》诸皇帝的本纪以及《唐会要》卷29。
③ 《全唐诗》卷492，第5564—5565页。
④ 《全唐文》卷597，第6032页。

怏怏而回的经历,所谓:"欲作闲游无好伴,半江惆怅却回船。"这些都从反面证明了寻欢作乐情绪的存在。这种情绪是如此强烈,以至于持"文质殊涂,古今异宜,君子作事,得时也"观点的符载,认为如果在自己所处时空中再继续兰亭集会的"以清流激湍,一觞一咏,为宾客之娱者",便是不知变通,便应该受到有识之士的嘲笑;以至于处于声色繁华中的唐人不时发出"共道升平乐,元和胜永和"、"为报会稽亭上客,永和应不胜元和"的感叹!

综上所述,与前代相比,上巳节在唐代发生了重要变化。而且,在唐代不同时期上巳节表现也不相同。大致而言,初唐时期的上巳节较多秉承魏晋时期的气质,盛唐中唐时期的上巳节则演变出这个朝代所独有的风貌。

三 上巳节在唐代变迁的原因和影响

(一) 上巳节在唐代变迁的原因

上巳节能够在盛唐中唐时期演变出这个朝代所独有的风貌,是各种因素综合作用的结果。大致说来,可以归结为以下几个方面:

首先,也是最重要的,就是盛唐和中唐时期相对安定的政治环境、相对富足的经济环境和相对宽松的文化环境中滋生出来的一种普遍的娱乐倾向。其实,这种娱乐倾向不仅令上巳节的"娱乐性得到强化",也令其他节日的娱乐性得到强化。因此"三月初三日,千家与万家。蝶飞秦地草,莺入汉宫花。鞍马皆争丽,笙歌尽斗奢"场面的出现,与其说是上巳节娱乐性的体现,毋宁说是普遍存在的娱乐倾向在上巳节这个节日里的具体体现。

其次,与唐代士人追慕前人有关。魏晋时期文人的上巳节集会,尤其是王羲之等人的兰亭集会,是后世文人向往的盛会,唐代文人也未能例外。虽然他们在新的时代环境中已经难以保持兰亭集会的精神与气度,却在心理和行动上加以效仿。故而士人集会,仍然是唐代上巳节的一道风景。

再次,还应归因于最高统治者对这一节日的重视。唐代多个皇帝都曾在上巳节招宴群臣,唐德宗更将上巳节定为三令节之一,甚至专门赐钱,"任文武百僚,择胜地追赏"。唐代最高统治者对上巳节的重视,与希望借此显示天下太平的诉求有关,恰如韩愈所说:"四方无斗争金革之声,京师之人,既庶且丰,天子念致理之艰难,乐居安之闲暇,肇置三令节,诏公卿群有司,至于其日,率厥官属,饮酒以乐,所以同其休、宣其和、感其心、成其文者也。"① 最高统治者态度上的重视与行动上的支持，直接导致了上巳京城游宴活动的盛行。"上巳曲江滨，喧于市朝路。相寻不见者，此地皆相遇。日光去此远，翠幕张如雾"② 热闹场面的出现是与此密切相关的。

值得一书的是，最高统治者对这一节日的重视，不仅影响到京城，也在一定程度上影响到地方。欧阳詹的《鲁山令李胄三月三日宴僚吏序》中明确指出："有唐今上御宇之九年，年定三节：一以二月一日之中和，终取九月九日之重阳，次取此日之禊饮。赐群臣大宴，登高临流，与时所宜。洎四方有土之君，亦得自宴其僚属。"③ 地方官员也得以借此机会举行宴会。而根据欧阳詹的序，他所描述的这次由鲁山令李胄召集的宴会，参与者不仅有政府官吏，还有乡村中德高望重的人物，亦有渔者、农者、圃者、弋者等劳动生产者的代表。因此，可以说，最高统治者重视上巳节，对于这个节日在地方上的兴盛亦具有一定的影响力。

最后，唐代人的创新精神也起了一定的作用。上巳节的不少活动，如踏青、泛舟、竞渡等都是前代上巳节罕见的，但在唐代都蔚为大观，成为时人过节的重要方式。因此，如果说上巳节的习俗活动令唐代人感到快乐故而需要感谢这些活动的创造者的话，那么应该被感谢的主要是他们自己。中唐时期出现的一次三月三日茶宴也能很好地说明这一点。三月三日本为禊饮之日，传统上所饮之物是酒，但是有"诸子"别出心裁，"议以茶酌而代焉"，于是他们"命酌香沫，浮素杯"，就真的以茶代酒了，并在茶宴上领略到此举带来的独特审美享受，所谓："殷凝琥珀之色，不令人醉，微觉清思。虽五云仙浆，无复加也。"④ 从文献记载看，饮茶并未成为唐代上巳节的习俗活动，但这一举动显现的标新立异的创造精神，却是促成上巳节在唐代发生诸多变化的重要力量。

（二）上巳节在唐代变迁的影响

上巳节是魏晋南北朝隋时期的人们留给唐朝人的文化遗产，上巳节时

---

① 韩愈：《上巳日燕太学听弹琴诗序》，载《全唐文》卷556，第5629页。
② 刘驾：《上巳日》，载《全唐诗》卷585，第6775页。
③ 《全唐文》卷597，第6032页。
④ 吕温：《三月三日茶宴序》，载《全唐文》卷628，第6337页。

在三月三日，届时要举行水边洗濯、宴饮等活动，对于唐代的社会成员来说，是一种生活"常识"。正因为是生活中的常识，其存在是当然的，不言而喻不证自明的，所以他们在一年一度的节日来临时，也以自己的身体在既有习俗框架中从事着种种习俗活动（尽管在这个过程中习俗活动本身的意义可能被重新阐释，习俗活动的性质也往往发生变化）。正是通过他们的身体力行，三月三作为一个节日在唐代存在着并得以继续存在下去。

然而，上巳节又不仅仅是前人留给唐人的文化遗产，它更是属于唐代人的生活时间。因此，富有创新精神的唐代人就不仅以重复前人、实践常识的方式度过这段特殊的时日，而且用自己可以接受的前无古人的方式来度过这段特殊的时日。于是，在许多人不断的身体力行中，新的方式化成为不言而喻的、不证自明的新的常识，且部分地取代了旧的常识，并和继续被视为（有时是被更加普遍地视为）常识的旧常识一起，成为支配后来者上巳节节日行为的基本力量。在唐朝灭亡之后建立的五代宋朝，每届上巳节来临，则有踏青泛舟[①]，皇帝赐宴[②]，文人学士聚饮赋诗、曲水流杯[③]等习俗活动，而这些都主要是从唐朝继承而来的。如果我们将上巳节的历史比喻为一条长长的链条，唐代的上巳节无疑是这链条上最为夺目的那一环。

上巳节在唐代是兴盛的，然而必须说明的是，这种兴盛背后也潜伏着危机。

首先，从目前资料来看，上巳节的兴盛主要是在都市中，尤其是长安和洛阳两大都城，至于其他地方，资料就比较少见，这在一定程度上揭示出上巳节的流播区域相对狭小。

其次，虽然上巳节吸引了来自不同社会群体的人参与其中，但"士"的地位更为突出。尽管士人的集会也呈现出从高雅向世俗的转变，但毕竟与一般民众保持着相当大的距离。总体上看，与前朝相比，

[①] 杨万里有《三月三日上忠襄坟因之行散得绝句》，诗云："游人不是上坟回，便是清湍禊事来。""女唱儿歌去踏青，阿婆笑语伴渠行。只亏郎罢优轻杀，攞子双担挈酒瓶"。

[②] 杨亿、刘筠、钱惟演等均有《上巳玉津园赐宴》诗，韩琦有《上巳琼林苑赐筵》，欧阳修有《三日赴宴口占》等，均可为证。

[③] 苏轼有《上巳日与二三子携酒出游，随所见辄作数句，明日集之为诗，故词无伦次》，孔平仲有《上巳饮于湖上》，葛胜仲有《临江仙·上巳九曲池流杯》等，可为证。

在唐代，上巳节在民俗主体方面并没有呈现出明显的扩张趋势，与"士"（包括官僚和官僚预备军）这样一个特殊群体的联系却似乎越来越密切。

再次，唐代上巳节的兴盛很大程度上归功于官方在态度、资金和时间等方面的大力支持，一旦这种支持乏力，其兴盛程度必然受到影响。

最后，也是最重要的，就是上巳节在本来具有的被除不祥的功能被消解之后，并没有形成不可替代的新功能。祓禊作为上巳节标志性习俗，其原初功能是祓除不祥，但魏晋以降，这种功能日渐衰落，到唐代，几乎全被消解。祓禊成为娱乐性和审美性的习俗活动，上巳节也主要成为游乐宴赏的日子。民俗学的研究表明，那些源远流长的节日总有着深厚的信仰根基，一个节日所包含的信仰因素是该节日得以传承的重要支撑。上巳节既有的信仰因素丧失，新的信仰因素又没有添加进来。虽然新兴的踏青游赏契合了唐代人的心理需求，但它的规范力不足，没有产生令时人坚守的力量，以与和它节期临近（有时会重合）、但节俗活动更为丰富、文化内涵更与中国人的道德观念相契合的寒食节、清明节相抗衡。因此当寒食节、清明节全面兴盛之后，上巳节就被慢慢取代了，它的踏青游赏习俗活动也被吸纳进这两个春天的节日之中。虽然五代、宋朝时期的上巳节仍有多种习俗活动在举行，但已无法阻止它开始走向生命的衰落阶段。

第四节　五月五日

我们现在称为端午节的五月五日，至少在汉代就已是一个民俗学意义上的节日了。魏晋南北朝时期，伴随着人口大规模的移动和南北民俗文化的交融，它的地位获得较快提升，"成为民间的一大节日"。[①] 到唐代，时人既传承着已有的五月五日习俗，又在若干方面表现出与以往的不同。以下试从几个方面考察唐代五月五日节的形态以及对前代的继承和变化。

[①] 萧放：《〈荆楚岁时记〉研究——兼论传统中国民众生活中的时间观念》，北京师范大学出版社2000年版，第174—175页。

一 节日名称

在我国现存所有传统节日中,端午节可谓名称最多的一个。除端午外,在历史上,它还有过五月五日、重午、端五、重五、五月节、端阳、蒲节、天中节、诗人节、女儿节、龙舟节、粽子节、苦瓜节、医药节等诸多专名。然而,这些专名多是后来才出现的,唐代以前,这个节日普遍行用的名称是"五月五日"。比如《玉烛宝典》引《风俗通》云:"夏至,五月五日,五采辟兵,题野鬼游光。"引《后汉书·礼仪志》云:"五月五日,朱索五色印为门户饰,以难止恶气。"引《抱朴子》云:"五月五日中时,取之阴百日,以其足画地,即为流水。"均为五月五日。[1] 北朝、隋代时也称做"五月五日"。如《北史》卷三记载:"五月甲戌朔日有蚀之,乙亥诏罢五月五日、七月七日餪。"[2]《隋书》卷四十一记载:"寻属五月五日,百僚上馈,多以珍翫,威献《尚书》一部。"五月五日亦偶称"仲夏端五"、"五月节"。如周处《周土记》云:"仲夏端五,方伯协极。"《续齐谐记》云:"歌云:五月节,菰生四五尺,缚作九子粽。"[3] 唐时也有因袭前朝称"端五"者。比如唐人李匡乂在其《资暇集》中就提到他家有"元和中端五诏书",又"近见醴泉县尉厅壁有故光福王相题郑泉记处云端五日"。[4] 但在盛唐以前,更加流行的节名仍然是"五月五日",比如唐中宗神龙三年(707)四月制书规定:"所在五月五日,非期功已上亲不得辄相赠遗。"[5] 唐睿宗景云二年(711)十一月敕:"太子及诸王公主,诸节贺遗,并宜禁断,惟降诞日及五月五日,任其进奉,仍不得广有营造,但进衣裳而已。"[6]

盛唐时,"端午"之名开始出现,它迅速取代五月五日和端五,成为当时主流的称呼。李匡乂曾提到这一变化:"端午,端五者……今人多书

---

[1] (隋)杜台卿撰、(清)杨守敬校订:《玉烛宝典》,载《续修四库全书》编纂委员会编《续修四库全书·八八五·史部·时令类》,上海古籍出版社2002年版,第57—61页。
[2] (唐)李延寿:《北史》卷3,中华书局1974年版。
[3] (隋)杜台卿撰、(清)杨守敬校订:《玉烛宝典》,载《续修四库全书》编纂委员会编《续修四库全书·八八五·史部·时令类》,上海古籍出版社2002年版,第57、60页。
[4] (唐)李匡乂:《资暇集》卷中,文渊阁四库全书电子版。
[5] 《册府元龟》卷63,中华书局1960年影印本。
[6] (宋)王溥:《唐会要》卷29,中华书局1955年版,第542页。

午字，其义无取。"① 尽管李匡乂认为"其义无取"，但"多书午字"的确已成事实。唐玄宗李隆基有《端午三殿宴群臣（探得神字）》、《端午》诗，张说有《端午三殿宴群臣（探得鱼字）》，杜甫有《惜别行，送向卿进奉端午御衣之上都》、《端午日赐衣》，窦叔向有《端午日恩赐百索》，权德舆有《端午日礼部宿斋有衣服彩结之贶以诗还答》，殷尧藩有《端午日》、《同州端午》，徐夤有《岳州端午日送人游彬连》，文秀有《端午》等，均作"端午"。不仅如此，在官方文件中，"端午"也取代"五月五日"成为常用词语。如唐宪宗元和四年（809）闰三月敕云："其诸道进献，除降诞、端午、冬至、元正任以土贡修其庆贺，其余杂进，除二日条所供外，一切勒停。"② 唐文宗开成元年（836）《改元开成赦》云："诸道贺正端午诞降、贺冬进奉，起今权停三年。"③

是谁，又为什么要将五月五日、端五改称"端午"，目前笔者尚无力给出确凿的答案。但可以肯定的是，这一称谓的发明对后世产生了极为深远的影响，它不仅后来居上，成为时在农历五月五日的这个节日最流行的名称，而且诱导后世学者错误地理解端午的含义，并错误地认为这个节日是由午月午日演变而来的。但更为重要的是，这一名称的变化，使"午"字成为解释这个节日的核心字眼，一些原本习惯于在五月午日举行的活动也转移到五月五日中来了。④

二 节日时间

就节日时间而言，"五月五日"之名已经点明了节日在历法中的位置。历法中的五月五日就是"五月五日"节的标志性时间。唐代以前大致如此。需要说明的是，有些地方的竞渡之俗往往并不仅限于五月五日一天，甚至高潮也不是五月五日，比如隋朝荆州一带的竞渡就是在五月望。⑤ 其实直到今天，四川合川、黔江、大宁、湖北武汉、长阳等地，还将五月十五日称为大端午。在唐代，端午节主要还是在五月五日，但南方

---

① （唐）李匡乂：《资暇集》卷中，文渊阁四库全书电子版。
② （宋）王溥：《唐会要》卷29，上海古籍出版社1991年版，第635页。
③ 《唐大诏令集》，第27页。
④ 对于"端午"之名出现于唐代，笔者有更为详细的考证，参见附录三《"端午"作为节名出现于唐代考》。
⑤ 《隋书》，中华书局1974年版，第609页。

竞渡的时间跨度往往很长，并不只在五月五日当天才举行，元稹曾在一首诗里提到："楚俗不爱力，费力为竞舟。……连延数十日，作业不复忧。……一时欢呼罢，三月农事休。"① 可见从准备到结束，竞渡要耗时几十天之久。

三 节日传说

唐代以前，民间流传着关于五月五日的多种传说，其一与屈原有关。早在东汉应劭《风俗通义》中就已笼统提到五月五日的习俗与屈原有关，所谓"又曰亦因屈原"，② 南朝梁吴均《续齐谐记》则详细记录了这一传说：

> 屈原五月五日投汨罗而死，楚人哀之，每至此日，竹筒贮米，投水祭之，汉建武中，长沙欧回，白日忽见一人，自称三闾大夫，谓曰：君当见祭甚善，但常所遗，苦蛟龙所窃，今若有惠，可以楝树叶塞其上，以五采丝缚之，此二物蛟龙所惮也，固依其言，世人作粽，并带五色丝及楝叶，皆汨罗之遗风也。③

这一传说将楚人五月五日用粽子投水、作带五色丝及楝叶的粽子等习俗活动和屈原联系起来。

隋杜公瞻注《荆楚岁时记》"是日，竞渡"时亦记载了屈原传说："五月五日竞渡，俗为屈原投汨罗日，伤其死，故并命舟楫以拯之。"④ 这则传说以屈原解释了五月五日竞渡习俗的来历。《隋书·地理志》解释荆州一带竞渡习俗时，也将其归因于屈原的自沉汨罗，不同之处在于屈原自沉的日子是五月望日：

> 屈原以五月望日赴汨罗，土人追洞庭不见，湖大船小，莫得济者，乃歌曰："何由得渡湖！"因而鼓棹争归，竞会亭上，习以相传，

---

① （唐）元稹：《竞舟》，载《全唐诗》卷398。
② （汉）应劭撰、王利器校注：《风俗通义校注》，中华书局1981年版，第605页。
③ 转引自（宋）李昉等《太平御览》卷31，四库全书本。
④ （南朝）宗懔原、谭麟译注：《荆楚岁时记译注》，湖北人民出版社1985年版，第92页。

为竞渡之戏。其迅楫齐驰，棹歌乱响，喧振水陆，观者如云，诸郡率然，而南郡、襄阳尤甚。①

除屈原外，与五月五日及其节俗来历有关的人物还有伍子胥、越王勾践和介子推等，如杜公瞻为"是日竞渡"作注时，不仅提到屈原，还提到伍子胥与越王勾践："邯郸淳《曹娥碑》云：'五月五日，时迎伍君逆涛而上，为水所淹。'斯又东吴之俗，事在子胥，不关屈平也。《越地传》云起于越王勾践，不可详矣。"② 陆翙《邺中记》则提到了介子推："并州俗以介子推五月五日烧死，世人为其忌，故不举火食"；五月五日起于纪念介子推的说法还见于署名蔡邕的《琴操》一书。③

东汉以后，民间还流传着孝女曹娥的故事。根据汉末邯郸淳撰写的《曹娥碑》，曹娥是上虞曹盱之女，曹盱"能抚节按歌，婆娑乐神"，曾于汉安二年五月参与祭祀"伍君"的活动，不幸为水所淹，不得其尸。当时年仅十四岁的曹娥沿着水边哭着寻找父亲，十七天后投江自尽，"经五日，抱父尸出"。④ 这则故事虽然与五月五日的来历无关，但它的发生与五月祭祀水神有联系，慢慢成为附着于这个节日的重要传说。

从文献记载来看，到唐代，虽然上述传说仍然有一定的影响力，比如欧阳询在编纂《艺文类聚》时，就将介子推、曹娥的故事收录进去，但屈原传说无疑已经成为当时具有压倒优势的五月五日的节日传说。在时人状写端午的诗文中，我们可以不时看到如下表述："灵均何年歌已矣，哀谣振楫从此起"；"节分端午自谁言？万古相闻为屈原"；"竞渡相传为汨罗，不能止遏意无他"；"大夫沉楚水，千祀国人哀"⑤；等等。

---

① 《隋书》，中华书局1974年版，第609页。
② （南朝）宗懔著、谭麟译注：《荆楚岁时记译注》，湖北人民出版社1985年版，第92页。
③ 《艺文类聚》引《琴操》曰："介子绥割其腓股，以啖重耳，重耳复国，子绥独无所得，绥甚怨恨，乃作龙蛇之歌以感之，终不肯出，文公令燔山求之，子绥遂抱木而烧死，文公令民五月五日不得发火。"
④ （汉）邯郸淳：《曹娥碑》，载（宋）施宿等：《嘉泰会稽志》，《宋元方志丛刊》，中华书局1990年版，第7073页。
⑤ 刘禹锡：《竞渡曲》，载《全唐诗》卷356；文秀：《端午》，载《全唐诗》卷823；白居易：《和万州杨使君四绝句·竞渡》，载《全唐诗》卷441；储光羲：《观竞渡》，载《全唐诗》卷139。

又如《隋唐嘉话》也明确记载:"俗五月五日为竞渡戏,自襄州已南,所向相传云:屈原初沉江之时,其乡人乘舟求之,意急而争前,后因为此戏。"① 所有这些都表明,屈原传说已经深入人心。也可以换句话说,到唐代,屈原与五月五节日起源的关系已经从一种地方认同转变为跨地方认同了。

这一变化应该经历了较长的历史过程,关于这一点,发生在龙朔元年(661)的一件事可以提供些许证据。这一年,已过而立之年的唐高宗(628—683年)很认真地询问了一个问题:"五月五日,元为何事?"② 史书记载当时是许敬宗引用《续齐谐记》所载的屈原传说做了回答。唐高宗是否满意许敬宗的回答史书并没有记载,但这一问一答本身意味深长。其实唐高宗对于五月五日这个节日并不陌生,因为早在显庆二年(657)四月,他就颁布过《停诸节进献诏》,要求对包括五月五日在内的诸多节日的进献进行约束,③ 那么此时他的提问应该可以表明,要么他对屈原传说尚不熟悉,要么他还没有认同这一说法。而许敬宗(杭州新城人)的回答则表明,在他那里,屈原传说是最正宗的关于五月五起源的解释。在屈原与五月五日的关系方面,唐高宗和许敬宗代表了当时社会中的两部分人,那么这场发生在君臣之间的问与答,在一定意义上可以视为屈原传说由熟悉它的人向不熟悉它的人传播的重要途径。

尽管还有其他传说的存在,尽管唐代以后许多地方还在生成新的传说对端午节及其习俗活动进行解释,但唐代以降,屈原传说当是流传最广的,它也在各种文献中得到了更多的书写和表述。当然,这些书写和表述又进一步强化了屈原与端午节的联系,以至于许多人认为与端午节相关的历史人物只有屈原。

四 节俗物品

唐玄宗曾经在端午节大宴群臣,并留下一首《端午三殿宴群臣古诗(并序)》,诗云:

---

① (唐)刘𫗧撰、恒鹤校点《隋唐嘉话》卷下,载上海古籍出版社编,丁如明、李宗为、李学颖等校点《唐五代笔记小说大观》(全二册),上海古籍出版社2000年版,第114页。
② (宋)王溥:《唐会要》卷29,上海古籍出版社1991年版,第631页。
③ 《唐大诏令集》,学林出版社1992年版,第461页。

律中蕤宾，献酬之象著；火在盛德，文明之义辉。故以式宴陈诗，上和下畅者也。朕宵衣旰食，缉声教于万方；卜战行师，摠兵钤于四海。勤贪日给，忧忘心劳。闻蝉鸣而悟物变，见槿花而惊候改。所以赖济济朝廷，视成鹓鹭；桓桓边塞，责办熊罴。喜麦秋之有登，玩梅夏之无事。时雨近霁，西郊霏靡而一色；炎云作峰，南山嵯峨而异势。正当召儒雅，宴高明，广殿肃而清阴生，列楼深而长风至。厨人尝散热之馔，酒正供陶暑之饮。庖捐恶鸟，俎献肥龟。新筒裹练，香芦角黍。恭俭之仪有序，慈惠之意溥洽。讽味黄老，致息心于真妙；抑扬游夏，涤烦想于诗书。超然玄览，自足为乐。何止柏枕桃门，验方术于经记；彩花命缕，睹问遗于风俗；感婆娑之孝女，悯枯槁之忠臣而已哉。叹节气之循环，美群臣之相乐。凡百在会，咸可赋诗。五言纪其日端，七韵成其火数。岂独汉武之殿，盛朝士之连章；魏文之台，壮辞人之并作云尔。

五日符天数，五音调夏钧。旧来传五日，无事不称神。穴枕通灵气，长丝续命人。四时花竞巧，九子粽争新。方殿临华节，圆宫宴雅臣。进对一言重，遒文六义陈。股肱良足咏，风化可还淳。①

唐玄宗这首诗并序中，多处提到节俗物品，按序和诗中的说法，包括"恶鸟"、"肥龟"、"新筒裹练"、"香芦角黍"、"柏枕"、"桃门"、"彩花"、"命缕"、"九子粽"、"陶暑之饮"等。下面稍作详细说明。

（一）恶鸟

恶鸟是指枭。至迟在汉代，这种鸟就被认为长大后会吃掉自己的母亲，由此获得了不孝鸟的恶名，如《说文解字》中所说："枭，不孝鸟也。"对于这种不孝鸟，汉初已有磔之并作羹汤的做法，朝廷中还用以赏赐百官，只是最初时间是在夏至日。如叔孙通制《汉仪》中就有"以夏日至赐百官枭羹"的规定。但五月五日用枭羹的做法，也早在汉代即已出现，三国人如淳说："汉使东郡送枭，五月五日作枭羹以赐百官，以其

---

① （唐）李隆基：《端午三殿宴群臣探得神字（并序）》，载《唐诗分类大辞典》，四川辞书出版社1992年版，第368—369页。

恶鸟，故食之也。"① 唐玄宗所谓"庖捐恶鸟"，即指以枭肉作羹汤。可见，在唐代，枭仍然被视为"恶鸟"，而宫廷中也继续着五月五日以枭羹赐百官的传统做法。

（二）肥龟

杜台卿《玉烛宝典》引周处《风土记》云：

> 仲夏端五，方伯协极，享鹜，用角黍，龟鳞顺德。注云：端，始也，谓五月初五也，四仲为方伯。俗重五月五日与夏至同。……又煮肥龟，令极熟，擘择去骨，加盐豉苦酒麻蓼，名曰菹龟。并以菹荠，用为朝食，所以应节气。……龟骨表肉里，外阳内阴之形，鮿鱼又夏出冬蛰，皆所以依像而放、将气养和、辅赞时节者也。②

从这段文字可以看出，晋时南方习惯在五月五日煮肥龟食用。根据古代中国人的阴阳观念和顺天应时的月令思维逻辑，五月五日，时在夏至前后，此时阳气最旺，但阴气已开始生长，正是阴阳相包裹之形，这时就要食用一些与之性质相似的东西，以"辅赞时节"，龟这种动物"骨表肉里"，正是"外阳内阴"之形，故而成为五月五日的节令食品。而当时也已经形成一整套专门制作肥龟的技术和方法。唐玄宗端午宴群臣时食用的肥龟，也许就是应用这套方法烹制出来的。

（三）新筒裹练、香芦角黍与九子粽

粽子是五月五日最流行的食品之一。粽的口味不同，形制也有多种。其中新筒裹练是指在竹筒外面缠绕丝线的竹筒粽。关于缠绕丝线的竹筒粽的来历，前引《续齐谐记》屈原传说就是其民间解释。竹筒粽不仅用丝线缠绕，还要使用楝树叶。这一做法最初当流行于楚地，后来播布到更大的区域。唐玄宗的诗（并序）并未提到"楝树叶"，但考虑到《续齐谐记》中说"世人作粽，并带五色丝及楝叶"，楝树叶大概也是使用的，只是受诗歌（序）这种文学体裁所限而未能得到表述罢了。香芦角黍，是用芦叶包裹黏米而成的粽子。据周处《风土记》记载："先此二节（指夏

---

① 关于枭羹，陈连山有更为详尽的论述，参见其论文《端午枭羹考》，载《民俗研究》2010年第1期，第241—249页。

② 转引自《玉烛宝典》，第57—58页。

至、五月五日）一日，又以菰叶裹黏米，杂以粟，以淳浓灰汁煮之令熟，二节日所尚啖也。……裹黏米一名粽（子弄反也），一曰角黍，盖取阴阳尚相苞裹未分散之象也。"① 可见，用菰叶包裹黏米和粟而成的"角黍"，在晋朝已经是十分普遍的节令食品了。芦叶与菰叶相似，亦可裹黏米而成角黍。其实，无论是竹筒粽，还是菰叶角黍、香芦角黍，都是取"阴阳相包裹未分散之象"以辅赞时节之物。

九子粽，是粽子的一种。温庭筠《鸿胪寺有开元中锡宴堂，楼台池沼雅为胜绝，荒凉遗址仅有存者，偶成四十韵》曾有诗云："盘斗九子粽，瓯擎五云浆。"② 只是不知其具体形制如何。

（四）柏枕

柏枕，当指以柏木制作的枕头或以柏壳填装的枕头。柏树，是一种常绿乔木，木质坚硬，纹理致密，柏壳是柏树种子的外壳。

（五）桃门

桃门，指挂在门户上的桃印。《后汉书·礼仪志》载："仲夏之月，万物方盛。日夏至，阴气萌作，恐物不楙。其礼：……以桃印长六寸，方三寸，五色书文如法，以施门户。代以所尚为饰。夏后氏金行，作苇茭，言气交也。殷人水德，以螺首，慎其闭塞，使如螺也。周人木德，以桃为更，言气相更也。汉兼用之，故以五月五日，朱索五色印为门户饰，以难止恶气。"③ 桃木在我国古代被视为避邪之木，五月五日以桃木为印，作为门饰，起着将恶气阻止于门外、不得入侵的作用。

（六）彩花、命缕

彩花、命缕都是五月五日的佩饰，即所谓五色丝、长命缕、五彩、百索、丝索、长丝之类。五月五日使用五色丝线亦是自汉代就有了。东汉应劭《风俗通义》载："五月五日，以五彩丝系臂，名长命缕，一名续命缕，一名辟兵缯，一名五色缕，一名朱索，辟兵及鬼，命人不病瘟。"④ 后代仍然传承未断。在唐代，皇帝经常赐予大臣节物，丝索是五月五日所赐节物中最为常见的一种。

---

① 转引自《玉烛宝典》，第58页。
② 《全唐诗》卷583。
③ （南朝）范晔撰、（唐）李贤注：《后汉书》卷15，中华书局1965年版。
④ （汉）应劭撰、王利器校注：《风俗通义校注》，中华书局1981年版，第605页。

唐代的五丝之类形制十分不一，有的只是以五色丝线汇在一起即可，有的则复杂得多。无名氏《五丝续宝命赋》中所咏，就属于相当复杂的一种。根据该赋的描写，"洎天子御绨之日，后妃献茧之时"就开始"手如振素，盘续命之五丝"。而开织之前还要祭祀神灵。制成的五丝：

> 蕙绿轻重，兰红浅深。皎皎而有莺其领，采采而亦翠其衿。既比方而一色，又条畅乎数寻。观其发齐万计，花柔四艳。宛委蛇盘，张皇虹直。植其鹭羽杂之而夺其鲜，对彼凤毛久之而寡其色。……懿寿丝之礼大，续宝命之天长。衮冕绂班，萦寿丝以成锦；游缨锡美，比寿丝以无疆。错以五采，准日以符节也；综以万绪，盈数以尊寿也。龙烂蛇伸，光气腾腾。以御邪也，瑞等乾坤；拜启献也，汪濊沾止。其兵辟也，不待万岁蟾蜍；其理疾也，岂藉单衣龙子？四海销天札之疠，百姓登仁寿之祉。①

这些五丝是献给君王的，用丝线杂鹭羽织成，上有龙蛇、花朵等图案，十分精美，具有令"四海销天札之疠，百姓登仁寿之祉"的象征性功能。

（七）陶暑之饮

唐玄宗的诗中提到陶暑之饮，但未指明具体是什么。张说有首《端午三殿侍宴应制》诗，是因参与唐玄宗这次赐宴活动写作的，诗中提到"甘露垂天酒"，或许就是一种"陶暑之饮"。《荆楚岁时记》载，"以菖蒲或缕或屑，以泛酒"，② 南北朝时已有菖蒲酒，这种酒在唐代也被饮用，如殷尧藩《端午日》诗云："少年佳节倍多情，老去谁知感慨生。不效艾符趋习俗，但祈蒲酒话升平。"③ 只是不知蒲酒是否被唐人视为"陶暑之饮"。

除了上述之外，唐代的端午节物还有艾草、扇子、端午衣等。关于五月五日用艾，《荆楚岁时记》中也已提到："采艾以为人，悬门户上，以

---

① （宋）李昉：《文苑英华》卷120，四库全书本。
② （梁）宗懔著、宋金龙校注：《荆楚岁时记》，山西人民出版社1987年版，第47页。
③ 《全唐诗》卷492。

禳毒气。"① 唐代继续沿用，如张鷟曾说："紫艾禳灾，大启中州之俗。"② 至于端午衣和扇子，唐代君主多以之赐予大臣，据冯贽《云仙杂记》，平常人家也有赠扇之俗，扇名"辟瘟"："洛阳人家端午以花丝楼阁插鬓，赠遗辟瘟扇。"③

从上面的叙述可知，唐代的五月五日节物主要是饮食和服饰两类，它们的使用是唐代五月五日节俗活动的重要组成部分。这些节物基本上都从前代继承而来，并无多少新创。

五 节俗活动

唐代以前，"五月五日"已发展成为朝野重节，习俗活动十分丰富，除了有专门的饮食和专门的服饰之外，还有竞渡、馈赠、铸镜、采药、合药、斗草等诸多方面的内容。细述如下：

（一）竞渡

1. 五月五日竞渡习俗的流播区域

唐代以前，五月五日竞渡一直流行于南方。关于五月五日竞渡较早的史料来自《荆楚岁时记》："是日竞渡。"④ 在这里，竞渡是作为荆楚一带的风俗得到记录的。在隋朝，竞渡也是年中盛事，但仍然集中于南方的东吴、荆楚一带：

> 京口东通吴、会，南接江、湖，西连都邑，亦一都会也。其人本并习战，号为天下精兵。俗以五月五日为斗力之戏，各料强弱相敌，事类讲武。宣城、毗陵、吴郡、会稽、馀杭、东阳，其俗亦同。⑤

又：

> 大抵荆州率敬鬼，尤重祠祀之事，昔屈原为制九歌，盖由此也。

---

① （梁）宗懔著、宋金龙校注：《荆楚岁时记》，山西人民出版社1987年版，第47页。
② 《五月五日洛水竞渡船十只请差使于扬州修造须钱五千贯请速分付》，载《全唐文》卷173，第1761页。
③ （唐）冯贽：《云仙杂记》卷1，四库全书本。
④ （梁）宗懔著、宋金龙校注：《荆楚岁时记》，山西人民出版社1987年版，第48页。
⑤ 《隋书》，第603页。

屈原以五月望日赴汨罗，土人追洞庭不见，湖大船小，莫得济者，乃歌曰："何由得渡湖！"因而鼓棹争归，竞会亭上，习以相传，为竞渡之戏。其迅楫齐驰，棹歌乱响，喧振水陆，观者如云，诸郡率然，而南郡、襄阳尤甚。①

五月五日竞渡之俗流行于南方，一方面与该习俗所需要的自然条件（主要是广阔的水域）在南方更容易得到满足有关，另一方面因为它和南方民众的日常生产、生活关系更为密切。

到了唐代，端午竞渡习俗仍然盛行于南方，这一点可从时人留下的文献中看得非常清楚。比如张说的《岳州观竞渡》、张建封的《竞渡歌》写于岳州（今湖南岳阳），刘禹锡的《竞渡曲》写于朗州（今湖南常德），白居易的《竞渡》为和万州杨使君所作，万州在今四川万县，卢肇的《竞渡诗》作于江宁（今江苏南京），骆宾王的《扬州看竞渡序》作于扬州，这些地方都在南方地区。当然，此时期它也开始在北方的某些区域如长安和洛阳兴起，并出现了"都人同盛观"的宏大场面。② 五月五日竞渡习俗在北方的传播很大程度上要归因于唐代最高统治者的热衷和参与。一方面，有的皇帝会兴致勃勃地到竞渡活动现场参与，如宝历元年（825）五月，唐敬宗就在鱼藻宫观看了竞渡活动；另一方面，他们又为竞渡活动的举行积极创造条件，比如唐敬宗就曾"诏王播造竞渡船二十只供进"。

2. 竞渡船只的形制

关于南朝时期五月五日竞渡的船只与仪规，《荆楚岁时记》曾作如下记载："舸舟取其轻利，谓之'飞凫'，一自以为'水车'，一自以为'水马'。州将及土人悉临水而观之。"③ 可见当时用于竞渡的船只有专门的名称，叫做"飞凫"，但飞凫似乎并非专门制造，只要轻利，便于划行即可。比赛时一方叫水军，一方叫水马，为竞争的双方。竞渡时有人围观。

到了唐代，竞渡船只已经专门营造，唐敬宗就曾命令王播营造20艘。甚至当时还有到南方去修造用于北方竞渡船的做法，张鷟的《龙筋凤髓

---

① 《隋书》，第609页。
② 吴融：《和集贤相公西溪侍宴观竞渡》，载《全唐诗》卷684。
③ （梁）宗懔著、宋金龙校注：《荆楚岁时记》，山西人民出版社1987年版，第48—49页。

判》中载有水衡监提交的《五月五日洛水竞渡船十只请差使于扬州修造须钱五千贯请速分付》一文对此就有所反映。皇家（政府）修造竞渡船只的花费甚大。按前引水衡监向张鷟提出的申请，10只竞渡船需钱5000贯，每只船就要用钱500贯。按当时的物价来看，一斗米约值五文钱，五百贯就是五十万文钱，可以买到十万斗米。而在宝历年间，如果造20艘竞渡船，"运材于京师造之，计用转运之费"。也正是因为船的造价太高，所以唐敬宗造20艘的诏令受到谏议大夫张仲方的"力谏"，最终只好"减其半"，改为建造10艘；① 水衡监的申请也在张鷟那里遭遇了拒批。在张鷟看来："造数计则无多，用钱如何太广？玩物丧志，所宝惟贤，岂将有限之财，以供无益之费？所请非急，未可辄依。"②

按照元人胡三省的说法，唐代已开始建造龙舟："自唐以来，治竞渡船，务为轻驶，前建龙头，后竖龙尾，船之两旁，刻为龙鳞而彩绘之，谓之龙舟。"③ 不过，唐代竞渡船的形制应该更多一些，张鷟在为《五月五日洛水竞渡船十只请差使于扬州修造须钱五千贯请速分付》所作判文中曾提到竞渡的场面：

> 爰因此日，竞渡为欢。兰桡鸣鹤之舟，桂棹晨凫之舸。鸭头泛滥，与青雀而争飞；鹢首参差，共飞龙而竞逐。黄头执棹，疑素鲤之凌波；白衣扬橹，类苍乌之拂浪。④

其中的"鸣鹤"、"晨凫"、"鸭头"、"青雀"、"鹢首"、"飞龙"，应该都是针对船的不同形制而言的。如果说"龙舟"之得名是因为它模仿了龙的形状，那么这些不同名目的船只之得名，大约也因为模仿了不同鸟兽的形状。

3. 竞渡的习俗规则

竞渡作为重要的习俗活动，是有其专门规则的。对此胡三省曾有过简单的表述："自唐以来，治竞渡船……植标于中流，众船鼓楫竞进以争锦

---

① 《资治通鉴》，第7844页。
② （唐）张鷟：《龙筋凤髓判》卷2，四库全书本。
③ 《资治通鉴》，第7844页。
④ （唐）张鷟：《龙筋凤髓判》卷2，四库全书本。

标。有破舟折楫至于沉溺而不悔者。"① 不过，根据唐代人留下的一些文献可以发现，各地竞渡的习俗规则并不完全相同，与胡三省所作表述亦有不尽吻合处。如王建《宫词一百首》之二十五首云："竞渡船头掉采旗，两边溅水湿罗衣。池东争向池西岸，先到先书上字归。"② 在这里，竞渡的船只从池东齐发，是以谁先到池西岸为胜的，不同于胡三省所说的"植标于中流"。而且胜利者有先被书写"上"字的权利。这大约是宫中竞渡的一般规则。

范慥的《竞渡赋》对楚地竞渡习俗规则多有涉及：

> 楚之人兮，有舟利于涉者，节以楫师而竞驰，因汨罗拯溺之事，为江汉载浮之嬉，以娱黎蒸，以穆风俗，故岁习而无亏尔。
>
> 其月维仲夏，节次端午，则大魁分曹，决胜河浒。饰画舸以争丽，建彩标而竞取。聿来肇自于北津，所届眇期于南浦。选孟贲乌获以用壮，酹川后天吴以赞辅。重轻莫异于锱铢，先后不差于步武。外希得隽之称，内约畴庸之伍。降簪裾以列筵，拥士庶兮如堵。于是鹢首齐向，飘然羽轻。引长縆以观整，罗小艇以持平。远岸天阔，乘流镜清。援枹者气作于一鼓，理棹者伎痒于先鸣。聆大呼之始发，若纵舵而迅征。直冲谅驶于狂兕，忽往来殊于骇鲸。目正昼而惧眩，浪无风兮欻生。鸣鼙吹竽，上聒天衢，如伏波整旅合水兽于江湖；建旗列卒，俯映泉室，若五利将军访仙师于溟渤。摄弄奇以潜骇，恒游泳而下逸。群声合噪，群手齐力。虑勍敌之我先，莫遑舍于瞬息。乘轻若在于风驭，处疾互飞于首饬。舳舻惟正，审流镝之向齐；橛棹翻然，乱惊鬼之挥翼。投劲竹以交拥，各庶几于独克。向背适中，胜负攸分。一喻马之旋汀，一如龙之曳云。始差池以接影，忽夐绝而殊群。会不移晷，倏然戾止。去孤标于部党，争距跃而赴水。有麾竿以赞获，或振彩以扬美。中程者虽多欲于上人，后时者犹未甘于胜已。惩既往之败绩，伫将来以雪耻。由是励能激愤，赴涨而回。其逐进也速，飞电之经目；其引退也缓，孤鹠之应媒。彼狃浅以生息，此方殷而有猜，仰兴慕于三节，爰息徒而复来。论始作之功，虽掉鞅而偏

---

① 《资治通鉴》，中华书局1956年版，第7844页。
② 《全唐诗》卷302。

擅；稽未事之效，乃发梁兮备该。然后弭舟檝，宴沙场，叶同党之诚愿，锡上官之宠光。征固敌之财以颁赏，合如渑之酒以飞觞。勉居后人以成绩，翻有初于不藏。水府澹以澄静，人群欣而乐康。

夫吞刀倚巧而幻人之伎，角抵称妙而狡童之戏，岂比夫仙舟以济川之器，竞渡有救灾之义，非百夫之众无以较其捷；非九江之广无以蒇其事。总夷夏之具搜，为壮观之能类！①

根据范慥的描述，竞渡是每年端午节期间都要举行的活动。竞渡的船只都经过精心的装饰，而桡手也是精心选择的结果。在竞渡开始之前，各船要祭祀川后、天吴等水神，祈求他们的福佑。竞渡当天，人们纷纷前来观看。为了公平起见，竞渡的船只要排成一排，为此会在水上拉出一条长绳或摆出一些小船进行取齐。比赛即将开始，鼓手会先擂上一通，船上的人早已跃跃欲试。待有人大呼开始，则舟船竞发。竞渡时可以设置障碍，比如将竹子投入水中，看谁能够超越过去。以船先到中间者为胜。激烈的比赛过后，则偃旗息鼓，列筵吃酒。

从上面的分析可以看出，唐代竞渡有着较强的地方性差异。

4. 五月五日竞渡习俗为时人重视的表现

五月五日竞渡习俗在唐代颇受重视，在南方尤其如此，大约表现在如下三个方面：

首先，具有全民性。"呀呷汀洲动，喧阗里巷空。"② 人们不分贵贱，不分男女，不分职业，不分老幼，纷纷走出家门，走到水边，以不同方式参加到竞渡活动中来。地方官员和文人学士的参与，可以他们留下的诸多诗篇为证。透过相关资料可以发现，地方官员，不仅仅是竞渡现场的参观者，还往往承担着裁判和颁奖的职责，如刘禹锡所言："刺史临流褰翠帏，揭竿命爵分雄雌。"有的高级地方官员还热衷于竞渡器具的改造与制作，杜亚就是其中之一。据载："杜亚为淮南节度使，盛为奢侈。江南风俗，春中有竞渡之戏，方舟并进，以急趋疾进前者为胜。亚乃命以漆涂船底，贵其速进，又为罗绮之服，涂之以油，令舟子衣之，入水不濡。"③

---

① （唐）范慥：《竞渡赋》，载（宋）李昉《文苑英华》卷82，四库全书本。
② 徐凝、诗残句，载《全唐诗》卷474。
③ 《册府元龟》卷454。

对于竞渡船和竞渡者的衣服都进行了改良。这方面的花费是相当高昂的,所谓:"竞渡采莲龙舟绵缆绣帆之戏费金数千万。"① 至于一般民众,或者成为竞渡的一员,或者成为现场的观众,有的还会加入到竞渡的赌博中去。女子也出现在竞渡的场合。"两岸罗衣破晕香,银钗照日如霜刃"就描写了现场女性的数量之多。

其次,往往提前做精心的准备。五月五日竞渡通常只是竞渡习俗的高潮,竞渡之前人们都要进行精心的准备。《金华子杂编》载有一件崔涓的轶事以夸赞他的机智灵动、思维敏捷,就反映了当时杭州一带为竞渡做准备的情况:"其俗端午习竞渡于钱塘湖。每先数日即于湖浒排列舟舸,结络彩舰,东西延亘,皆高数丈,为湖亭之轩饰。"② 在岳阳,人们花在竞渡上的时间更长,准备更为充分:"年年四五月,茧实麦小秋。积水堰堤坏,拔秧蒲稗稠。此时集丁壮,习竞南亩头。朝饮村社酒,暮椎邻舍牛。祭船如祭祖,习竞如习雠。连延数十日,作业不复忧。君侯馈良吉,会客陈膳羞。"③ 早在竞渡比赛开始前几十天,就要把参赛手集合起来进行训练。

再次,当竞渡届期来临之时,不论是竞渡的舟子,还是旁观的民众,都如痴如醉,沉溺于其中,呈现出一种狂欢局面。对此,前引范慥的《竞渡赋》中有细致的状写,刘禹锡的《竞渡曲》、李群玉的《竞渡时在湖外偶为成章》也做了很好的揭示。

刘禹锡《竞渡曲》诗云:

沅江五月平堤流,邑人相将浮彩舟。灵均何年歌已矣,哀谣振楫从此起。

杨桴击节雷阗阗,乱流齐进声轰然。蛟龙得雨鬐鬣动,螮蛛饮河形影联。

刺史临流褰翠帏,揭竿命爵分雄雌。先鸣馀勇争鼓舞,未至衔枚颜色沮。

百胜本自有前期,一飞由来无定所。风俗如狂重此时,纵观云委

---

① (唐)佚名撰、恒鹤校点:《大唐传载》,载上海古籍出版社编,丁如明、李宗为、李学颖等校点《唐五代笔记小说大观》(全二册),上海古籍出版社2000年版,第884页。
② (五代)刘崇远撰、阳羡生校点:《金华子杂编》,载上海古籍出版社编,丁如明、李宗为、李学颖等校点《唐五代笔记小说大观》(全二册),上海古籍出版社2000年版,第1752页。
③ 元稹:《竞舟》,载《全唐诗》卷398。

江之湄。

彩旗夹岸照蛟室，罗袜凌波呈水嬉。曲终人散空愁暮，招屈亭前水东注。①

这是沅江上的一次竞渡活动。沅江两岸已经树起各色彩旗，雷一样的鼓声已经响起，在州刺史的主持下，竞渡的船只一决胜负。它们如蛟龙入水般争先恐后，奋力向前。胜利者欢呼雀跃，败北者垂头丧气。观看的人如此之多，就像云彩一样飘落在江边。比赛结束以后，女子们就到水中游泳嬉戏，她们与岸边彩旗相映生辉，为节日增添了无限的生趣。

李群玉《竞渡时在湖外偶为成章》诗云："雷奔电逝三千儿，彩舟画楫射初晖。喧江雷鼓鳞甲动，三十六龙衔浪飞。灵均昔日投湘死，千古沉魂在湘水。绿草斜烟日暮时，笛声幽远愁江鬼。"② 参与这次竞渡活动的船只有三十六艘，人数达三千之众。三十六艘船只争先恐后，三千名健儿奋勇向前，鼓声、人声、加油声混合在一起，好一派热闹景象！

此外，张建封有首《竞渡歌》，按照时间顺序对竞渡现场进行描写，尤其出色：

五月五日天晴明，杨花绕江啼晓莺。使君未出郡斋外，江上早闻齐和声。

使君出时皆有准，马前已被红旗引。两岸罗衣破晕香，银钗照日如霜刃。

鼓声三下红旗开，两龙跃出浮水来。棹影斡波飞万剑，鼓声劈浪鸣千雷。

鼓声渐急标将近，两龙望标目如瞬。坡上人呼霹雳惊，竿头彩挂虹蜺晕。

前船抢水已得标，后船失势空挥桡。疮眉血首争不定，输岸一朋心似烧。

只将输赢分罚赏，两岸十舟五来往。须臾戏罢各东西，竞脱文身请书上。

---

① 刘禹锡：《竞渡曲》，载《全唐诗》卷356。
② 李群玉：《竞渡时在湖外偶为成章》，载《全唐诗》卷568。

吾今细观竞渡儿，何殊当路权相持。不思得岸各休去，会到摧车折楫时。①

从这首诗极可以看出竞渡的热烈气氛和人们的专注投入。虽然距离开赛还有一段时间，但参加竞渡的船只已经开始了演练。当使君在红旗的导引下骑马来到现场，岸边早已人头攒动，聚满了观看的人群，尤其是女子们也加入进来，她们的香气弥漫四周，她们的银钗在阳光的照耀下闪着明亮的光。彩绸扎成的标已高挂在竿头，谁先夺取它谁就是胜利的一方。终于鼓响三下，比赛开始了。但见竞渡的两艘船像龙一样浮游于水面之上。齐扬的棹桨像飞出的剑，迅速划动，鼓声越来越急，离标也越来越近。岸上观看的群情激昂，他们大声呼喊，为自己倾向的一方加油。船手抢标，你争我夺，十分激烈，有时甚至大打出手，弄得头破血流，而那些在输船上下赌注的人因为输钱而内心像火烤得一样难受。等赛事结束，参加竞渡的划手就争相脱去衣服，请使君在自己的身上写一"上"字，以示荣耀。

上述三首诗应该都是作者对自己参与的某次竞渡活动的具体描写，康建之在《对竞渡赌钱判》中所说，则是对扬州五月竞渡的概括与总结：

序属良辰，躔系令节，江干可望，俱游白马之涛；邑屋相趋，并载飞龙之舳，泛长波而急桨，有类乘毛；涌修浪而鸣舷，更同浮叶。箫吟柳吹，疑传塞北之声；棹引莲歌，即唱江南之曲。②

但无论是具体描写，还是概括总结，都可以让我们从中看出，竞渡作为在户外水边举行的大型活动，总是吸引着当地的芸芸众生。这里有激动人心的比赛，有震耳欲聋的鼓声，有悠扬悦耳的乐曲，还有挤挤挨挨的各色人等。他们可以下水嬉戏，可以大声呼喊，还可以赌博赢钱，甚至大打出手，以发泄心中的郁积之气……在唐代，竞渡具有集体狂欢的特性。正如陈熙远所说：它制造出"一个暂时性的公共空间，开放给全民在其间共通交接，性别与阶级在此一特定的时空中顿失区隔分别的意义。'热闹'是这种社会性节庆的特色，而颠覆礼教规范下的日常秩序，容许跨

---

① 张建封：《竞渡歌》，载《全唐诗》卷275。
② （宋）李昉：《文苑英华》卷504，四库全书本。

界交接与互动的可能,正是制造热闹的关键"①。《文苑英华》所载《对竞渡赌钱判》,提供了一个"颠覆礼教规范下的日常秩序"的好例:

> 扬州申江都县人,以五月五日于江津竞渡,并设管弦。时有县人王文,身居父服,来预管弦,并将钱物赌竞渡,因争先,后遂折舟人臂。②

王文的父亲去世不久,他还在服丧期间,按情理不应该到竞渡现场去凑热闹。但王文不仅去了,还参与了乐器的演奏;不仅参与乐器的演奏,还参与了赌博活动,并因为觉得不公平和人打起了架,将人家的胳膊都打伤了。虽然这个王文后来被判了罪。但他在竞渡期间"居丧听乐"、"在服伤人",却不能不说是对日常秩序的"无情"颠覆。其实竞渡场合对日常秩序的颠覆又何止于此?官民男女的共同在场,竞争者的大打出手,不被禁止的赌博,暂时中止的劳作,等等,无不是对日常秩序的反动。"逝者良自苦,今人反为欢"的局面③,正是在这种反动中得以形成的。

5. 竞渡的目的和意义

南方盛行的五月五日竞渡习俗,文人认为一般与纪念屈原相关,如刘禹锡《竞渡曲》自注云:"竞渡始于武陵,及今举楫而相和之,其音咸呼云:何在斯?招屈之义,事见《图经》。"又如储光羲《观竞渡》云:"大夫沉楚水,千祀国人哀。习棹江流长,迎神雨雾开。"④通过竞渡纪念忠臣屈原,也是不少文人的期待。但是在民间,它还有着其他的解释。比如在有的地方,俗信竞渡可以令庄稼丰收,所谓"能令秋大有,鼓吹远相催"。⑤又有的地方认为"竞渡有救灾之义"。⑥应该说,竞渡之俗包蕴的信仰因素为南方民众组织参与这一习俗活动提供了深厚的根基,竞渡之俗包蕴的娱乐因素则是他们积极参与这一习俗活动的重要动力。

---

① 参见陈熙远《竞渡中的社会与国家——明清节庆文化中的地域认同、民间动员与官方调控》,载《中研院历史语言研究所集刊》2008年第3期,第417—496页。
② (宋)李昉:《文苑英华》卷504,四库全书本。
③ 元稹:《表夏十首》,载《全唐诗》卷402。
④ 《全唐诗》卷139。
⑤ 储光羲:《观竞渡》,载《全唐诗》卷139。
⑥ (唐)范慴:《竞渡赋》,载(宋)李昉《文苑英华》卷82,四库全书本。

（二）馈赠

在唐代，五月五的节日馈赠既出现于社会成员之间，也出现于家庭内部。李白曾作一首诗，感谢朋友五月五日赠送衣服之事，并自述它的写作来历："张相公出镇荆州，寻除太子詹事。余时流夜郎，行至江夏，与张相公千里。公因太府丞王昔使车寄罗衣二事，及五月五日赠予，予答以此诗。"诗云："张衡殊不乐，应有四愁诗。惭君锦绣段，赠我慰相思。鸿鹄复矫翼，凤凰忆故池。荣乐一如此，商山老紫芝。"① 在这里，张相公（指张镐）派人送给李白两件罗衣作为五月五日的礼物，李白则还赠诗作一首。又李商隐有《端午日上所知剑启》和《端午日上所知衣服启》两文，前者是李商隐将一把"银装漆鞘，紫锦囊盛，传自道流"的"五金铸卫形威邪神剑"馈赠他人时所写的信，后者是他将"衣服等"馈赠他人时所写的信。这些均可表明当时有社会成员（比如朋友）在五月五相互馈赠之俗。

至于家庭内部馈赠的证据，可引显庆二年的《停诸节进献诏》：

> 朕抚育黎庶，思求政道。欲俭以训俗，礼以移风，菲食卑宫，庶几前轨。比至五月五日及寒食等诸节日，并有欢庆事，诸王、妃主及诸亲等，营造衣物，雕镂鸡子，竞作奇工，以将进献。巧丽过度，糜费极多，皆由不识朕心，遂至于此。又贞观年中，已有约束。自今以后，并宜停断。所司明加禁察，随事纠正。②

这份诏书的政策对象是"诸王妃主及诸亲等"，内容是对他们在五月五日、寒食节"竞作奇技，以将进献"的约束和禁止。可见，五月五节日期间皇家内部是有馈赠做法的。值得注意的是，诏书中提到"贞观年中，已有约束"，而此番旧话重提，只能说明这种做法如此流行，以至于虽有禁而不能止。

在唐代，最引人注目的五月五馈赠发生在皇帝与官员之间，体现为官员向皇帝进奉的制度化和皇帝对官员赏赐的常态化。

首先说进奉的制度化。无论是唐太宗时期还是唐高宗时期，都对端午

---

① 《全唐诗》卷178。
② 《唐大诏令集》，第416页。

进奉持否定态度，但代宗时期情况就发生了极大变化。大历三年（768）"端午，王、公、妃、主各献服玩"，但李泌没有进献，代宗皇帝就忍不住问他："先生何独无所献？"面对如此询问，李泌回答得非常巧妙："臣居禁中，自巾至履皆陛下所赐，所余惟一身耳，何以为献？"这番表明获得了代宗的肯定，他赞许地说：'朕所求正在此耳。"① 从这次君臣对话中可以看出，端午不进奉已是值得特意询问的怪异事情。事实上，也正是在代宗时期，端午与元日、冬至、皇帝诞节一起，成为州府、藩镇、朝臣向皇帝进奉节物的重要时间。《资治通鉴》记载："代宗之世，每元日、冬至、端午、生日，州府于常赋之外竞为贡献，贡献多者则悦之。"胡三省注解作："自代宗迄于五代，正、至、端午、降诞，州府皆有贡献，谓之四节进奉。"②

有唐一代曾经多次在国家发生重大事件如新皇帝继位、改年号、皇帝疾愈、皇帝过生、天下大旱等情况下颁布德音、赦文等政策文件，借以显示皇恩浩荡，并缓和社会矛盾，其中往往有减免地方税赋和贡献的内容。有时候端午进奉也在减免之列，比如唐穆宗长庆三年（823）所颁《疾愈德音》中就有"应缘御服及器用，在淮南浙西宣歙等道各供进者，并端午降诞常例进献等一切权停"的规定，③ 前引唐文宗开成元年（836）颁《改元开成赦》中也有"诸道贺正端午降诞、贺冬进奉，起今权停三年"的规定。只在特殊情况下进行减免，恰恰证明五月五进奉已经制度化了。实际上，长庆三年的《疾愈德音》里已明确使用"常例进献"一词。格外值得注意的是，有些时候，即便其他进献减免了，端午节的进献仍然得到保留，比如唐宪宗元和四年（809）《亢旱抚恤百姓德音》就规定："其诸道进献，除降诞、端午、冬至、元正，任以土贡修其庆贺，其馀杂进，除旨条所供及犬、马、鹰、隼、时新滋味之外，一切勒停。"④ 这就从另一个方面更加证明了端午进奉的制度化。

在唐代，进奉贡献物品的同时也要进献表状，这些表状留存下来，成为我们了解当时进奉状况的重要资料来源。通过阅读这些表状，参以其他

---

① 《资治通鉴》，第7199页。
② 同上书，第7280页。
③ 《唐大诏令集》，第58页。
④ （宋）李昉：《文苑英华》卷435，四库全书本。

相关文献，可以发现当时进奉的礼物主要有银器、鞍马、衣服、绢纱、行鞋等，李演有《端午进马状》，王仲周有《端午进银器衣服状》，令狐楚有《端午进鞍马等状》、《又进银器物并行鞋等状》，裴次元有《端午进物状》，李商隐有《为安平公赴充海在道进贺端午马状》、《为荥阳公赴桂州在道进贺端午银状》等，均可为证①。偶尔亦有献书的，如王棨就有《端午日献尚书为寿赋》。② 而根据《咸通八年五月德音》所作"诸亲及公主等每年端午及延庆并妃嫔生日所进女口，自今以后，宜并停进"的规定来看，端午还有以女子为进献对象的情况。③

再说皇帝赏赐的常态化。皇帝在五月五日赐大臣礼物，早在唐朝初年已经开始，史载唐太宗就曾在扇子上做飞白书，写鸾凤蟠龙等字，送与长孙无忌和杨师道，并说："五日旧俗，必用服玩相贺。朕今各贺君飞白扇二枚，庶动清风，以增美德。"④ 唐玄宗以后，赏赐更多，已经常态化了。郑余庆《大唐新定吉凶书仪》中有关于"节候赏物"的内容，其中五月五日的赏物是"续寿衣服鞋履、百索、糭糍、扇"。⑤ 书仪是人们写信时所用的范式，可供套用和模仿，在唐代，关于节日宴赏的书仪非常多出，反映了当时节日宴赏送礼已成风习的事实。

表3—2中反映了皇帝赐物的若干情况：

表3—2　　　　　　　　　唐代五月五日皇帝赐物表

受赠人	赠物（数量）	资料出处
宋璟	钟乳	刘肃：《大唐新语》⑥
李峤	端午衣（一副）、银碗、百索等、大将衣（若干）	李峤：《谢端午赐物表》⑦
李峤	端午衣（一副）、银碗、百索等，大将衣（两副）	李峤：《谢端午赐衣表》⑧

---

① 参见《全唐文》卷542、611、772、773。
② （宋）李昉：《文苑英华》卷63，四库全书本。
③ 《唐大诏令集》，学林出版社1992年版，第446页。
④ （宋）王溥：《唐会要》，中华书局1955年版，第647页。
⑤ 参见杨琳《〈大唐新定吉凶书仪·节候赏物第二〉校证》，载《敦煌研究》2011年第1期，第111页。周一良、赵和平：《敦煌写本郑余庆〈大唐新定吉凶书仪〉残卷研究》，载周一良、赵和平《唐五代书仪研究》，中华书局1995年版，第157页。
⑥ （唐）刘肃撰、恒鹤校点：《大唐新语》卷七，载上海古籍出版社编，丁如明、李宗为、李学颖等校点《唐五代笔记小说大观》（全二册），上海古籍出版社2000年版，第278页。
⑦ （宋）李昉：《文苑英华》卷595，四库全书本。
⑧ 同上。

续表

受赠人	赠物（数量）	资料出处
崔沔	六宫亲蚕丝	颜真卿：《赠尚书左仆射博陵崔孝公宅陋室铭记》[1]
独孤中丞	衣（一副）、银碗盘等（各一）、百索（一筒）、紫衣（十副）	独孤及：《为独孤中丞谢赐紫衣银盘碗等表》[2]
常衮	衣（二袭）、金银器物（十事）、百索（两轴）、扇（一柄）	常衮：《谢端午赐衣及器物等表》[3]
常衮	衣（二袭）、金银器物（十事）、百索（两轴）、扇（一柄）	常衮：《谢端午赐衣及器物等表》[4]
田神玉	敕书及手诏，衣（一副），银枕（一事），百索（十轴）；将军衣（五副），百索（二十轴）	邵说：《为田神玉谢端午物表》[5]
田神玉之母赵国太人	手诏、衣（一副）、银枕（一事）、百索（十轴）	
吕颂	衣（一副），金花银碗（二枚），百索（一轴），大将衣（两副）	吕颂：《谢端午赐衣及器物等表》[6]
权德舆	端午衣（一副）、银碗（二只）、银纱罗（二）、百索（一轴）、大将衣服等。	权德舆：《谢端午赐衣及器物等表》[7]
令狐楚	春衣（一副），端午衣（一副），银碗（一口），百索（一轴）	令狐楚：《谢春衣并端午衣物表》[8]
柳宗元	绫帛衣服	柳宗元：《谢赐端午绫帛衣服表》[9]
刘禹锡	墨诏，衣（一副）、金花银器（三事）、丝索（一轴）、大将衣（四副）、彩丝（五轴）	刘禹锡：《谢端午赐衣及器物等表》[10]

---

[1] （唐）颜真卿：《颜鲁公集》卷14，四库全书本。
[2] （唐）独孤及：《昆陵集》卷5，四库全书本。
[3] （宋）李昉：《文苑英华》卷595，四库全书本。
[4] 同上。
[5] 同上。
[6] 同上。
[7] 同上。
[8] （宋）李昉：《文苑英华》卷593，四库全书本。
[9] 《全唐文》卷571。
[10] （宋）李昉：《文苑英华》卷595，四库全书本。

由此不难看出，皇帝赏赐给臣僚们的礼物以衣服、百索、银碗为多，亦有钟乳、蚕丝、扇、银枕、诏书等。

如果我们将臣僚进奉与皇帝赏赐结合起来加以考虑，可以发现：五月五节日期间在君臣之间频繁流动的礼物，既具有实用价值，又富含象征意义。而其象征意义，一方面与五月五这个节日的习俗传统密切相关，另一方面又与礼物的施赠人和受赠人是地位极其不平等的上下级关系密切相关。

首先从第一方面来说，唐代以前，五月五主要被作为"恶日"来看待，五月五的诸多习俗活动，都是以驱邪避灾为旨归的。而保全生命、健康长寿就是驱邪避灾的主要目的。众所周知，健康长寿是与吃饭穿衣联系在一起的。皇帝赐给臣僚衣服和碗，一个用意就在于"盘盂器用，章服缯彩，赐臣为寿"[①]，希望他们活得更为久长一些。其实，皇帝不仅将自己的希望传递给臣僚，而且礼物本身似乎还包含着将这种希望化为现实的努力。关于端午衣的形制现在我们已难以知晓，但碗主要是以金银为原料，这是在不少表状中都提到的。碗以金银为原料，除了显得贵重之外，应该还与时人的阴阳观念及对五月五节日性质的认识有关。五月五日，处于仲夏之月，五行属火，金银在五行中属金，金主生水，水火相济，则阴阳和谐。因此，碗用金银，在时人的心目中，本身就具有令人健康长寿的实际功能。至于皇帝的赐物中比较多见的百索，就更是五月五的常用节物，它能够驱邪趋吉是唐代人的基本常识。以上是就皇帝赏赐而言的，至于臣僚向皇帝进奉衣物银器，应是沿着同样的思维逻辑。

再从第二方面说，无论是臣僚对皇帝的进奉还是皇帝对臣僚的赏赐，这些馈赠都不是在社会地位平等的人之间来进行，而是在上下级之间来进行，重要的是这种上下级关系极其不平等，皇帝不仅可以决定臣僚社会地位的升与降，而且可以决定臣僚身家性命的生与死，由此导致进献意味着臣服顺从，赏赐意味着领导控制，这在五月五的礼物流动中有相当充分的体现。比如马在臣僚进奉的礼物中比较常见，这固然与唐代人讲究顺应时

---

① （唐）独孤及：《为独孤中丞谢赐紫衣银盘碗等表》，载独孤及《毗陵集》卷5，四库全书本。

令、而按照时令五月理应"班马政"① 有关，然而也有臣僚以马自喻的象征意义。臣僚进奉马匹时，往往格外强调马的驯顺，如令狐楚所说："前件马等，柔驯既久，雕饰初成，敢因五日之良，以续千年之庆。"② 皇帝赏赐给臣僚衣服和碗，也包含着你的谋生之具都由我出、你要效忠于我的意思。对于这一点，当时的臣僚们都了然于心，所以在写给皇帝的谢表谢状中，除了一再感谢皇恩浩荡、并希望圣寿久长之外，他们都表示自己一定要努力效命，以不辜负皇帝的厚爱，一如刘禹锡在《谢端午赐衣及器物等表》中所写："伏以蕤宾在律，端午御辰，庆列丹墀，守藩莫及，恩随彩缕，捧轴难胜。况衣极珍纤，凉生温暑；器皆照烂，光发户庭。窃惭彼已之诗，敢忘满盈之诚！惟当莅戎有勇，训俗知方，永怀铭缕之诚，冀申赴蹈之节。臣与大将无任感戴踊跃之至。"③

总之，通过五月五节日礼物的流动，臣子向皇帝表达了自己的效忠之心和感恩之意，皇帝则向臣子们表达了自己的爱护与期待之情，并因此赢得臣子们至少在口头上的效忠表示和圣寿长久的祝福。由此君臣之间的友好关系（有时哪怕是表面上的）和上下级关系得以确认乃至进一步强化。

（三）铸镜

镜，既是一种日常生活用品，也被认为具有驱邪防身的功用。对于这样一种用品，人们十分注重它的铸造时间。唐代以前，通常选用五月丙午日。刘晓峰在其《端午》一书中列举了多种证据证明这一点，其中一种证据是铜镜上的铭文有不少带有"五月丙午"字样，比如一面汉镜就铭刻着："元兴元年五月丙午日天大赦，广汉造作尚方明竟，幽涷三商，周得无极，世得光明。长乐未央，富且昌，宜侯王，师命长，生如石，位至三公，寿如东王父、西王母、仙人，立至公侯。"④ 对于古人为什么选择在五月丙午日铸镜，刘晓峰也有很好的解释，大致而言，是因为在古人的阴阳五行观念中，"五月五行属火，丙与午于方向并属南，于五行也并属火"，所以五月丙午日是纯阳之时，"纯阳之天时所铸之镜，会拥有太阳

---

① （唐）李林甫等撰、（清）茆泮林辑：《唐月令注》，载《续修四库全书》编纂委员会编《续修四库全书·八八五·史部·时令类》，上海古籍出版社2002年版，第123页。
② （唐）令狐楚：《端午进鞍马等状》，载（宋）李昉《文苑英华》卷640，四库全书本。
③ （唐）刘禹锡：《谢端午赐衣及器物等表》，载（宋）李昉《文苑英华》卷595，四库全书本。
④ 转引自刘晓峰《端午》，生活·读书·新知三联书店2010年版，第97页。

纯阳的力量"。①

但是到了唐代，情况发生了变化。

独孤及曾有《为独孤中丞天长节进镜表》，言及向唐玄宗和唐肃宗进献的两枚明镜均是"去年五月五日于淮阳铸"。②而据《旧唐书·德宗纪》"（大历十四年六月）己未，扬州每年贡端午日江心所铸镜、幽州贡麝香，皆罢之"的记载可知，平常年份扬州所贡镜均是五月五日于江心铸造的。《唐国史补》的一条记载也证实了这一说法："扬州旧贡江心镜，五月五日扬子江中所铸也。或言无有百炼者，或至六七十炼则已，易破难成，往往有自鸣者。"③此外，白居易有首《百炼镜》诗云："百炼镜，镕范非常规，日辰处所灵且祇。江心波上舟中铸，五月五日日午时。琼粉金膏磨莹已，化为一片秋潭水。镜成将献蓬莱宫，扬州长吏手自封。人间臣妾不合照，背有九五飞天龙。"④亦可见这件百炼镜是在五月五日铸造而成。《古今图书集成》引《异闻录》更讲述了一面镜子在五月五日最终炼成过程中的神奇事迹：

> 天宝三载五月十五日，扬州进水心镜一面，纵横九寸，青莹耀日。背有盘龙，长三尺四寸五分，势如生动。玄宗览而异之。进镜官扬州参军李守泰曰："铸镜时有一老人自称姓龙名护，须发皓白，眉如丝垂下至肩，衣白衫。有小童相随，年十岁，衣黑衣，龙护呼为元冥。以五月朔忽来，神采有异，人莫之识，谓镜匠吕晖曰：'老人家住近，闻少年铸镜，暂来寓目。老人解造真龙，欲为少年制之，颇将惬于帝意。'遂令元冥入炉，所局闭户牖，不令人到。经三日三夜，门户洞开，吕晖等二十人于院内搜觅，失龙护及元冥所，在镜炉前获素书一纸，文字小隶云：镜龙长三尺四寸五分，法三才象四气禀五行也。纵横九寸类九州岛分野，镜鼻如明月珠焉。开元皇帝圣通神灵，吾遂降祉，斯镜可以辟邪，鉴万物，秦始皇之镜无以加焉。歌曰……

---

① 刘晓峰：《端午》，生活·读书·新知三联书店2010年版，第99页。
② （唐）独孤及：《为独孤中丞天长节进镜表》，载（宋）李昉《文苑英华》卷613，四库全书本。
③ （唐）李肇撰、曹中孚校点：《唐国史补》卷下，载上海古籍出版社编，丁如明、李宗为、李学颖等校点《唐五代笔记小说大观》（全二册），上海古籍出版社2000年版，第200页。
④ 《全唐诗》卷427。

吕晖等遂移镜炉置船中，以五月五日午时，乃于扬子江铸之。未铸前天地清谧，兴造之际，左右江水忽高三十余尺，如雪山浮江。又闻龙吟如笙簧之声，达于数十里。稽诸古老，自铸镜以来未有如斯之异也。"帝诏有司，别掌此镜。

这则异闻透露出的信息相当丰富，从中可见唐代铸镜的技术已经相当高超，镜的大小、形制、纹饰皆有寓意，而在时人看来，五月五日铸成的镜"可以辟邪，鉴万物"，是具有神奇功能的。

综上所述，在唐代，铸镜的最佳时间已由五月丙午日转变为五月五日（值得注意的是，相关资料都出自扬州）。之所以会发生这种转变，主要在于，除了特殊情况扬州镜每年都要进贡，而镜以五月丙午日铸造的为好，问题是丙午日并非年年都有，这种情况下就有必要寻找一个年年都有而且在铸镜方面与五月丙午日具有相似性质的日子作为替代品。大约是基于以下因素，五月五日成为替代品的首选。其一，五月五日与五月丙午日同在五月。其二，五月五日，月、日均为五，"五者，亦数之极，日月并当极数"，也是纯阳之日。其三，在一些人眼里"五"与"午"通，如《春秋元命苞》云："盛于午，午者，物满长。"注云："午，五也，五阳所立，故应而满。"[①] 盛唐之后，五月五日已取得了"端午"的专名，这就更加拉近了五月五日与五月丙午日之间的距离。最后，五月五日在唐代已是一个朝野并重、以驱邪保生延年益寿为内涵的民俗大节，而镜"可以辟邪，鉴万物"的功能正与节日内涵相吻合。

总之，在唐代，五月五日取代五月丙午日成为最佳的铸镜时间，这一变化实质上是五月五日节对原本附着于其他日子的习俗的吸纳。借由这种吸纳，五月五日的节俗活动得到进一步的扩展和丰富。

（四）采药

在所有的唐代节日中，五月五日与药物有着最为密切的关系。五月是采药的季节，早在《夏小正》中就已有"五月蓄药，以蠲除毒气"的记载[②]，崔寔《四民月令》里更明确说五日："可作酢。合止利黄连丸、霍

[①] 转引自《玉烛宝典》，第60页。
[②] 转引自（梁）宗懔著、宋金龙校注《荆楚岁时记》，山西人民出版社1987年版，第105页。

乱丸，采葸耳。取蟾诸，廿合创药；及东行蝼蛄。"①《荆楚岁时记》亦云是日"采杂药"。

五月所采之药，名目繁多，有植物类，也有动物类。植物类有艾、兰、繁缕等。《玉烛宝典》对这些草的使用方法和疗效做了引用说明："荆楚四民并蹋百草，采艾以为悬门户之上，以振毒气。师旷云：'岁多病，则艾草先生。'吴歆云：'阳春二月三月，相将蹋百草，人人驻出看，杨声皆言好。于时草浅，客出骋望，此月草深多露，非复游行人之时，正应为采艾耳。'又取兰草，以备渗浴……又云：'以百种草合捣为汁，石灰和之曝糁，涂疮即愈。又烧繁缕菜为灰以治疥癣。'《尔雅·释草》云：'蔜䓢缕'，郭璞注云：'今繁缕或名鸡肠。'《本草经》作：'繁蒌，味酸平，无毒，主积年疮恶不愈，五月五日中采子用之。'注云：'此菜人以作羹，五日采曝干，烧作屑，治鸡疮有效，亦杂百草，取之不必一种。'"② 五月五日所采用于入药的动物主要是蟾蜍和蛇。

在唐代，同样重视在五月五日采制药物。《四时纂要》对五月五日的药物采制及其疗效都有详细说明：

此日午时取蝦蟆，阴干百日，以其足画地，成水流。（出《抱朴子》）

午日采艾收之，治百病。

……

收蟾蜍，合一切疳疮药。

蜀葵赤白者，各收阴干，治妇人赤白带下（赤治赤，白治白），为末，酒服之，甚妙。

又午日采桑上木耳白如鱼鳞者，患喉痹者，捣碎，绵裹如弹丸大，蜜浸，含之，立差。

金疮药：午日日未出时，采百草头——唯药苗多即尤佳，不限多少，——捣取浓汁，又取石灰三五升，以草汁相加，捣，脱作饼子，曝干。治一切金刃疮伤，血即止，兼治小儿恶疮。

淋药：午日取葵子烧作灰，收之。有患砂石淋者，水调方寸匕服

---

① （汉）崔寔著、石声汉校注：《四民月令校注》，中华书局1965年版，第36页。
② 《玉烛宝典》，第60—61页。

之，立愈。

　　心痛药：取独头蒜五颗，黄丹二两，午日午时，捣蒜如泥，相和黄丹为丸，丸如鸡头大，曝干。患心痛，醋磨一丸服之。①

　　此外，《四时纂要》中还列举了瘧药、痢药阿胶散子、木瓜饼子等药物，足可见其品种之多。而这也只是五月五日制作药物中的部分罢了。

　　唐代五月五日也捕蛇，张说《端午三殿侍宴应制探得鱼字》诗中就有所提及："合丹同蝘蜓，灰骨共蟾蜍。今日伤蛇意，衔珠遂阙如。"② 捕蛇主要是为了取得蛇胆。《朝野佥载》中记载的一则故事，目的在于说明蛇对疯病的治疗作用，但也透露出当时有五月五日取蛇胆进贡的做法："泉州有客卢元钦染大疯，惟鼻根未倒。属五月五日官取蚺蛇胆欲进，或言肉可治疯，遂取一截蛇肉食之，三五日后渐可，百日平复。"③ 又段公路《北户录》"蚺蛇牙"条明确提到："比广州南海县，每年端午日常取其胆供进，蛇则诸郡采送，录事参亲看出之。"④ 刘恂《岭表录异》更详细记录了五月五日取蚺蛇胆的过程：

　　普安州有养蛇户，每年五月五日即担蚺蛇入府，祇候取胆。余曾亲见。皆于大笼之中，藉以软草盘屈其上，两人舁一条在地上，即以十数拐子从头翻其身，旋以拐子案之，不得转侧，即于腹上约其尺寸用利刃决之，肝胆突出。即割下其胆，皆如鸭子大。曝干以备上贡。却合内肝，以线合其疮口，即收入笼。或云舁归放川泽。⑤

　　总之，在唐代，五月五日是与药物紧密联系在一起的。

（五）其他

　　唐代五月五日节还有其他一些活动，比如斗草、射粉团等。关于斗

---

①（唐）韩鄂原编，缪启愉校释：《四时纂要校释》，农业出版社1979年版，第125—126页。
②《全唐诗》卷88。
③（唐）张鷟撰、恒鹤校点《朝野佥载》，载上海古籍出版社编，丁如明、李宗为、李学颖等校点《唐五代笔记小说大观》（全二册），上海古籍出版社2000年版，第7页。
④（唐）段公路：《北户录》卷1，四库全书本。
⑤（唐）刘恂：《岭表录异》卷下，四库全书本。

草,《荆楚岁时记》中已有记载:"四民并踏百草。今人又有斗百草之戏。"① 唐代依然延续了斗百草的做法,而且花样翻新,所斗之"草"已经远远超出"草"的范围。在这方面,安乐公主提供了一个好例:

> 晋谢灵运须美,临刑,施为南海祇洹寺维摩诘须。寺人保惜,初不亏损。中宗朝,安乐公主五日斗百草,欲广其物色,令驰驿取之。又恐为他人所得,因剪弃其余,遂绝。②

安乐公主居然以胡须作为斗草的用具,又居然想起使用晋朝人谢灵运的胡须,并因害怕别人也得到而"剪弃其余",这在今天不仅是难以做到的事情,怕是想也难以想到的事情了。

据《开元天宝遗事》记载,唐代宫廷和都市中还流行射粉团的游戏:

> 宫中每到端午节,造粉团、角黍,贮于金盘中。以小角造弓子,纤妙可爱,架箭射盘中粉团,中者得食。盖粉团滑腻而难射也。都中盛行此戏。③

射粉团的游戏唐以前未见记载,大约是唐代人的新发明。

六 节日内涵

在唐代人的心目中,五月五日是顺天应时、辅赞时节并实现全生避害、益寿延年之人生祈求的重要节点,也是重视伦理、崇尚忠孝的重要时间。

(一) 顺天应时,辅赞时节

顺天应时是中国传统社会政治生活和日常生活的基本理念,早在先秦秦汉时期就已经初步形成,所谓"凡有地牧民者,务在四时";"凡举百

---

① (梁) 宗懔著、宋金龙校注:《荆楚岁时记》,山西人民出版社1987年版,第47页。
② (唐) 刘𬟽撰、恒鹤校点《隋唐嘉话》卷下,载上海古籍出版社编,丁如明、李宗为、李学颖等校点:《唐五代笔记小说大观》(全二册),上海古籍出版社2000年版,第115页。
③ (五代) 王仁裕撰丁如明校点:《开元天宝遗事》,载上海古籍出版社编,丁如明、李宗为、李学颖等校点《唐五代笔记小说大观》(全二册),上海古籍出版社2000年版,第1728页。

事，必顺天地四时，参以阴阳。用之不慎，举事有殃"。①《礼记·月令》、《吕氏春秋》等书籍中更是将天象、物候、人事统一组织到一个井然严密的时间秩序之中，在这里，

> 物理时间被文化化了，它被划分为前后相续、依次出现的不同段落，天空中日月星辰的运转、位置的变化与大地上的草木荣枯、风雪雨霜、鸟飞南北、虫振虫伏则成为时间段落推迁往复的具象表征；每个时间段落都被赋予了特殊的属性，各有其帝，各有其神，各有其虫，各有其音，各有其数，各有其味，各有其臭，各有其祀。这些各有属性的时间段落是统率一切、不可违逆只能顺应的绝对权威，乃国家政令和以天子为代表的社会成员活动的根本依据。它要求人类的一切活动都必须与其特性保持高度的一致，不能有所悖逆。任何不能保持一致的人类行为，都会被贴上"不时"的标签，都是对最高秩序的破坏和对绝对权威的挑战，都将有灾难性后果出现以示对人事"不时"的惩罚。②

《月令》等文献所体现的"顺天应时"、"循时而动"、"不时不祥"的思维模式，有力地嵌入中国文化的深层结构，深刻地影响着中国人的思维方式和行为方式。

然而，在中国人的思想观念中，人与自然的关系又不仅仅是听命于自然，完全受制于自然的安排，它还有另外一个方面的关系，即人可以发挥主观能动性，通过自己的行为去影响自然，甚至去辅助自然以实现顺利转换和阴阳和谐，或者利用自然以实现人事之圆满。唐代的五月五日节，具有十分鲜明的顺天应时、辅赞时节的文化内涵。

五月五日节，时处仲夏之月，根据唐代《月令》：

> 五月之节，日在参，昏角中，晓危中，斗建午位之初，律中蕤宾……天子居明堂太庙，令民无艾蓝以染，无烧灰。是月也，门闾无闭，关市无索。游牝别群，则絷腾驹，班马政。

---

① 佚名：《越绝书》卷4，四库全书本。
② 张勃：《明代岁时民俗文献研究》，商务印书馆2011年版，第46—47页。

是月也，聚蓄百药。

……

是月也，日长至，阴阳争，死生分。君子齐戒，处必掩身，无躁。止声色，无或进。薄滋味，无致和。节耆欲，定心气，百官静事毋刑，以定晏阴之所成。

是月也，无用火于南方。可以居高明，可以远眺望，可以升山陵，可以处台榭。[1]

上述《月令》由唐玄宗御定，是官方和主流社会在综合考虑五月气候、物候、阴阳关系的基础上对人事活动进行的理想安排，是顺天应时观念的产物，也充分体现了顺天应时的观念。如果将唐代五月五日的节俗活动与其加以比较，可以发现，五月五日的不少活动是与《月令》的安排相吻合，是与五月五日时的气候、物候、阴阳关系等相适应的。比如《月令》认为五月应该"聚蓄百药"，而采药制药正是五月五日的重要节俗活动。又如五月是"班马政"的时间，地方官员进贡的五月五日节物中就往往有马。至于五月五日饮食中的粽子、肥龟，更是模拟了五月份阳气至极、阴气始生、阴阳相包裹的特定关系，享用粽子、肥龟，则具有辅赞时节的重要意义。而五月五日多竞斗之戏，如龙舟竞渡、斗草等，也是对五月份"阴阳争，死生分"的模拟，同样具有辅赞时节的作用。

（二）重视伦理、崇尚忠孝

中国传统社会是个伦理社会。节日往往是通过礼物的流动、宴会的举行使伦理关系得到确认的重要时间。唐代五月五日节，社会交往十分频繁，前文述及的"馈赠"，正是社会交往的典型表现。通过礼物的流动与宴会的举行，不同社会关系之间的伦理道德规范得到确认和维护。以君臣的伦理关系而言，讲究的是君主要爱护、信任大臣，大臣则要尽忠于君。五月五日节，君王频频以节物赏赐大臣，就表达了爱护、信任之意，而大臣对君王的贡献，则是忠的具体表现；至于大臣得到君王赏赐之后在表状中对皇恩浩荡的感谢以及一定尽忠的表白，更加强化了君臣之间的伦理道德。

---

[1] （唐）李林甫等撰、（清）茆泮林辑：《唐月令注》，载《续修四库全书》编纂委员会《续修四库全书·八八五·史部·时令类》，上海古籍出版社2002年版，第123—124页。

"忠"与"孝"是中国传统伦理道德中具有特殊地位的两个范畴，唐代人在五月五日中所使用的节物、从事的节俗活动具有鲜明的崇尚忠孝的文化内涵。对孝的崇尚，反映在以枭羹作为节令食品方面。唐代人对之所以食用枭羹的解释是枭是一种不孝鸟，即所谓"庖捐恶鸟"。对不孝鸟以磔杀并吃掉的方式处理，表明了对不孝行为的痛恨和打击。而纪念孝女曹娥，则从正面对孝进行了褒扬。

　　对忠的崇尚，除了前文提及的馈赠有很好的反映之外，还集中体现在对屈原这个人物的深沉悼念。五月五日，许多唐代人都会想起屈原，他们普遍将竞渡习俗与屈原联系起来，甚至认为端午节的兴起就源于屈原，所谓："节分端午本谁言？万古相闻为屈原。"在他们的心目中，屈原正是一个名副其实的忠臣形象，唐玄宗所说"悯枯槁之忠臣"，是时人对屈原态度的代表性发言，也是对屈原所代表的"忠臣"人格的推崇。

（三）全生避害，益寿延年

　　唐朝疆土大部分处于大陆性季风气候区，四季分明，寒暑变化显著。五月五日，时处仲夏之月，这个时候，人们的生存环境相对恶劣。首先，气温迅速升高，雨水大量增加，南北方均进入酷暑季节。其次，蚊蝇肆虐，各种毒虫活动频繁，瘟疫极易流行。再次，这时候农事繁忙，劳动强度大，影响了休息。所有这些都使五月成为唐代人生命受到最严重威胁的月份之一。而在先唐时期已经形成的观念中，五月已经有"恶月"之名，关于五月不吉的说法时有流行，如所谓"五月盖屋，令人头秃"、"五月到官，至免不迁"等。《礼记·月令》更将其视为"日长至，阴阳争，死生分"的月份。对于珍爱生命的唐代人而言，生命受到最严重威胁的时候，也是最容易激发卫生意识的时候，五月五日作为五月里的一个重要节日，也便成为这种卫生意识突显的时间。因此，无论是节日饮食，还是节日服饰，抑或其他节俗活动，都包含着强烈的避害全生、益寿延年的人生诉求。比如他们将扇子称为"辟瘟扇"，认为紫艾可以"禳灾"，长丝可以"增寿""续命"，王公贵戚对皇帝的贡献、皇帝对大臣们的赏赐，多是象征生命存在、渴望生命长久的饮食服饰之具，等等。

　　不仅如此。五月五的一些节物和习俗活动还总是能够起到避害全生、益寿延年的实际作用。这是因为五月五使用的不少节物本身就具有药用保健价值。比如作为五月五日重要节物的菖蒲，"味辛温无毒"，可以"开心，补五脏，通九窍，明耳目。久服轻身不忘，延年益心智，高志不老"。在唐代人那里，菖蒲的这种药用保健价值也是一种常识，比如张籍《寄菖蒲》诗云："石上生菖蒲，一寸十二节。仙人劝我食，令我头青面如雪。"明确提到食用菖蒲的好处，又李白《嵩山采菖蒲者》诗中也明言："我来采菖蒲，服食可延年。"唐代人习惯在五月五日以菖蒲泛酒加以饮用，这种菖蒲酒，能够"治三十六病，一十二痹，通血脉，治骨痿，久服耳目聪明"①，是具有保健养生的实际作用的。再如另一种重要节物艾草，药用价值更高。根据汉末成书的《名医别录》记述：

> 主治灸百病，可作煎，止吐血、下痢、下部䘌疮、妇人漏血，利阴气，生肌肉，辟风寒，使人有子。作煎，勿令见风。②

唐人孙思邈《千金方》中记载的多种药方中都使用艾叶。艾叶具有温经止血、散寒止痛、降湿杀虫等功效，唐人所说"紫艾禳灾"，是有其现实依据的。又比如柏枕，以柏木或柏壳为原料制作而成，柏木不仅自己的寿命久长，而且具有芳香的气味，具有清热解毒、燥湿杀虫、松弛精神、稳定情绪的作用，以柏木或柏壳为枕，同样可以延年益寿。竞渡活动也在一定程度上具有养生作用。对于参加竞渡的比赛者而言，他们为了取得胜利，会提前进行训练，必然起着强健身体的作用。对于观众而言，他们可以在竞渡现场大声喊叫，是对心中郁结之气的释放和疏散，同样有益于身心健康。而另外一些节物，虽然可能并不具有实际的避害养生功效，但早已在人们的观念体系中成为驱邪养生的吉祥物。比如桃木印、五色丝等。无论悬挂还是佩饰，都具有避害全生、益寿延年的象征意义。

（四）娱乐狂欢，激扬劲健

唐代五月五日具有娱乐狂欢、激扬劲健的文化内涵主要归因于它的竞斗活动。竞斗活动蕴含的优胜劣汰原则最易调动和激发参赛者的内在活力，使其意气风发，斗志昂扬，精神振奋，更加凝聚团结起来，积极投入到竞斗当中。参赛者的情绪将极大地影响竞斗的观众，尤其当观众自觉地

---

① （明）李时珍：《本草纲目》卷25，四库全书本。
② 转引自（明）李时珍《本草纲目》卷15，四库全书本。

将自己与比赛双方中的某一方联系在一起的时候，他们的投入丝毫不亚于参赛者。所有这些都让竞斗现场笼罩在热烈高亢的氛围之中，身处其中的人们则获得浓厚的愉悦感受。唐代五月五的竞斗活动主要有竞渡、斗草、射粉团等，其中尤以竞渡最能体现五月五日娱乐狂欢、激扬劲健的文化内涵。"鼓声三下红旗开，两龙跃出浮水来。棹影斡波飞万剑，鼓声劈浪鸣千雷。鼓声渐急标将近，两龙望标目如瞬。坡上人呼霹雳惊，竿头彩挂虹蜺晕。"张建封的几句诗文形象地揭示了竞渡现场的豪迈壮观、气势磅礴。竞渡犹如一个强大的磁场，将众多的人吸引聚合到一起，让他们一起争斗，一起呐喊，一起欢呼，一起陶醉，一起忘我……竞渡成为集体狂欢的盛宴，激扬劲健的精神则怒放于其中。

第四章

俗民个体的节俗实践:以李隆基和白居易为例

"在民俗学史上每当把民俗作为客观对象研究时,往往忽略民俗的主体是'人',而去过多地关注了笼统的'民众'或相当抽象的'人民';或者索性就抛开了'民'而去只热心关注民俗现象。"① 乌丙安先生在其《民俗学原理》一书中非常正确地指出了民俗研究中存在的缺点。这一现象的出现可能与学者对于民俗集体性的认识有关。集体性,或者说超个体性,无疑是"民俗在产生流传过程中所体现出的基本特征"。钟敬文先生主编的《民俗学概论》中对民俗的集体性有详细的阐发,并指出:"民俗文化的产生,离不开人类的群体活动。"② "民俗一旦形成,就会成为集体的行为习惯,并在广泛的时空范围内流动。"③ 这段话无疑是正确的。但值得注意的是,民俗集体性这一本质特征的获得是否主要在于社会中存在着实体的集体呢?或者换句话说,到底是社会中的许许多多个体先把自己以某种理念结成集体然后进行民俗实践活动从而体现出集体性,还是因为许许多多共处的个体在遇到相似的境况时不约而同地采取了相似的处理手段而显示出了"集体性"(超个体性)呢?退一步讲,即便一些人出于某种理由结成了一个实体的集体,并在实践民俗规则中采取了一致行动,对于民俗规则的具体实践仍然要落在个体身上。"所有民俗事象都是经由具体的人编制、传送、贮存、接收、习得、运用、养成,又由世世代代的具体人不停地传承下去,扩散开

---

① 乌丙安:《民俗学原理》,辽宁教育出版社2001年版,第65页。
② 钟敬文:《民俗学概论》,上海文艺出版社1998年版,第11页。
③ 同上书,第12页。

来。没有了负载民俗的具体的人，就无法找到群体的'民'。"① 对于民俗的研究，包括对于唐代节日民俗的研究，有必要引入关注个体的维度。这也是写作本章内容的由来。

应该说明的是，本章对李隆基和白居易节俗实践的研究在侧重点上有所不同：于李隆基，更多地偏向于探讨他在唐代节日发展中扮演的角色和发挥的作用；于白居易，则更多地偏向于展示他的节日生活并阐释它何以如其所是，由此希望阐明超个人的社会文化与个人的人生经历、人生观念等如何通过个人对民俗规范的实践——遵循、利用而不是盲从——在节日生活中打上习俗的、时代的、情境的和个体的烙印，进而阐明一向不被重视的俗民个体的实践对具有集体性特征的节日习俗之传承、变迁的重要作用。

第一节　李隆基：作为节日习俗的实践者

李隆基是我国历史上最著名的皇帝之一。他曾经整顿吏治，裁汰冗员；压制佛教势力，抑制食封贵族；兴修水利，重视农业生产；检田括户，限制土地兼并；并重视教育文化的发展，营造了开元盛世局面，至今为人们津津乐道。他也曾怠于政事，耽于享乐，任人不贤，终于酿成天宝年间的政治危机，令后人感慨不已。而他与杨贵妃的悲欢离合更不知成为多少人述说演绎的爱情故事。但这里，我们并非赞扬他的文治武功，也非声讨他的骄奢淫逸，更不是评点他的爱情正剧，而是考察他作为一个节日俗民个体与超个体的具有集体性特征的节日习俗之间可能具有的关系。

一　节日习俗活动的享受者

从文献资料来看，李隆基总是认认真真地过节，充满激情地参与到节日活动中（这也是我们为什么可以判定他是一个节日俗民的最重要的根据）来，尽情享受节日带来的快乐，从而使自己成为节日习俗的享受者。王仁裕的《开元天宝遗事》，比较集中地记录了他在寒食节、端午节以及

---

① 乌丙安：《民俗学原理》，辽宁教育出版社2001年版，第65页。

七夕节中的作为。

> 天宝宫中，至寒食节，竞竖秋千，令宫嫔辈戏笑，以为宴乐。
> 宫中每到端午节，造粉团角黍贮于金盘中，以小角造弓子，纤妙可爱。架箭射盘中粉团，中者得食，盖粉团滑腻而难射也。
> 帝与贵妃，每至七月七日夜在华清宫游宴。时宫女辈陈瓜花酒馔列于庭中，求恩于牵牛、织女星也。又各捉蜘蛛闭于小合中，至晓开视蛛网稀密，以为得巧之候，密者言巧多，稀者言巧少。
> 宫中以锦结成楼殿，高百尺，上可以胜数十人，陈以瓜果酒炙，设坐具，以祀牛、女二星。嫔妃各以九孔针、五色线，向月穿之，过者为得巧之候。动清商之曲，宴乐达旦。①

从文中对节俗活动的描写以及"戏笑"、"宴乐"、"游宴"等字样来看，李隆基显然是以享乐的态度参与寒食节、端午节和七夕节的习俗活动的，而他也真的在其中感受到了乐趣，否则，也不可能"宴乐达旦"。

除了寒食、端午、七夕节，李隆基也在上元节享受着过节的快乐。每到上元节，他总要登上勤政楼观灯作乐，通宵宴乐。其间既有太常寺的雅乐演奏，又有精彩的马戏表演，还有数百名宫女击响雷鼓，演奏《破阵乐》、《太平乐》和《上元乐》。而当夜深之时，"太常乐府县散乐毕，即遣宫女于楼前缚架出眺，歌舞以娱之"。又有"绳戏竿木，诡异巧妙，固无其比"。② 可以想见，此情此景之中，耳闻详和欢快的乐曲，目睹有趣的马戏歌舞表演，又有美酒可饮、佳肴可食、佳人相伴的李隆基定然是欣欣然并乐陶陶了。

二 节日文化的利用者

李隆基不仅享受节俗活动带来的快乐，而且总是试图通过热闹地过节

---

① （五代）王仁裕撰、丁如明校点：《开元天宝遗事》，载上海古籍出版社编，丁如明、李宗为、李学颖等校点《唐五代笔记小说大观》（全二册），上海古籍出版社2000年版，第1732、1728、1730、1738页。

② 《旧唐书》卷28，第1052页。

来展示政通人和、人寿年丰、天下太平的盛世景象，并通过节日中的宴饮、赏赐节物、推恩天下等具体手段使过节成为一种笼络臣民、融洽君臣君民关系、表达角色期待、树立自身权威和明君形象的权力技术，从而使自己成为节日文化的利用者。

在李隆基那里，节日里与民同乐，是昭示太平富足、享受太平富足的重要途径。比如他曾经在千秋节里赐父老宴饮，目的即在于此，这在他颁布的敕文中说得非常明白："今兹节日，谷稼有成，顷年以来，不及今岁。百姓既足，朕实多欢，故于此时，与父老同宴。白朝及野，福庆同之，并宜坐食，食讫乐饮。兼赐少物，宴讫领取。"①

招请群臣宴饮、接受臣子奉献、赏赐臣子节物、推恩及众是李隆基节日活动的重要内容。比如《大唐新语》里有"端午日，玄宗赐宰臣钟乳"的记载，②李隆基自己也做过一首《端午三殿宴群臣探得神字并序》诗，写到"方殿临华节，圆宫宴雅臣"的端午宴饮。从他的另一篇文字《答张九龄谢赐药批》③来看，腊日对大臣还有药物之赐。又据《旧唐书》记载，开元十八年（730）"八月丁亥，上御花萼楼，以千秋节百官献贺，赐四品已上金镜、珠囊、缣彩，赐五品已下束帛有差。上赋八韵诗，又制《秋景诗》"④。可见，这年的千秋节上既有臣子对玄宗的进献，又有玄宗对臣子的赏赐。而在天宝十四载的天长节，他"爰因欢庆之辰，用申雷雨之泽"，推恩及众，免罪犯死刑，减免税赋，安置流民，征贤才，举县官，赏赐文武官员，等等。⑤

李隆基为什么要这样做？对于这个问题，马克斯·韦伯关于社会行动类型的说法可以很好地加以解释。马克斯·韦伯曾把人的行动分为目的理性式、价值理性式、情感式和传统式等四种类型，并非常正确地指出："行动，特别是社会行动，很少会只指向上述讨论中的单一方式。同样的，行动的这些指向也绝不是穷尽所有方式的分类，它们仅仅是为

---

① 李隆基：《千秋节赐父老宴饮敕》，载《全唐文》卷35，第389页。
② （唐）刘肃撰、恒鹤校点：《大唐新语》卷7，《容恕第十五》，载上海古籍出版社编，丁如明、李宗为、李学颖等校点《唐五代笔记小说大观》（全二册），上海古籍出版社2000年版，第278页。
③ （唐）李隆基：《答张九龄谢赐药批》，载（唐）张九龄：《曲江集》卷15，四库全书本。
④ 《旧唐书》卷8，第195页。
⑤ 《全唐文》卷25，第292页。

了社会学的目的所创造出来的概念上的纯粹类型。实际的行动或多或少地接近于这些类型，或者更常见的是行动中混杂着来自不同类型的要素。"① 在李隆基的节日赏赐行为中，同样"混杂着来自不同类别的要素"。比如李隆基曾在腊日赐给张九龄鹿角胶丸及驻年面脂等药物，张九龄专门撰写了《谢赐药状》表达自己的感激之情："高力士宣奉恩旨，赐臣等鹿角胶丸及驻年面脂。有命自天，感戴兼至，臣等涓滴无补，渥泽日深。多谢股肱之良，每惭智力之效，徒承圣恩同体之义，更沾御药驻年之锡。事绝希幸，礼优常遇。微躯贱貌，因大造而载延；捧日承天，荷曲成而无极。无任悚戴之至。"② 李隆基则答以"腊日所惠，固其常耳，信则微物亦有嘉名。与卿共之，何足为谢"③。在李隆基看来，腊日赐药，"固其常耳"，本来就是例行之举，因此，他的这一做法就含有传统的因素。同时，他又认为所赐之物又有"嘉名"，愿意与自己倚重信任的张九龄共享，因此应该还含有情感的因素。

但不容忽视的，是在类似招群臣宴饮、接受臣子的奉献、赏赐臣子节物、推恩及众等诸种节日活动中的目的理性因素。以天长节推恩为例，李隆基在解释自己为何要在天长节"推恩天下"时这样写道：

> 朕临驭万邦，迨今四纪，曷尝不虔诚至道，锐心庶政。昊穹孚祐，俗致升平。仁寿之域渐登，太和之风斯在。比岁小有俭冗，颇非丰稔，遂使开仓赈乏，空囹恤刑，兼蠲徭省赋，故得家给人足。顷者农功正兴，而霶泽频阻，言念黎献，匪遑底宁。是用发於精诚，庶平昭鉴，至诚上达，膏雨应期。俾夏苗如云，秋获不日，周览原野，宛同茨梁，岂惟有慰朕怀，实亦克符人庆。此皆上元垂贶，宗社降灵，岂曰朕躬，所能通感。属天长令节，盛德在金，爰

---

① 按韦伯的解释，目的理性是指"对周围环境和他人客体行为的期待"，"这种期待被当做达到行动者本人所追求的和经过理性计算的目的的'条件'或'手段'"。价值理性是指一种信仰，是"有意识地坚信某些特定行为的——伦理的、审美的、宗教的或其他任何形式——自身价值，无关于能否成功"。情感是指"当下的情感和感觉状态"。传统是指"根深蒂固的习惯"。[德]马克斯·韦伯：《社会学的基本概念》（《韦伯作品集Ⅶ》），顾忠华译，广西师范大学出版社2005年版，第31—35页。
② （唐）张九龄：《曲江集》卷15，四库全书本。
③ （唐）李隆基：《答张九龄谢赐药御批》，载（唐）张九龄《曲江集》卷15，四库全书本。

因欢庆之辰，用申雷雨之泽。①

尽管他在文字表述时将"仁寿之域渐登，太和之风斯在"局面的出现归功于上苍神灵的佑护，所谓"此皆上元垂贶，宗社降灵，岂曰朕躬，所能通感"，但这段话字里行间是在表功。在节日里推恩天下，实际上是在向国人宣布自己的政绩和英明，以博得天下人的爱戴和推崇，因为这一切，都正是自己"虔诚至道，锐心庶政"、"开仓赈乏""蠲徭省赋"的结果啊。当然，李隆基借节日颁行的推恩政策也确实令社会中的许多人，包括农民、罪犯、官员、军人、士人等从中受惠，亲自体验到皇恩的浩荡，而这足以令不少人对玄宗感恩戴德、赞赏有加了。

再如玄宗曾经将诗、尺等物赐与张九龄，其目的理性因素显而易见，含有李隆基对大臣的角色期待，这在他的《答张九龄谢赐尺诗批》中有很明确的表述："尺之为数，阴阳象之。宰臣匠物，有以似之。卿等谋猷，非无法度。因之比兴，以喻乃心。尽力钧衡，深知雅意。"对于李隆基的期待，张九龄是了然于心的，他将这种期待当做自己努力的方向："伏以尺者纪度之数，宣丽天文；诗者律吕之和，是生节物。圣恩下逮，天旨旁流，因物寓言，以言垂象，臣虽瞽陋，伏见宸衷。窃谢良工，徒秉刀尺，终期死力，取配钧衡，而未副所图，退省知罪，臣等不胜负荷感惧之至。"② 因此可以说，至少在这一次事件中，李隆基借节日赏赐较好地实现了与臣子的沟通，并起到了激励臣子尽忠的作用。

正是因为节日活动中目的理性因素的广泛存在，过节在李隆基那里是生活"目的"的同时也成为一种统治"手段"，由此可以认为李隆基是节日文化的利用者。

三 新节日的创造者和官民共庆佳节的支持者、组织者与资源提供者

李隆基不满足于既有节日和节俗，凭借自己的地位和权力，创造了千秋节，并以颁布政策的形式将之推行到全国，从而使自己成为新节日的创造者。关于千秋节的创置，前文已有详述，此处不赘。

---

① 《天长节推恩制》，载《全唐文》卷25。
② （唐）张九龄：《曲江集》卷15，四库全书本。

此外，他还是全民共庆佳节的支持者。这一方面突出表现在节假日的设置方面。在节日中普遍设置假日以给公务人员过节的自由时间，是从李隆基开始的，无论是开元七年令还是开元二十五年令都规定了长达40多天的节假日。另一方面还体现在号召官僚们放下公务，轻轻松松、快快乐乐地过节，甚至颁布《许百官旬节休假不入朝诏》加以提倡："百工允厘，彰乎奉职，五日休汗，义在优闲。方贵无为之风，以宏多暇之政。朕钦崇至道，思致和平。今寰宇克宁，朝廷无事，将欲叶于淳古，岂惟臻于小康，当与群寮，畅兹娱乐。顷旬游宴赏，已放入朝，节假常参，未敷后命。公私叶庆，千载一时，上下同欢，自中及外。自今已后，每至旬节休假，中书门下及百官并不须入朝，外官等其日亦不须衙集。"[①] 在《春郊礼成推恩制》中他同样指出："今朝廷无事，天下和平，美景良辰，百官等任追胜为乐。宜即布告中外，咸使闻知。"[②]

李隆基也是节日活动的组织者和资源提供者，比如他常在节日里大宴群臣乃至乡村父老，并有赏赐之举；又曾经发布《赐百官九日射敕》，组织百官于九月九日在安福楼下举行射礼。有一年在东都洛阳时，正遇到上元节，于是"移仗上阳宫，大陈影灯，设庭燎，自禁中至于殿庭，皆设蜡烛，连属不绝"。当时有个叫毛顺的工匠，创造性地"结创缯彩为灯楼三十间，高一百五十尺"，上面悬挂着诸多珠玉金银，微风一吹，"锵然成韵"，发出悦耳动听的声音。当时又将灯做成"龙凤虎豹腾跃之状"，精妙异常，巧夺天工。[③] 应该说，无论是宴会还是赏赐，抑或燃灯结灯楼，无不需要动用大量的人力、物力、财力资源，而这些显然都离不开李隆基的大力支持。

四 节日习俗的规范者和节日活动的改易者

出于种种考虑，李隆基还常常整饬风俗，甚至因俗制礼，从而使自己成为节日习俗的规范者。这方面最突出的例子是对寒食节诸种习俗的整饬和因俗制礼。

---

① （唐）李隆基：《许百官旬节休假不入朝诏》，载《全唐文》卷32，第358页。
② 《全唐文》卷24，第277页。
③ （唐）刘𫗧撰、恒鹤校点：《隋唐嘉话》"逸文"，载上海古籍出版社编，丁如明、李宗为、李学颖等校点《唐五代笔记小说大观》（全二册），上海古籍出版社2000年版，第977—978页。

比如关于寒食上墓。从历史资料记载来看，唐朝初年，寒食上墓已经蔚然成风。当时的人们在上墓时往往举行娱乐活动，这引起了唐高宗的强烈不满，于是在龙朔二年（662）四月十五日下诏加以禁断："或寒食上墓，复为欢乐，坐对松槚，曾无戚容。既玷风猷，并宜禁断。"但十分注重孝道的李隆基显然看到了寒食上墓"用展孝思"的重要功能，便采取了与乃祖极为不同的做法，不仅认可了这一习俗的合理性，而且大胆地将其上升为国家礼制："开元二十年四月二十四日敕：寒食上墓，礼经无文，近世相传，浸以成俗，士庶有不合庙享，何以用展孝思，宜许上墓，用拜扫礼。"与此同时，他也认为上墓祭祖是追终慎远的大事，理应严肃庄重，上墓作乐有悖于这一原则，必须加以严格禁止，遂做出如下规定："于茔南门外奠祭撤馔讫，泣辞，食余于他所，不得作乐。仍编入礼典，永为常式。"大概这一禁令并没有起到理想的作用，于是数年之后，他再次颁布政策整饬风俗，针对寒食上墓时有燕乐的情况，根据违规者不同的社会身份制定不同的惩罚措施："凡庶之中，情礼多阙，寒食上墓，便为燕乐者，见任官与不考前资，殿三年，白身人决一顿。"[1]"威胁不遵从者，给他以惩罚"，是控制他人行动的一种重要机制。[2] 有了具体的惩罚措施，尤其包含有对"见任官"的惩罚，这次整饬风俗也许起到了一定的效果。

又如寒食节禁火、吃冷食。这本来也只是民间习俗，而且在汉代至南北朝之间屡屡受到官方禁断，[3] 但李隆基在天宝十载（751）三月颁敕将其合法化和制度化了："礼标纳火之禁，语有钻燧之文，所以燮理寒燠，节宣气候。自今以后，寒食并禁火三日。"[4] 在这份官方文件中，寒食、禁火习俗与《周礼》、《论语》等儒家经典联系起来，并被赋予了"燮理寒燠，节宣气候"的意义。再如寒食节期间，民间盛行将鸡蛋、鸭蛋和鹅蛋雕镂成各种形状并互相馈送的做法，对此李隆基也进行过规范："比来流俗之间，每至寒食日，皆以鸡鹅鸭子，更相馈遗，既顺时令，固不合禁。然诸色雕镂，多造假花及楼阁之类，并宜禁断。"[5] 他一方面肯定了

---

[1] 以上内容均出自《唐会要》卷29，第439页。
[2] [美]波普诺：《社会学》（第十版），中国人民大学出版社1999年版，第482页。
[3] 具体详见本书附录二《唐代以前寒食节的传播与变迁——主要基于移民角度的思考》。
[4] 《唐会要》卷29，第543页。
[5] 《（开元）二十六年正月敕》，载《唐会要》卷29，第543页。

馈送鸡、鸭、鹅蛋是"顺时令"的正当行为,另一方面又对"诸色雕镂,多造假花及楼阁之类"的奢侈做法加以禁止。

除了对寒食节诸俗进行规范外,在其他节日上也多有改易处。比如"故事:每三月三日、九月九日,赐王公以下射,中鹿鸣赐马,第一赐绫,其余布帛有差。"但到了开元八年秋天,舍人许景先认为这一做法"徒耗国赋而无益于事",李隆基便将其废除了。① 再比如针对"诸州千秋节多有聚会,颇成糜费"的现象,开元二十二年(734)六月十七日他就颁布敕文:"自今已后,宜听五日一会,尽其欢宴,余两日休假而已。任用当处公廨,不得别有科率。"② 又比如上元节夜开坊市门。天宝三载(744)有政策规定,"每载依旧取正月十四日、十五日、十六日开坊市门燃灯",③ 但正月十五日在唐代是法定修斋吃素的日子,在此时开坊市门燃灯令人赏会,无酒无肉,自然使人难以尽兴,为了解决这一矛盾,李隆基于天宝六载六月下诏将燃灯之日由正月十四至十六三日改为十七至十九三日:"重门夜开,以达阳气,群司朝宴,乐在时和,属此上元,当修斋录,其于赏会,必备荤膻。比来因循,稍将非便,自今已后每至正月改取十七、十八、十九日夜开坊市门,仍永为常式。"④ 所有这些,都可以表明李隆基又是节俗规则的改易者。

五 节日文化中的被言说者

至少在中唐时期,社会上已经非常流行若干有关李隆基的节日传说⑤,这使得他还成为节日文化中被言说的对象。这些传说主要集中在正月十五和八月十五两个节日,其主题是道士作法,李隆基得以穿越时空迅速到达本来遥不可及或短时间遥不可及的地方。具体说来,

---

① (唐)韦绚撰、阳羡生校点:《刘宾客嘉话录》,载上海古籍出版社编,丁如明、李宗为、李学颖等校点《唐五代笔记小说大观》(全二册),上海古籍出版社2000年版,第812页。
② 《唐会要》卷82,第1518页。
③ 《旧唐书》卷9,第218页。
④ 《册府元龟》卷60,第673页。
⑤ 关于李隆基的传说不仅仅有节日传说,还有其他传说。孙永如曾作《唐明皇传说及其文化意蕴》一文,从传说内容上进行分类,指出有关李隆基的传说有图谶符命、崇道封神、度曲游宴、宠幸杨贵妃安禄山等四个类别。见郑学檬、冷敏述编《唐文化研究论文集》,上海人民出版社1994年版,第378—388页。这里,笔者突出强调的是传说所依附的时间,故而以"节日传说"概括。

主要有正月十五观灯西凉州、幸广陵的传说和八月十五游月宫的传说。

关于正月十五观灯西凉州，郑如海《明皇杂录》云："正月望夜，上与叶法善游西凉州，烛灯十数里，俄顷还而楼下之歌舞未终。"[①] 游广陵的传说则在牛僧孺《玄怪录》中描写得颇为详细且有声有色。其主要情节安排如下：正月十五夜，帝想游天下"极丽"处→叶仙师推荐广陵，帝思游之→仙师作法，虹桥起于殿前→帝与随从上桥，顷刻间到达广陵→帝生疑→仙师奏请乐官奏《霓裳羽衣曲》→曲终返回→广陵上奏，言及正月望夜事→帝遂信仙师不妄。[②]

关于八月十五游月宫的传说，柳宗元《龙城录》中《明皇梦游广寒宫》篇描写尤为绮丽详细：

> 开元六年，上皇与申天师、道士鸿都客，八月望日夜，因天师作术，三人同在云上游月中。过一大门，在玉光中飞浮，宫殿往来无定，寒气逼人，露濡衣袖皆湿。顷见一大官府，榜曰"广寒清虚之府"。其守门兵卫甚严，白刃粲然，望之如凝雪。时三人皆止其下，不得入。天师引上皇起跃，身如在烟雾中。下视王城崔巍，但闻清香霭郁，视下若万里琉璃之田。其间见有仙人道士，乘云驾鹤，往来若游戏。少焉，步向前，觉翠色冷光，相射目眩，极寒不可进。下见有素娥十余人，皆皓衣乘白鸾往来，笑舞于广陵大桂树之下。又听乐音嘈杂，亦甚清丽。上皇素解音律，熟览而意已传。顷天师亟欲归，三人下若旋风。忽悟，若醉中梦回尔。次夜，上皇欲再求往，天师但笑谢而不允。上皇因想素娥风中飞舞袖被，编律成音，制《霓裳羽衣舞曲》。自古洎今，清丽无复加于是矣。[③]

---

① （唐）郑如海撰丁如明校点：《明皇杂录》，载上海古籍出版社编，丁如明、李宗为、李学颖等校点《唐五代笔记小说大观》（全二册），上海古籍出版社2000年版，第978页。

② （唐）牛僧孺撰、穆公校点：《玄怪录》卷3"开元明皇幸广陵"，载上海古籍出版社编，丁如明、李宗为、李学颖等校点《唐五代笔记小说大观》（全二册），上海古籍出版社2000年版，第380—381页。

③ （唐）柳宗元撰、曹中孚校点：《龙城录》"明皇梦游广寒宫"，载上海古籍出版社编，丁如明、李宗为、李学颖等校点《唐五代笔记小说大观》（全二册），上海古籍出版社2000年版，第115页。

另外,《太平广记》卷二二"罗公远"条和卷二六"叶法善"条亦记载类似的传说。如"罗公远"条的情节如下:八月十五夜,帝于宫中玩月→罗公远取拄杖化为大桥→帝登桥行至月宫→见仙女乐中舞蹈→帝记音调→返回→据记忆制《霓裳羽衣曲》。"叶法善"条的情节如下:八月十五夜,叶法善与帝游月宫→听月中天乐名"紫云曲"→帝记音调,归传其音,名曰《霓裳羽衣》→自月宫还,过潞州城上→师请帝以玉笛奏曲→师遣人回寝殿取玉笛回→奏曲→投金钱于城中→返回→潞州奏八月望夜有天乐临城,并获金钱以进。[①]

关于李隆基的节日传说在唐代播散甚远,敦煌地区已有流传,《叶净能诗》讲述的就是非常完整的李隆基八月十五游月宫的故事。[②]

以上我们撷取了唐代流传的几种与李隆基有关的传说。这些传说的出现,或许与唐代统治者(包括李隆基)执行崇道的宗教政策有关,与时人对道士、道术的迷信有关,与时人对李隆基及《霓裳羽衣曲》的推崇有关,与李隆基对节俗活动的积极参与有关,也或许与南方经济的发展和广陵的崛起有关,又或许与道教徒神化自己谋求社会地位的努力有关。不管怎样,在这些传说里,李隆基都是一个被言说者。而这些传说的存在无疑极大地丰富了唐代的节日文化,为正月十五、八月十五等节日增添了浓重的浪漫主义色彩。

小 结

站在李隆基的角度来看,正如我们在前面已经论述的那样,他是一个节日俗民,他总是积极地参与到节日活动中去,实践着节俗,是节日习俗活动的享受者、利用者、组织者、资源提供者,同时他还是节日习俗的规范者、节俗规则的改易者以及节日文化中的被言说者。如果站在节日的角度来看,节日在开元天宝时期继续存在并走向繁盛,娱乐色彩十分浓厚,某些节日习俗出现变异,等等,在一定程度上是可以明确地归因于李隆基,归因于李隆基的节俗实践的。

在唐朝近三百年的历史上,过节的俗民有千千万,但委实没有几个人可以被明确地认定对节日的传承和变迁具有重要作用,或者换句话

[①] 《太平广记》卷22、26,第147、172页。
[②] 王重民、王庆菽等编:《敦煌变文集》,人民文学出版社1957年版,第223—224页。

说，在唐代节日发展史上，没有几个人具有李隆基那样的影响力。

作为统治者的李隆基基本上是成功的，尤其在前期，他励精图治，开启了盛世局面。郑綮《开天传信记》中以简约的笔触描写了当时的盛世景象："开元初，上励精理道，铲革讹弊，不六七年，天下大治，河清海晏，物殷俗阜。安西诸国，悉平为郡县。自开元门西行，亘地万余里，入河隍之赋税。左右藏库，财物山积，不可胜较。四方丰稔，百姓殷富，管户一千余万，米一斗三四文，丁壮之人，不识兵器。路不拾遗，行者不囊粮。其瑞叠应，重译麇至，人情欣欣然，感登岱告成之事。"① 安史之乱爆发前的李隆基统治时期，天下太平，国家富强，四方丰稔，百姓安居乐业。这一时期，人们有更多可以消费的物品，有更多的休闲时间，有更倾向于安逸和享乐的心情，也正如皮柏已经指出的："在所有由某种特定情况所引发的节庆欢乐之下，必须有一种对于整个世界、现实事物以及人本身的存在的绝对普遍的肯定。"② 这一时期的唐代人还有着更多对整个世界的肯定。可以说，李隆基统治下的唐代社会走向繁荣正是节日生活在这个时期全面走向兴盛走向欢乐的最重要背景。从这个意义上说，李隆基对于节日的影响是极其重要而深远的。

李隆基是一个在过节方面颇有积极性的统治者，这种积极性无论来自于他对传统的尊重（过节本身是传统），还是来自于希望通过过节达到若干目的的考虑，抑或来自于他本人对过节的热衷或者对节日本身价值的肯定，都使他不仅自己非常热情地参与种种节日活动，而且使他以皇帝的身份号召、支持他的国民同样享受节日的欢乐，并为君臣同乐、朝野同欢积极创造条件（如在节日中给官员放假，组织节日活动，推恩臣民，营造节日气氛），引领着那个时代的唐人实践着节俗，走向节日的狂欢。李隆基的引领和支持是节日在开元天宝时期繁荣兴盛、走向娱乐化的重要力量。事实上，许多时候，李隆基个人的节日活动还是时人主动仿效的榜样。比如，据《开元天宝遗事》记载，天宝年间，宫中每到寒食节都要

---

① （唐）郑綮、丁如明校点：《开天传信记》，载上海古籍出版社编，丁如明、李宗为、李学颖等校点《唐五代笔记小说大观》（全二册），上海古籍出版社 2000 年版，第 1223 页。

② ［德］皮柏：《节庆、休闲与文化》，黄藿译，生活·读书·新知三联书店 1991 年版，第 27 页。

搭起秋千架，令宫人玩乐，"帝呼为半仙之戏"，结果"都中士民因而呼之"。①

李隆基还具有利用节日文化、整饬风俗为统治服务的明确意识，并十分清楚应当如何利用和整饬。更为重要的是，他具有合法的权威（这种合法权威既来自他通过世袭的方式登上了被赋予巨大权力的皇帝宝座，也来自他本人的魅力），能够动用资源，具有将本人意图有形化为政策并在一定范围内加以推行、产生实际后果（指促进节俗活动的存续、发展和变异）的能力。由此，三月三、九月九的射礼可以被认为"徒耗国赋而无益于事"而遭废除。由此，寒食上墓因被他认为能够"用展孝思"而上升为国家礼制；时人则因看到国家对这一习俗的肯定倍受鼓舞，更加积极地投入到这一节俗的实践中去，寒食上墓习俗愈发兴盛起来。至少在柳宗元生活的时代，社会上就已出现"田野道路，士女遍满，皂隶佣丐，皆得上父母丘垄；马医夏畦之鬼，无不受子孙追养者"②的局面，连国家公职人员亦不能免俗，甚至出现因为上墓耽误了公务的情况，以至于当时的政府不得不采取措施进行解决。③而且，由于"用拜扫礼"的规定，寒食上墓也变成寒食扫墓了，直到今天，"扫墓"一词仍然广为行用。

总之，李隆基以自己的节俗实践，使自己扮演了多个角色，而这些角色的扮演对唐代节日的存续和变迁起着不容忽视的影响力。当然，从上面的分析可以看出，李隆基的影响力与他作为最高统治者的社会身份关系密切。统治者的身份赋予他非同寻常的权力，使他有能力制定政策

---

① （五代）王仁裕撰、丁如明校点：《开元天宝遗事》，载上海古籍出版社编，丁如明、李宗为、李学颖等校点《唐五代笔记小说大观》（全二册），上海古籍出版社2000年版，第1732页。

② 《新唐书》卷168，第5135页。

③ 例如："贞元四年正月诏：'比来常参官，请假往东郊拜扫，多旷废职事。自今以后，任遣子弟，以申情礼。'"但这一"任遣子弟，以申情礼"的诏令怕难以满足"常参官"们的扫墓要求，于是政府又颁布诏书，对于官员的扫墓活动进行了新的规定。比如："元和元年三月戊辰诏，常参官寒食拜墓在畿内听假日，往还他州府奏取进止。""长庆三年正月敕：'寒食扫墓，著在令文。比来妄有妨阻，朕欲令群下皆遂私诚，自今以后，文武百官有墓茔域在城外并京畿内者，任往拜扫。但假内往来，不限日数。有因此出城，假开不到者，委御史台勾当。仍自今以后，内外官要觐亲于外州及拜扫，并任准令式年限请假。'"

（包括制礼），以官方的名义控制和影响其他俗民的行为进而导致习俗的传承和变迁。结合前文关于诞节的分析，可以认为，李隆基提供了一个好例，一方面，他让我们看到一个俗民个体可以对超个体的节日民俗起到不容忽视的影响力；另一方面，他也让我们看到了这种影响力作用的途径和机制。

第二节 白居易的节日生活

节日生活是"民俗主体把自己的生命投入到节日民俗模式而形成的活动过程。节日生活是节日民俗的现实展示，是人对节日民俗的具体参与操作，或者说是对节日民俗的实践"[①]。

之所以选择白居易的节日生活作为研究对象，首先因为白居易十分注意编辑、保存自己的作品，因而为后人留下了可据以研究的重要资料。他先是在大约43岁时为自己编了一个15卷的集子，52岁时又由好友元稹帮助结集成《白氏长庆集》50卷，此后不断增补，直到74岁时，终于编定75卷的《白氏文集》。其中包括《白氏长庆集》50卷，《后集》20卷，《续后集》5卷，共收诗文3840篇。为保存作品，他还曾把三本文集分别寄藏于庐山东林寺、苏州禅林寺和洛阳圣善寺。虽然由于世事变化，白居易亲自编定的文集并未能完好无损地流传下来，但总算功夫不负有心人，在唐以后学者们的共同努力下，他的绝大部分作品得以存世。今人朱金城先生有《白居易集笺校》一书，"笺校全部《白集》及补遗诗文共三千七百余篇"[②]。以《白居易集笺校》作为资料来源，笔者初步统计，其中与节日有关的诗文有120多篇，涉及节日约20个，创作时间从16岁一直到75岁，跨度长达60年，创作地点也随作者的流动不拘一处。

此外，白居易还是个具有多重身份的人：他是一位生活于中唐时期

[①] 此定义受高丙中先生"民俗生活"定义的启发，见高丙中《民俗文化与民俗生活》，中国社会科学出版社1994年版，第12页。

[②] （唐）白居易著、朱金城笺校：《白居易集笺校》，上海古籍出版社1988年版，第12页。后文所引白居易诗文皆出自该书，注时皆简称《笺校》，并不再出作者、版本。

的男子，出生于唐代宗大历七年（772），卒于唐武宗会昌六年（846），其生命历程恰恰伴随着由安史之乱后的凋敝走向中唐时代的中兴，而这一时期也是唐代节日发生重要变化的时期；他是一位多产佳作的诗人，并因此受到时人的推崇。他还是唐政府中担任公职的一名官员，通过刻苦学习由科举走向仕途，但他的宦海生涯并非一帆风顺，在政治漩涡中被抛来抛去后，终于在兼济天下和独善其身中选择了后者。他曾经吃过道家的药以求长寿，但对佛教更加衷情，晚年曾自号香山居士，最终成为一名在家修行的佛教徒。所有这些，都使白居易非常适合作为我们的分析对象。

一 白居易诗文展示的节日生活

正如前面已述，白居易在其75年的人生生涯中，大约留下了120多篇节日诗文。为了分析的方便，我们主要依据《白居易集笺校》一书提供的资料，绘制出"白居易节日诗文及其展示的节日生活表"，集中呈现白居易的节日生活。值得注意的是，尽管120多篇的数目不可谓不多，但显然白居易并没有将自己有生之年度过的所有节日的生活都以诗文形式记录下来；同时，诗歌这种文学体裁短小精悍、言志言情，对于节日活动的状写难以铺陈，由此那些入诗的节日活动展现得并不完整。这样一来，白居易诗文里呈现的节日生活当然不是白居易真实节日生活的全部。但毋庸置疑的是，这些诗文中的绝大多数都在很大程度上反映了白居易的节日活动，尤其是反映了他在特定节日氛围中的种种感受和心情。不仅如此，由于绝大多数诗文的创作时间（多写作于节日当天）和创作地点十分清晰，这使得我们不仅有可能将白居易状写的节日生活和当时的节日习俗及其多重身份相联系，而且有可能放在他的日常生活之流和生命历程中去解读。

为了后文分析的方便，表格以白居易节日诗文涉及的节日名称为第一分类关键词，以创作时间作为第二分类关键词。

表 4—1　　　白居易节日诗文及其展示的节日生活表①

涉及节日	创作时间	创作地点（时任职务）	作品题目	节日生活
元日（13篇）	46岁 元和十二年（817）	江州（江州司马）	庾楼新岁	登庾楼，思乡
	53岁 长庆四年（824）	杭州（杭州刺史）	苏州李中丞以元日郡斋感怀诗寄微之及予辄依来篇七言八韵走笔奉答兼呈微之	宴饮歌笑，思乡，念友，感叹时光飞逝、生命衰老的同时，希望珍视当前时光
	55岁 宝历二年（826）	苏州（苏州刺史）	岁日家宴戏示弟侄等，兼呈张侍御二十八丈殷判官二十三兄	家宴，饮（蓝尾）酒，吃春盘、胶牙饧，欣喜于骨肉团圆，感叹生命衰老的同时又因与朋友相比自己尚且年轻而兴奋
	60岁 大和五年（831）	洛阳（河南尹）	岁夜咏怀兼寄思黯	思念朋友
	62岁 大和七年（833）	洛阳（河南尹）	七年元日对酒五首	宴饮，拜年，思念朋友，感叹时日匆匆、生命衰老的同时欣喜个体生命的依然存在，并产生及时行乐的想法
	64岁 大和九年（835）	洛阳（太子宾客分司）	和河南郑尹新岁对雪	与朋友宴饮
	67岁 开成三年（838）	洛阳（太子少傅分司）	新岁赠梦得	思念友友，感叹生命衰老的同时，欣喜于自己生命犹存
	69岁 开成五年（840）	洛阳（太子少傅分司）	病入新正	饮酒，感叹衰老的同时并不服老

① 此表收录了白居易的大部分节日诗文，部分节日诗文作品因内容未反映节日生活，此表未作收录。其中"涉及节日"一栏信息为作品涉及的节日名称及收录于本表中该节日诗文的数量。"创作时间"一栏信息包括作者创作该作品时的年龄，以及该作品创作时的年号纪年，括号中的内容为公元纪年。

续表

涉及节日	创作时间	创作地点（时任职务）	作品题目	节日生活
元日（13篇）	71岁 会昌二年（842）	洛阳	喜入新年自咏（时年七十一）	回忆生命历程，欣喜于个体生命的依然存在
人日（1篇）	75岁 会昌六年（846）	洛阳（刑部尚书致仕）	六年立春日人日作	宴饮，吃蔬菜饼饵，有及时行乐的情绪
正月十五（4篇）	29岁 贞元十六年（800）	长安	长安正月十五日	愁绪满怀
	约作于元和二年（807）至六年（811）	长安	上元日叹道文	献岁
	46岁 元和十二年（817）	江州（江州司马）	正月十五日夜东林寺学禅偶怀蓝田杨主簿因呈智禅师	东林寺学禅，思念朋友
	53岁 长庆四年（824）	杭州（杭州刺史）	正月十五日夜月	出游赏灯
正月晦（1篇）	约作于元和十一年（816）至十二年（817）	江州（江州司马）	春寝	放假，睡觉，回忆过去
中和节（4篇）	28岁 贞元十五年（799）		中和节颂（并序）	赞颂中和节
	约作于元和二年（807）至六年（811）	长安	中和日谢恩赐尺状	受赐红牙银寸尺，写谢状，怀惭愧之心感谢皇恩
	65岁 开成元年（836）	洛阳（太子少傅分司）	二月二日	出游
	64岁 大和九年（835）	洛阳（太子宾客分司）	二月一日作，赠韦七庶子	守斋
三月三日（9篇）	约作于元和三年（808）至元和五年（810）	长安（左拾遗、翰林学士）	上巳日恩赐曲江宴会即事	参加曲江宴，共道升平乐

续表

涉及节日	创作时间	创作地点（时任职务）	作品题目	节日生活
三月三日（9篇）	46岁 元和十二年（817）	江州（江州司马）	三月三日登庾楼寄庾三十二	出游，登庾楼，思念朋友
	47岁 元和十三年（818）	江州（江州司马）	三月三日怀微之	思念朋友
	49岁 元和十五年（820）	忠州（忠州刺史）	三月三日	出游，又因没有朋友而返回
	58岁 大和三年（829）	长安（刑部侍郎）	和春深二十首（之一）	宴饮赏花，看戏水争渡
	65岁 开成元年（836）	洛阳（太子少傅分司）	三月三日	吃酒，试春衫，赏花，玩新月
	66岁 开成二年（837）	洛阳（太子少傅分司）	三月三日祓禊洛滨（并序）	与朋友祓禊洛水之滨，合宴于舟中
	67岁 开成三年（838）	洛阳（太子少傅分司）	奉和裴令公三月上巳日游太原龙泉忆去岁禊洛见示之作	回忆去年上巳节的盛况，独游香山寺
	约作于元和二年（807）至六年（811）	长安	三月三日谢恩赐曲江宴会状	参与宫中宴饮，曲江宴会，受赐茶果
寒食节（24篇）	39岁 元和五年（810）	长安（左拾遗、翰林学士）	寒食夜	不用火，感叹时光飞逝
	43岁 元和九年（814）	下邽	寒食夜有怀	不用火，早眠，回忆往事
	46岁 元和十二年（817）	江州（江州司马）	寒食江畔	骑马出游，思念长安和家乡
	49岁 元和十五年（820）	忠州（忠州刺史）	寒食夜	听到别人荡秋千的欢乐声感叹自己业已衰老，心事重重
	50岁 长庆元年（821）	长安（主客郎中、知制诰）	中书连直寒食不归因怀元九	值班，怀念好友，感叹世事变迁、时光飞逝

续表

涉及节日	创作时间	创作地点（时任职务）	作品题目	节日生活
寒食节（24篇）	55岁 宝历二年（826）	苏州（苏州刺史）	病中多雨逢寒食	感叹时光飞逝
	58岁 大和三年（829）	长安（刑部侍郎）	和春深二十首之九	
	58岁 大和三年（829）	长安（刑部侍郎）	和春深二十首之十六	
	59岁 大和四年（830）	洛阳（太子宾客分司）	劝酒十四首·何处难忘酒七首之三	
	61岁 大和六年（832）	洛阳（河南尹）	六年寒食洛下宴游赠冯李二少尹	宴饮出游，听歌观舞
	61岁 大和六年（832）	洛阳（河南尹）	洛桥寒食日作十韵	饮酒，禁火，出游
	61岁 大和六年（832）	洛阳（河南尹）	和杨师皋伤小姬英英	
	63岁 大和八年（834）	洛阳（太子宾客分司）	玩半开花赠皇甫郎中（八年寒食日池东小楼上作）	赏花，饮酒，感叹时光飞逝，怀念朋友
	63岁 大和八年（834）	洛阳（太子宾客分司）	送常秀才下第东归	
	64岁 大和九年（835）	洛阳（太子少傅分司）	和杨同州寒食乾坑会后闻杨工部欲到知予与工部有宿酲	
	65岁 开成元年（836）	洛阳（太子少傅分司）	酬郑二司录与李六郎中寒食日相遇同宴见赠	与同年宴饮
	66岁 开成二年（837）	洛阳（太子少傅分司）	寒食	出游，志满意得，同时充满对生命不久的忧虑
	67岁 开成三年（838）	洛阳（太子少傅分司）	寒食日寄杨东川	思念朋友

续表

涉及节日	创作时间	创作地点（时任职务）	作品题目	节日生活
寒食节（24篇）	70岁 会昌元年（841）	洛阳（太子少傅分司）	会昌元年春五绝句·赠举之仆射（今春与仆射三为寒食之会）	宴会，吃鸡球饧粥，听歌
	约作于长庆三年（823）前		寒食野望吟	出游
	约作于贞元二十年（804）前		寒食卧病	因病在家
	约作于贞元十六年（800）前		寒食月夜	禁火，一怀愁绪，独立月中
	约作于贞元十六年（800）前		途中寒食	出行，一腔春愁
			寒食日过枣糰店	饮酒
清明节（5篇）	约作于元和二年（807）至六年（811）	长安	谢清明日赐新火状	受赐新火，写谢状，怀惭愧之心感谢皇恩
	47岁 元和十三年（818）	江州（江州司马）	清明日送韦侍御贬虔州	吃饧粥，用新火煮新茶，饮酒，为友人送行
	52岁 长庆三年（823）	杭州（杭州刺史）	清明日观妓舞听客诗	宴饮，观歌舞，听诗
	55岁 宝历二年（826）	苏州（苏州刺史）	清明夜	听管弦，看花
	65岁 开成元年（836）	洛阳（太子少傅分司）	清明日登老君阁望洛城赠韩道士	出游登阁，考虑生死问题
端午节（1篇）	48岁 元和十四年（819）	忠州（忠州刺史）	和万州杨使君四绝句·竞渡	自比屈原
立秋（4篇）	39岁 元和五年（810）	长安（京兆户曹参军、翰林学士）	立秋日曲江忆元九	出游，思念朋友

第四章 俗民个体的节俗实践:以李隆基和白居易为例

续表

涉及节日	创作时间	创作地点（时任职务）	作品题目	节日生活
立秋（4篇）	50岁 长庆元年（821）	长安（主客郎中、知制诰）	立秋日登乐游园	出游，感叹时光飞逝
	62岁 大和七年（833）	洛阳（太子宾客分司）	立秋夕有怀梦得	思念朋友，饮茶，感叹时光流逝、世事变迁
	66岁 开成二年（837）	洛阳（太子少傅分司）	立秋夕凉风忽至炎暑稍消即事咏怀寄汴州节度使李十二尚书	思念朋友，感叹时光飞逝、人生易老
七夕节（3篇）	35岁 元和元年（806）	盩厔（盩厔尉）	长恨歌	感叹欢情离恨
			七夕	感叹欢情离恨
			七夕	怀念往事
八月十五（7篇）	34岁 永贞元年（805）	长安（校书郎）	华阳观中八月十五日夜招友玩月	招友赏月
	38岁 元和四年（809）	长安（左拾遗、翰林学士）	八月十五日夜闻崔大员外翰林独直对酒玩月因怀禁中清景偶题是诗	赏月，怀念往事
	39岁 元和五年（810）	长安（京兆户曹参军、翰林学士）	八月十五日夜禁中独直对月忆元九	值班，赏月，思念朋友
	42岁 元和八年（813）	下邽	效陶潜体诗十六首（并序）	望月，饮酒，思念朋友，珍惜眼前时光
	47岁 元和十三年（818）	江州（江州司马）	八月十五日夜湓亭望月	于湓亭望月，思念家乡朋友，回忆往事
	62岁 大和七年（833）	洛阳（河南尹）	答梦得八月十五日夜玩月见寄	于龙门石楼上望月
	63岁 大和八年（834）	洛阳（太子宾客分司）	八月十五日夜同诸客玩月	与朋友一起赏月，希望珍惜眼前美景，及时行乐

续表

涉及节日	创作时间	创作地点（时任职务）	作品题目	节日生活
重阳节（17篇）	38岁 元和四年（809）	长安（左拾遗、翰林学士）	禁中九日对菊花酒忆元九	受赐禁中宴会，思念朋友
	约作于元和二年（807）至六年（811）	长安	九月九日谢恩赐曲江宴会状	受赐曲江宴会以及酒脯，写状谢皇恩
	41岁 元和七年（812）	下邽	九日登西原宴望（同诸兄弟作）	登高宴会，赏菊歌舞，吃糕饮酒，充满及时行乐的情绪
	43岁 元和九年（814）	下邽	九日寄行简	出游，摘菊，饮酒，思念亲人
	47岁 元和十三年（818）	江州（江州司马）	九日醉吟	感叹时光飞逝、年事渐衰，饮酒，思念朋友
	48岁 元和十四年（819）	忠州（忠州刺史）	九日登巴台	登巴台，饮茱萸酒，感叹时光飞逝，思念家乡
	48岁 元和十四年（819）	忠州（忠州刺史）	九日题涂溪	出游，饮酒唱歌
	53岁 长庆四年（824）	洛阳（太子左庶子分司）	九日思杭州旧游寄周判官及诸客	怀念往事和旧友，感叹世事变迁
	54岁 宝历元年（825）	苏州（苏州刺史）	九日宴集醉题郡楼兼呈周殷二判官	宴饮歌舞，赏菊，回忆往事，充满及时行乐的情绪
	55岁 宝历二年（826）	苏州（苏州刺史）	河亭晴望（九月八日）	思念故乡故人
	55岁 宝历二年（826）	苏州（苏州刺史）	九日寄微之	赏菊，饮酒，思念朋友，登高，感叹时光流逝
	59岁 大和四年（830）	洛阳（太子宾客分司）	重阳席上赋白菊	赏菊，宴饮

续表

涉及节日	创作时间	创作地点（时任职务）	作品题目	节日生活
重阳节（17篇）	61岁 大和六年（832）	洛阳（河南尹）	九日代罗樊二妓招舒著作	宴饮
	63岁 大和八年（834）	洛阳（太子宾客分司）	酬皇甫郎中对新菊花见忆	悲秋，思念朋友
	67岁 开成三年（838）	洛阳（太子少傅分司）	九月八日酬皇甫十见赠	持斋道场
	70岁 会昌元年（841）	洛阳	闰九月九日独饮	赏菊，饮酒
			重阳	饮酒，赏菊，出游
冬至（4篇）	48岁 元和十四年（819）	忠州（忠州刺史）	冬至夜	心灰意冷，感叹生命衰老，疾病缠身
	约作于贞元十六年（800）前	池州府	冬至宿杨梅馆	人在旅途，思念家乡
	33岁 贞元二十年（804）	邯郸（校书郎）	邯郸冬至夜思家	人在旅途，思念家乡亲人
	约作于贞元二十年（804）	邯郸（校书郎）	冬至夜怀湘灵	思念故人
腊日（1篇）	元和二年（807）至六年（811）	长安	腊日谢恩赐口蜡状	受赐口蜡及红雪、澡豆等，写谢状表忠心，谢皇恩
小岁日（2篇）	52岁 长庆三年（823）	杭州（杭州刺史）	小岁日对酒吟钱湖州所寄诗	饮酒，思念朋友，感叹生命衰老
	66岁 开成二年（837）	洛阳（太子少傅分司）	小岁日喜谈氏外孙女孩满月	因为外孙女满月欣喜
岁除（14篇）	16岁 贞元三年（787）	江南	除夜寄弟妹	思念家乡亲人
	33岁 贞元二十年（804）	邯郸（校书郎）	除夜宿洺州	思念家乡亲人
	45岁 元和十一年（816）	江州（江州司马）	除夜	深夜入睡（未守夜），思念家乡

续表

涉及节日	创作时间	创作地点（时任职务）	作品题目	节日生活
岁除（14篇）	48岁 元和十四年（819）	忠州（忠州刺史）	除夜	感叹流离，思念家乡，回忆往事，展望未来
	52岁 长庆三年（823）	杭州（杭州刺史）	除夜寄微之	感叹时光飞逝自己一事无成，思念朋友
	55岁 宝历二年（826）	苏州至洛阳途中	除日答梦得同发楚州	思念家乡
	57岁 大和二年（828）	长安	祭弟文	祭祀弟弟
	58岁 大和三年（829）	长安（刑部侍郎）	和除夜作	思念朋友，感叹时光飞逝，生命衰老
	59岁 大和四年（830）	洛阳（河南尹）	除夜	感叹时光飞逝
	63岁 大和八年（834）	洛阳（太子宾客分司）	除夜言怀兼赠张常侍	饮酒，感叹时光飞逝，思念朋友
	66岁 开成二年（837）	洛阳（太子少傅分司）	岁除夜对酒	饮酒，感叹时光飞逝，怀念往事
	67岁 开成三年（838）	洛阳（太子少傅分司）	三年除夜	燃庭燎，宴饮，称觞拜年
	约作于贞元十六年（800）前		客中守岁（在柳家庄）	守岁，思乡念家
	53岁 长庆四年（824）	杭州（杭州刺史）	岁假内命酒赠周判官萧协律	放假，宴饮，吃岁酒，对较同辈人年轻而高兴
立春（2篇）	75岁 会昌六年（846）	洛阳（刑部尚书致仕）	六年立春日人日作	宴饮，吃盘蔬饼饵，充满及时行乐的情绪
	约作于元和四年（809）至元和六年（811）	长安（左拾遗、翰林学士）	立春日酬钱员外曲江同行见赠	与一位同僚出游
诞节（1篇）	56岁 大和元年（827）	长安（秘书监）	三教论衡	参与三教论衡

续表

涉及节日	创作时间	创作地点（时任职务）	作品题目	节日生活
社日（3篇）	52岁 长庆三年（823）	杭州（杭州刺史）	祭社宵兴灯前偶作	祭社，叹时光飞逝
	约作于贞元十六年（800）至十七年（801）		社日关路作	悲秋，感叹时光飞逝
	约作于元和二年（807）至六年（811）	长安	社日谢赐酒饼状	受赐酒及蒸饼、糗饼等，写状谢皇恩

表4—1中的节日生活一栏呈现了白居易在不同节日中的活动和情感。在这里，我们当然可以对白居易的民俗生活进行概括，指出他在不同年份的同一个节日中具有稳定性（反复多次举行或产生）的活动和情感，比如可以说他在元日里会举行家宴，与朋友宴饮，吃春盘和胶牙饧，会思念朋友和家乡，会感叹时光匆匆和自己的衰老；在三月三会参加宴会，会出游、赏花；等等。不过，这样做会忽略另外一个同样重要的事实：白居易在不同年份的同一个节日中有着并不完全相同的节日活动和节日情感，甚至在不同的年份表现得完全相反或难以相容。

那么，为什么既相同又相异的节日活动和情感会并存于同一个人在不同年份的同一个节日之中？这是本文要回答的问题。

二 影响白居易节日生活的诸多因素

要解答上文中提出的问题，就要解读作为整体呈现的节日生活。而要解读作为整体呈现的节日生活，除了考虑与个体节日生活密切相关的节俗外，还需要将时代风尚、其他习俗规则、情境和个体的生命、经历、身份与选择[1]等纳入思考的范围。

（一）节俗

节俗是指那些在特定时日里反复发生的过程中沉淀下来具有相对稳定

---

[1] 笔者以为地方性也应对节日生活造成影响，但从白居易的节日诗文中，似乎看不出地方性的影响，故不在此展开讨论。

性的事物。由于它在事实上具有规范性和引导性而成为一种能够约束和指引人们行为的规则。白居易是在很大程度上受制于节俗规则而形成自己的节日生活的。当然，如果活动和情感完全不受制于节俗规则，白居易在那段节日占据的时间里的生活就根本不能称做节日生活。

白居易受制于节俗规则，一方面体现在他所过的节日都是当时社会上活着的节日；另一方面体现在他在特定的节日里遵循着业已存在的节俗规则进行活动。

从表4—1"涉及节日"一栏可以看出，白居易诗文中涉及的节日有元日、人日、立春、上元、正月晦、中和节、上巳、寒食、清明、端午、七夕、八月十五、重阳节、冬至、腊日、小岁日、岁除、社日、诞节等约20个。结合白居易对这些日子的称呼以及他在这些日子中的具体所为所思来看，在白居易眼里，上述节日确实是非常时日，或者换句话说，白居易确实是将这些日子作为节日来看待的。

再就他从事的活动而言，许多明显是实践节俗规则的结果。比如元日吃胶牙饧、春盘是早已有之的习俗惯制。《荆楚岁时记》中记载："长幼悉正衣冠，以次拜贺。进椒柏酒，饮桃汤。进屠苏酒，胶牙饧。下五辛盘。……"白居易亦有吃胶牙饧和春盘之举。比如他在《岁日家宴戏示弟侄等兼呈张侍御二十八丈殷判官二十三兄》中就提到"岁盏后推蓝尾酒，春盘先劝胶牙饧"。[①]《七年元日对酒五首》其中之一也提到"三杯蓝尾酒，一碟胶牙饧"。[②] 再如人日吃蔬菜饼饵，三月三水边祓禊，寒食禁火、吃饧粥，五月五日竞渡，重阳出游登高、赏菊饮酒，除夕守岁，等等，也都是早已存在的习俗惯制。[③] 而白居易有诗《六年立春日人日作》，诗中有"二日立春人七日，盘蔬饼饵逐时新"句，可见盘蔬饼饵等节令食品是他会昌六年正月初七这天饮食的重要内容。又开成二年三月三日，白居易曾与朋友祓禊于洛水之滨，并撰有《三月三日祓禊洛滨并序》，对这次活动作了较为详细的描写。[④] 元和五年和元和九年寒食节，白居易都没有用火，他的《寒食夜》中有"无月无灯寒食夜"句，《寒食夜有怀》

[①]《笺校》，第1651页。

[②]《笺校》，第2099页。

[③] 可参见（南朝）宗懔著、谭麟译注《荆楚岁时记译注》，湖北人民出版社1985年版，第25—26、57、71、85、122页。

[④]《笺校》，第2298—2299页。关于这次活动，亦可参见本书第三章第三节《上巳节》。

中有"可怜时节堪相忆,何况无灯各早眠"句,均可为证。① 元和七年重阳节,他与兄弟们"起登西原望,怀抱同一豁。移座就菊丛,糕酒前罗列",登高赏菊,饮酒吃糕。元和十四年重阳节,他不仅登高巴子台,而且"蕃草席铺枫叶岸,竹枝歌送菊花杯",在涂溪边籍地而坐,又是唱歌,又是饮酒,潇洒而快活。② 所有这些无不表明,习俗是影响白居易节日生活的重要因素,白居易是在对先已业已形成的节俗规则或多或少地遵循和实践中度过那一段称做节日的时间的。

(二) 时尚

除了节俗——往往是历史地形成的并具有超越时间特性的节俗——之外,时尚也在白居易的节日生活中打下了烙印。而作诗、游宴、八月十五赏月、大过中和节等都是颇值得书写的时代风尚。

唐朝是一个诗的国度。诗歌是当时最普及最受欢迎的文学样式,唐人用诗抒情,用诗言志,用诗纪事,用诗结交朋友,用诗博取声名,用诗干禄仕进,诗歌创作是唐人的风尚,是唐人日常生活的重要组成部分。唐人固然不只是在节日里才创作诗歌,但由于节日的特殊性质,它无疑成为诗歌创作的高潮时间,结果便是出现了大量的节俗诗③。大量节俗诗的出现,则反映出节日作诗正是唐代的一种时尚。白居易生活的时期,这种时尚更加风靡。唐德宗李适就是这一时尚的代表人物。《全唐诗》卷四中收入他的作品共15首,竟然有13首与节日相关,占全部作品的86%。陈寅恪先生曾经说过:"贞元之时,朝廷政治方面,则以藩镇暂能维持均势,德宗方以文治粉饰其苟安之局。民间社会方面,则久经乱离,略得一喘息之会,故亦趋于嬉娱游乐。因此上下相应,成为一种崇尚文词,矜诩风流之风气。"④ 这当然可以视为上述时尚更加风靡的历史背景。

生活于这一时期的白居易正是这种时尚的积极参与者。白居易120多篇节日作品,诗歌大约有110首,且基本上创作于节日当天。虽然制作《白居易节日诗文及其展示的节日生活表》时未把"作诗"作为白居易节日生活的内容列出,但实际上,作诗以描述节日风俗、表达节日情怀或者

---

① 《笺校》,第803、858页。
② 《笺校》,第325、861、591、1169页。
③ 程蔷、董乃斌先生将节俗诗界定为因民俗节日而作(大多即作于节日当天)或反映此类节日风俗的诗篇。参见《唐帝国的精神文明》,中国社会科学出版社1996年版,第52页。
④ 陈寅恪:《陈寅恪文集之六:元白诗笺证稿》,上海古籍出版社1978年版,第87页。

记录自己的节日活动,已成为他节日生活的重要组成部分。

作诗之外,游宴也堪称有唐一代尤其是中唐时期的风尚。《唐国史补》中就有"长安风俗,自贞元侈于游宴"的记载。① 当时,皇帝不仅频频赐宴群臣,而且赐给大臣宴会钱,鼓励他们在户外举行游宴活动。② 关于当时的游宴,明人胡震亨在《唐音癸签》中曾经有如下概述:

> 唐时风习豪奢,如上元山棚,诞节舞马,赐酺纵观,万众同乐,更民间爱重节序,好修故事,彩缕达于王公,粆粔不废俚贱,文人纪赏年华,概入歌咏,又其待臣下法禁颇宽,恩礼从厚。凡曹司休假,例得寻胜地燕乐,谓之旬假,每月有之。遇逢诸节,尤以晦日、上巳、重阳为重。后改晦日,立二月朔为中和节,并称三大节。所游地推曲江最胜。本秦之陿洲,开元中疏凿,开成、大和间更加淘治。南有紫云楼、芙蓉苑,西有杏园、慈恩寺。环池烟水明媚,中有彩舟;夹岸柳阴四合,入夏则红蕖弥望。凡此三节,百官游宴,多是长安、万年两县有司供设,或径赐金钱给费,选妓携觞,幄幕云合,绮罗杂沓,车马骈阗,飘香堕翠,盈满于路。③

正是在这种背景下,游宴也成为白居易节日生活的重要内容。"白居易节日诗文及其展示的节日生活表""节日生活"一栏中频频出现的出游、宴饮字样就是明证。像三月三、寒食、清明、重阳节等节日,都是白居易游宴的重要时间。

再如八月十五赏月,也是当时风尚。《全唐诗》中收入数目不少的八月十五玩月诗,可为明证。其实,早在宋代,朱弁就在《曲洧旧闻》中指出了这一事实:

> 中秋玩月,不知起何时。考古人赋诗,则始于杜子美,而戎昱

---

① (唐)李肇撰、曹中孚校点:《唐国史补》卷下,载上海古籍出版社编,丁如明、李宗为、李学颖等校点《唐五代笔记小说大观》(全二册),上海古籍出版社2000年版,第197页。

② 比如贞元八年诏:在京宗室,每年三节,宜集百官列宴会。若大选集,赐钱一百千。非大选集,钱三分减一。又诏:三节宴集,先已赐诸衙将军钱,其率府已下,可赐钱百千。见《唐会要》卷29。

③ (明)胡震亨:《唐音癸签》卷27,上海古籍出版社1985年版,第284、285页。

《登楼望月》、冷朝阳《与空上人宿华严寺对月》、陈羽《鉴湖望月》、张南史《和崔中丞望月》、武元衡《锦楼望月》，皆在中秋。则自杜子美以后，班班形于篇什。前乎杜子美想已然也，弟以赋咏不著见于世耳。江左如梁元帝《江上望月》、朱超《舟中望月》、庾肩吾《望月》（而其子信亦有《舟中望月》）、唐太宗《辽城望月》，虽各有诗，而皆非为中秋燕赏而作也。然则玩月盛于中秋，其在开元以后乎？

白居易显然也是八月十五玩月这一风尚的积极参与者。他作有 7 篇有关八月十五的诗，从中可见，无论是在天子脚下还是处江湖之远，是退居故乡还是任职他乡，白居易都将赏月视为八月十五日生活的重要内容。

另外，中和节是唐德宗朝的新创，大过中和节也是中唐时期的风尚。这种风尚显然也在白居易的节日生活中打下了印迹，他不仅写过一篇热情洋溢的《中和节颂并序》，赞颂中和节的设置与做法，而且也在节日里受到过红牙银寸尺等节物的赏赐。[1]

中唐时期有关节日的时尚当然不止于作诗、游宴、八月十五赏月、大过中和节等，但是仅仅通过对它们的分析，已能清晰见得时尚也是白居易节日生活的影响因素之一。

(三) 个体的生命意识

"有生者必有死，有始者必有终，自然之道也。"[2] 人人都向死而生，有着属于自己的寿限。这是每个正常人都可以从他人一个个奔赴死亡的现象中得出的结论。不过，由于个人经历、知识水平等的不同，不同的人会有不同的生命意识，正如美国存在主义哲学家蒂利希所说，"对死亡的焦虑随着个性化的增强而增强"。[3] 白居易显然具有十分强烈的生命意识，他不止一次地用"暮齿忽将及，同心私自怜"、"良时光景长虚掷，壮岁风情已暗销"、"鬓发苍苍白，光阴寸寸流"、"出去恣欢游，归来聊燕息。有官供禄俸，无事劳心力。但恐优稳多，微躬销不得"等诗句来表达自

---

[1] （唐）白居易：《中和日谢恩赐尺状》，载《笺校》，第 3384 页。
[2] 汪荣宝撰、陈仲夫点校：《法言义疏》，中华书局 1987 年版，第 521 页。
[3] ［美］蒂利希：《存在的勇气》，成显聪、王作虹译，贵州人民出版社 1988 年版，第 39—40 页。

己因为意识到时光易逝、生命短暂、日渐衰老而产生的无限悲哀和深深忧虑；也不止一次地用"众老忧添岁，余衰喜人春。年开第七秩，屈指几多人？""白须如雪五朝臣，又值新正第七旬。老过占他蓝尾酒，病馀收得到头身。销磨岁月成高位，比类时流是幸人。大历年中骑竹马，几人得见会昌春？"等诗歌，来表达生命虽然短暂而自己犹能在花甲古稀之年幸存于世的欣喜和满足。强烈的生命意识深深地影响着白居易的节日情感和节日活动。因为节日，尤其标志着新年与旧年转换的节日，是时间的节点，也因而总是个体生命的节点。节日更多地勾起个体对于时光飞逝的惊讶，对于青春流移的叹息，对于死亡渐逼渐近的恐惧以及对于生命存在的恋念之情，个体的生命意识也在节日中变得更加张扬。实际上，我们上面列举的诗句都是白居易于节日期间创作的，他甚至还写过"不因时节日，岂觉此时衰"[①] 的诗句。

强烈的生命意识让白居易在节日里有了更多的悲哀与忧虑、欣喜与满足，而无论悲哀与忧虑，还是欣喜与满足，最后往往都导致及时行乐的思想观念和及时行乐的节日生活。在节日里，他谈情观妓，交游唱和，宴饮歌舞，追求着现世的享乐。"丰年寒食节，美景洛阳城。三尹皆强健，七日尽晴明。东郊蹋青草，南园攀紫荆。风坼海榴艳，露坠木兰英。假开春未老，宴合日屡倾。珠翠混花影，管弦藏水声。佳会不易得，良辰亦难并。听吟歌暂辍，看舞杯徐行。米价贱如土，酒味浓于饧。此时不尽醉，但恐负平生。殷勤二曹长，各捧一银觥。"[②] 这首大和六年在洛阳创作的诗篇，极好地状描了白居易在寒食节的所见所闻、所感所思和所作所为，典型地反映出他在强烈生命意识作用下形成的节日情感和节日生活。

（四）个体的角色身份、社会关系和人生经历

一个人和谁一起在哪里如何过节并因而形成了怎样的节日生活，在很大程度上要取决于他的角色身份、社会关系和人生经历。白居易在不同年份的同一个节日里拥有不同的生活，很重要的原因即在于此。

就个体身份而言，颇值一提的是白居易通过刻苦学习由科举走向仕途，成为唐政府中担任公职的一名官员。无论是作为中央大员还是地方官

[①] 《笺校》，第 2099—2100 页。

[②] 《笺校》，第 1516 页。

吏，这一身份使他必然受制于国家的人事管理制度，必然受制于"公家"的时间制度安排。唐政府规定许多节日都放假，这让官员白居易在节日里有了可以自由支配的私人时间。同样由于官员身份，白居易又不能完全自由支配自己的节日时间。比如元和五年八月十五日夜，时任京兆户曹参军、翰林学士的白居易便不得不在禁中值班；长庆元年的寒食节，时任主客郎中、知制诰的白居易也在值班中度过。不过更为重要的是，他的官员身份使他有更多机会参与官方组织的节日活动，从而令其节日生活呈现出更多官方色彩。白居易为官的时代，皇帝对官员经常有节日宴赏之举，比如社日赐酒饼，清明赐新火，腊日赐口腊、面脂，中和节赐牙尺，上巳、重阳赐宴并酒脯等，白居易就多次成为受赏者，并因此撰有《社日谢赐酒饼状》、《中和日谢恩赐尺状》、《上巳日恩赐曲江宴会即事》、《三月三日谢恩赐曲江宴会状》、《谢清明日赐新火状》、《腊日谢恩赐口蜡状》、《九月九日谢恩赐曲江宴会状》等文章。这些文章字里行间或多或少都显示出他在接受赐物或参与宴会后的特殊心情，而所有这些都构成了他节日生活的重要组成部分。

再就社会关系而言，白居易通过种种途径建立起由亲戚、朋友、同僚等组成的交往圈。圈子中的某些人或者成为与白居易共度节日的伙伴，或者成为白居易在节日中思念的对象。在诸如《岁日家宴戏示弟侄等兼呈张侍御二十八丈殷判官二十三兄》、《岁夜咏怀兼寄思黯》、《七年元日对酒五首》、《新岁赠梦得》、《正月十五日夜东林寺学禅偶怀蓝田杨主簿因呈智禅师》、《三月三日登庾楼寄庾三十二》、《三月三日怀微之》、《奉和裴令公三月上巳日游太原龙泉忆去岁禊洛见示之作》、《中书连直寒食不归因怀元九》等诸多诗作中，均可以清晰地看出这一点。

白居易在某一节日里是否会从事节俗活动，从事哪种节俗活动，有什么样的节日情感，和他与谁共同度过密切相关，而这也在很大程度上决定了特定节日中他活动和情感的特殊性。比如同是岁除，贞元三年的岁除，白居易因为身处江南不能与老家的弟妹共度佳节而郁郁寡欢："感时思弟妹，不寐百忧生。万里经年别，孤灯此夜情。"贞元十六年前的另一个岁除，"守岁樽无酒，思乡泪满巾"，在柳家庄客中守岁、没有亲戚好友相伴的白居易更多地感受到了人在异乡为异客的孤独。而开成三年的岁除，白居易是在与家人的团聚中辞旧迎新的："晰晰燎火光，氤氲腊酒香。嗤嗤童稚戏，迢迢岁夜长。堂上书帐前，长幼合成行。以我年最长，次第来称觞。"在明亮的火光和弥漫四溢的酒香中，看着孩子们快乐的游戏，接受着来自晚辈的殷勤祝福，白居易更多地感受到了生活的安宁与温馨。

  再就人生经历而言。一个人只要有一段寿命，就有一段人生经历。人生经历是正在进行时，也是过去时。当下的人生经历与过去的人生经历并非断裂而是连续的统一体，当下乃过去的继续，这意味着当下不得不在很大程度上受制于过去。同时，由于一个人的人生经历往往会积淀于个人的记忆中并能在特定的时候重新泛起，结果，过去的人生经历与当下的人生经历总是混在一起，令身处当下的人们总是在回忆过去中度过当下并感受当下。在白居易的节日诗作中，我们多次看到过去的节日生活对当下节日生活尤其节日情感的影响。比如元和十三年的三月三日，他就想起了与元稹同在长安为校书郎时的欢乐时光："忽忆同为校书日，每年同醉是今朝。"这令白居易在当年的三月三日多了些许"良时光景长虚掷，壮岁风情已暗销"的感叹与悲伤。再如会昌元年寒食节期间，白居易与时任东都留守仆射的王起频频聚会，想到"一月三回寒食会"，想到此前与现在的"鸡球饧粥屡开筵，谈笑讴吟间管弦"，他不由心花怒放，发出"春光应不负今年"的感叹。

  其实，当下的节日生活不仅受到过去节日生活的影响，过去所有的人生经历都可能成为影响当下节日生活的因素。比如贞元十六年正月十五，唐都长安张灯结彩，车马喧阗，热闹非凡。可当别人在"明月春风三五夜，喧喧车骑帝王州"里欢快畅游的时候，白居易却是"羁病无心逐胜游，万人行乐一人愁"。这满怀的愁绪就不能不说与他此前的人生经历有关。六年之前，父亲白季庚病故于任所襄阳，此后白家生活陷入困境之中。白居易有《伤远行赋》描写了这一时期的窘况："贞元十五年春，吾兄吏于浮梁。分微禄以归养，命予负米而还乡。出郊野兮愁予，夫何道路之茫茫！茫茫兮二千五百，自鄱阳而归洛阳。……况太夫人抱疾而在堂。……曰予弟兮侍左右，固就养而无方。"[①] 家境困难，母亲又有病在身，怎不让将近而立之年的白居易分外感到肩上的重担！他此番来到长安，不仅是为自己博取功名，更兼有改变家庭困境的责任。白居易曾经"昼课赋，夜课书，间又课诗"，为考取功名辛苦做着准备，可是决定个

[①] 《笺校》，第 2594—2595 页。

人乃至家庭命运的考试即将来临,等待自己的将是什么呢?这不能不是白居易思虑的问题。兼以在长安举目无亲,"中朝无缌麻之亲,达官无半面之旧"①,又身体有病,难怪他无法投入到节日的娱乐中去。也许目睹了万人的行乐,更加深了自己的忧愁吧。

(五) 个体的选择

个体的选择也是影响白居易节日生活如其所是的重要因素。在笔者看来,个体的选择一方面体现在于既有的节俗规则中进行选择,另一方面体现在于既有的节俗规则外进行选择。

就前者而言,同一个节日中,通常会存在大量的习俗规则,这让个体在节日所占据的有限时间里实践所有的习俗规则变得不可能。许多时候俗民个体只能根据具体情况做出参与这项节俗活动放弃那项节俗活动的选择。如白居易生活的时代,寒食清明节期间有多种节俗活动,如禁火、扫墓、宴饮、出游、踏青、蹴鞠、斗鸡、镂鸡子、拔河、吃蒸饼、煮新茶等等,但他很难在短短的几天节日时间里将所有活动都从事一番。我们所看到的是,白居易在不同年份的寒食清明节所参加的节俗活动往往只是其中的一部分,比如大和六年寒食节他踏青出游,大和八年寒食节他则在家中饮酒赏花。至于是踏青出游还是饮酒赏花,就要取决于白居易的选择了。

再就后者而言,是指个体往往出于种种原因,有意放弃既有的节俗规则而从事与节俗活动并不一致的内容,这当然导致个体节日生活的不同。比较白居易在不同年份重阳节的活动可以清晰看出这一点。白居易的重阳节诗文共有 17 篇,大致状描了 35 岁后于长安、下邽、江州、忠州、洛阳、苏州等地度过的十几个重阳节的节日生活。从这些诗文来看,大和六年以前,出游、宴饮、歌舞、醉酒构成了白居易重阳节生活的重要内容;大和八年以后的重阳节,白居易则多在持斋中度过,"自从九月持斋戒,不醉重阳十五年"的诗句,可为明证。② 重阳节节日生活从出游宴饮歌舞

---

① 白居易:《与元九书》,载《笺校》,第 2793 页。

② 白居易作于会昌元年(时年 70 岁)的《闰九月九日独饮》中有"自从九月持斋戒,不醉重阳十五年"的句子,若据此推断,白居易持九月长斋当始自宝历二年,即他 55 岁那年。但宝历二年直到大和六年(时年 61 岁),白居易有关重阳节的诗共有 4 首,从中均看不出他有持斋的做法。而从作于大和八年的《酬皇甫郎中对新菊花见忆》中"居士荤腥今已断,仙郎杯杓为谁排?"一句来看,似乎此时刚持斋不久。"十五年"之说或许是因为作诗的需要。

醉酒到持斋道场的转变，完全来自于白居易个人的选择：他抛弃了传统的且仍在时人的节日生活中发挥作用的节俗规则，选择实践了另外一种活动方式和活动内容。这种选择不仅让他此时的节日生活不同于以往，也令他的节日生活与同时期他人的节日生活区别开来。"君方对酒缀诗章，我正持斋坐道场"，白居易的这句诗正是最佳的注脚。

（六）其他习俗规则

毋庸讳言，节俗内在包含的规则制约并引导着人们的节日实践。然而，对于一个具有多重角色和身份的个体来讲，能够制约其在那段被称做"节日"的时间里行动内容和行动方式的，显然不只有节俗规则一种。在长期的人类社会实践中，形成了许多习俗规则，以引导和规范一个人在特定的场合中如何行事。比如当一个人出生、结婚、死亡时，与这个人相关的其他人该如何做，是有一套习俗规则可循的，而且某些习俗规则在特定的场合由于其重要性还具有被遵循的优先性。这就意味着在一个节日里，更确切地说是在节日所占据的那段时间里，人们可以抛弃其他一些规则而遵循他们认为更加重要的节俗规则来行事，从而将这个节日过得像个节日的样子；也可以抛弃节俗规则而遵循那些他们认为更重要的其他习俗规则来行事，从而将节日过得根本不像个节日的样子。在白居易那里，我们也能看到其他习俗规则对他节日生活所造成的深刻影响。比如我国传统的丧葬习俗规定一个人去世两年后家人要进行祭奠，称为大祥。白居易的弟弟白行简于宝历二年冬病逝，大和二年除夕正是大祥之期。当弟弟的大祥之期与除夕在时间上重合时，白居易显然优先遵循了丧葬习俗的规则，于是，在"哀缠手足，悲裂肝心。痛深痛深，孤苦孤苦"中于长安居所设奠筵、祭奠弟弟，就成了他除夕这天的活动主题。而这些活动是与除夕节没有多少关系的。

（七）情境

情境与空间有关，但不等于就是空间，它更主要是指一种具体的场合，包含着特定的时间、特定的空间以及在这个特定时空中存在的人、事、物、情绪、关系等一切情形。每个人在其有生之年总是处于由时空定位的特定情境之中，个体的节日生活必然也在特定情境中进行，情境由此成为白居易节日生活的一个重要作用因素。我们能从白居易的诗篇中看到情境对他节日生活的影响。如元和十二年，时任江州司马的白居易于三月三日登上地处江边的庾亮楼，由庾楼，他想起了好友庾敬休：

"每登高处长相忆，何况兹楼属庾家。"再如元和七年重阳节，在"歌笑随情发"的氛围中，酒已半酣的白居易起身了望，看着辽阔无垠的原野和天空，一种强烈的生命意识突袭心头，天也长地也久，人生却只有短短的几十年，每个人都向死而生，谁也摆脱不了死亡的归宿："天地自久长，斯人几时活？请看原下村，村人死不歇。一村四十家，哭葬无虚月。"也正是在这种特定的情境之中，白居易意识到及时行乐的重要性，不由和同行者互相劝勉，尽情享受起美好时光，正所谓"指此各相勉，良辰且欢悦"。

情境的重要性在于，它不仅和节俗、时尚、个体的生命意识、个体的身份、社会网络、人生经历、个体的选择等一样，是影响个体节日生活的因素之一，它还是这些因素共同作用的诱因。所谓触景生情，所谓情因景生，都是说在特定的情境中，个体的耳之所闻，目之所睹，鼻之所嗅、手之所触等会诱发人们的某种情绪和行为，这些情绪和行为的产生乃是若干因素综合作用的结果。就白居易的节日生活来说，同样如此。比如上面提到的元和十二年三月三日，白居易因登上庾楼而想起好友庾敬休，就是节俗规则、社会网络、人生经历等多种因素在情境的诱发下共同作用的结果。

以上，我们在对白居易的节日生活进行描述的基础上分析了其影响因素。可以看出，一方面，白居易基本上遵循着传统的节日框架进行他的节日生活，他的节日生活也多含有已经模式化、传承久远的节俗内容；另一方面，他的节日生活并非完全模式化的，而呈现出此时与彼时的不同，节日情感更体现出丰富多彩性，白居易的节日生活就只是白居易的节日生活。所以如此，乃在于白居易的节日生活中具有不同的构成因素。这些构成因素并非孤立的存在，它们共同整合而成节日生活。但将它们整合在一起的不是它们自己，所有这些要素本身都不会有所作为，有所作为的只能是人，是具有能动性的人通过自己的实践活动将这些要素整合起来形成自己的节日生活。白居易的节日生活正是白居易在特定的情境中，通过自己的实践活动将节俗、时尚、个体的生命意识、个体的身份、社会网络、人生经历、个体的选择等要素整合起来而形成的。

小 结

白居易的节俗生活表明，无论他自己有没有意识到，他实际上扮演了一个节俗传承者和变迁者的角色。

毫无疑问,在白居易生活的中唐社会,一些早已约定俗成具有指导性的节俗规则正在被白居易周围的人操作着、实践着。自小在别人的节俗实践中成长的白居易在懵懂无知时就已经参与了节日活动,也因而参与了节日活动的传承和享用。而随着时间的流逝,当他在耳闻目濡和亲身经历对节日习俗规则的实践中长大时,这些超个人的习俗规则已经渗透到他的日常生活之中,内化为他生活的一部分。传统的节日安排成为他安排自己生活的基本时间框架,传统的节日活动成为他节日活动的重要内容,传统的节日情感流露直接影响着他对时间进而对生命的感知。在白居易节日诗文里,我们看不到他对既定节日之存在表现出丝毫的异议,所能看到的总是他津津乐道于自己在这些节日中的生活和情感,以及由此显示出的对传统节日和节俗活动的认同。自然,白居易的节日生活并非仅仅对他自己有意义,因为遵从节俗而形成的节日生活很大程度上成为对既有节俗惯制的展示,这些展示出来的习俗惯制又为他人提供了习仿的内容(当然,白居易对自己节日生活的书写也是对节俗惯制的展示,而且这个展示具有超越时空的特性。)。节俗惯制也便通过俗民个体的实践在这习仿和被习仿中传承下去了。从这个意义上讲,白居易是无愧于传承者的称呼的。

但在节俗的发展过程中,白居易并不只是一个传承者,他还是一个参与并促进节俗变异的人。前面我们分析了影响白居易节日生活的诸多因素,可以说明他的节日生活之形成决非来自他对节俗规则无原则的盲目服从,事实上,他总是根据具体的情境选择过节的方式和内容。正如前面已经指出的,白居易对过节方式和内容的选择既在既有节俗规则中进行,亦在既有节俗规则外进行。个体对于过节方式和过节内容在既有节俗外进行选择,不仅会导致个体节日生活的变化以及与他者的不同,甚至有可能成为新节俗的生长点,进而导致节俗的变迁。因为同样通过其节日生活展示出来的带有浓厚个性色彩的非节俗活动,也完全可以成为别人习仿的对象。

白居易只是众多唐代人中的一个。尽管其他任何一个唐代人都不可能是白居易,但每一个人却又都和白居易一样,"既定位于日常生活流中,又定位于他的整个生存时段即寿命中,同时还定位于'制度性时间'的绵延,即社会制度超个人的结构化过程中。最后一点,每个人都以'多重'方式定位于由各种特定社会身份所赋予的社会关系之中",① 每一个人也都会和白居易一样,在特定的情境中,通过自己的实践活动将业已存在的习俗规则、时尚、个体的生命意识、个体的身份、社会网络、人生经历、个体的选择等要素整合起来,形成自己的节日生活。

---

① [英]安东尼·吉登斯:《社会的构成》,李康、李猛译,王铭铭校,生活·读书·新知三联书店1998年版,第44页。

结　语

　　唐玄宗诞节、中和节、清明节、中秋节等新兴节日的出现，春秋社日、上巳节、五月五日等传统节日的存续和变化，表明节日在唐代的传承和变迁是一种历史事实，那么行动者作为节日民俗的主体是如何使这一历史事实得以实现的？节日（包括新兴节日和传统节日）作为富含文化意义的特殊生活时间，又是如何影响他们的日常生活和精神世界的？实际上，这两个问题是唐代行动者与节日民俗之间关系的一体两面。在前文研究的基础之上阐明这一体两面，正是结语部分的任务。

一　行动者的选择和实践：唐代节日传承和变迁的决定性力量

　　程蔷、董乃斌先生曾在《唐帝国的精神文明》一书中对于唐代民俗时代特征的形成原因作过如下解释：

> 　　唐代毕竟是一个新的时代。随着社会的渐趋安定，生产力和科技文化水平有了不同程度的提高；政府制定了一系列新的政策，这些政策直接影响到社会各阶层的生活状况，于是，社会各色人等的心理状态和价值观念，也必然随之发生这样那样的变化；国内外交通改善颇大，特别是陆路和海上的几条丝绸之路，把中华本土与西域乃至中亚、欧洲诸国联系得相当密切，物质文化与精神文化的交流都异常地频繁而深入起来；佛教流行，唐僧西去求经，胡僧东来传法，佛教一面与道教争胜，一面与儒、道二家融合，其中国化的进程不但已经开始，而且正逐步加速和深化……这一切都给唐人的社会生活带来许多新的、前所未有的因素，一方面推动着昔日的民俗的某些演变，一方面外来

民俗的融渗又促使许多新民俗的孕育与产生。于是民俗文化传统在唐代就发生了种种变化，呈现出发展的态势和特定的时代特征。[①]

节日文化是民俗文化的重要组成部分，程、董二先生对于唐代民俗文化时代特征形成原因的分析应该同样适用于唐代节日。实际上，用唐代社会的整体特征来解释许多唐代文化现象的做法在学界相当普遍。这种解释也出现于本书的某些章节之中。这种解释自然有其道理，用其对唐代节日时代特征进行因果分析也同样具有合理性：毕竟节日是消费物质财富的时日，节日的热闹繁盛很大程度上是经由人们对物质的消费呈现出来的，而国家经济繁荣国力强盛，无疑为节日消费提供了较为充裕的物质条件，让人们不仅可以在节日里不事生产，而且可以在愿意隆重热闹过节的时候有足够强大的经济实力以应付所需要的各种花销。又毕竟，节日正如皮柏所认为的乃是对世界的赞同[②]，只有安定的社会才是值得赞同的世界。还毕竟，在较为开明的民族政策、对外交往政策和宗教政策等共同作用之下形成的多元并存（其中也包括儒道释的三教并存）的文化格局，为人们如何度过那一段称做节日的时间提供了多种选择的可能性。

然而，我们又不能不说，这种解释是不那么充分的，因为国家的富强、社会的安定、文化的多元并存等等，并不会直接作用于节日本身，而只能通过作用于过节的人来发挥作用。或者换句话说，节日在唐代的传承和新变、唐代节日呈现的整体面貌，都直接取决于处于特定场域中的一个个个体行动者的节日生活。如果把节日民俗看成一种对于人们在什么时间过节、以何种方式过节进行约束和指导的规则，那么，节日在唐代的传承和变迁、唐代节日呈现的整体面貌，就取决于一个个具体的个体行动者对节俗规则的选择（不依照既定的民俗规则行事也是一种选择）和实践。因此，作为行动者的唐代人的节俗选择和实践，才是唐代节日传承和变迁的决定性力量。

（一）行动者的选择、实践与节日在唐代的传承

通过前面的研究可以看出："唐代承继了前代的节日传统。值得注意

[①] 程蔷、董乃斌：《唐帝国的精神文明》，中国社会科学出版社1997年版，第20页。
[②] 皮柏说："节日的庆祝为：那些一直存在着的在平日积累的对世界的赞同出于特定的原因通过不同常日的方式去庆祝。"转引自简涛《立春风俗考》，上海文艺出版社1998年版，第3页。

的是，它所承继的，并非仅仅是节日的名称，而且包含着特定节日的节期、主要的节俗活动，乃至前人对节日、节俗活动来源的解释。"也即，先唐业已存在的有关节日及其习俗活动的若干规则，继续在唐代以被仍然遵循的方式活态存在着，即传承着。而这依赖于一代代的个体对于规则的选择和实践。

对于唐朝的每一个成员而言，在其出生之前已经存在着一整套关于节日民俗的规则，且正被周围的人操作着、遵循着、实践着。出生之后，他便在特定的场域中带着与生俱来的特质，观察着、倾听着、模仿着、参与着、适应着周围人们的节日活动；与此同时，认为对其成长负有责任的人也会对其进行约束或指导。随着时间的流逝，当他在耳闻目睹和亲身经历对节日习俗规则的实践中渐渐成长时，那些实践中所蕴含的超个人的习俗规则就已经渗透到他的日常生活之中，成为理所当然的不证自明的常识，影响着他的节日生活。于是，"传统的节日安排成为他安排自己生活的基本时间框架，传统的节日活动成为他节日活动的重要内容，传统的节日情感流露直接影响着他对时间进而对生命的感知。"他由此成为一个节日规则传承人，而此时他可能还只是一个并不担任多种社会角色、并不具备较多行动能力的人。

随着年龄的不断增长，归属群体的变化，知识阅历的日渐丰富，社会角色的不断丰衍，个体的行动能力和自主性也在增加。这时，早期习得的节俗规则便在一定程度上失去了规范力，变成他可以选择应用的而非必须遵循的东西。当然，从整体上看，尽管特定场域下的不同个体千差万别，但在如何过节方面却保持了高度的一致性，也即他们在过节时总是不约而同地选择了早期习得的节俗规则并付诸实践，使其进入自己的节日生活。

这种现象之所以出现，大约可以归因于三方面：一，在于前面已经提到的，当一个人"在耳闻目睹和亲身经历对节日习俗规则的实践中渐渐成长时，那些实践中所蕴含的超个人的习俗规则就已经渗透到他的日常生活之中，成为理所当然的不证自明的常识"。而常识常常是不被怀疑的。这就意味着行动者很难在自己熟悉的业已反复选择过、实践过的那些习俗规则之外去选择，而总是在其中进行选择。二，在于传统节俗规则在满足行动者需求方面的有效性。作为一种社会安排，传统的节俗规则常常能够较好地满足行动者的各种需要，比如娱乐身心的需要、社会交往的需要、表达对庄稼丰收天下太平期盼的需要等等，从而使得有些行动者或行动者在有些时候于传统之中选择已经足够，根本没有到传统之外去选择的必要。三，在于他所处场域的其他人也会依这套节俗规则行事，如果他不这样做，就像马克斯·韦伯所说的，他便会"不自在"，"也就是说，他必须忍受大大小小的各种不方便和不愉快"①。那么，对一个不想让生活变得麻烦的人来说，最好的选择便是循规蹈矩而非违约犯规。总之，无论出于三个原因中的哪一个或者兼而有之，行动者都更多地倾向并确实选择、实践既有的节俗规则，从而将既有节俗规则再生产出来，与紧密相连的前一段接续，并为后来的行动者提供习仿的对象。如此，既有习俗规则便保持了在一维时间流上的连续性，也便保持了稳定性，从而成为真正的"传统"。

社会中的个体行动者出于以上三种原因，有意识但又并非全然有意识地选择了既有节俗规则，并将其用于指导和约束自己的节日生活，从而实现了传统节日在唐代的传承。然而，这只是问题的一方面。问题的另一方面是，行动者的选择和实践同样决定了节日在唐代的变迁。

（二）行动者的选择、实践与节日在唐代的变迁

任何一个正常的人经过不断的学习积累，都会变成具有行动能力的行动者，他有思想，有感情，有欲望，有追求，绝不会只让自己的行动受制于传统节俗规则，哪怕它是根深蒂固的。面对特定情境，行动者也会从功利性目的、从价值追求、从当下的情感和感觉出发，来选择过节的内容和形式。当既有节俗规则不能满足他的目的、价值、当下情感等方面需求的时候，当传统节俗规则与他的目的、价值、当下情感等需求相冲突的时候，在既有节俗规则之外去选择，或者选择对既有节俗规则的违犯甚至有意识的移易，就是极其自然的事情。

令情况更为复杂的是，行动者并不是整齐划一的。即使在同一场域中，由于处于不同年龄阶段，从事不同职业，接受不同教育，出于不同家庭背景，占据不同社会地位，拥有不同社会资本和权力，等等，不同的行动者也具有不同的价值观念、利益追求和兴趣爱好；面对不同情境，更有着不同的当下情感。也就是说，每一个行动者都会从他自身的立场，对于自己是否要遵循既有节俗规则行事做出某种选择。他们的选择不仅可能不

---

① ［德］马克斯·韦伯：《社会学的基本概念》（《韦伯作品集》Ⅶ），顾忠华译，广西师范大学出版社2005年版，第41页。

同，而且可能矛盾；不仅可能互不影响，而且可能相互作用。所有这些，都让变迁成为不可避免。节日在唐代的变迁（包括节日体系、具体的节俗活动、节俗活动的性质、节俗起源的解释等各方面的变迁），都正是不同行动者在不同因素①作用下做出不同选择和实践及其相互作用的结果。其中，有些变迁是行动者为促成既有节日习俗规则的某些改变、有意识选择并实践非既有规则造成的，也有一些变迁并非行动者的主观诉求，但却经由他们的选择和实践而在客观上成为现实。

"为促成节日习俗规则的某些改变、有意识选择并实践非既有规则"的例证，在唐代节日发展史上屡见不鲜，尤其突出体现在唐帝国的一些最高统治者那里。比如唐高祖就试图改变"末代浇浮，祀典亏替……坛壝缺昭备之礼，乡里无纪合之训"的现状，为此，他不仅在武德九年颁布了《亲祀太社诏》，而且在二月戊寅日选择了亲祀太社，力倡在全国范围内恢复社祭的仪式，令"四方之民，咸勤植艺，随其性类，命为宗社。京邑庶士，台省群官，里闬相从，共遵社法，以时供祀，各申祈报。兼存宴醑之义，用洽乡党之欢"。再如，祭社用牲本是社日节的一种传统规则，而天宝五载七月，河南道采访使张倚奏："诸州府，今后应缘春秋二时私社望请不得宰杀，如犯者，请科违敕罪。"唐玄宗"从之"。又祭社通常是在八月，武则天却在长寿元年（692），下令将其改用九月。又比如，唐高宗试图改变时人"寒食上墓，复为欢乐，坐对松槚，曾无戚容"这种"有玷风猷"的做法，便于龙朔二年颁布了诏书；唐玄宗也曾通过纳入礼制（编入《大唐开元礼》）或制定政策（颁布敕文）的方式对"寒食上墓，便为燕乐"这种"凡庶之中，情礼多阙"的状况进行改变。再比如端午节里亲朋好友互相馈赠是一种习惯做法，唐中宗却在神龙三年（707）做出了"非期功已上亲不得辄相赠遗"的规定。② 再有，为改变节日体系中没有节日以庆祝诞辰的状况，唐玄宗下了设置千秋节的诏书；为了改变"三令节"之一正月晦日名称不佳以及官员娱乐时间不足的现状，唐德宗下了设置中和节的诏书，等等。

上举唐帝国诸帝颁布的诏敕，也即我们可以称之为礼或政策的正式规

---

① 这里的不同因素，指构成行动者节日生活的诸要素，即节俗、时尚、个体的生命意识、个体的身份、社会网络、人生经历、其他习俗规则、情境等。
② 《册府元龟》卷63，第707页。

则，其实都是最高统治者作为行动者受不同因素作用做出的选择。只是这些行动者因为具有其他行动者所不具有的公共权威，能够将自己的选择上升为国家意志使其具有官方的名义，从而获得了干预其他行动者的合法性和正当性。这就意味着，当官方为促成节俗规则的某些改变有意制定正式规则并加以实施的时候，事实上就存在着两种性质不同、但同样都对行动者（超个人的习俗规则已渗透到其日常生活之中的行动者）具有约束力的规则。那么，当官方的正式规则与既有节俗规则不同，尤其当前者是对后者的移易时，择谁而从就成了一个行动者必须回答的问题。这里的行动者其实不仅仅包括处在官方决策中心以外的普通民众，许多时候也包括官方正式规则的制定者本人。

对这个问题，许多行动者的回答是选择"我行我素"。比如"寒食扫墓复为欢乐"的现象没有因为唐高宗颁布了禁断的诏书而消失，也没有因为唐玄宗在《大唐开元礼》中做出"不得作乐"的规定而消失。这一现象的继续存在只能是一些行动者顶着官方正式规则的压力而选择并实践了既有民俗规则的结果。再如正月晦日虽被唐德宗以中和节代替了"三令节"之一的地位，晦日送穷的做法在晚唐依然盛行，等等。① 但这些只是问题的一个方面。另一方面，由于官方正式规则往往有公共权威做支撑，又常有一些人员去实施推行，且本身蕴含一定的合理性，因而总是具有有效性，也即社会中的许多行动者会选择对官方正式规则的遵从（这意味着同时选择了放弃遵从既有节俗规则）来过节。如此，节日的变迁就成为一种必然。比如，高宗永徽年间，张文琮为建州刺史时，原本春秋不祭社的民众改弦更张，"欣而行之"，就是对官方正式规则的选择和实践，而在选择"行之"的时候自然就选择了放弃"不祭社"的既有做法，从而使社日的变迁成为现实。

总之，最高统治者为促成节日习俗规则的某些改变以官方名义做出的若干选择，乃对民间节日生活的直接干预，它将直接导致行动者选择的变化，进而引起节日在唐代的变迁。

在大唐帝国，与行动者的主观诉求相关的节日变迁毕竟有限，更多的变迁可以用"无心插柳柳成荫"来概括，也即行动者并未有意识地去改变节俗规则，但他们通过自己的选择和实践客观上造成了变迁的事实。上

---

① 姚合《晦日送穷三首》中有"万户千门看，无人不送穷"句，见《全唐诗》卷498。

巳节在唐代发生的种种变迁，比如以祓除不祥为目的的水边活动减少，踏青游玩成为上巳节的重要习俗活动，文人的集会在中唐以后向世俗化方向发展，等等，并不是因为许多行动者有意识选择抛弃传统造成的（他们并未有意识地去改变既有习俗活动，去改变对节俗起源、功能等的既有解释），而是因为许多行动者选择了在名为上巳节的那段时日里去踏青游玩，选择了不再把水边举行的一些活动看成旨在祓除不祥，选择了"前水嬉而后妓乐，左笔砚而右壶觞"而不是"席幽林，觞曲水，论史谈玄，递袭歌咏，赋诗言志"。又如在重阳节，和传统的携酒登高一样，临水宴饮也成为当时的重要节俗活动，所以能够如此，也是因为在一些行动者选择携酒登高的时候，另一些行动者选择了在这天到水边宴饮。

总之，或者出于目的理性，或者出于价值理性，或者出于"当下的情感和感觉"，或者出于"根深蒂固的习惯"，当然也可能兼而有之，行动者通过自己的选择和实践活动，或者否定并改变了既有节俗规则，或者补充增添了新的节俗规则。于是乎，或快或慢地，或多或少地，节俗活动变了，节俗活动的性质变了，对节日、节俗活动的阐释变了，节日体系变了，具体节日的节期变了，甚至连节日的名称也变了。

（三）在传承中变迁，在变迁中传承

唐代行动者的选择、实践促成了节日在唐代的传承，唐代行动者的选择、实践也促成了节日在唐代的变迁。值得注意的是，由于在同一场域的共时状态下，每一个行动者都会做出自己过不过这个节、如何过这个节的选择，那么当一些行动者在既有节俗规则中选择和实践、并客观上担任了节日传承者的角色时，一些行动者则在既有节俗规则之外进行了选择和实践、并客观上担任了变迁者的角色，当然也有一些行动者会兼具这两种角色。于是，当我们不是仅关注一个、几个行动者而是关注多个甚至所有行动者时，就会看到传承与变迁的共在，也即节日实际上是在传承时变迁，并在变迁时传承的。

由行动者的选择和实践决定的传承与变迁之关系，还不止于二者的一时共在，二者的共在是一个持续的状态。如果说这一年度周期中一些行动者会于既有节俗规则之内选择并实践、一些行动者会于既有节俗规则之外去选择，那么类似的情况将出现于下一个年度周期（尽管行动者本身可能会发生变化）。于是，当我们不是仅关注同一场域里一个年度周期中行动者的选择和实践，而是关注该场域中多个连续的年度周期中行动者的选择和实践，就会看到传承在持续，变迁在持续，二者的共在也在持续。在同一场域的所有行动者都放弃对既有节俗规则的选择、实践之前，这种共在就一直持续着。

由行动者的选择和实践决定的传承与变迁之关系，其实还不止于二者的长期持续共在，而是有着更为复杂的关系。一方面，没有节俗规则的传承，节俗规则的变迁便无从谈起。当某一节日彻底从那个它曾经被人们当做节日来过的场域中消失，即不再有人把它当节来过时，这个节日变迁的历史也就终止了。另一方面，如果我们将唐代行动者看成是彼此互动的，一个或某些行动者在节俗规则外的选择和实践或多或少地会与他者发生关系、影响到他者的节日选择和实践，那么变迁就不仅可能导致传承的中止，也有可能导致传承持久力的增强。是前者是后者，关键在于那些客观上引起节俗传承和变迁的行动者的选择与实践，在主观上如何被认知如何被对待。

如果既有节俗规则被普遍视为过时、糟粕，对它的选择和实践普遍被视为守旧、顽固不化；如果新规则，尤其那些以移易既有节俗规则为目的而出现的新规则普遍被视为正当合理乃至先进；传承的中止便为期不远了。反过来，如果既有节俗规则及对它的选择和实践被视为完全正当，而逾越它的任何选择和实践都是异端，那么传承虽然继续，节俗规则却不免显得单一僵死。一旦行动者的需求发生变化，尤其是急剧的变化，难以在既有规则中得到满足，那么出现对它的否定性评价和突破甚至是迅速突破就会在所难免。当然还有第三种可能：如果那些于既有规则之中进行的选择和实践不被指斥为守旧，那些于既有规则之外进行的选择和实践亦不被指斥为异端（有时不仅不被指斥为异端，还被视为既有规则的一部分），那么该场域里的行动者过什么节、如何过节就多了些可以选择和实践的可能性。当这些可能性经由行动者的选择和实践成为现实，就会发现，既有节俗规则就在传承中变迁着，在变迁中传承着。而此时重要的，不仅是既有节俗规则在时间的长河里变得与最初多么不同；更重要的是，哪怕它内容、性质已经迥异甚至只保留了相同的名称，它依然被人们视为从过去传承而来、从未断裂的传统。

考虑到诞节、中和节、清明节、八月十五节等新兴节日的出现，考虑到春秋社日、上巳节、五月五日等传统节日在唐代的种种变化，节日在唐代的变迁不可谓不大。但唐代行动者在尊重过去（唐玄宗诞节、中和节的出现完全是创新,却被称做"自我作古",唐德宗设中和节还要援引汉晋故事作为自己存在的合法性基础)的同时又具有纳异的广博胸襟,国家、社会为个体行动者的选择和实践提供了较为充分的空间和较多的可能性,所以,唐代行动者具有更多选择和实践的自由,他们的节日生活因此而丰富多彩!于是,变迁虽然变迁,传承也在传承,新规则遂与既有规则一起成为后来行动者赖以选择和实践的丰富资源,唐朝也因而成为我国整个节日发展链条上最有光泽的一环。

二 节日习俗:唐人生活方式和精神世界的型塑性力量

唐朝个体行动者的选择和实践决定着唐朝节日习俗的传承和变迁,唐朝传承和变迁着的节日习俗也影响着唐朝个体行动者的选择和实践,塑造着他们的生活方式和精神世界。具体而言,大致体现在以下几个方面:

(一)节日决定着唐朝个体行动者的日常生活节奏,丰富着他们的日常生活

节日是划分时间段落的特定标志,也是社会成员的特殊生活时间,人们依据它来安排自己的生产和生活。在唐代,大大小小二十多个在历法上日期不相邻的节日将一年三百多日分隔成若干时间段。在非节日的常日时间段里,人们基本上遵循着日出而作日落而息的规律从事正常的生产生活活动。每届节日来临,人们总要放下日常的工作,兴致勃勃地投入到热闹的节日生活中去。于是,每一个节日占据的时间都被人们用约定俗成的、不同于常日的、且常被赋予特殊意义的活动填充着,人们则因为热情地投入这样的活动而具有不同于常日的情感体验。许多时候,甚至日出而作日落而息的规律也被打破了,人们通宵达旦、不分昼夜地从事着节日活动。这样,当节日与常日交替出现,人们的日常生活便在节日生活与常日生活之间不断转换,从而有张有弛,呈现出非常鲜明的韵律节奏。

节日不仅决定着唐人的日常生活节奏,还丰富着唐人的日常生活。在唐代和在许多朝代一样,各色人等在常日里从事着生活资料的获取和消费,无论是工作,还是衣食住行,都显得重复、呆板、单调、乏味,按部就班,平淡无奇,缺乏新鲜感,正像黑格尔描述自然运动时所断言的那样,"太阳底下没有新事物"。但有了节日,唐人的日常生活就变得多姿多彩起来。唐人有各种不同的节日,每一个节日又都有自己特有的习俗活动。于是,在除旧迎新的除夕元旦,人们驱傩迎神,饮屠苏酒,吃五辛

盘、胶牙饧，放爆竹，照虫灾，互相拜年；在人日，人们剪华胜，食煎饼，宴饮登高；上元节，人们出游歌舞，赏灯踏歌，粘钱财，赛紫姑；社日里，人们祭社稷，会聚宴饮；三月三，人们水边修禊，踏青出游，宴饮歌舞；寒食节，人们禁火，吃冷食，蹴鞠，斗鸡，荡秋千；上坟扫墓，宴饮出游，端午节，人们合药，竞渡，宴饮，吃粽子、粉团，饮蒲酒，带长命缕，赠辟瘟扇；七夕节，人们宴饮乞巧，拜星乞子，拜月晒衣；中元节，人们设盂兰盆，观百戏，游寺观；八月十五，人们赏月宴饮；九月重阳，人们插茱萸，赏菊花，登高饮酒……所有这些活动不仅与常日活动截然不同，而且是对平凡庸常的常日生活的突破，唐人的日常生活由此得到丰富。

（二）节日生产和维护着唐朝个体行动者的社会关系

人的本质属性是其社会性。每一个个体行动者都生活在一个由他（她）自己的社会关系织就的社会网络中，而每一个个体行动者又都在自己的社会网络中得到相应的社会支持。通常来讲，一个人社会网络的圈子越大，网络结点的联系越紧密，他所从中获得的社会支持也就越多。这就意味着，他的各种需要，如生理的需要、安全的需要、爱的需要、尊重的需要和自我实现的需要等能够更好地得到满足，他在现实社会中遭遇的疾病、伤害、老年、家人死亡、经济困难等种种风险也能够较快地化解。一般而言，每个在社会中生活的人，都会不懈地追求各种需要的被满足，也都不可避免地会遭遇各种风险，因此，人们总是希望扩大自己的社会网络，并密切自己与社会网络中结点的关系。这一点，唐朝人亦不例外。

每个人一出生，就自然与一些人建立起了某种社会关系，并因此拥有了一个属于自己的社会网络。但此时建立的社会网络往往基于血缘关系和地缘关系，不仅比较单一，而且"圈子"较小，远远不能满足个体对于社会支持的需要。但是，扩大的社会网络不再是与生俱来的，它需要个人的努力，经由个人与他人建立姻缘关系、业缘关系、志缘关系、情缘关系等各种社会关系而生产出来并不断加以维护。关系的建立和维护可以在常日进行，但节日在这方面显然更加便捷和有效。

在唐代，节日活动多在户外进行，如：人日登高；社日祭社；上元夜"灯火家家市，笙歌处处楼"，人们倾城出动，歌舞观灯；正月晦"衣冠杂沓，出城阙而盘游；车马骈阗，俯河滨而帐饮"；寒食节郊游踏青；上巳节水边祓除；端午节龙舟竞渡；八月十五节田野玩月；重阳节登高眺远；除夕夜驱傩祓除……众多的户外活动必然造成众多人的"共同在场"，众多人的共同在场使得人和人发生关系的机会增加，陌生人可以因此而相遇相知，相识者可以因此而重逢叙旧。刘驾诗云"相寻不见者，此地皆相遇"，正是节日为社会交往的频繁发生提供了有利时机的极好说明。

当然，节日对社会关系的生产和维护并不止于上述共同在场无意却客观上造成的人和人发生关系的机会增加，更重要的是，节日本身就是人们有意识进行社会交往的时间，具有不同社会关系的成员往来聚会本身就是节俗活动的重要内容。在唐代，"长安市里风俗，每至元日以后，递余食相邀，号为传座"。其实，宴饮聚会不仅在长安流行，在长安以外的其他地方同样流行。宴饮聚会也不仅是在新年里才有，其他节日里同样如此。可以说，宴饮聚会几乎是大唐帝国每个地方、每个节日里都存在的习俗活动。至于宴饮聚会的参与者，可以是皇帝与臣僚，从唐高祖到唐哀帝，几乎每一个唐朝的最高统治者都有节日招宴群臣的做法，唐玄宗、唐德宗更是其中的出类拔萃者。宴饮聚会的参与者也可以是文武大臣，是文人学士，是历史上没有留下声名的普通百姓，有的宴饮聚会参与者甚至超越了社会等级。比如欧阳詹记录的那次节日宴饮聚会（指鲁山令李胄三月三日宴僚吏），参与者就不仅有政府官吏，有乡村中德高望重的人物，还有渔者、农者、圃者、弋者等劳动生产者的代表。对于宴会的每一个参与者而言，他与其他参与者可能是初次见面，也可能早就相识，在觥筹交错之中，在称觞上寿之中，在言谈交流之中，初次见面的不再陌生，新的社会关系得以生产；早就相识的加深了感情，旧的社会关系得以维护、密切和再生产出来。

在唐代，走亲访友也是重要的节俗活动。年节里，出嫁的姑娘要回娘家探亲，皇帝、皇太子、皇后、太后等要接受大臣、命妇的贺寿，朋友之间要互相拜年，"相逢但祝新正寿"。其他节日里，如正月十五、正月晦、社日、上巳节、寒食节、清明节、端午节、七夕节、八月十五等等，人们也多呼朋引伴，与家人、亲戚、邻居、朋友共享节日的欢乐和社会的历史传统。在共同参与某种活动、共享历史传统和节日欢乐的同时，彼此之间的关系亦得以更新和维护。

（三）节日培养唐朝个体行动者的认同感和归属感

认同感是某些人或事物在某些方面有和"我"相通或相同的地方，

让"我"感到亲近和愿意接纳;归属感是某些人或事物让"我"信任和依赖,"我"是它或我愿做它当中的一员。个体行动者的认同感和归属感是他对某些人或事物产生的亲切、信任、依赖、作为自己的生活与精神家园渴望融入其中的感情。个体的认同感和归属感是令其幸福安心生活的保证,也是促进群体内聚意识的重要因素。节日是培养唐朝个体行动者认同感和归属感的重要时空。在唐代,节俗规则总是要求一个个体与家人、与同事、与朋友、与邻居等共度节日,我们可以在本书对于唐玄宗诞节、中和节、清明节、八月十五节、上巳节、社日节的研究中找出许多共度节日的例证。在这种共度中,个体与家庭、家族、社区、业缘群体、志缘群体等自然联系在一起,从而加强了与上述群体及群体成员的情感依赖与精神联系,获得对他们的归属感和认同感。王维所说"每逢佳节倍思亲",就反映了节日在培养个体归属感和认同感方面的重要作用。

不仅如此,节日在培养个体的文化认同和更大范围的认同感和归属感方面也卓有成效。我们看到,在唐代,总是有许许多多个体行动者不约而同地参与到同一个节日中去,虽然他们可能彼此完全陌生,但他们在过节内容和过节方式方面却保持了高度的同一性,他们都能读懂弥漫于节日里种种复杂的意义和象征,他们共享着节日的欢乐,共同感受着一个国家、一个民族、一个社区的历史、信仰、光荣、耻辱以及对于未来的希望和恐惧。在这里,他们获得了作为一个大唐子民的文化认同、国家认同和相应的归属感。

(四)节日激发唐朝个体行动者的生活热情和生命意识

为了生存,人类不得不从事生活资料的生产和再生产,不得不付出繁重的脑力劳动和体力劳动,也不得不忍受平时日常生计所带来的辛劳、疲倦和苦闷。然而,长期的辛劳、疲倦和苦闷是任何个体不愿承受也无法承受的,人们需要休息需要娱乐需要一种高峰体验去激发、唤醒被日常生计销磨殆尽的生活热情。节日给予了人们这一机会。"在每年一定的日子里,人们心中的人性会周期性地抛开日常生活的烦恼,沉浸在节日的喜庆之中,有时甚至连文化压迫和经济贫困也统统抛在脑后。"[①]

正如我们在第一章中已经提到的,在唐代,许多节日原有的巫术、禁

[①] [美]拉尔夫·林兹勒、彼得·赛特尔:《庆典·前言》,方永德译,载[美]维克多·特纳编《庆典》,方永德等译,潘国庆校,上海文艺出版社1993年版,第1页。

忌、信仰、祓禊、禳除的神秘气氛渐渐退隐，取而代之的是浓厚的娱乐性色彩。此时，节日已成为唐人的休闲娱乐时间和狂欢时间，节日里充满饮酒、音乐、歌舞、游戏、竞技等活动。酒是一种奇特的物质，醉酒则是一种神秘的自我放逐状态；在这种状态中，人放荡不羁，无拘无束，在如梦如幻中获得了一种暂时的身心自由。音乐歌舞同样具有令人暂时摆脱世俗烦扰的作用，铿锵有力的鼓乐声，宛转悠扬的歌唱声，自然流畅的舞蹈，都将人们引入一种沉迷入神超越现实忘掉自我的存在状态。而在游戏竞技中，人们更可以充分发挥想象力、创造力，进行各种试验和尝试而不必承担现实社会中人们的行为所通常导致的后果，于是，"在游戏中，人世间的现实突然成为一种转瞬即逝的东西。人们随时准备接受游戏中出现的令人惊异的和新奇的事情，进入一个运用不同法则的世界。他们将解除所有的顾虑，使自己成为自由和有主宰世界能力的人。人们在游戏中趋向于一种最悠闲的境界。在这种境界中，甚至连身体都摆脱了世俗的负担，和着天堂之舞的节拍轻松摇动。"[①] 总之，这些在节日里几乎无处不在的活动，都极易让参与其中的社会成员释放出在平时单调枯燥的常日生活中从未有过的创造力，进入一种忘我的境界和一种自由、张扬、狂欢的状态。参与这些节日活动就是足以令个体从中感受到生活美好的享受，必然激发、唤醒被日常生计销磨殆尽的生活热情，令其更加豪迈乐观，以更加积极的态度珍视人生，享受人生，彰显个体生命的意义和价值。

节日不仅激发唐人的生活热情，也激发着唐人的生命意识。在唐代，节日以历日、月份和季节等组成的历年为循环基础，其循环周期与个体生命的计算周期是同一的，因此，对于了解"人生七十古来稀"这一事实的人来说，节日的来临，总会勾起他对于时光飞逝的惊讶，对于青春流移的叹息，对于死亡渐逼渐近的恐惧以及对于生命存在的恋念之情，个体的生命意识由是变得更加张扬。这种生命意识在标志着新年与旧年转换的年节里尤其明显。年节之外，寒食清明节也极易激发个体的生命意识。因为，如果说生死问题是人类社会面临的最大问题，那么寒食清明节的扫墓之俗就是对死亡和生命的并置。从对个体的角度看，死生的并置将"向

[①] Ranner. Hugo, S. J: *Man at Play, or Did You Ever Practise Eutrapelia*? London: Burns&Oates, 1965. 转引自李仲广、卢昌崇《基础休闲学》，社会科学文献出版社 2006 年版，第 122—123 页。

死而生"这个在个体上永远无法解决的矛盾赤裸裸摆开了给人看。常日里，死人的坟墓总是与活人的生活相隔很远，活着的人总会以为死亡是在自己触摸不到的距离。但寒食清明节，这边厢是在杨柳风杏花雨中欢歌笑语的血肉之躯，那边厢是一丘坟土下默默无言的枯骨一把。这边厢就是自己的现在，那边厢虽是别人的现在却也正是自己的未来。相信任何一个置身于其中的正常人都不会无动于衷，"该怎样活着"必然成为他的追问。包括年节、寒食清明节在内的唐代的节日，作为时间的节点，同时也是个体生命的节点，它们周而复始不断间隔性地出现，也就不断地提醒着个体对于时光对于生命的认知，并影响着个体对于未来生活态度、生活方式的选择。

（五）节日有助于唐人纳异胸襟和创新精神的养成

具有纳异胸襟，就不会唯我独尊，而能以包容的态度面对异己文化和外来文明，就会兼收并蓄，恶者弃之，好者汲之，为我所用。具有创新精神，就不会固步自封，而能以开拓进取的姿态突破旧事物的窠臼，不断发展繁荣。大唐文化之所以全面繁荣，大唐帝国之所以成为我国传统社会的黄金时代，成为我国整个节日发展链条上最有光泽的一环，很大程度上应归因于唐人具有开阔的纳异胸襟和强烈的创新精神。

在认同自我的基础上超越自我，是纳异胸襟和创新精神的核心所在。而在认同自我的基础上超越自我，必须依赖于与他者的交流沟通，依赖于对他者的理解以及对他者的优劣判断。而节日恰恰为人们提供了一个与他者集中并广泛交流沟通的场合。节日恰似一个巨大的舞台，光怪陆离的习俗风尚，人们的衣食住行，人们的社会关系，传统的民间工艺和民间信仰，诸如此类形形色色的民俗事象在这里激情上演。形形色色来自不同民族、不同区域、不同社会等级、不同宗教信仰背景、从事不同职业的个体也同时来到这个舞台之上，他是演员，也是观众。他用自己的节日选择和实践展示着自己的价值观念、道德观念、思维模式、行为模式和审美情趣，展示着自己对于节日的认知理解和对整个世界的认知理解，同时，也观察着别人的选择和实践，并从中领会别人的价值观念、道德观念、思维模式、行为模式和审美情趣，领会别人对于节日的认知理解和对整个世界的认知理解。由是，节日成为个体跟他者交流沟通、理解异己文化、比较本土文化和外来文化优劣的场所，而在交流沟通、理解比较之中，自我的位置被确认，与此同时，自我知识不可避免的零散性、本土性和不易言传性亦得以超越。

　　唐代节日正是这样的舞台。唐代节日里，胡风弥漫，儒、道、释多种文化并存，来自不同国家、不同民族、不同文化背景的胡人和汉人一样成为节日的活动主体。当汉人以自己熟悉的喜闻乐见的方式过节并因此展示自己的文化之时，胡人或以胡舞胡乐胡食胡戏作为自己的节日活动，填充着自己的节日生活，或以胡舞胡乐胡食胡戏作为赢利的手段，同样展示着自己的文化。于是，胡文化与大唐的本土文化一起并存于唐代的节日舞台之上。多元文化并存使人们对异己文化的认知、理解、比较和吸纳成为可能，从而有助于纳异胸襟和创新精神的养成。

　　综上所述，唐朝个体行动者的选择和实践决定着唐朝节日习俗的传承和变迁，与此同时，唐朝节日习俗也型塑着唐朝个体行动者的生活方式和精神世界。而节日决定的生活节奏、生产和维护的社会关系、激发的生活热情和生命意识、培养的认同感、归属感和纳异胸襟、创新精神，又直接作用于唐朝个体行动者的日常生活，影响着他们对节俗规则的选择和实践。

主要参考文献

一 著作类

《十三经》（全一册），中州古籍出版社1992年影印本。

上海师范大学古籍整理研究所校点：《国语》，上海古籍出版社1988年版。

（汉）司马迁：《史记》，中华书局1959年版。

（汉）刘安等著，高诱注：《淮南子》，上海古籍出版社1989年版。

（汉）刘歆撰，（晋）葛洪集，向新阳、刘克任校注：《西京杂记校注》，上海古籍出版社1991年版。

（汉）班固撰，（唐）颜师古注：《汉书》，中华书局1962年版。

（晋）司马彪撰，（梁）刘昭注：《后汉书》，中华书局1965年版。

（南朝）范晔撰，（唐）李贤注：《后汉书》，中华书局1965年版。

（南朝）刘义庆：《世说新语》，上海古籍出版社1982年版。

（南朝）僧佑：《弘明集》，四库全书本。

（南朝）沈约：《宋书》，中华书局1974年版。

（南朝）萧子显：《南齐书》，中华书局1972年版。

（南朝）宗懔：《荆楚岁时记》，四库全书本。

（南朝）宗懔著，谭麟译注：《荆楚岁时记译注》，湖北人民出版社1985年版。

（北齐）魏收：《魏书》，中华书局1974年版。

（北魏）杨衒之著，范祥雍校注：《洛阳伽蓝记校注》，上海古籍出版社1978年版。

［日］圆仁：《入唐求法巡礼行记》，上海古籍出版社1986年版。

（唐）白居易原本，（宋）孔传续撰：《白孔六帖》，四库全书本。

（唐）白居易著，朱金城笺校：《白居易集笺校》，上海古籍出版社1988年版。

（唐）长孙无忌等编修，刘俊文点校：《唐律疏议》，中华书局1983年版。

（唐）陈鸿：《东城老父传》，载张友鹤选注《唐宋传奇选》，人民文学出版社1979年版。

（唐）杜牧：《樊川文集》，上海古籍出版社1978年版。

（唐）杜佑撰，王文锦等点校：《通典》，中华书局1988年版。

（唐）段成式撰，曹中孚校点：《酉阳杂俎》，载上海古籍出版社编，丁如明、李宗为、李学颖等校点《唐五代笔记小说大观》（全二册），上海古籍出版社2000年版。

（唐）范摅撰，阳羡生校点：《云溪友议》，载上海古籍出版社编，丁如明、李宗为、李学颖等校点《唐五代笔记小说大观》（全二册），上海古籍出版社2000年版。

（唐）房玄龄：《晋书》，中华书局1974年版。

（唐）封演撰，赵贞信校注：《封氏闻见记校注》，中华书局1958年版。

（唐）高彦休撰，阳羡生校点：《唐阙史》，载上海古籍出版社编，丁如明、李宗为、李学颖等校点《唐五代笔记小说大观》（全二册），上海古籍出版社2000年版。

（唐）谷神子撰，穆公校点：《博异志》，上海古籍出版社编，丁如明、李宗为、李学颖等校点《唐五代笔记小说大观》（全二册），上海古籍出版社2000年版。

（唐）韩鄂编，（明）沈士龙、胡震亨校，[日]长泽规矩也编：《岁华纪丽·书叙指南·事林广记》，上海古籍出版社1990年版。

（唐）韩鄂原编，缪启愉校释：《四时纂要校释》，农业出版社1981年版。

（唐）康骈撰，萧逸校点：《剧谈录》，载上海古籍出版社编，丁如明、李宗为、李学颖等校点《唐五代笔记小说大观》（全二册），上海古籍出版社2000年版。

（唐）李涪撰，张秉成校点：《刊误》，辽宁教育出版社1998年版。

（唐）李复言撰，穆公校点：《续玄怪录》，载上海古籍出版社编，丁如明、李宗为、李学颖等校点《唐五代笔记小说大观》（全二册），上海古籍出版社2000年版。

（唐）李濬：《松窗杂录》，载上海古籍出版社编，丁如明、李宗为、李学颖等校点《唐五代笔记小说大观》（全二册），上海古籍出版社2000年版。

（唐）李林甫等撰，陈仲夫点校：《唐六典》，中华书局2005年版。

（唐）李林甫等撰，（清）茆泮林辑：《唐月令注》，载《续修四库全书》编纂委员会编《续修四库全书·八八五·史部·时令类》，上海古籍出版社2002年版。

（唐）李玫撰，李宗为校点：《纂异记》，载上海古籍出版社编，丁如明、李宗为、李学颖等校点《唐五代笔记小说大观》（全二册），上海古籍出版社2000年版。

（唐）李延寿：《北史》，中华书局1974年版。

（唐）李肇撰，曹中孚校点：《唐国史补》，载上海古籍出版社编，丁如明、李宗为、李学颖等校点《唐五代笔记小说大观》（全二册），上海古籍出版社2000年版。

（唐）刘肃撰，恒鹤校点：《大唐新语》，载上海古籍出版社编，丁如明、李宗为、李学颖等校点《唐五代笔记小说大观》（全二册），上海古籍出版社2000年版。

（唐）刘𫗧撰，恒鹤校点：《隋唐嘉话》，载上海古籍出版社编，丁如明、李宗为、李学颖等校点《唐五代笔记小说大观》（全二册），上海古籍出版社2000年版。

（唐）牛僧孺撰，穆公校点：《玄怪录》，载上海古籍出版社编，丁如明、李宗为、李学颖等校点《唐五代笔记小说大观》（全二册），上海古籍出版社2000年版。

（唐）欧阳询撰，汪绍盈校：《艺文类聚》，上海古籍出版社1965年版。

（唐）丘光庭：《兼明书》，丛书集成初编本。

（唐）苏鹗撰，阳羡生校点：《杜阳杂编》，载上海古籍出版社编，丁如明、李宗为、李学颖等校点《唐五代笔记小说大观》（全二册），上海古籍出版社2000年版。

（唐）韦绚撰，阳羡生校点：《刘宾客嘉话录》，载上海古籍出版社编，丁如明、李宗为、李学颖等校点《唐五代笔记小说大观》（全二册），上海古籍出版社 2000 年版。

（唐）魏徵：《隋书》，中华书局 1974 年版。

（唐）吴兢撰，谢保成集校：《贞观政要集校》，中华书局 2003 年版。

（唐）徐坚等辑：《初学记》，京华出版社 2000 年版。

（唐）虞世南编，（明）陈禹谟注：《北堂书钞》，载董治安主编《唐代四大类书》，清华大学出版社 2003 年版。

（唐）元结：《元次山集》，中华书局 1960 年版。

（唐）张鷟撰，恒鹤校点：《朝野佥载》，载上海古籍出版社编，丁如明、李宗为、李学颖等校点《唐五代笔记小说大观》（全二册），上海古籍出版社 2000 年版。

（唐）张九龄：《曲江集》，四库全书本。

（唐）赵璘撰，曹中孚校点：《因话录》，载上海古籍出版社编，丁如明、李宗为、李学颖等校点《唐五代笔记小说大观》（全二册），上海古籍出版社 2000 年版。

（唐）郑綮撰，丁如明校点：《开天传信记》，载上海古籍出版社编，丁如明、李宗为、李学颖等校点《唐五代笔记小说大观》（全二册），上海古籍出版社 2000 年版。

（唐）郑如海撰，丁如明校点：《明皇杂录》，载上海古籍出版社编，丁如明、李宗为、李学颖等校点《唐五代笔记小说大观》（全二册），上海古籍出版社，2000 年版。

（唐）郑余庆：《大唐新定吉凶书仪》，载周一良、赵和平《唐五代书仪研究》，中国社会科学出版社 1995 年版。

《绀珠集》，四库全书本。

（五代）刘崇远撰，阳羡生校点：《金华子》，载上海古籍出版社编，丁如明、李宗为、李学颖等校点《唐五代笔记小说大观》（全二册），上海古籍出版社 2000 年版。

（五代）孙光宪著，林艾园校点：《北梦琐言》，载上海古籍出版社编，丁如明、李宗为、李学颖等校点《唐五代笔记小说大观》（全二册），上海古籍出版社 2000 年版。

（五代）王定保撰，阳羡生校点：《唐摭言》，载上海古籍出版社编，丁如明、李宗为、李学颖等校点《唐五代笔记小说大观》（全二册），上海古籍出版社2000年版。

（五代）王仁裕撰，丁如明校点：《开元天宝遗事》，载上海古籍出版社编，丁如明、李宗为、李学颖等校点《唐五代笔记小说大观》（全二册），上海古籍出版社2000年版。

（五代）尉迟偓撰，恒鹤校点：《中朝故事》，载上海古籍出版社编，丁如明、李宗为、李学颖等校点《唐五代笔记小说大观》（全二册），上海古籍出版社2000年版。

（五代）严子休撰，阳羡生校点：《桂苑丛谈》，载上海古籍出版社编，丁如明、李宗为、李学颖等校点《唐五代笔记小说大观》（全二册），上海古籍出版社2000年版。

（后晋）刘昫等撰：《旧唐书》，中华书局1975年版。

（宋）蔡卞：《毛诗名物解》，四库全书本。

（宋）陈元靓：《岁时广记》，四库全书本。

（宋）程大昌：《演繁露》，四库全书本。

（宋）范祖禹：《唐鉴》，上海古籍出版社1984年版。

（宋）高承撰，（明）李果订，金圆、许沛藻点校：《事物纪原》，中华书局1989年版。

（宋）计有功：《唐诗纪事》，中华书局1965年版。

（宋）李昉等编：《太平广记》，人民文学出版社1959年版。

（宋）李昉等编：《文苑英华》，四库全书本。

（宋）廖行之：《省斋集》，四库全书本。

（宋）刘昌诗：《芦浦笔记》，四库全书本。

（宋）欧阳修、宋祁：《新唐书》，中华书局1975年版。

（宋）庞元英：《文昌杂录》，中华书局1958年版。

（宋）蒲积中编，徐敏霞校点：《古今岁时杂咏》，辽宁教育出版社1998年版。

（宋）钱易撰，黄寿成点校：《南部新书》，中华书局2002年版。

（宋）施宿等：《嘉泰会稽志》，载《宋元方志丛刊》，中华书局1990年版。

（宋）司马光编著，（元）胡三省音注：《资治通鉴》，中华书局1956年版。

（宋）宋敏求编：《唐大诏令集》，学林出版社1992年版。

（宋）王谠撰，周勋初校证：《唐语林校证》，中华书局1987年版。

（宋）王溥：《唐会要》，中文出版社1978年版。

（宋）王溥：《唐会要》，中华书局1955年版。

（宋）王钦若等编：《册府元龟》，中华书局1960年影印本。

（宋）王应麟辑：《玉海》，四库全书本。

（宋）王应麟撰，（清）阎若璩笺：《困学纪闻》，山东友谊出版社1992年版。

（宋）卫湜：《礼记集说》，四库全书本。

（宋）吴缜：《新唐书纠谬》，四库全书本。

（宋）吴自牧：《梦粱录》，浙江人民出版社1984年版。

（宋）杨万里：《诚斋集》，四库全书本。

（宋）曾慥编：《类说》，上海古籍出版社1993年版。

（宋）张淏撰，张宗祥校录：《云谷杂记》，中华书局1958年版。

（宋）周密：《武林旧事》，学苑出版社2001年版。

《大金集礼》，四库全书本。

（元）脱脱：《辽史》，中华书局1974年版。

黄时鑑点校：《通制条格》，浙江古籍出版社1986年版。

（元）陶宗仪：《说郛》，四库全书本。

（明）曹学佺：《蜀中名胜记》，中华书局1985年版。

（明）李时珍：《本草纲目》卷15，四库全书本。

（明）徐应秋：《玉芝堂谈荟》，上海古籍出版社1993年版。

（清）陈梦雷编纂，（清）蒋廷锡校订：《古今图书集成·岁功典》，中华书局1934年影印本。

（清）董诰等编：《全唐文》，中华书局1983年影印版。

（清）顾炎武著，（清）黄汝成集释，秦克诚点校：《日知录集释》，岳麓书社1994年版。

（清）何焯撰，崔高维点校：《义门读书记》，中华书局1987年版。

（清）彭定求等编：《全唐诗》，中华书局1960年版。

（清）陈立撰，吴则虞点校：《白虎通义疏证》，中华书局1994年版。

白钢主编：《中国政治制度史》，中国天津人民出版社、新西兰霍兰德出版有限公司1991年版。

北京图书馆金石组、中国佛教图书文物馆金石组编：《房山石经题记汇编》，书目文献出版社 1987 年版。

岑仲勉：《隋唐史》，河北教育出版社 2000 年版。

岑仲勉：《唐史余渖》，上海古籍出版社 1980 年版。

陈高华、徐吉军主编，吴玉贵著：《中国风俗通史·隋唐五代卷》，上海文艺出版社 2001 年版。

陈伟明：《唐宋饮食文化初探》，中国商业出版社 1993 年版。

陈寅恪：《陈寅恪文集之六：元白诗笺证稿》，上海古籍出版社 1978 年版。

陈寅恪：《陈寅恪集·隋唐制度渊源略论稿》，生活·读书·新知三联书店 2001 年版。

陈寅恪编：《唐代政治史述论稿》，上海古籍出版社 1982 年版。

陈振明主编：《政策科学》，中国人民大学出版社 1998 年版。

程存洁：《唐代城市史研究初篇》，中华书局 2002 年版。

程国赋：《唐五代小说的文化阐释》，人民文学出版社 2002 年版。

程蔷、董乃斌：《唐帝国的精神文明》，中国社会科学出版社 1996 年版。

董志翘：《入唐求法巡礼行记词汇研究》，中国社会科学出版社 2000 年版。

段塔丽：《唐代妇女地位研究》，人民出版社 2000 年版。

范文澜：《唐代佛教》，人民出版社 1979 年版。

范文澜：《中国通史简编》（修订本第三编第一册），人民出版社 1965 年版。

方亚光：《唐代对外开放初探》，黄山书社 1998 年版。

傅璇琮：《唐代科举与文学》，陕西人民出版社 1986 年版。

高丙中：《居住在文化空间里》，中山大学出版社 1999 年版。

高启安：《唐五代敦煌饮食文化研究》，民族出版社 2004 年版。

葛承雍：《唐韵胡音与外来文明》，中华书局 2006 年版。

葛剑雄：《中国移民史》（第二卷）《先秦至魏晋南北时期》，福建人民出版社 1997 年版。

管士光：《唐人大有胡气：异域文化与风习在唐代的传播与影响》，农村读物出版社 1992 年版。

郭峰：《唐史与敦煌文献论稿》，中国社会科学出版社 2002 年版。

郭于华主编：《仪式与社会变迁》，社会科学文献出版社 2000 年版。

韩养民、郭兴文：《中国古代节日风俗》，陕西人民出版社 1987 年版。

郝春文：《唐后期五代宋初敦煌僧尼的社会生活》，中国社会科学出版社 1998 年版。

胡戟等编：《二十世纪唐研究》，中国社会科学出版社 2002 年版。

胡如雷：《隋唐五代社会经济史论稿》，中国社会科学出版社 1996 年版。

胡新生：《中国古代巫术》，山东人民出版社 1998 年版。

黄留珠主编：《周秦汉唐文明》，陕西人民出版社 1999 年版。

贾二强：《唐宋民间信仰》，福建人民出版社 2002 年版。

简涛：《立春风俗考》，上海文艺出版社 1998 年版。

靳希平主编：《现象学在中国：胡塞尔〈逻辑研究〉发表一百周年国际会议》，上海译文出版社 2003 年版。

李斌城、李锦绣、张泽咸、吴丽娱、冻国栋、黄正建：《隋唐五代社会生活史》，中国社会科学出版社 1998 年版。

李斌城主编：《唐代文化》，中国社会科学出版社 2002 年版。

李浩：《唐代关中士族与文学》，中国社会科学出版社 2003 年版。

李浩：《唐代三大地域文学士族研究》，中华书局 2002 年版。

李鸿宾：《唐朝中央集权与民族关系：以北方区域为线索》，民族出版社 2003 年版。

李玄伯：《中国古代社会新研》，上海文艺出版社 1987 年影印本。

李亦园：《宗教与神话》，广西师范大学出版社 2004 年版。

李志慧：《唐代文苑风尚》，陕西人民出版社 1988 年版。

李仲广、卢昌崇：《基础休闲学》，社会科学文献出版社 2006 年版。

林金德：《政策研究方法论》，延边大学出版社 1989 年版。

刘伯根、华景杭编：《中华传统文化大观》，中国大百科全书出版社 1993 年版。

刘国盈：《唐代古文运动论稿》，陕西人民出版社 1984 年版。

刘晓峰：《端午》，生活·读书·新知三联书店 2010 年版。

柳诒徵：《中国文化史》，东方出版中心 1988 年版。

娄成武、魏淑艳：《公共政策学》，东北大学出版社2003年版。

鲁迅：《鲁迅全集》，人民文学出版社1973年版。

马铭浩：《唐代社会与元白文学集团关系之研究》，台湾学生书局有限公司1991年版。

宁可、郝春文辑校：《敦煌社邑文书辑校》，江苏古籍出版社1997年版。

牛致功：《唐代碑石与文化研究》，三秦出版社2002年版。

齐涛：《韦庄诗词笺注》，山东教育出版社2002年版。

齐涛：《中国民俗史论》，河南大学出版社1992年版。

钱冬父：《唐宋古文运动》，上海古籍出版社1979年版。

钱志熙：《唐前生命观和文学生命主题》，东方出版社1997年版。

裘锡圭：《古代文史研究新探》，江苏古籍出版社1992年版。

荣新江主编：《唐代宗教信仰与社会》，上海辞书出版社2003年版。

尚秉和：《历代社会风俗事物考》，上海文艺出版社1989年影印本。

沈冬：《唐代乐舞新论》，北京大学出版社2004年版。

史念海：《唐代历史地理研究》，中国社会科学出版社1998年版。

史卫民：《元代社会生活史》，中国社会科学出版社1996年版。

史仲文、胡晓林主编，藏嵘、王宏凯著：《中国全史·中国隋唐五代习俗史》，人民出版社1994年版。

史宗主编：《20世纪西方宗教人类学文选》，上海三联书店1995年版。

宋兆麟：《中国生育信仰》，上海文艺出版社1999年版。

孙昌武：《唐代文学与佛教》，陕西人民出版社1985年版。

孙光：《政策科学》，浙江教育出版社1988年版。

孙机、杨泓：《寻常的精致》，辽宁教育出版社1996年版。

孙琴安：《唐诗与政治》，上海人民出版社2003年版。

陶思炎：《风俗探幽》，东南大学出版社1995年版。

汪丁丁主编：《自由与秩序：中国学者的观点》，中国社会科学出版社2002年版。

汪宁生：《古俗新研》，敦煌文艺出版社2001年版。

汪荣宝撰，陈仲夫点校：《法言义疏》，中华书局1987年版。

王重民、王庆菽等编：《敦煌变文集》，人民文学出版社1957年版。

王宁：《消费社会学——一个分析的视角》，社会科学文献出版社2001年版。

王汝涛：《唐代小说与唐代政治》，岳麓书社2005年版。

王赛时：《唐代饮食》，齐鲁书社2003年版。

王晓骊：《唐宋词与商业文化关系研究》，中国社会科学出版社2004年版。

王志东：《唐代社会生活》，国际文化出版公司2002年版。

乌丙安：《民俗学原理》，辽宁教育出版社2001年版。

乌丙安：《中国民俗学》，辽宁大学出版社1985年版。

巫瑞书：《南方传统节日与楚文化》，湖北教育出版社1999年版。

吴玉贵：《中国风俗通史·隋唐五代卷》，上海文艺出版社2001年版。

武复兴：《唐长安旧事》，上海文化出版社1987年版。

向春阶等编著：《酒文化》，中国经济出版社1995年版。

向达：《唐代长安与西域文明》，生活·读书·新知三联书店1979年版。

萧放：《〈荆楚岁时记〉研究——兼论传统中国民众生活中的时间观念》，北京师范大学出版社2000年版。

谢思炜：《白居易集综论》，中国社会科学出版社1997年版。

邢义田、黄宽重、邓小南总主编，蒲慕州主编：《生活与文化》，中国大百科全书出版社2005年版。

徐杰舜主编，万建中、周耀明、陈顺宣著：《汉族风俗史（隋唐·五代宋元汉族风俗）》，学林出版社2004年版。

徐连达：《唐朝文化史》，复旦大学出版社2003年版。

许总：《唐诗史》，江苏教育出版社1994年版。

杨琳：《中国传统节日文化》，宗教文化出版社2000年版。

俞鹿年：《中国政治制度通史》，人民出版社1996年版。

张勃：《明代岁时民俗文献研究》，商务印书馆2011年版。

张忱石编：《唐会要人名索引》，中华书局1991年版。

张弓：《汉唐佛寺文化史》，中国社会科学出版社1997年版。

张国刚编：《中国中古史论集》，天津古籍出版社2003年版。

张金马：《政策科学导论》，中国人民大学出版社1992年版。

张再林：《唐宋士风与词风研究：以白居易、苏轼为中心》，人民文学出版社 2005 年版。

张泽咸：《唐代工商业》，中国社会科学出版社 1995 年版。

赵和平：《敦煌写本书仪研究》，台北新文丰出版公司 1993 年版。

赵世瑜：《狂欢与日常——明清以来的庙会与民间社会》，三联书店 2002 年版。

郑新立主编：《现代政策研究全书》，中国经济出版社 1992 年版。

郑学檬、冷敏述编：《唐文化研究论文集》，上海人民出版社 1994 年版。

中国民俗学会、北京民俗博物馆编：《节日文化论文集》，学苑出版社 2006 年版。

中国民俗学会民俗博物馆专业委员会、北京民俗博物馆编：《第二届东岳论坛论文集》，学苑出版社 2007 年版。

中国唐史研究会编：《唐史研究会论文集》，陕西人民出版社 1983 年版。

钟敬文主编：《民俗学概论》，上海文艺出版社 1998 年版。

周一良、赵和平：《唐五代书仪研究》，中国社会科学出版社 1995 年版。

周一良：《周一良集》（第四集），辽宁教育出版社 1998 年版。

朱金城：《白居易年谱》，上海古籍出版社 1982 年版。

朱绍侯、张海鹏、齐涛主编：《中国古代史》，福建人民出版社 2000 年版。

宗白华：《美学与意境》，人民出版社 1987 年版。

《民族国家的日历》（传统节日与法定假日国际研讨会论文集）（内部资料），2005 年。

［德］韦伯：《社会学的基本概念》（韦伯作品集Ⅶ），顾忠华译，广西师范大学出版社 2005 年版。

［德］约瑟夫·皮柏：《节庆、休闲与文化》，黄藿译，生活·读书·新知三联书店 1991 年版。

［法］葛兰言：《古代中国的节庆与歌谣》，赵丙祥、张宏明译，赵丙祥校，广西师范大学出版社 2005 年版。

［法］谢和耐：《蒙元入侵前夜的中国日常生活》，刘东译，江苏人民

出版社1995年版。

［荷］许理和：《佛教征服中国——佛教在中国中古早期的传播与适应》，李四龙、裴勇等译，江苏人民出版社2003年版。

［美］包弼德：《斯文：唐宋思想的转型》，刘宁译，江苏人民出版社2001年版。

［美］波普诺：《社会学》（第十版），中国人民大学出版社1999年版。

［美］邓迪斯：《世界民俗学》，陈建宪、彭海斌译，上海文艺出版社1990年版。

［美］蒂利希：《存在的勇气》，成显聪、王作虹译，贵州人民出版社1988年版。

［美］太史文：《幽灵的节日——中国中世纪的信仰与生活》，侯旭东译，浙江人民出版社1999年版。

［美］维克多·特纳主编：《庆典》，方永德等译，潘国庆校，上海文艺出版社1993年版。

［美］谢弗：《唐代的外来文明》，吴玉贵译，中国社会科学出版社1995年版。

［前苏联］巴赫金：《拉伯雷研究》，李兆林、夏忠宪译，河北教育出版社1998年版。

［日］池田温：《唐研究论文选集》，孙晓林等译，中国社会科学出版社1999年版。

［日］小南一郎：《中国的神话传说与古小说》，孙昌译，中华书局1993年版。

［日］中村乔：《中国岁时史の研究》，朋友书店1993年版。

［英］安东尼·吉登斯：《社会的构成》，李康、李猛译，王铭铭校，生活·读书·新知三联书店1998年版。

［英］崔瑞德编：《剑桥中国隋唐史》，中国社会科学院历史研究所、西方汉学研究课题组译，中国社会科学出版社1990年版。

二 论文类

陈熙远：《中国夜未眠——明清城市的元宵、夜禁与狂欢》，载邢义田、黄宽重、邓小南总主编，蒲慕州主编《生活与文化》，中国大百科全书出版社 2005 年版。

成林：《"三月三"溯源》，载《民俗研究》1991 年第 2 期。

程蔷：《从日本年俗看中日民俗之异同》，载《民间文化论坛》2005 年第 1 期。

戴怡：《唐诗寒食考述》，载《广西师范学院学报》（哲学社会科学版）2003 年第 3 期。

范红：《端午节起源新考》，载《广西民族学院学报》（哲学社会科学版）2003 年第 3 期。

傅晓静：《唐五代乡村民间结社研究》，山东大学博士论文，2004 年。

郭峰：《敦煌的结社及其活动》，载郭峰《唐史与敦煌文献论稿》，中国社会科学出版社 2002 年版。

郝春文：《〈唐末五代宋初敦煌社邑几个问题〉商榷》，载《中国史研究》2003 年第 2 期。

何海华：《从寒食清明诗看唐代风俗》，载《菏泽师范专科学校学报》2004 年第 1 期。

何兹全：《争论历史分期不如退而研究历史发展的自然段——世纪之交对历史研究的思考》，载《光明日报》1999 年 1 月 29 日第 7 版。

贺学君：《论四大传说与节日习俗》，载《南风》1991 年第 1 期。

黄正建：《唐代官员宴会的类型及其社会职能》，载《中国史研究》1992 年第 2 期。

金毅：《浅析民族节日文化的社会功能》，载《黑龙江民族丛刊》1992 年第 4 期。

康新民：《民间节日文化价值初探》，载《中国民间文化》1992 年第 2 期。

李然：《上巳节俗演变的文学轨迹》，载《华南农业大学学报》，2004 年第 1 期。

李霞锋、李桂英：《试析杜诗中的唐代节日民俗》，载《杜甫研究学刊》1995 年第 2 期。

李心纯：《汉唐长安的岁时习俗与黄土高原的生态环境》，载史念海主编《汉唐长安与黄土高原》（《中日历史地理合作研究论文集第一辑》），1998 年。

刘德增：《中秋节源自新罗考》，载《文史哲》2003 年第 6 期。

刘礼堂：《唐代长江上中游民俗文化问题研究》，武汉大学博士论文，2002年。

刘维治：《从唐诗看唐代三月三上巳节俗的流变》，载《民间文学论坛》1997年第2期。

刘晓峰：《寒食不入日本考》，载《清华大学学报》（哲学社会科学版）1995年第3期。

刘衍军：《从节俗诗歌看中唐妇女的狂欢》，载《求索》2004年第1期。

刘衍军：《论唐宋除夕诗的生命意蕴》，载《南都学刊》2003年第2期。

刘衍军：《试论唐人除夕题材诗歌》，载《新余高专学报》2003年第1期。

刘宗迪：《从节气到节日：从历法史的角度看中国节日系统的形成和变迁》，载中国民俗学会民俗博物馆专业委员会、北京民俗博物馆编《第二届东岳论坛论文集》，学苑出版社2007年3月版。

马新、齐涛：《汉唐村落形态略论》，载《中国史研究》2006年第2期。

马新：《唐代出现的寒食扫墓之俗》，载《民俗研究》1988年第1期。

聂济东：《中后唐时七夕乞巧心理之社会考》，载《中华女子学院学报》2003年第3期。

宁可：《述社邑》，载《北京师范学院学报》1985年第1期。

庞朴：《寒食考》，载《民俗研究》1990年第4期。

齐涛、刘德增：《中国民俗的历史分期》，载《民俗研究》2000年第2期。

孙思旺：《上巳节渊源名实述略》，载《湖南大学学报》（社会科学版）2006年第3期。

孙永如：《唐明皇传说及其文化意蕴》，载郑学檬、冷敏述编《唐文化研究论文集》，上海人民出版社1994年版。

谭蝉雪：《敦煌祈赛风俗》，载《敦煌研究》1993年第4期。

谭蝉雪：《唐宋敦煌岁时佛俗——八月至十二月》，载《敦煌研究》2001年第2期。

谭蝉雪：《唐宋敦煌岁时佛俗——二月至七月》，载《敦煌研究》2001年第1期。

谭蝉雪：《唐宋敦煌岁时佛俗——正月》，载《敦煌研究》2000年第4期。

王赛时：《唐代的寒食风俗》，载《民俗研究》1990年第3期。

王赛时：《唐代的节宴》，载《烹饪史话》1999年第11期。

王赛时：《唐代节令游戏》，载《唐都学刊》1994年第2期。

王武复兴：《唐代诗人笔下的长安节日风俗（上、下）——读唐诗札记》，载《人文杂志》1982年第6期、1983年第1期。

萧放、吴静瑾：《近二十年（1983-2003）中国岁时节日民俗研究综述》，载中国民俗学会秘书处编《中国民俗学会成立20周年学术研讨会论文集》（内部资料）。

萧放：《社日与中国古代乡村社会》，载《北京师范大学学报》（社会科学版）1998年第6期。

萧放：《中秋节俗的历史流传及当代意义》，载中国民俗学会、北京民俗博物馆编《节日文化论文集》，学苑出版社2006年版。

熊海英：《中秋节及其节俗内涵在唐宋时期的兴起与流变》，载《复旦学报》2005第6期。

杨际平：《唐末五代宋初敦煌社邑的几个问题》，载《中国史研究》2001年第4期。

杨琳：《〈大唐新定吉凶书仪·节候赏物第二〉校证》，载《敦煌研究》2011年第1期。

杨景震：《中国传统节日风俗的形成及其特征》，载《中华文化论坛》1998年第3期。

姚伟钧：《汉唐节日礼俗的形成与特征》，载《华中师范大学学报》（人文社会科学版）1999年第1期。

张勃：《寒食节起源新论》，载《西北民族研究》2004年第3期。

张传曾：《寒食节的社会风情画》，载《济南大学学报》（社会科学版）2003年第2期。

张弓：《敦煌春月节俗探论》，载《中国史研究》1989年第3期。

张弓：《中古盂兰盆节的民族化衍变》，载《历史研究》1991年第1期。

张浩逊:《从诗歌看唐代的节令文化》,载《吴中学刊》1998年第3期。

张祥龙:《节日现象学刍议》,载靳希平主编《现象学在中国:胡塞尔〈逻辑研究〉发表一百周年国际会议》,上海译文出版社2003年版。

张泽咸:《唐代的节日》,载《文史》第37辑。

赵克尧:《从唐诗看唐代七夕风俗与士庶心态》,载《东南文化》1992年第2期。

赵世瑜、杜正贞:《太阳生日:东南沿海地区对崇祯之死的历史记忆》,载《北京师范大学学报》(社会科学版)1999年第6期。

中国民俗学会、北京民俗博物馆:《"民国国家的日历:传统节日与法定假日国际研讨会"在京召开》,载《民间文化论坛》2005年第1期。

周星:《谈谈当代中国节庆体系的整合与重构》,载《民间文化论坛》2005年第3期。

朱红:《唐代节日民俗与文学研究》,复旦大学博士论文,2002年。

朱宜初:《民族节日的基本特征》,载《云南教育学院学报》1988年第3期。

[日]丸山裕美子:《唐宋节假制度的变迁——兼论"令"和"格敕"》,载《中国社会历史评论》第三卷,中华书局2001年版。

附录一

寒食节起源新论[*]

寒食节，作为我国历史上一个内涵非常丰富的传统节日，曾流行于全国各地。节期及长短最初不定，后来固定于冬至后105日，一说103日；也有以清明为参照的，谓在清明前一或二日，又有以为清明节即寒食节者。其核心节俗是禁火和寒食，即节日期间禁止用火，须吃冷食。这诡异的节俗曾引起古今中外众多学者对寒食节起源的关注：为什么在滴水成冰的隆冬或乍暖还寒的初春，在最需要热食、最需要火的温暖的时候，人们却选择了这样的生活方式？这一千古之谜同样引起了笔者的好奇。在广泛搜集相关资料与研读前人成果的基础上，笔者产生了一些新的想法。形诸文字，以就教于方家。

一 对前人有关寒食节起源诸观点的思考

1. 寒食节起源的几种说法

对寒食节起源的关注，代不乏人，如南北朝的宗懔、隋代的杜公瞻，唐朝的李贤、李涪、段成式，宋代的罗泌、洪迈，明末清初的顾炎武，今人谢国桢、李玄伯、李亦园、裘锡圭、庞朴、杨琳、陈久金、陈江风、汪宁生等，他们或撰写专文加以论述，或在有关著作中辟出章节予以考证，皆欲厘清寒食节的源头以及禁火、寒食习俗的起因。概括起来，大致有如下几种观点：

---

[*] 该文是在笔者硕士毕业论文《寒食节起源研究》的基础上修改而成的，最初发表在《西北民族研究》2004年第3期，后收录冯骥才主编《清明（寒食）文化的多样与保护——中国传统节日（清明·寒食）论坛文集续编》，中华书局2011年版。此处又做了部分修改。

（1）周代禁火说

周代禁火说认为周代就有的禁火制度是寒食节的起源。首提此观点的当是隋朝杜公瞻，他注《荆楚岁时记》时说："《周礼·秋官·司烜氏》：'仲春以木铎修火禁于国中。'注曰：'为季春将出火也。'今寒食准节气是仲春之末，清明是三月之初，然则禁火盖周之旧制也。"① 这一看法多为后世研究者认同，但他们对周代为何要在中春修火禁又各持己见。其中占主导地位的观点是星宿崇拜说。此观点认为周代禁火与我国古代的大火星崇拜有关。较早提出这一观点的是唐代的李贤，他在注《后汉书》"周举传"相关内容时说："龙星，木之位也，春见东方。心为大火，惧火之盛，故为之禁火。"② 与这一观点相联系，一般认为寒食是禁火带来的必然后果，即因禁火不得不寒食。今人庞朴等持此说③。

（2）古代改火说

这种观点认为寒食禁火与古老的改火习俗有关。较早提出这种说法的是唐代李涪，他在《刊误》"火"中谈到：

> 《论语》曰："钻燧改火。"春榆夏枣秋柞冬槐，则是四时皆改其火。自秦以降，渐至简易，唯以春是一岁之首，止一钻燧。而适当改火之时，是为寒食节之后。既曰就新，即去其旧。今人持新火曰"勿与旧火相见"，即其事也。又《礼记·郊特牲》云："季春出火，为禁火也。"此则禁火之义昭然可证。俗传禁火之因皆以介推为据，是不知古。故以钻燧证之。④

持此说的近现代中国学者当推李玄伯、汪宁生、裘锡圭、杨琳诸先生⑤。

---

① （南朝）宗懔著、宋金龙校注：《荆楚岁时记》，山西人民出版社1987年版，第34页。
② 因星宿崇拜引起禁火继而引起寒食，后世的学者多有持类似观点的。参见陈久金、卢莲蓉《中国节庆及其起源》，上海科技教育出版社1989年版，第95—97页。
③ 参见庞朴《寒食考》，载《民俗研究》1990年第4期，第32—37页。
④ （唐）李涪：《刊误》卷上，文渊阁四库全书本。
⑤ 参见李玄伯《希腊罗马古代社会研究序》，载《中国古代社会新研》，上海文艺出版社1987年影印本，第1—80页。汪宁生：《古代礼俗丛考》，载《古俗新研》，敦煌文艺出版社2001年版，第146—154页。裘锡圭：《寒食与改火——介子推焚死传说研究》，载《古代文史研究新探》，江苏古籍出版社1992年版，第524—554页。杨琳：《中国传统节日文化》，宗教文化出版社2000年版，第179—210页。后文引用诸先生的观点均出自各自的著作，不再出注。

与改火说相关，关于寒食习俗的成因有"哀悼牺牲"和"斋戒仪式"两种说法。前者如裘锡圭先生，认为："焚死的介子推的原型应该是改火中被当作谷神的代表而烧死的人牺"，因此，"寒食恐怕不仅仅是由于停火而产生的消极结果，它原来应该有哀悼在改火中代表神而死的牺牲者的意义"。后者如杨琳先生，他说："改火习俗中究竟为什么要寒食呢？我们认为这是一种斋戒仪式。它有两层含义：一是让旧火完全熄灭以免死灰复燃，与新火相见，造成灾害……寒食的第二层含义是用来表现迎接新火的庄严敬重，以期博得新火神的欢心，保佑人们新年平安。"

(3) 介推说

介推说认为寒食节禁火寒食是为了纪念春秋时期被火焚死的晋国忠臣介子推。首先将这一说法载于文献的当是两汉之际的桓谭（前23—约公元50年）。他在《新论》明确提及："太原郡民以隆冬不火食五日，虽有疾病缓急，犹不敢犯，为介子推故也。"① 这一记载也是目前所知有关寒食习俗的最早记载。此后，《后汉书》"周举传"将周举（公元？—149年）在太原移易寒食风俗的事情作为其业迹记载下来，其中说到："太原一郡旧俗以介子推焚骸，有龙忌之禁，至其亡月咸言神灵不乐举火，由是士民每冬中辄一月寒食，莫敢烟爨。"② 曹操（公元155—220年）在《禁绝火令》中也有类似记述："闻太原、上党、西河、雁门冬至后百五日皆绝火寒食，云为介子推。"③《玉烛宝典》卷2引《邺中记》亦说："并州之俗，以冬至后百五日为介子推断火冷食。"

在所有关于寒食起源的观点中，介推说是提出最早、最为普通民众所信奉的说法，但也是几乎所有研究者都批驳的对象。他们往往认为禁火、寒食习俗早在先秦时代即已出现，介子推传说只是用来解释其来源的民间附会，李涪在《刊误》中所说"俗传禁火之因皆以介推为据，是不知古"，可谓中国研究者们对介推说持否定态度的典型发言。

与国内学者相似，国外学者也多批判介推说，而持古代改火说，只是视野比较宽阔，观点更加新颖。只有法国学者侯思孟坚持认为寒食习俗的源头与介子推密切相关。但对寒食节为什么要纪念介子推，则认为目前还

---

① （汉）桓谭：《新论》，上海人民出版社1977年版，第47页。
② （南朝）范晔：《后汉书》卷91，中华书局1965年版。
③ 转引自（隋）杜台卿《玉烛宝典》卷2，商务印书馆发行丛书集成本，第120—129页。

不得而知。①

2. 对"周代禁火说"的质疑

周代禁火说的持有者们总要提到《周礼·秋官》司烜氏"中春以木铎修火禁于国中"的记载。翻开《周礼》，可以发现司烜氏的职掌并不止此："掌以夫遂取明火于日，以鉴取明水于月，以共祭祀之明粢、明烛，共明水。凡邦之大事，共坟烛庭燎。中春以木铎修火禁于国中。军旅，修火禁。"且不说他要负责祭祀用的明水与明火，单是中春修火禁，也不仅仅负责"国中"的，还要负责军旅之中的。因此，如果认定"修火禁"就是禁止生活中用火，"国中"居民或许可以，军中兵士怕是难以做到。实际上，对"修火禁"的含义，郑玄注已说得明白："为季春将出火也。火禁谓用火之处及备风燥。"除司烜氏外，《周礼》还提到另一种负责"修火禁"的职官宫正，"掌王宫之戒令、纠禁……春秋以木铎修火禁"。郑玄注说："火星以春出，以秋入，因天时而以戒。"贾公彦疏："此施火（令），谓宫正于宫中特宜慎火，故修火禁。"由此可知两处出现的"以木铎修火禁"指的是春天大火星出现，是火灾多发的季节，强调顺天应时的周王朝要求具体负责的官吏，拿着木铎在自己的管辖范围内巡行，提醒国中、军中或宫中注意防火（"备风燥"、"慎火"），这与全面禁止民众用火风马牛不相及。既然如此，将周代"修火禁"的做法视为寒食节禁火习俗的起源，只能是由字面上相似造成的误解。

3. 对"古代改火说"的质疑

目前各种观点中，"古代改火说"论证最为充分。但仔细推敲，可发现这些论证多有可疑之处：

（1）简单否定介推说，存在以"史家叙事"否定"民众叙事"的缺憾。

持改火说者做的第一件事就是否定"俗传"的介推说。其基本思路是：介子推传说中的"割股"、"焚死"等情节不合情理，即历史上根本不会发生这种事情，所以介子推传说是专为解释寒食节起源而编造的，故

---

① 可参见李亦园《寒食与介子推——一则中国古代神话与仪式的结构学研究》，载苑利主编《二十世纪中国民俗学经典·社会民俗卷》，社会科学文献出版社2002年版，第168—186页。亦可参见 Donald Holzman, *The Cold Food Festival in Early Medieval China*; Harvard Journal of Asiatic Studies, Vol. 46, No. 1, 1986. 6. 感谢杨琳先生提供该文的复印件。

必然出现在寒食节形成之后,因此寒食节的发生与介子推无关。如裘锡圭先生说:"介子割股食文公或'割肉以续军粮'以及文公焚山烧死子推等事,实在出乎情理,这显然是为了解释寒食的起源而编造出来的。"杨琳先生则肯定顾炎武"割股燔山,理之所无,皆不可信"的说法,并认为:"子推焚死是后人编造出来的情节,学者们大都认为介子推与寒食节没有起源意义上的联系是有道理的。"

当代历史学认为,历史具有双关性,即它不仅指社会过程的客体本身,也指人作为主体和历史叙述者对这一过程的叙述。理论上讲,事实也是如此,每个社会成员都可以成为历史叙述者。但是,由于历史学的出现,史学工作者成为职业的历史叙述者和叙述历史的权威,他们讲究证据,追求信实并具有一套专业的论证、叙述方法,这里,我们将史学工作者对过去的社会过程的思考、记忆、叙述、解读以及由此形成的文本称为"史家叙事";将处于生活状态的民众同样的行为称做"民众的历史叙事",简称"民众叙事"。一般情况下,对专家权威以及专业方法的推崇使人们习惯将"史家叙事"视为历史,而将"民众叙事"划在历史之外,并给予另外的名称——历史传说,并宣布它的不足为凭。

笔者认为,作为"民众叙事"的历史传说在叙述方式与内容上虽然常与"史家叙事"大相径庭,并缺乏史家叙事的理性色彩,但它确是民众思想或情感的载体,反映的是民众真实的思想史。民众叙事是对过去的社会过程(历史事件)的认识,与作为认识客体的历史事件处于不同的层面,学者们与其以历史事件的真实性去论证历史认识的失实性倒不如去关注民众叙事(传说)在哪里又为什么与历史真实发生了偏离,传说是如何被酝酿和建构出来,又反映了民众怎样的思想情感。同时应注意到,决定着民众生活和思想世界的,并非历史学者对于社会过程的记载与考证,而是民众自身对于社会过程的叙述与认识。[①] 具体到介子推的传说,我们不应以"史家叙事"来否定"民众叙事",即不应以"割股"、"焚死"等传说情节不合情理,就断定它是为解释寒食起源而编造出来的。而应从这一传说所蕴含的民众的思想感情及民众对这一传说的建构过程,来考察它与寒食节起源之间的可能联系。

[①] 当然这样说并不意味史家叙事不会影响民众的生活和思想世界,事实上,一般民众往往会通过阅读史家叙事文本而形成或改变对于社会过程的认识和理解。

（2）没有提供改火必然引起寒食的确凿例证

首先，如果改火说成立，即改火确实是寒食的起因，那么中国历史上就应该存有改火引起寒食的例证。但包括对改火说用功颇多的裘锡圭、杨琳两位先生在内的诸多研究者们甚至找不到"能证明中国古代曾有过改火需熄火若干天甚至一月"的资料，更遑论对因改火而寒食的记载。其次，杨琳先生说"将发生在不同时期不同地域的相同的人类现象进行类比，从而得出某些正确结论，这并不是不可能的"。为此他和裘锡圭先生均征引了不少国外资料，并用弗雷泽《金枝》中提到的改火时熄旧火与生新火之间有时间间隔的两例（北美洲克里克印第安人和孟加拉孔德人），① 作为改火引起寒食的依据。但《金枝》明言北美洲克里克印第安人是"严格戒食两天一夜"，并非寒食；至于孟加拉孔德人在不点火的三天内如何进食，《金枝》并未言及，故裘、杨两位先生得出的"孔德人三天不许点火，自然只能寒食"的猜测也不能算做确证。

（3）改火没有"以寒食方式进行斋戒"的必要和传统

改火习俗确实是世界范围内普遍存在的一种古老习俗，笔者认为，其产生以视火为有生命之物的万物有灵观为基础，也以远古时代人们对火重要性的经验性认识为条件。火既是"天使"，又是"恶魔"，是全世界人们很早就有的共识，改火的目的绝非为了彰扬恶魔之火，而是为了让天使之火更好地造福人类。对此，想必裘、杨两位先生不会有异议。② 那么在这种指导思想下，从经验出发，从生活考虑（因为不仅吃饭要用火，取暖、照明、驱赶野兽等都要用火），人们都不会让无火的时间太长。若出于仪式需要，新旧火不能相见，也只要在取新火前保证旧火全部熄灭即可。做到这一点，并不要太多的时间。若果真寒食由改火引起，长时间（《新论》记载说五天，《后汉书》说一月）禁火、寒食所必然带来的、对群体显而易见的危害，岂不与改火的初衷——更好地造福人类——大相龃龉？这是说改火习俗的"目的"本身就排斥寒食。

---

① ［英］弗雷泽：《金枝》，徐育新等译，大众文艺出版社1998年版，第626、694—695页。

② 裘锡圭先生认为在远古时代人们的心目中，改火"不但能去除疾病，而且还能达到防止自然灾害、促进作物生长等目的"，"改火无疑是为保证农业收成所必须进行的一件事"；杨琳先生认为"煮食要用火，老病之火将会通过食物把疾病传染于人，所以必须除旧更新，让健壮的有蓬勃生机的生命代替衰老的生命。这就是改火习俗赖以形成的思想基础"。

杨琳先生还提出改火习俗中的寒食是一种斋戒仪式。但我国历史上并没有以寒食方式进行斋戒的传统。所谓"斋戒",是指"处必掩,身欲静,无躁,止声色,无或进,薄滋味,无致和,定心气"①。它对斋戒期间饮食的要求只是"薄滋味,无致和",简单轻淡而已,并非须吃冷食。杨琳先生所引湖南《祁阳县志》的例证,也只是说:"社日,民间多重社斋,自朝至暮不食,但啜水、生果,夙有所祈于社神也。""不食"乃是戒食,而"啜水、生果"是不能称做寒食的②。杨琳先生自己所举的例证都难以为自己的论点服务,所以产生这样的尴尬局面,原因在于中国确实没有以寒食方式进行斋戒的传统。

(4)民俗史上的寒食与改火不存在源流关系

从先秦至隋唐,传世文献对改火多有记载。如《论语·阳货》云:"旧谷既没,新谷既升,钻燧改火,期可已矣。"③《管子·禁藏》云:"当春三月……钻燧易火,抒井易水,所以去兹毒也。"④《轻重己》云:"以冬日至始,数四十六日,冬尽而春始……教民樵室钻燧、墐灶、泄井,所以寿民也。"⑤ 均为先秦时期改火之制存在的明证。又《汉书·百官公卿表》:"典客……武帝太初元年更名大鸿胪,属官有行人、译官、别火三令丞。""如淳曰:《汉仪注》云:别火,主治改火之事。"⑥ 是西汉时还有改火的证据。《后汉书·礼仪志》载:"日夏至禁举大火,止炭鼓铸,消石冶皆绝止,至立秋如故事。是日浚井改水。日冬至,钻燧改火云。"⑦ 可见东汉时仍然有改火之礼,时在冬至日。两汉以后,改火之制可能一度废止,所以隋文帝时有王劭上表,要求变火,改火之制复又兴起。⑧ 唐宋时民间多改火,皇帝亦有在清明节赐大臣新火之举。

---

① (战国)吕不韦著、(汉)高诱注:《吕氏春秋》,上海古籍出版社1989年版,第39页。
② 寒食的真正含义不是生食,也不是素食,更不是戒食,而是冷食。许多史料可资为证。陈元靓《岁时广记》引东汉崔寔《四民月令》中说"齐人呼寒食为冷节",引《提要录》:"秦人呼寒食为熟食日,言不动烟火,预办熟食过节也。"
③ 杨伯峻:《论语译注》,齐鲁书社1980年版,第188页。
④ 颜昌峣:《管子校释》,岳麓书社1996年版,第44页。
⑤ 同上书,第638页。
⑥ (汉)班固:《汉书》,中华书局1962年版,第730页。
⑦ (南朝)范晔:《后汉书》,中华书局1965年版,第3122页。
⑧ (唐)魏徵:《隋书》,中华书局1973年版,第1601—1602页。

综观上述资料，尤其两汉以前的改火记载①，大约可以形成以下认识：一，从改火时间看，日期不定，或春天，或夏至，或冬至，甚至有四时改火者，但都不超过一天。二，从分布空间看，并不局限一地，《论语》所载当是春秋鲁国事，《管子》所载当是春秋齐国事。三，从活动主体看，改火主要是一种官方礼仪，无论周代还是汉代，都有专司改火的官吏。四，从主体对改火的心理期待看，改火的目的是为了"去兹毒"、"寿民"，或"救时疾"。

明确以上几点后，再看改火与寒食到底有无关系。

首先，先秦文献中不乏对改火习俗的记载，却未有对寒食习俗只言片语的介绍。

其次，改火习俗曾经分布广泛，但据《新论》、《后汉书》、曹操《明罚令》等提到寒食习俗的早期记载，寒食习俗盛行之地大抵不离太原一带，由此二者无法建立起在空间上的联系。

第三，改火往往是官方支持并实践的、直到东汉时期依然存在的一种行为，而西汉末年已经见诸记载的寒食习俗却是纯民间的活动，并在东汉时期屡受官方禁断。② 二者无法在举行主体上建立起恰当的联系。

第四，也是最重要的，改火的内容是"钻燧易火"，根本没有"禁止用火"的意思，其目的是为了"去兹毒"、"救时疾"。而寒食习俗明明白白说的是"不火食"，是禁止用火，其目的是避免神灵的怪罪与惩罚，与"去兹毒"和"救时疾"没有瓜葛。由此可见，改火在内容及民众主体对其功能的心理期待等方面都与寒食没有相关之处。

乌丙安先生认为："传承性是民俗发展过程中显示出的具有运动规律性的特征……民俗，是世代相传的一种文化现象，因此，在发展过程中有相对稳定性。""即使民俗事象有了某些改变，往往也可以找到这种传承特点所显示的继承与发展的脉胳。"③ 此为确论。如果两种习俗在名称、内容、目的、主体等诸多方面没有联系而仅具有表面的相似性，我们就无法说明二者具有源流关系，可以说，改火实与寒食习俗的起源无关。

---

① 关于寒食习俗最早的记载出现在西汉末年，因此只有这个时期的改火活动才具有成为寒食节禁火寒食习俗起源的可能性。
② 《后汉书》将周举对寒食习俗的移易视为政绩，曹操更明确规定如果继续寒食就要受罚。
③ 乌丙安：《中国民俗学》，辽宁大学出版社1985年版，第36页。

二 介子推其人其事与西汉以前的介子推传说

那么，寒食节的源头到底在哪里？笔者以为它实与介子推其人及其传说密切相关。

有关介子推的记载最早见于《左传》"僖公廿四年"：

> 晋侯赏从亡者，介之推不言禄，禄亦弗及。推曰："献公之子九人，唯君在矣。惠、怀无亲，外内弃之；天未绝晋，必将有主。主晋祀者，非君而谁！天实置之，而二三子以为己力，不亦诬乎？窃人之财，犹谓之盗，况贪天之功以为己力乎！下义其罪，上赏其奸，上下相蒙，难与处矣。"其母曰："盍亦求之，以死，谁怼？"对曰："尤而效之，罪又甚焉。且出怨言，不食其食。"其母曰："亦使知之，若何？"对曰："言，身之文也。身将隐，焉用文之？——是求显也。"其母曰："能如是乎？与女偕隐。"遂隐而死。晋侯求之不获，以绵上为之田。曰："以志吾过，且旌善人。"①

《左传》记载的这件发生在公元前 636 年的事情，成为介子推传说的原型。此后，生活在特定文化情境中的人们不断对这一历史事件进行叙述、解读和记录。屈原（约公元前 340—公元前 278 年）就在《九章·惜往日》中以楚辞体的形式记录了当时的介子推故事："介子忠而立枯兮，文君寤而追求；封介山而为之禁兮，报大德之优游。思久故之亲身兮，因缟素而哭之。"② 将其与《左传》中的相比，便可见介子推故事在屈原生活的战国时代已经发生了较大变化。首先表现在"立枯"二字上。王逸注其指介子推"抱树烧而死"。当然，对于"立枯"二字的含义，至今尚有争议。若王逸观点不错，可知介子推焚死的情节此时业已出现。其次，《左传》中的"封绵上为之田"，在屈原笔下变成了"封介山而为之禁"，"绵上之田"变为"介山"，且增加了"为之禁"的说法。禁什么？禁入介山，还是禁止人们说起介子推是烧死的，或者还有其他，比如禁火，等等，不得其详。第三，屈原文中增加了晋文公"缟素"哭子推的

---

① 杨伯峻编著：《春秋左传注》，中华书局 1990 年版，第 417—419 页。
② （汉）王逸：《楚辞章句》，岳麓书社 1989 年版，第 145 页。

情节。屈原对介子推的记载可能缘于个人的际遇,借子推表述自己忠而见弃的经历以及由此产生的深入骨髓的悲痛和哀叹,却为后人留下了目前所知有关"介子推传说"的最早记载。

大约同时期还有一则记载,出自《庄子·盗跖》:"介子推至忠也,自割其股以食文公。文公后背之,子推怒而去,抱木而燔死。"① 这段文字透露出若干新情况:一,如果说"惜往日"中的"立枯"还有些语义含混的话,"盗跖"中已肯定子推是抱树烧死的。二,出现了割股疗饥情节。三,介子推是因"文公背之"怒而离去的。

上述新情况的出现,表明介子推其人其事在传说的道路上走得距离历史真实相当遥远了。

《庄子》以后,《吕氏春秋》又有新记述:

> 以贵富有人易,以贫贱有人难。今晋文公出亡,周流天下,穷矣贱矣,而介子推不去,有以有之也。反国有万乘,而介子推去之,无以有之也。能其难不能其易,此文公之所以不王也。晋文公反国,介子推不肯受赏,自为赋诗曰:"有龙于飞,周遍天下。五蛇从之,为之丞辅。龙反其乡,得其处所。四蛇从之,得其露雨。一蛇羞之,桥死于中野。"悬书公门,而伏于山下。文公闻之曰:"嘻!此必介子推也。"避舍变服,令士庶人曰:"有能得介子推者,爵上卿,田百万。"或遇之山中,负釜盖簦,问焉曰:"请问介子推安在?"应之曰:"夫介子推苟不欲见而欲隐,吾独焉知之?"遂背而行,终身不见。人心之不同,岂不甚哉!②

这里没有割股疗饥和抱树燔死,而是增加了介子推赋诗公门和晋文公悬赏寻人的情节,使介子推传说更加多样。

也许是因为传说的力量太过强大,也许是因为司马迁对于传说的态度并不像后世史家那样轻易否定,他在撰写介子推那部分时,并没有完全沿袭《左传》中的相关记载,而是参考了相关传说,并予以取舍。《史记·

---

① 陈鼓应注译:《庄子今注今译》,中华书局1983年版,第779页。
② (战国)吕不韦著、(汉)高诱注:《吕氏春秋》,上海古籍出版社1989年版,第87—88页。

晋世家》中有关介子推的文字很长，概言之有如下几部分：一，重耳返国途中，从亡者咎犯提出离开重耳，重耳以璧投江为誓，答应当上国君后厚待咎犯。介子推见状"乃笑曰：'天实开公子，而子犯以为己功而要市于君，固足羞也。吾不忍与同位。'乃自隐。"二，重耳复国后，遍赏功臣，只因受国内外突发事件的影响，"未及隐者介子推"。介子推和母亲商量后一起隐去。三，"介子推从者怜之，乃悬书于宫门。"悬书中的《龙蛇歌》与《吕氏春秋》中的"一蛇羞之，桥死于中野"不同，是为"一蛇独怨，终不见处所"。四，文公见《龙蛇歌》后，说："此介子推也。吾方忧王室，未图其功。"派人去找，无果，"闻其入绵上山中。于是文公环绵上山中而封之，以为介推田，号曰介山，'以记吾过，且旌善人。'"司马迁的书写舍弃了"不合情理"的割股疗饥和火焚绵山情节，将《吕氏春秋》中的介子推自为《龙蛇歌》变为怜他的"从者"所为，对事情的来龙去脉作了较为逻辑性的叙述。然而其间仍有矛盾：既然介子推早在重耳复国以前已经"自隐"，为何在"赏从亡未至隐者介子推"之后还会出现介子推与母亲的那段对话以及偕母而隐的情节？以司马迁公之谨严而出现如此显而易见的疏漏，极可能是因为当时介子推传说流传着多种异文，尽管司马迁以史家的眼光用了一番去伪存真的功夫，也无法将其处理得圆满。而在这里，"民众叙事"与"史家叙事"扭结在一起，成为介子推故事的又一个版本。

《史记》以后，又有刘向（公元前77？—公元前6年）多次记录了介子推故事。先看其在《新序·节士》中所述：

晋文公反国，酌士大夫酒，召咎犯而将之，召艾陵而相之，授田百万。介子推无爵，齿而就位。觞三行，介子推奉觞而起曰："有龙矫矫，将失其所。有蛇从之，周流天下。龙既入深渊，得其安所。蛇脂尽干，独不得甘雨。此何谓也？"文公曰："嘻！是寡人之过也。吾为子爵，与待旦之朝也；吾为子田，与河东阳之间。"介子推曰："推闻君子之道也，谒而得位，道士不居也；争而得财，廉士不受也。"文公曰："使我得反国者，子也，吾将以成子之名。"介子推曰："推闻君子之道，为人子而不能成其父者，则不敢当其后；为人臣而不见察于其君者，则不敢立于其朝。然推亦无索于天下矣。"遂去而之介山之上。文公使人求之不得，为之避寝三月，号呼期年。诗曰："逝将去汝,适彼乐郊,谁之永号?"此之谓也。文公待之不肯出,求之不能得,以谓焚其山宜出。及焚其山,遂不出而焚死。①

与以前的记载相比,《新序》的记载又有许多新变化,比如它将晋文公封赏的情节具体化了;又如它说晋文公失去介子推后,不是封田,而是"为之避寝三月,号呼期年"。更大的变化是,文中增加了介子推、晋文公的两段精彩对话和对焚死情节的描述。这里,介子推不是因为未被行赏才离去的(晋文公已经答应马上封爵封田),他离开的原因是作为人臣却"不见察于其君",以及自己"无索于天下"的情怀。这就使《新序》中的介子推形象比以往的更加鲜明和崇高。

此外,刘向还在《淮南子·说山训》、《列仙传》、《说苑·复恩》中提及介子推②。其中《说苑·复恩》中的记载与《史记》中的相关记载十分相近。

文人对于民间传说的记载,当然比传说本身晚出。从上面引用资料来看,西汉以前,社会上就流传着介子推传说的多种异文。而最迟在西汉前期,割股疗饥和抱树燔死两个情节已相当流行。韩婴(生活在文帝、景帝时代)《韩诗外传》卷 7 中的一段话和卷 10 中的一则故事均可为证。其中卷 7 云:"子以忠者为用乎?则鲍叔何为而不用?叶公子高终身不仕?鲍焦抱木而立,子推登山而燔?"③ 卷 10 云:重耳"过曹,里凫须从,因盗重耳资而亡。重耳无粮,馁不能行,子推割股肉以食重耳,然后能行"。④而且,就现有文献资料分析,西汉以前所有的介子推传说都没

---

① (汉)刘向著、石光瑛校释、陈新整理:《新序校释》,中华书局 2001 年版,第 957—963 页。

② 《列仙传》的记载如下:"介子推,姓王名光,晋人也,隐居无名。悦赵成子,与游。且有黄雀在门上,晋公子重耳异之。与出居外十余年,劳而不辞。及还,介山伯子常晨来呼推曰:'可去矣。'推辞母,入山中。从伯子常游。后文公遣数千人,以玉帛礼之,不出。后三十年,见东海边为王俗卖扇。后数十年,莫知所在。"显然,为了符合《列仙传》的主题,刘向选取了另一种异文的传说。这里,介子推是一个功成身退、得道成仙的十足的隐士,与晋文公之间不存在任何冲突。

③ (汉)韩婴:《韩诗外传》,卷 7,载董治安主编《两汉全书》第二册,山东大学出版社 1999 年版。

④ (汉)韩婴:《韩诗外传》,载董治安主编《两汉全书》第二册,山东大学出版社 1999 年版,第 179 页。

有与寒食相关的内容,与寒食有关的焚死情节也出现在寒食习俗发生之前。这一分析对探索寒食习俗的起源无疑有着重要的意义。因为它表明,种种介子推传说只是按照历史传说发展的规律自然累积、演变的结果,是民众主体对介子推其人其事的叙述和解读,并非为附会什么而进行的编造。

三 民众在介子推传说中的心理期待与汉代社会风气的契合

对民俗学具有卓越贡献的顾颉刚先生通过研究孟姜女故事曾得出这样的结论:

> 我们可以知道一件故事虽是微小,但一样地随顺了文化中心而迁流,承受了各时各地的时势和风俗而改变,凭藉了民众的情感和想象而发展。我们又可以知道,它变成的各种不同的面目,有的是单纯地随着说者的意念的,有的是随着说者的解释的要求的。我们更就这件故事的意义上回看过去,又可明了它的各种背景和替它立出主张的各种社会的需要。①

这段话十分深刻地阐明了民众叙事的规律,同样适用于介子推传说。应该说,介子推传说,作为民众对历史事件的阐释和解读,是民众主体在其心理作用下、在一定的历史社会背景之中进行的,是集体无意识和个体有意识的互动中加工和创作的结果。与此同时,它的传承和播布也是一个或多个时代、区域、民族的集体无意识不断筛选优化的结果,其中融汇了一个地域或民族共同的心理素质、审美意识、道德观念和政治理想。包括焚死情节在内的介子推传说在汉代的广泛流行,绝非一种偶然,而是有着深刻的社会背景,并且,传说所包含的民众的心理期待正与这种社会背景相契合。

战火中诞生的西汉王朝,最初不能不采取与民休养生息的政策。经过七十年,社会经济已有新的发展,无为而治的黄老思想,已不适应统治阶级的要求。于是汉武帝接受了董仲舒的主张,"罢黜百家,独尊儒术",

---

① 顾颉刚:《孟姜女故事研究》,载顾颉刚编著《孟姜女故事研究集》,上海古籍出版社1984年版,第72页。

从此儒学就成了封建统治阶级的正统。阶级社会里，统治阶级的思想就是占统治地位的思想，它必然渗透影响到整个社会，从而形成与百家争鸣的战国时代有很大不同的社会风气。

首先是尚忠。在我国，忠的观念起源很早，柳诒徵解释"忠孝之兴"时说："夏道尚忠，本于虞。"① 后来，忠成了儒家伦理道德的基本内容，《论语·述而》："子以四教：文、行、忠、信。""八佾"："君使臣以礼，臣事君以忠。"这里，忠主要是人的一种美好品质，是社会生活中的一个伦理规范。而且对忠的要求也是有条件的，"君使臣以礼，臣事君以忠"，并非专指臣民尽心事上。战国时代，士人往往以君主对待自己的态度作为去留的标准，忠的观念是相当淡薄的。汉王朝建立后，"忠"君的观念被强化起来。丁公的遭遇就是一个很好的证明。季布之母弟丁公为楚将，楚汉战争中在危急时刻徇情放走刘邦，刘邦胜利后，丁公自以为有功，刘邦却将其杀掉，理由是"丁公为项王臣不忠"，并要求"后世为人臣者无效丁公"。② 王符在《潜夫论·务本》中，详细说明了他所认为的不同人群应持的基本道德准则，其中说到"人臣者"，就要"以忠正为本，以媚爱为末"。③ 这种看法是当时相当流行的观念。

除了尚忠以外，汉代还将孝推崇备至，视孝子为产生忠臣的沃土，认为只有以孝事父才能以忠事君，因而极力强化孝道，以孝治国，连皇帝的谥号前面都不忘加上孝字，将托名孔子、曾子的《孝经》定为士人的必读书。汉文帝十二年诏曰："孝悌，天下之大顺也……遣谒者劳赐三老、孝者帛人五匹。"④ 并常以"举孝廉"的方式选择任用官员，从而使孝廉成为干禄进仕的敲门砖。

由于春秋以降侠义之风的影响和汉代统治者对节义的提倡，义节也成为汉代士人的追求目标和行为取向。所谓"先义而后利者荣，先利而后义者辱"⑤。士人应该"不随俗而雷同，不逐声而寄论；苟善所在，不讥贫贱，苟恶所错，不忌富贵……有度之士，情意精专，心思独睹……不惑于众多之口；聪明悬绝……独立不惧，遁世无闷，心坚金石，志轻四海，

---

① 柳诒徵：《中国文化史》（上卷），东方出版中心1988年版，第79页。
② （汉）司马迁：《史记》，中华书局1959年版，第2733页。
③ （汉）王符，王继培笺，《潜夫论笺校正》，中华书局1985年版，第16页。
④ 《汉书·文帝纪》，第124页。
⑤ （清）王先谦：《荀子集解》，中华书局1988年版，第58页。

故守其心而成其信。虽放之大荒之外，措之幽明之内，终无违礼之行；投之危亡之地，纳之锋镝之间，终无苟全之心"①。与此有关的是汉代社会的隐逸之风。汉代隐士数量很多，仅见于史籍记载的就有140多人，形成了一种社会风气。② 当然，汉代的隐士并不都是"高尚其事"者，亦有沽名钓誉者，但是总体上以潜居避世、不求闻达、激流勇退者为多。他们不贪财、不恋官，在政治黑暗时不同流合污，为保名节而辞让推举、征辟不就，甚或弃官不居。比如姜肱"博通五经，兼明星纬……诸公争加辟命，皆不就"③。申屠蟠"安贫乐潜，味道守真，不为燥湿轻重，不为穷达易节"，朝廷数次征聘而不就，"终全高志"④。张俭被"大将军、三公并辟，又举敦朴，公车特征，起家拜少府，皆不就"。⑤ 诸如此类的事例不胜枚举，致有"汉室中微……士之蕴籍义愤甚矣。是时裂冠毁冕，相携持而去之者，盖不可胜数"的说法。⑥

在此还应提到的是，知恩思报也是"义"的重要内容。对于施恩的一方来说，固然将施恩不图报视为美德，但对受恩者来说，"滴水之恩，当涌泉相报"，才是不"负义"之举。我国自古以来就讲求报的德性。《诗经·国风》里就有"投我以木瓜，报之以琼琚"、"投之以木桃，报之以琼瑶"、"投我以木李，报之以琼玖"的说法。"在漫长的文化积淀中，'知报'已经成为中国人道德良知和道德良心的重要组成部分，是中国道德质朴性的重要表征。"⑦ 汉代（当然不限于两汉）报恩之风盛行，报恩思想和报恩者屡屡见诸史册。如《史记·淮阴侯列传》就详细记载了韩信知恩重报的种种事迹。

介子推传说正是在以上的社会风气中广为流传，并成为民众主体表达情感的载体。两汉时期的人们（也许其中士人的成分要多）在此前已经流传的介子推传说的基础上，有意识或无意识地掺入自己时代的因素，融

---

① （汉）王符著、王继培笺，《潜夫论笺校正》，中华书局1985年版，第347页。
② 刘泽华主编：《士人与社会》（秦汉魏晋南北朝卷），天津人民出版社1992年版，第199—204页。
③ （南朝）范晔：《后汉书》，中华书局1965年版，第1749页。
④ 同上书，第1751—1754页。
⑤ 同上书，第2211页。
⑥ 同上书，第275—278页。
⑦ 张岱年、方克立主编：《中国文化概论》，北京师范大学出版社1994年版，第284页。

进自己的道德观念和价值取向，从而赋予它更加丰富的文化含义。至少到西汉时期，介子推已被塑造成一个具备以下多重文化性格的"英雄人物"，从而也反映着民众主体多方面的心理期待。

首先，介子推是个忠义之士，传说体现着人们对"忠"、"义"的热望。

"树倒猢狲散"，世态中常见对落难之人躲之唯恐不及的事情，而跟随政变中落难的公子，危险自然又超出一般。在这种情况下，介子推坚持不离重耳左右19年之久，仅此一点，已堪称"忠"、"义"。屈原说："介子忠而立枯。"庄子说："介子推至忠也。"其实，《左传》最早记录的介子推事迹，之所以能够被民众选中作为一个人物传说的原型去加工和流传，很大程度上就是因为它包含着"忠臣不言禄"的故事内核。但民众显然不满足于此，所以在流传之时，通过想象加上了割股啖君这样一种忠到极端的情节，以满足对忠的热切期望。

其次，介子推是个节士，传说反映了人们对"节"的敬意。

从文献记载看，介子推总是被作为一个节士加以推崇。在《左传》里，他就是一个清高狷介、辞禄远俗的"节士"形象。《吕氏春秋》和《新序》更将其作为不居功、不逐名利、坚持道义、远离世俗的节士典型。《吕氏春秋》里还有一段话，颇能说明介子推之可贵："今世之逐利者，早朝晏退，焦唇干嗌，日夜思之，犹未之能得，今得之而务疾逃之，介子推之离俗远矣。"[①]

第三，介子推是个孝子，传说表明了人们对"孝"的尊崇。

汉代以前，介子推"孝子"的文化性格还不突出。但从介子推传说的原型《左传》到后来许多版本的传说，都有介子推母子对话的情节，做事情与母亲商量，又"与母偕隐"，这似乎暗含了介子推的孝子形象。而一个崇孝的社会里，孝子的事迹容易广泛流传。

第四，介子推是个功成身退的典型，传说显示了人们对于"隐"的赞赏。

无论像《史记》记载的那样，介子推早在重耳登基前就因为看不惯别人的邀功请赏而"自隐"，或者像《新序》所说，因为"谒而得位，道士不居"、"争而得财，廉士不受"而入介山之中，他都称得上是一个功

[①]（战国）吕不韦著、（汉）高诱注：《吕氏春秋》，上海古籍出版社1989年版，第88页。

成身退、隐居山林的隐士。这种隐居行为本身就是一种崇高的表现，与两汉时期那些不贪财、不恋官、守志自重的隐士们一样，他必然为当时的民众所推崇。

第五，介子推作为悲剧人物形象，蕴含着人们对于忘恩负义者的怨怒和谴责。

《左传》对介子推的记载，即介子推传说的原型，从结构而言，包括四个单元：一，重耳落难，介子推跟随；二，重耳登基，赏众臣而不及子推；三，子推携母隐居而死；四，晋文公封田志过旌介。这四个单元各司其职，第一单元是说介子推之忠，第二单元是说忠而不被赏，第三单元是说介子推之悲惨结局，第四单元是说晋文公良心发现，进行追赏。

从西汉以前的介子推传说来看，虽然存在着多种异文，但多数没有离开《左传》记载的基本内核，只是在四个构成单元内部，情节发生了变化。而其中颇值得注意的，一个是介子推的形象趋于崇高和完美，一个是介子推的结局趋于悲惨。这两个变化，正是民众表达心中爱憎、抒发思想情感的需要。民众借介子推传说表达的，是对于忠而见弃人物的最深切的同情，对于忘恩负义的统治者最强烈的怨怒。为此，民众按照他们的审美意识、道德观念、伦理思想和社会政治理想，将介子推塑造成一个有节有义、忠孝双全的士人形象，割股疗饥情节的添加是最浓重的一笔。然后，再强加给他一个中国人心目中坏得不能再坏的结局：抱树焚死、不得寿终。

这极易让人想起西汉初年对于有功之臣的无情杀戮。在反抗暴秦的斗争中，农民出身、知人善任的沛人刘邦，在一群文人武将的辅佐下经过四年的楚汉战争登上了汉王朝开国之君的宝座。可他登基不久，就借口"谋反"将韩信、彭越、英布、臧荼等这些为汉王朝立下赫赫功勋的战将一一杀掉。俗语所谓"狡兔死，走狗烹；高鸟尽，良弓藏；敌国破，谋臣亡"，在以前的王朝中虽然也有体现，但都不如在西汉展示得如此明显。功成受赏是人们普遍认同的道德观念，西汉统治者反其道而行之，自然会激起时人强烈的不满和对受害人的深切同情。这种情绪，无疑在对介子推故事的叙述中得到了痛快的宣泄。

总之，介子推传说在两汉的流行，表明了民众对于传说所反映的介子推人格的广泛认同，介子推在民众对于历史的解读中，已化成为具有"悲剧色彩的英雄人物"。借用或者创造某种仪式纪念自己心目中的英雄，是民众惯用的行为方式。至此，我们就不难得知，创造禁火、寒食仪式悼念介子推已是水到渠成。至于为什么悼念活动是禁火、寒食而不是其他，应与介子推的"焚死"以及西汉的信仰之风密切相关。

四　两汉的原始信仰是滋生和养育禁火寒食习俗的土壤

两汉是信仰色彩浓厚的时代。人们相信天人合一、天人感应，信奉各种各样的灵异，祭祀着形形色色的神灵，应用着光怪陆离的巫术。汉代人的信仰体现在许多方面，其中阴阳五行说、灾异说、多神信仰与祖灵崇拜，等等，对寒食节的发生产生了重要影响。

1. 对阴阳五行说和灾异说的信仰

诚如顾颉刚、崔瑞德、鲁惟一等所说：阴阳五行说是"中国人的思想律"，① 更是"汉代人的思想骨干"，② "汉代的思想家即使不是全部，似乎也大部分接受了这个理论，用它来解释世界上自然序列（包括创世过程）的延绵不绝的现象。《淮南子》的作者们、董仲舒和王充等人根据形形色色的观点来假设这个理论的正确性。五行循环论还被用做建立帝国各王朝取得思想支持的一种手段。虽然大概在公元前 70 年以前没有图像上出现五行的肯定的例子，但到王莽时代，这个理论在公共生活的许多方面起着重要的作用。"③

灾异说是与阴阳五行说有关，或者说是从阴阳五行说嬗变而来的一种思想观念，它最初来自于人们对于天象的信仰和对天灾的恐惧，与阴阳五行学说特别是与天人合一、天人感应等观念结合起来后，成为系统化、神秘化的灾异说。如果哪里出现了异常现象或者灾难性的事件，相信灾异说的人们不去寻找自然界的客观原因，而是认为它们与人事有关，它们的出现有着另外的深意：意味着人们当然也包括统治者犯了错误，没有将本来应该做好的事情做好。这些灾异其实是上天给人的警告，要人们改正错误，以免有更大的灾难出现。灾异说在汉代曾经被人利用来为政治目的服务，对于一般老百姓来说，更多的则是为他们曲解自然现象的发生原因提

---

① 顾颉刚：《五德终始下的政治和历史》，载《古史辨》第五册，上海籍出版社 1982 年版，第 404 页。

② 顾颉刚：《秦汉的方士与儒生》，上海古籍出版社 1978 年版，第 1 页。

③ ［英］崔瑞德、鲁惟一：《剑桥中国秦汉史》，中国社会科学出版社 1992 年版，第 738—739 页。

供了强有力的理论工具。

2. 对各种神灵的信仰与祭祀

对于各种神灵的信仰，并非始于两汉。两汉同它以后的诸多朝代一样，是从原始祖先那里继承了几乎全部信仰的思维观念和相当数量的形式。对于人类原始祖先之信仰状况的研究，以英国杰出的人类学家爱德华·泰勒的成果最为卓著。他提出的万物有灵论，是人类学宗教研究领域的一项重要成果。泰勒在《原始文化》一书中指出："万物有灵观既构成了蒙昧人的哲学基础，同样也构成了文明民族的哲学基础。"泰勒还发现，万物有灵观包括两大信条，"它们构成一个完整学说的各部分。其中的第一条，包括着各个生物的灵魂，这灵魂在肉体死亡或消灭之后能够继续存在。另一条则包括着各个精灵本身，上升到威力强大的诸神行列。神灵被认为影响或控制着物质世界的现象和人的今生和来世的生活，并且认为神和人是相通的，人的一举一动都有可能引起神灵高兴或不悦；于是对它们存在的信仰就或早或晚自然地甚至可以说必不可免地导致对它们的实际崇拜或希望得到它们的怜悯。这样一来，充分发展起来的万物有灵观就包括了信奉灵魂和未来的生活，信奉主管神和附属神，这些信奉在实践中转为某种实际的崇拜。"这两大信条，有助于我们理解人们为什么会那么虔诚地信仰和祭祀各种神灵。

汉代人信仰的神灵种类繁多，有些是承继前代而来，高祖登基不久，就"悉召故秦祝官，复置太祝、太宰，如其故仪礼"。并下诏："吾甚重祠而敬祭。今上帝之祭及山川诸神当祠者，各以其时礼祠之如故。"① 有些则是汉人的创造，应劭《风俗通义》中多有事例可举。"乡村社会对于神祇始终是敞开大门的，只要你能显灵，便可轻易地登堂入室，受人膜拜。"② 与此相应，汉代祠庙相当多，据《汉书·地理志》，凡百三郡国共有祠庙 396 座；其中最集中的地区是右扶风，祠达 315 座之多。而且，汉代对各种神灵的崇拜并非哪一社会等级所独有，而是一种普遍的社会风气。

两汉既不是信仰阴阳五行说、灾异说以及各种神灵的滥觞期，更非结束期。但在信仰的广度、深度以及信仰主体的广度上，不同朝代会有极大

---

① （汉）司马迁：《史记》，中华书局 1959 年版，第 1378 页。
② 马新：《两汉乡村社会史》，齐鲁书社 1997 年版，第 346 页。

差别。与后世相比,两汉时期信仰色彩更为浓厚,诚如吕思勉先生所说:"我国迷信之渐澹,实魏晋之世,玄学大兴,重明理而贱践迹,尊人事而远天道,有以致之,若两汉,固仍一鬼神术数之世界也。"① 在阴阳五行说、灾异说十分流行的氛围中,在巫术和形形色色的神灵成为日常生活的一部分并左右人们思维的社会里,在人死而灵魂仍存的灵魂信仰的作用下,无论是社会上层还是社会下层,完全可能运用将人事与自然界各种现象相联系的逻辑进行思维,神化介子推,进而导致畏惧介子推,并从自己受什么所害就畏惧什么的心理经验出发,联系介子推生前的经历或遭遇(包括传说中),来揣度他的心理,并为了取悦它而不惜牺牲自己的利益:一段时期内禁止举火,禁止热食,哪怕是隆冬时节。因此可以说,西汉的信仰之风是滋生禁火寒食习俗的土壤,它决定了民众创造禁火寒食仪式的思维逻辑。

五 禁火、寒食习俗的发生和寒食节的兴起

诚如杨琳先生所说,焚死情节的出现无疑架起了介子推其人其事通向禁火、寒食习俗的虹桥。的确,如果没有焚死的传说,介子推就不可能与禁火联系起来,寒食习俗也难以形成。但焚死情节只是一个桥梁,寒食习俗发生的基石应是晋人对介子推的祭祀。那么寒食习俗究竟是如何在祭祀的基础之上一步步形成的呢?我们不妨做以下几步推想。

1. 祭祀习俗的形成

《左传》对介子推其人其事的记载,可视为与史实相符合。"晋侯求之不获,以绵上为之田。曰:'以志吾过,且旌善人'",应是实有其事。对于"以绵上为之田"一句的含义,杨琳先生有一段相当精辟的论证,通过分析比较,他摒弃采地说及禄地说,而择取祭田说,认为祭田有两层含义:"一是说此田收入用于祭祀,二是说此地即为祭祀介推之地。"并认为"这种理解最近事理,宜若可从"。其实,文公"以绵上为之田",用来祭祀介子推的做法也是符合"祭法"、"祭义"的。《礼记·祭法》:"夫圣王之制祭祀也,法施于民,则祀之;以死勤事,则祀之;以劳定国,则祀之;能御大灾,则祀之;能捍大患,则祀之。"② 介子推可谓有

---

① 吕思勉:《秦汉史》,上海古籍出版社1983年版,第810页。
② 《十三经》(全一册),中州古籍出版社1992年版,第166页。

定国之功，理当受祭。总之，从晋文公时候起，对介子推的祭祀就开始了，并有专门的祭田。

2. 介子推在祭祀过程中的神灵化

在晋文公最先发出"以绵上为之田，以志吾过，且旌善人"的命令时，其实并没有把介子推当做神灵来看待，他只是一个"善人"① 而已，他可以决定人世间休咎的能力，即介子推的神性，是后来才获得的。也即介子推有个神灵化的过程。这个过程具体如何展开，我们已无从得知，但应该与人们对他的祭祀活动密切相关。

在周而复始、连年不断的供奉、祭祀活动中，让已逝的历史英雄人物、地方英雄人物享受人间的顶礼膜拜，并将之神灵化，是我国民间信仰中十分普遍的做法，乌丙安先生在其《中国民间信仰》一书中曾辟出专章进行分析。在中国民间信仰的土壤上，介子推从一个"善人"被附会为有超自然力的神灵，并不奇怪。一些文献表明介子推在时人心目中确实具有神性。桓谭《新论》，这一迄今所知最早对寒食习俗进行记载的文献，已经提到："太原郡民以隆冬不火食五日，虽有疾病缓急，犹不敢犯"，为什么"不敢犯"？桓谭解释作"为介子推故"。如果介子推只是一个长眠地下的"人"，人们自然用不着"不敢"，所以不敢，是因为他已成为能够主宰祸福的"神"。《后汉书》"周举传"对此还有更确切的说明："太原一郡旧俗以介子推焚骸，有龙忌之禁，至其亡月咸言神灵不乐举火。"首先是"龙忌"一词给我们的提示。《淮南子·要略》中有"龙忌"一词："操舍开塞，各有龙忌。"许慎（30—124 年）注说："中国以鬼神之日忌，北胡南越皆谓之请龙。""龙忌"指"以鬼神之日忌"，由此就可见介子推的身份了。当然，文中还明确说介子推是"神灵"，并提到了专门用于祭祀的"子推之庙"。撰写于北魏时期的《齐民要术》中说民众对介子推"世世祀祠，颇有神验"，虽是后代的资料，也可佐参考。

3. 抱树焚死情节在民众心中的"实事化"

如果我们将《左传》对介子推其人其事的记载当做历史真实，那么在其后文献中屡屡出现的抱树焚死情节则可视为传说过程中的一种创作。需要说明的是，民众在接受这一本为发泄积怨张本的传说情节时，并不把

---

① 善人，意为有道德的人。《论语·述而》："善人，吾不得而见之矣；得见有恒者，斯可矣。"《孔子家语·六本》："故曰：'与善人居，如入芝兰之室，久而不闻其香，即与之化矣。'"

它当做传说来看待。诚如日本著名民俗学家柳田国男在《传说论》中阐述"传说与昔话的区别"时指出的:"当时的人们也并没有把传说与历史分别开来,区别对待。这也无足为怪,因为对他们说来,无论如何是史实抑或是传说,都是祖辈们遗留下来的亲眼所见和亲身所历,理应同等对待而无须区别。"[①] 具体到介子推传说的受众们,他们并不认为传说中的情节——包括焚死情节——是前人或时人的编造,而认为实有其事,这种情况我们不妨称为传说情节的"实事化"。正是有了这个实事化,民众相信那个割股疗饥、忠而见弃的英雄人物果真是背着老母葬身于火海之中的,他们才有可能为这个人物禁火并进一步寒食。

4. 太原郡"好事者"的推想与倡议

既然介子推被焚而死,是人们"心中"的事实,既然介子推已成为神灵,而人们又每隔一段时间就要举行祭祀活动,那么完全可能有一个或一些太原郡的好事者率先在焚死情节的基础上加进自己的思维逻辑和想象,并发出倡议:介子推是被火烧死的,是火的受害者,他就不会喜欢火,因此要在他被焚而死的时候严禁烟火。而据《玉烛宝典》引《琴操》:"子绥遂抱木而烧死。文公流涕交颈,令民五月五日不得举发火。"在这一记载中,"好事者"成了介子推故事中的当事人晋文公。

5. 约定俗成

民俗学研究的成果表明,许多习俗的形成是由一个人或少数人首先倡导,然后经众人仿效、响应而演化为俗。姚周辉先生曾经对民俗"约定俗成的相关因素和过程"进行探讨,并总结出民俗"约定俗成"的五种主要模式。[②] 但无论哪一种模式,都说明,一种少数人提出或实践的主张,只有被更多的社会成员所接受(无论是被迫还是自觉)并在较长时期内重复进行才有资格成为俗。具体到禁火、寒食的提倡,亦当如此。这里的关键是太原一带的民众为什么会响应这种提倡,并不断地将这项活动重复进行下去。笔者以为原因如下:

(1)是中国人固有的乡土观念。中国人安土重迁,乡土观念浓厚,

---

① [日] 柳田国男:《传说论》,连湘译,中国民间文艺出版社1987年版,第28页。
② 姚周辉:《论民俗"约定俗成"的相关因素及过程》,载《云南师范大学学报》1997年第6期,第55—59页。

本乡本土所出高风亮节人物自然引以为自豪,此情于今依然,勿用多说。介子推是晋人,晋人拿他做文章,在情理之中。晋人认可少数人,对与地方名人有关的事象加以提倡,同样在情理之中。

(2) 按《礼记·祭义》,祭祀时应该"尽其悫而悫焉,尽其信而信焉,尽其敬而敬焉,尽其礼而不过失焉"。[①] 从各种相关记录中可以看出,当时的人们对介子推这个忠义双全又结局悲惨的人物始终怀有敬仰、同情之心,因此以禁火、寒食来表达对这位心仪人物的深切哀悼与缅怀,是不难理解的事情。以上两点可视为接受禁火提倡的积极动因。

(3) 民众对于禁火、寒食的接受在很大程度上还应归因于禁忌的控制力量和来自神灵的压力。诚如泰勒在《原始文化》中所说:"精灵影响并控制着物质世界中的事件和人的现世生活与来世生活;而且精灵保持着与人的接触,并且会对人的行为感到高兴或不高兴。因此,相信精灵的存在,就迟早会自然而然地,甚至可以说是不可避免地、导致主动的敬神和赎罪行为。"介子推在祭祀过程中被神化,成为具有能够主宰人间祸福的超自然力的神灵,人们便会对他生出一种畏惧心理,生怕他不高兴而降灾于自己,于是人们宁肯忍受一时的困境,也不要得罪神灵。伴随着祭祀活动的禁火、寒食习俗,正是一种"敬神和赎罪行为。"

禁火、"不火食"(即寒食),从性质上讲是一种禁忌的表现形态——禁制。禁忌一般包括两个要素:一是表现形态的禁制,就是对人们不要去做什么或者说什么的具体要求;二是信仰或心理领域的神性惩罚。神性惩罚意味着人们相信,如果他们违犯了禁忌的具体要求,就会遭到"天谴"或者某个神灵或鬼怪的惩治。神性惩罚是表现形态的禁制形成的心理根源,并决定禁制的具体内容;同时,对神性惩罚的信仰与畏惧也是迫使人们遵循和维护禁制的强大力量。禁制,则内在地包含着神性惩罚的威严和神圣性。

禁火寒食习俗的禁制,要求人们在一定的时期内不能点火,不能火食,其中也内在地包含着特定的神性惩罚,即如果点火,如果热食,就会得到令人不快的结果。从后世的记载来看,违犯它所带来的是能造成普遍灾害、危害群体安全的雹灾。而多种地方志资料证明,太原一带以及寒食习俗很快就波及到的区域,如上党、西河等地,不仅是雹灾的多发区,而

---

① 《十三经》(全一册),中州古籍出版社1992年版,第168页。

且雹灾造成的危害极大。《古今图书集成·职方典》记载太原府发生的雹灾有 24 次，其中仅有明一朝就达 17 次之多，这当然还是不完全统计。降下的冰雹往往大如鸡子，甚至有"如拳"、"如斗"、"如碌轴"者。所降之处，"树木摧折，禾稼荡然"，"房屋被毁，牛羊毙"，甚至造成"人相食"的悲惨局面。又所记沁州府（上党一带）、汾州府（西河一带）雹灾，发生频率和危害程度都不亚于太原府。又据 1996 年编修的《介休市志》："新中国建立后，对冰雹自然灾害记载比较详尽。1954—1980 年，介休较大的冰雹共出现 31 次，降雹一般发生在 6—8 月间，其中 6 月份为盛期……出现最多的年份（1974）4 次，最严重的是 1978 年 5 月 17 日下午，持续 10 分钟之久，小麦被打掉麦码，出土不久的秋禾被打光。持续时间最长 15 分钟。"可见雹灾发生之频繁，危害之严重。一般来说，违犯禁制所带来的"神性惩罚"涉及的群体规模越大，禁忌对俗民的控制能力就越强；"神性惩罚"在违制的情况下出现频率越高，俗民对于禁制的遵守就越严格。所以"太原郡民"，虽有"疾病缓急，犹不敢犯"，"并州一带"，因隆冬寒食而岁多死者，而仍然"莫敢烟爨"。制造了神灵、禁忌的同时，又被神灵、禁忌桎梏了自己。这可说是禁火、寒食演化为俗的消极动因。

以上对寒食节发生过程的具体分析，虽说是主观推想，但 1、2、3、5 距历史事实当不会太远。至于"太原郡好事者的推想与倡议"这种预设，目前还无法证实，但如前文所说，就民间习俗产生的一般规律而论，亦在情理之中。并且在笔者看来，较之同样是推想的古代改火说，也许离情理更进一些。是耶非耶，也许只有等某一天忽然发现的考古资料来做最后的判定。

至于禁火、寒食化成为俗的时间，大约是在西汉时期。一方面，此时期，含有抱树焚死情节的介子推传说十分流行；另一方面，目前所知对寒食习俗最早的记载出现在两汉之际。之所以记载的时间不是更早，或许是先秦时期寒食习俗还没有出现的缘故。综上所述，笔者以为，禁火习俗与介子推的传说密切相关，它是在西汉社会环境中，在早已存在的对介子推进行祭祀活动的基础之上，杂糅了民众主体对经过叙述或解读的历史人物的美好情感、对神灵、违禁神性惩罚的臆想和畏惧而形成的。至于节日期间为什么要吃冷食，笔者所持的，是裘锡圭先生的不得不寒食及哀悼说。寒食，是禁火所必然带来的消极后果，同时它又具有用此种方式缅怀介子推表达民众哀悼之情的功能。只是，民众哀悼的不是如裘锡圭先生所说作为"谷精"、"人牺"的介子推，而是被他们神灵化的介子推。

节日之称为节日，须具备两个条件：一是要有相对固定的节期，一是要有特定的习俗活动。寒食要成为寒食节，除了形成禁火、寒食习俗以外，还要求这种习俗在相对固定的时间内重复进行。虽然我们无法认定寒食节形成的确切年份，但它在桓谭撰写《新论》一书的两汉之际就已称得上是一个严格意义上的节日了。《新论》明确记载，太原郡民"隆冬不火食五日"，这是禁火寒食习俗在相对固定的时间里周而复始重复进行的最好说明。只不过此时它还仅是流传于太原一带的一个地方性民间节日。

结　论

笔者在梳理了目前关于寒食习俗起源的诸多观点后，对于十分流行的周代禁火说和古代改火说进行了质疑。接着，通过对不同文本的比较与分析，展示了介子推其人其事及西汉以前的介子推传说的发展脉络，并说明，据文献资料，早在寒食习俗流行之前，介子推传说就已流行开来，从而为介子推传说成为寒食习俗的源头提供了时间上的可能性。之后笔者论证了民众在介子推传说中的心理期待及其与两汉社会风气的契合，以此表明，在人们心目中，介子推已成为一个具有"悲剧色彩的英雄人物"，焚死的情节则在西汉的信仰之风中驾起了通往禁火寒食的桥梁。禁火习俗与介子推其人其事及传说密切相关，它是在西汉的社会环境中，在早已存在的对介子推进行祭祀活动的基础之上，杂糅了俗民对"传说"的、却已经实事化了的英雄人物的美好情感、对神灵和神性惩罚的畏惧而形成的一种禁制。至于寒食，则是禁火必然带来的后果，同时也是对介子推的一种哀悼方式。禁火、寒食活动约定俗成化的结果，便是寒食节的形成。

由于寒食节只是禁火、寒食活动相对固定于特定时间的必然结果，所以寒食节起源于和介子推有关的物和事，而与古老的改火习俗、周代禁火旧制毫无瓜葛。

通过对寒食节起源的研究，笔者认识到不能仅据古代有"禁火"、"改火"的活动，就认为它们是寒食节禁火寒食习俗的源头，也即对于某种节俗起源的探索，不能依据某些字面上或者表面上的相似性，而应该找到源与流之间真实的相关性。同时，那种以为与古老节日有关的传说一定是对该节日的民间附会的观点①值得商榷。事实上,历史传说也可以成为"古老的、流行范围广泛的"节日的源头,只要我们"历史传说"往往是民众主体对于社会过程的叙述与解读,记住我们现在称之为"古老的"节日在其产生之时却是"当时的",我们称之为"流行范围广泛的"节日在其起源之时也往往只是"地方的"。

---

① 程蔷、董乃斌先生在《唐帝国的精神文明》(中国社会科学出版社 1996 年版)中,对年节习俗与传说的关系做过非常深入的探讨,认为二者之间有多种关系,也承认有些年节习俗的活动,"是先有了某种传说后,根据传说内容而兴起的,是传说内容的'实践化'的结果"。但与此同时,他们又强调这种情况通常只是针对那些"在某一地区流行、起源较晚的年节习俗活动"而言,"一般说来,习俗(特别是起源古老、流行范围广泛的年节习俗)与传说的关系是,民间传说的一部分发生了向年节风俗附会的倾向。于是,介子推焚死的传说,与寒食节习俗挂上了钩。"参见该书第 107—122 页。

附录二

唐代以前寒食节的传播与变迁[*]
——主要基于移民角度的思考

关于寒食节，学界已经出现诸多研究成果。这些成果涉及寒食节的起源[②]，特定时代（尤其是唐、宋时期）的寒食节习俗及其反映的世人心态[③]，寒食节与清明节、上巳节的关系，寒食节习俗与文学之关系[④]、寒食节发展的动力机制[⑤]、寒食节在国外的播布[⑥]、介子推传说及其与寒食

---

[*] 该文发表在《温州大学学报》（社会科学版）2012年第6期。

[②] 对于2004年以前寒食节起源的研究成果，张勃《寒食节起源新论》一文中有较为详细的分析。2004年以后关于这个问题的重要成果有陈泳超的《寒食缘起：从地方性到普泛化》（《民俗研究》2008年第2期，第45—55页）、刘晓峰的《寒食与山西》（《民族艺术》2007年第2期，第76—81页）等。

[③] 如王赛时的《唐代的寒食风俗》（《民俗研究》1990年第3期，第47—52页）、唐川子的《试论唐代诗人笔下的寒食节民俗》（《广西民族学院学报》（哲学社会科学版）2003年第12期，第198—204页）、何海华的《从寒食清明诗看唐代风俗》（《菏泽师范专科学校学报》2004年第1期，第27—30页）、罗时进的《孤寂与熙悦——良代寒食题材诗歌二重意趣阐释》（《文学遗产》1996年第2期，第46—53页）、张勃的《唐代的改火》（《文史知识》2006年第8期，第63—67页）、刘畅的《生者的狂欢——从宋代寒食、清明习俗看当时社会之现世心态》（《中国社会历史评论》，天津古籍出版社2009年版，第249—260页）等。

[④] 如张丑平的《上巳、寒食、清明节日民俗与文学研究》（南京师范大学博士论文，2009年）、景圣琪的《"改火说"与唐代寒食诗的兴盛——中国古代民俗与文学关系的个案研究》（《扬州大学学报》（人文社会科学版）2009年第5期，第79—84页）等。

[⑤] 如张勃的《论官方与民间合力对寒食习俗的影响》（《齐鲁学刊》2004年第2期，第44—47页）、王剑的《寒食节的兴衰——民众审美心理与国家意志的博弈》（《山西师大学报》（社会科学版）2010年第3期，第92—95页）等。

[⑥] 如刘晓峰的《寒食不入日本考》（《清华大学学报》（哲学社会科学版）1995年第3期，第86—96页）。

节的关系[1]等诸多方面。本文则主要探讨唐代之前寒食节由一个地方节日发展为跨地方节日的历史过程以及在这一历史过程中发生的文化变迁。

一 从地方走向"中国"：寒食节在唐代以前的传播

（一）太原一郡的地方节日：东汉中期以前的寒食节

据目前所知，有关寒食习俗最早的文献记载来自两汉之际桓谭的《新论》："太原郡民以隆冬不火食五日，虽有疾病缓急，犹不敢犯，为介子推之故也。"[2] 稍后的记载来自《后汉书·左周黄列传》和三国魏周斐的《汝南先贤传》，其中都提到东汉并州刺史周举（公元？—149年）在太原移易寒食风俗的事情：

> 举稍迁并州刺史。太原一郡，旧俗以介子推焚骸，有龙忌之禁。至其亡月，咸言神灵不乐举火，由是士民每冬中辄一月寒食，莫敢烟爨，老小不堪，岁多死者。举既到州，乃作吊书以置子推之庙，言盛冬去火，残损民命，非贤者之意，以宣示愚民，使还温食。于是众惑稍解，风俗颇革。[3]

两汉时期太原郡地属并州，地属并州的并非只有太原一郡，此外还有西河、上党、雁门郡等，桓谭在《新论》里点明"不火食"者是太原郡民，《后汉书》更只提"太原一郡"，由此可推断，在公元2世纪中叶，寒食节还只是一个流传于太原一郡的地方节日，其节俗活动主要是禁火、寒食（吃冷食）和祭祀介子推。此后，正是以太原郡为源地，禁火寒食习俗不断向外流播，在更大范围内对俗民生活造成程度不同的

---

[1] 如裘锡圭的《寒食与改火——介子推焚死传说研究》（《中国文化》1990年第1期，第66—77页），李道和的《寒食习俗与介子推传说考辩》（《中国俗文化研究国际学术研讨会论文集》，2002年，第96—120页），张勃的《介子推传说的演变及其文化意义》（《管子学刊》2002年第3期，第83—90页）、《历史人物的传说化与传说人物的历史化——从介子推传说谈起》（《民间文化论坛》2005年第1期，第72—77页），阳清的《〈龙蛇歌〉综论》（《浙江工业大学学报》2007年第3期，第280—285页）等。

[2] （汉）桓谭：《新论》卷11，上海人民出版社1977年版，第47页。

[3] （南朝）范晔：《后汉书》，中华书局1965年版，第2024页。

影响。

(二) 走向"中国": 东汉末期到隋朝之间的寒食节

周举之后,与寒食节发生关系的一个重要人物是曹操。由于长时间禁火寒食导致"岁多死者"的严重后果,曹操极力反对禁火寒食习俗,并为此发布了《明罚令》,阐述禁火寒食习俗的不合情理之处及其危害,要求人们不要再做,否则就会受到严厉的处罚。为明确政令实施的范围,他列举了寒食习俗播布的区域:"闻太原、上党、西河、雁门冬至后一百有五日皆绝火寒食,云为介子推。"① 由此可知,到东汉末年,寒食节已从太原一郡扩张到太原、西河、上党、雁门四郡了。

无论是太原、上党,还是雁门、西河,在东汉时从行政区划上说都属于并州刺史部。从地理位置上讲,上党位于太原东南,雁门位于太原正北,西河则在太原西面,② 这种地理分布非常清晰地显示出,此时期禁火寒食习俗是以太原为中心、呈放射状向其他郡县传播的。传播的阶段性成果则是,至迟在公元后4世纪初期,整个并州都成为寒食节的流行区域。后赵石勒已将寒食称为"并州之旧风"。

但寒食节流播的范围并未止于并州,它开始走向"中国"。在约成书于6世纪前半叶的《齐民要术》中③,作者贾思勰这样写道:

> 昔介子推怨晋文公赏从亡之劳不及己,乃隐于介休县绵上山中。其门人怜之,悬书于公门。文公寤而求之,不获,乃以火焚山。推遂抱树而死。文公以绵上之地封之,以旌善人。于今介山林木,遥望尽黑,如火烧状,又有抱树之形。世世祠祀,颇有神验。百姓哀之,忌日为之断火,煮醴酪而食之,名曰"寒食",盖清明节前一日是也。中国流行,遂为常俗。④

---

① (隋) 杜台卿撰、(清) 杨守敬校订:《玉烛宝典》,载《续修四库全书·八八五·史部·时令类》,上海古籍出版社2002年版,第31页。

② 参见谭其骧主编《中国历史地图集》,《东汉时期全图》和《并州刺史部》,地图出版社1982年版。

③ 《山东省志·诸子名家志》编纂委员会编《贾思勰志》认为《齐民要术》约成书于533—544年。见该书第21页,山东人民出版社2001年版。

④ (北魏) 贾思勰:《齐民要术》,载《山东省志·诸子名家志》编纂委员会编《贾思勰志》,山东人民出版社2001年版,第389页。

这里，贾思勰用了"中国"一词。

此处的"中国"当然不同于现代民族国家意义上的中国。在古代，中国多指与夷狄相对的中原地带，这里也许指称《齐民要术》一书所涉及范围，即"主要在黄河中下游，包括今山西东南部、河北的中南部、河南的黄河北岸和山东"① 一带。但若联系稍后成书的《荆楚岁时记》中有关寒食的记载以及该书作者的人生轨迹，认为这个"中国"不仅包括中原而且包括部分南方地区在内的更大区域，可能更加接近事实。

《荆楚岁时记》是我国古代一部以年度岁时民俗为记述对象的专项民俗志，它以时为序，记录了荆楚一带从元旦到除夕诸多节令的典故与时俗。作者宗懔（约502—565年），字元懔，又字怀正，南朝梁人，祖籍南阳涅阳（今河南邓县），西晋永嘉之乱中，八世祖宗承因军功官封柴桑县侯，除授宜都郡守，后死于任上，子孙遂定居江陵。至宗懔出生之时，宗家已世居江陵近二百年。生于斯长于斯的宗懔对江陵怀有十分深厚的乡土情怀，甚至《北史·宗懔传》的作者认为"梁元帝议还建邺，唯懔劝都渚宫"，也和他"以乡在荆州故"相关。承圣三年（554），西魏攻破江陵，梁元帝遇害，宗懔与数万百姓被俘，押解长安。史载："及江陵平，与王褒等入关。周文帝以懔名重南土，甚礼之。"② 背井离乡的宗懔在北国政权的礼遇中度过了人生最后一段岁月。学者们多认为《荆楚岁时记》可能创作于这一时期，是宗懔"寄人篱下，追思故乡"的作品。③

关于寒食节，《荆楚岁时记》云：

去冬节一百五日，即有疾风甚雨，谓之寒食。禁火三日，造饧、大

---

① （北魏）贾思勰：《齐民要术》，载《山东省志·诸子名家志》编纂委员会编《贾思勰志》，山东人民出版社2001年版，第24—25页。

② （唐）李延寿：《北史》，中华书局1974年版，第2435页。

③ 李裕民认为宗懔撰《荆楚岁时记》大约在魏恭帝二年（555）。见李裕民《宗懔及其〈荆楚岁时记〉考述（代序）》，载（南朝）宗懔撰、宋金龙校注《荆楚岁时记》，山西人民出版社1987年版，第10页。萧放认为："回忆故里的生活成为他晚年的精神排遣，在这种思想动机之下，宗懔有心将江汉故里的日常生活记述成文，《荆楚岁时记》很可能成于这一时期，虽然我们还没有直接的证据。"参见其《〈荆楚岁时记〉研究——兼论传统中国民众生活中的时间观念》，北京师范大学出版社2000年版，第5页。

麦粥。寒食，挑菜。斗鸡，镂鸡子，斗鸡子。打毬、秋千、施钩之戏。①

这段话记录了当地寒食节的节期和节俗，表明，至迟在宗懔生活的公元6世纪，寒食节已经在荆楚地区流传开来。

经历数百年的曲折发展，这个曾经局限一隅的地方节日现在成为含括南北的跨地方节日了。

二　从屡被禁断到部分承认：寒食节地位的合法化

笔者曾在一篇文章中指出："一定意义上讲，从东汉一直到北朝时期，寒食节的历史就是被官方不时禁断的历史。"② 明令移易禁火寒食习俗者，前有周举、曹操，后有石勒和北魏孝文帝。在官方禁令中存在的寒食节是非法的民间节日。

然而值得注意的是，石勒和北魏孝文帝在颁布禁令之后，又都做出调整。史书详细记载了石勒建平年间（330—332）"并州复寒食"的过程：

雹起西河介山……行人、禽兽死者万数……树木摧折，禾稼荡然。勒正服于东堂，以问徐光曰："历代已来以斯灾几也？"光对曰："周汉魏晋皆有之。虽天地之常事，然明主未始不为变所以敬天地之怒也。去年禁寒食。介推，帝乡之神也，历代所尊。或者以为未宜替也。一人吁嗟，王道尚为之亏，况群神怨憾而不怒动上帝乎？纵不能令天下同尔，介山左右，晋文之所封也，宜任百姓奉之。"勒下书曰："寒食既并州之旧风，朕生其俗，不能异也……尚书其促检旧典，定议以闻有司，奏以子推历代攸尊，请普复寒食，更为植嘉树，立祠堂给户奉祀。勒。"黄门郎韦謏驳曰："按春秋，藏冰失道，阴气发泄为雹，自子推以前雹者复何所致？此自阴阳乖错所耳。且子推贤者，曷为暴害如此？未之冥趣，必不然矣……以子推忠贤，令绵介之间，奉之为允，于天下则不通矣。"勒从之……并州复寒食如初。③

---

① （南朝）宗懔著、谭麟译注：《荆楚岁时记》，湖北人民出版社1985年版，第57—70页。
② 张勃：《论官方与民间合力对寒食习俗的影响》，载《齐鲁学刊》2004年第2期，第44页。
③ （唐）房玄龄等：《晋书》，中华书局1982年版，第2749—2750页。

从中可知，一度禁止寒食习俗的后赵，很快就因为一场严重的雹灾在并州境内取消了禁令。北魏孝文帝时期发生了类似的事情，延兴四年禁断寒食，太和二十年又"诏介山之邑，听为寒食，自余禁断"①。这意味着，晋朝以后，官方已经部分承认了人们过寒食节的合法性。这里的"人们"，不仅指处于社会下层的平民百姓，也包括石勒、徐光这样的统治者了。宗懔在《荆楚岁时记》中对寒食节的记录表明，这个处于统治阶级上层的人物，也已将寒食节视为岁时生活的重要组成部分。据此或可以说，在南北朝时期，寒食节的俗民主体大大扩张，它业已成为社会上上下下都过的节日了。

三 从悲凉的冬季节日到欢快的春季节日：寒食节在唐代以前的文化变迁

自汉代至隋朝，无论是节期、习俗活动，还是节日气质、节日功能，寒食节都发生了重大变化。

（一）从冬季五日到春季三日：节期的变迁

这里的节期既指寒食节在历法中所处的位置，也指它的持续时长。寒食节最初是一个持续五天的冬季节日，即桓谭所说"以隆冬不火食五日"。到周举移风易俗的年代，仍在冬季，但节日持续时间大大加长，变成了"一月寒食"。按照曹操《明罚令》的说法，当时寒食节甚至长达一百零五天之久。②此外，汉魏晋时期还有寒食节时在夏季五月五日的地方。

---

① （北齐）魏收：《魏书》，中华书局1982年版，第140、179页。
② 曹操《明罚令》云："闻太原、上党、西河、雁门冬至后百五日皆绝火寒食。"这句话可以有两种理解，原因出在"皆"字上。若"皆"指太原等四地，那么这句话意味着"绝火寒食"只持续一天，即冬至后的第105日这一天；若"皆"指时间，即冬至以后的105天都要绝火寒食。两种理解哪一种更符合逻辑呢？笔者以为第二种。若照第一种理解，即这四个地方都只在冬至后的第105日这一天禁火寒食，曹操就没有发布《明罚令》的必要了。因为冬至后第105日，已接近24节气的清明，在这个时候一天吃冷食并不会造成"老少羸弱"不当"有不堪之患"的恶劣后果——而这正是曹操发布《明罚令》的理由。第二种理解，虽然在一般人看来似乎太不可能，却恰恰可以解释为什么曹操颁布《明罚令》并制定相当严厉的惩罚措施。当然，符合逻辑的说法不一定就是历史真实，因为曹操只是"闻太原、上党、西河、雁门冬至后百五日皆绝火寒食"而已，在颁布政令前似乎并没有做过仔细的调查研究。无论怎么说，在这里，寒食节已与"冬至后一百五日"联系起来了。

《琴操》相传为汉代蔡邕所作,讲述各种琴曲及其作者、缘由等。杜台卿《玉烛宝典》转引了《琴操》中关于《龙蛇之歌》的故事:

> 晋重耳与介子绥(推、绥,声相近也)俱遁山野,重耳大有饥色,绥割其腓股,以啖重耳。重耳复国,子绥独无所得,甚怨恨,乃书作《龙蛇之歌》以感之。……文公惊悟,即遣追求,得于荆山之中。使者奉节还之,终不肯听。文公曰:"燔左右木,热,当自出。"乃燔之。子绥遂抱木而烧死。文公流泪交颈,令民五月五日不得举发火。①

说明有"五月五日不得举发火"的地方。无独有偶,《玉烛宝典》卷5引晋人陆翙《邺中记》,也有五月五日不火食的记载:"俗人以介子推五月五日烧死,世人甚忌,故不举火食,非也。北方五月自作饮食,祠神庙,及五色缕、五色花相问遗,不为子推也。"② 这里,陆翙以"北方"习俗为参照物,将某地五月五日不举火食的做法与之相比较,从而得出"非也"的结论,恰恰证明确实存在五月五日寒食的地方。

在《荆楚岁时记》成书的年代,当地寒食节是一个持续3天的春天的节日,自冬至算105天即是。隋朝,也持续3天,为《荆楚岁时记》作注的隋人杜公瞻说:寒食节"今则三日而已,谓冬至后一百四日、一百五日、一百六日也"。③

综观寒食节的节期,或因地而异,或因时而异,从冬季五日到冬季一月到跨越冬春的一百零五日,再到春季三日等,变化之大,在中国诸多传统节日中实属罕见。不过,南北朝以后,寒食节就基本上固定为冬至后一百五日,未有大的变化。

(二)从单调到丰富:习俗活动的变迁

两汉之际寒食节的习俗活动仅限于禁火、寒食和祭祀介子推。无疑是相当单调的。魏晋南北朝时期,寒食节获得较大发展,成为一个丰富多彩

---

① (隋)杜台卿撰、(清)杨守敬校订:《玉烛宝典》,载《续修四库全书·八八五·史部·时令类》,上海古籍出版社2002年版,第31—32页。
② 同上书,第59页。
③ 杜公瞻注《荆楚岁时记》关于寒食的记载,见(南朝)宗懔撰、宋金龙校注《荆楚岁时记》,山西人民出版社1987年版,第34页。

的春季节日。具体说来，这一时期寒食的节俗主要有：

1. 祭祀介子推

祭祀介子推仍是魏晋南北朝时期重要的寒食节活动，至少有几条记载可资为证。如北魏郦道元《水经注》云："汾水又南，与石桐水合，即绵水也。水出界休县之绵山，北流径石桐寺西，即介子推之祠也。"① 又："介山在河东皮氏县东南……山上有神庙，庙侧有灵泉，祈祭之日，周而不耗，世说谓之子推祠。"② 又如《齐民要术》载："于今介山林木，……世世祠祀，颇有神验。"至于西晋太原人孙楚《祭子推文公》云"黍饭一盘，醴酪二盂，清泉甘水，充君之厨"③，更留下祭祀的一些细节，即孙楚生活的西晋时期，太原一带的俗民在寒食节祭祀"介君之灵"时还要读祭文，摆供品。只是供品堪称至简，不过一盘黍饭、二盂醴酪、清泉甘水而已。

2. 禁火、寒食

魏晋南北朝时期依然有禁火、寒食习俗，与前代不同的是，此时已有特定的节日饮食。

杜台卿《玉烛宝典》卷 2 引陆翙《邺中记》云："并州之俗，以冬至后百五日有介子推断火冷食三日，作干粥，是今糗也，中国以为寒食。又作醴酪。醴者，以粳米或大麦作之；酪，捣杏子人煮作粥。"④

《齐民要术》也记载"醴酪"是寒食节的"寒食"，并详细介绍了醴、酪的制作方法：

煮醴法：与煮黑饧⑤同。然须调其色泽，令汁味淳浓，赤色足者良。尤宜缓火，急则焦臭。

煮杏酪粥法：用宿穬麦，其春种者则不中。预前一月事麦，折令精，细簸拣，作五六等，必使别均调，勿令粗细相杂，其大如胡豆

---

① （北魏）郦道元注，（清）杨守敬、熊会贞疏：《水经注疏》，江苏古籍出版社 1989 年版，第 560—561 页。
② 同上书，第 539—540 页。
③ （隋）杜台卿撰、（清）杨守敬校订：《玉烛宝典》，载《续修四库全书·八八五·史部·时令类》，上海古籍出版社 2002 年版，第 32 页。
④ 同上。
⑤ 煮黑饧的方法，《齐民要术·饧第八十九》有详细介绍。

者，粗细正得所。曝令极干。如上治釜讫，先煮一釜粗粥，然后净洗用之。打取杏仁，以汤脱去黄皮，熟研，以水和之，绢滤取汁。汁唯淳浓便美；水多则味薄。用干牛粪燃火，先煮杏仁汁，数沸，上作豚脑皱，然后下穬麦米。唯须缓火，以匕徐徐搅之，勿令住。煮令极熟，刚浡得所，然后出之。预前多买新瓦盆子容受二斗者，抒粥著盆子中，仰头勿盖。粥色白如凝脂，米粒有类青玉。停至四月八日亦不动。渝釜令粥黑，火急则焦苦，旧盆则不渗水，覆盖则解离。其大盆盛者，数卷亦生水也。[①]

从中可见，使用的原料、煮饭的火候、煮粥的器皿、盛粥的器皿、放置的方法等无一不讲究。宗懔《荆楚岁时记》记载南北朝时期南方寒食节的节令食品是"饧、大麦粥"，其实就是醴酪。隋朝依然习惯吃这种食品，杜台卿说："今世悉作大麦粥，研杏人为酪，别煮饧沃之也。"

据《齐民要术》，此时节还有做寒食浆的习俗，其法，"以三月中清明前夜炊饭，鸡向鸣，下熟饭于瓮中，以满为限。当数日后便酢中饭。因家常炊三四日，辄以新炊饭一碗酘之，每取浆，随多少即新汲冷水添之，讫夏，殖浆并不败而常满，所以为异。以二升，得解水一升，水冷清俊，有殊于凡。"[②] 寒食浆虽不是寒食节食用，但始制作于寒食节。

3. 祭祖

至迟到北魏时期，寒食节又有了祭祀祖先的活动。《北史·魏本纪》记载孝文帝太和十六年（492）二月辛卯有"罢寒食飨"之举，前此不久，他曾颁布了"以孟月祭庙"的诏书：

> 十六年诏曰："夫四时享祀，人子常道。然祭荐之礼，贵贱不同。故有邑之君祭以首时，无田之士荐以仲月，况七庙之重，而用中节者哉？自顷烝尝之礼，颇违旧义，今将仰遵远式，以此孟月，特禴于太庙。但朝典初改，众务殷凑，无遑齐絜，遂及于今。又接神飨

---

① （北魏）贾思勰：《齐民要术》，载《山东省志·诸子名家志》编纂委员会编《贾思勰志》，山东人民出版社2001年版，第389—390页。

② 同上书，第391页。

祖，必须择日，今礼律未宣，有司或不知此，可敕太常，令克日以闻。"①

将"罢寒食飨"与"以孟月祭庙"联系起来可知，在罢寒食飨之前，连皇家祭祖也有在寒食节进行的。

对于魏孝文帝的这一改革，宋代人胡寅大加赞扬：

> 致堂胡氏曰："四时之祀，天子用孟月，礼之正也。若寒食，其始既不出于先王，其节或跨乎仲季，非天子之所宜行也。苟以为祖宗常行，有其举之莫敢废也，盍亦择礼之中否而行之欤？寒食之祀，始于晋人思介之推之焚死为之不火食，然则有天下国家者，以是日祀其祖考，可谓不经之礼。虽祖考行之，而未暇革，今而革之，去非以从是，何不可之有？魏孝文断然行之不胶者，卓矣。"②

由此可知，胡寅也承认北魏有以寒食日"祀其祖考"的风俗。

魏孝文帝的上述祭祀改革显然是针对社会上层，即所谓"有邑之君"的，至于普通老百姓，并不在规范之列。这意味着此后民间仍流行着寒食祭祖的活动。而这，或许就是唐代风行的寒食上墓习俗的先声。

4. 挑菜

《荆楚岁时记》曰"寒食，挑菜"，"挑菜"也是寒食节期间的一项习俗。挑，"挖取"之意，时当阳春三月，草长莺飞，杂花生树，人们纷纷到田野中，挖取新鲜菜蔬。寒食节期间挖取的菜要生吃掉，如杜公瞻为《荆楚岁时记》"挑菜"这句话所做的注，"如今人春日食生菜"。挑菜而生食，显然与寒食节不动烟火的要求相吻合。

5. 斗鸡

早在先秦时期，斗鸡已成为一种娱乐形式。《左传》、《战国策》中都有关于斗鸡的记载。魏晋南北朝时期，斗鸡之戏在北方、南方均极普遍。当时不少社会名流如刘祯、应场、曹植、梁简文帝、刘孝威、徐陵、周弘

---

① （宋）马端临著，上海师范大学古籍研究所、华东师范大学古籍研究所点校：《文献通考》，中华书局 2011 年版，第 2970—2971 页。

② 同上书，第 2971 页。

正、褚玠、王褒、庾信等，都有歌咏斗鸡的作品。鉴于这些作品中多含有春字，如褚玠《斗鸡东郊道》中有"春郊斗鸡侣，捧敌两逢迎"，周弘正《咏老败斗鸡》中有"闲观春光满，东郊草色异"，庾信《斗鸡》中有"狸膏熏斗敌，芥粉壒春场"等，此时，斗鸡当已相对固定于春天举行了。《荆楚岁时记》更明言斗鸡乃寒食节期间的重要活动。

6. 镂鸡子、斗鸡子、打毬、秋千、施钩

《荆楚岁时记》所载寒食节习俗还有"镂鸡子，斗鸡子"。所谓镂鸡子，即将鸡蛋煮熟后加以雕刻，以成各种形状。杜公瞻引《玉烛宝典》为其作注曰："古之豪家，食称画卵。今代犹染蓝茜杂色，仍加雕镂，递相饷遗，或置盘俎。《管子》曰：'雕卵熟斲之，所以发积藏，散万物。'"① 斗鸡子，大概是将两只煮熟的鸡蛋相顶撞以孰破孰不破孰来定输赢的游戏。隋朝时，寒食节期间这两种游戏盛行，正如杜台卿所说："此节，城市尤多斗鸡斗卵之戏。"② 打毬，杜公瞻认为就是蹴鞠；施钩，也称拖钩，或牵钩，就是今天的拔河。这些活动，在南北朝之前都已出现，且广为流行，只是此时被发展成为寒食节的习俗活动了。

挑菜、斗鸡、镂鸡子、斗鸡子、打毬、秋千和施钩等，都是具有竞斗色彩的游戏活动。它们的举行，有助于蓄积之气的抒发。春天是阳气上升、抒发的季节，寒食节（已成为一个春天的节日）举行上述活动，便具有明显的襄助阳气的作用。

此外，据《齐民要术》，当时还有寒食节驱虫的做法："清明节前二日夜，鸡鸣时，炊黍熟，取釜汤遍洗井口、瓮边地，则无马蚿，百虫不近井、瓮矣。甚是神验。"③

总之，与两汉时期相比，魏晋南北朝时期寒食节的习俗活动无疑是大大丰富了。

（三）从悲凉黯淡到欢快明丽：节日气质的变迁

节日气质是由节俗活动以及人们过节时的心情感受决定的。南北朝之前，寒食节是一个悲凉黯淡的节日。这时候，它还时在冬季，主要流行于

---

① （南朝）宗懔撰、宋金龙校注：《荆楚岁时记》，山西人民出版社1987年版，第37页。

② （隋）杜台卿撰、（清）杨守敬校订：《玉烛宝典》，载《续修四库全书·八八五·史部·时令类》，上海古籍出版社2002年版，第33页。

③ （北魏）贾思勰：《齐民要术》，载《山东省志·诸子名家志》编纂委员会编《贾思勰志》，山东人民出版社2001年版，第389页。

北方。在当时的俗民心中，介子推为晋文公重耳当上国君立过大功，但他非但没被封赏还被焚死，是个充满怨恨、"不乐举火"的神灵，若在自己被焚的日子里看见火，就会将怨恨化为雹雪之灾，带来巨大的灾难。为此，他们必须避免用火，"莫敢烟爨"，生怕一不小心就招致神灵的怨恨。于是在万物萧索、极其寒冷的冬季，他们无以取暖，只能吃冰冷的食物。有些人，尤其是老人和孩子不堪其苦，或病或死，他们的亲戚朋友还要忍受着失去亲人的心灵痛苦和精神折磨。

然而，由于节期的位移（移至冬至后105日），节期长短的变化（禁火寒食三天）和节俗活动的丰富，尤其是斗鸡等多种具有竞斗色彩游戏活动的引入，寒食节的气质发生了巨大变化。冬至后第105日，已是春意盎然、草长莺飞时节，在明丽温暖的春天里举行一系列具有竞技色彩的游戏活动，无疑是欢快而轻松的。伴随着寒食节气质的变化，禁火这一最初被俗民作为事关群体生存、可以避免雹雪之灾手段的习俗活动，现在似乎成为人们得以享用特定的节令食品、开展一系列襄助阳气、娱人身心之游戏活动的由头了。由此，寒食节的功能也发生了改变。现在，它已化成为主要调节人与祖先、人与他者、人与自我关系的社会生活时间，而不再主要是调节人与神灵（指介子推）、人与自然关系的重要日子了。

应该说明的是，南北朝时期，除了禁火、寒食活动在南北双方都有流行外，其他节俗往往有南北的分野。比如，祭祀介子推的活动主要盛行于北方，寒食节期间进行的各种娱乐活动则主要流行于南方。这意味着虽然寒食节的格调整体上趋于明丽，但北方仍然较为黯淡，缺乏南方的轻松与欢快。

三　魏晋南北朝时期的移民浪潮与寒食节的传播和变迁

从汉代到南北朝，寒食节的诸多方面都发生了变化。综上所述，主要体现在：（1）播布空间扩张，俗民主体增加，节日地位上升；（2）节期渐趋统一；（3）节俗走向多元，娱乐活动增加，节日气质变化，节日功能更新；（4）节日习俗和气质具有一定的南北差异；等等。这些变化不可谓不巨大，实际上，若没有"寒食"这个名称的沿袭，今天的人们很难相信宗懔笔下的寒食节就是桓谭笔下的寒食节。寒食节变化的原因相当复杂。时代风气，节俗本身作为规范的约束力、俗民主体的选择、官方的态度和作为等，交织在一起，共同作用于它的传播和变迁。这里主要从移民的角度分析寒食节在空间上的传播及其对文化变迁的影响。

在传统社会，一种民俗事象在地理空间上的播布，主要通过三种方式来实现，一是通过相邻地理空间居民的接触、沟通与互动，二是通过官方颁布相关政策并加以推行，三是通过人的口迁移。在笔者看来，唐代以前的寒食节在空间上的传播，固然不可避免地会通过第一种方式来进行，但与移民的关系也相当密切。这里姑以魏晋南北朝时期为分析的重点时段。

魏晋南北朝是我国历史上的大动荡时期，从建安年间（196—219年）算起，到隋开皇九年（589）灭陈止，前后近四百年。此间，除了西晋实现了约37年的短暂统一外，全国长期处于分裂割据状态，前后共建立起30余个政权。各政权你争我夺，战乱频仍。根据大概的统计，该时期共发生较大规模的战争500多次，其中既有反抗阶级压迫的农民战争，也有一个政权内部的混战，既有各个割据政权或各派政治势力之间的角逐，还有不同民族贵族之间的争夺。魏晋南北朝时期大规模的移民浪潮就是在这种背景下出现的。尤其西晋末永嘉年间（307—313年）的战乱和西晋的最终覆亡，更导致北方人口的大规模迁移。

当时主要的迁移方向是南方，大部分移民的迁入地也是南方。据《中国移民史》，永嘉乱后的人口南迁大致可分五个阶段，历时一百多年，若计其余波则更长达近三百年。移民大约沿着东、中、西三条线路南迁。其中，东线"以淮河及其支流（包括当时入淮各水）汝、颍、沙、涡（涡）、睢、汴、泗、沂、沭等水和沟通江淮的邗沟构成主要水路，辅以各水间陆路。不仅在今河南、山东和安徽、江苏北部的司、豫、兖、青、徐诸州移民大多由此线南流，就是在今山西、河北的并、冀、幽州的流民也多数在渡过黄河后循此线而南"。中线的起点主要是洛阳和关中，移民"分别由洛阳经南阳盆地，由关中越秦岭东南经南阳盆地，由关中越秦岭至汉中盆地顺汉水而下，最后都汇聚于襄阳，然后再由汉水东南下。在今甘肃、陕西、山西和河南西部的秦、雍、梁、司、并流民大多走此线，南迁后往往定居于襄阳、江陵等汉水流域和长江中游地区。也有一部分人从南阳盆地东南越过桐柏山、大别山的隘口进入江汉平原"。西线则"汇聚了今甘肃、陕西、宁夏、青海境内的凉、秦、雍流人，由穿越秦岭的栈道进入汉中盆地。继续南迁者循剑阁道南下蜀地，或部分利用嘉陵江水路，定居于沿线和成都平原。也有人在今甘肃南部沿白龙江而东南。在蜀地发生战乱时,部分流人又循长江东下,进入长江中下游"。① 就南迁移民的迁居地而言,根据谭其骧先生的观点,按今地划分,接受移民最多的是江苏省,其移民来源,"山东占了一半以上,其次是河北、河南、山西、陕西;而本省和安徽的淮北部分也是移民来源之一"。第二位是安徽,"其境内的移民来自北方,以河南为最大部分,其次为河北、山东、山西",此外,还有本省淮北和江苏北部的一些移民。其他如湖北、江西、湖南、陕西、四川、山东等地也有移民迁入,其中湖北境内长江上游今江陵(笔者注:宗懔的家乡)、松滋一带的移民主要来自山西、陕西、河南。湖北汉水流域是湖北接受移民的主要地区,其中来自陕西的移民数量最多,其次是河南、甘肃,再次为河北、山西、安徽和四川。②

　　从上述情况看,并州是重要的移民迁出地。鉴于此一时期寒食节已在并州流行,南迁的并州人中肯定不乏寒食节的俗民。他们在将身体迁移到南方的同时,也将禁火寒食的习俗携至南方。

　　葛剑雄曾总结过魏晋南北朝时期北方移民南迁对中国文化的巨大贡献,认为"如果没有这些移民作为载体在南方和其他边疆地区保存了中国的传统文化,中国文化的发展进程至少要中断或推迟数百年,物质文明的一些方面可能会就此断绝"。③ 此论堪称公允。在南方,以汉族文化为主体的传统文化得以继续传承,并非偶然。首先,汉族整体文化水平较高,优于南方"蛮人",虽处于南方却是以北方移民为主体建立起来的东晋和南朝政权,为了显示自己的正统地位,会有意识地维护自己的文化。就是一般的北方移民,在新的环境中,也会怀着对故乡的深情,生出一种维护原有文化风俗的强烈愿望。其次,当时移民多集体迁移并聚族而居的做法极便利原有文化和风俗的保存。

　　东汉以来,中原地区形成了一些世代显贵的士族和政治经济实力强大、人口众多的豪族,它们的长期存在也强化了时人的宗族观念。战乱时期,官方的保护和控制十分微弱,人们只能依靠宗族的力量生存和迁移。到了迁入地,为了与土著相抗衡,求得立足自保,也需要依靠宗族和集团

---

① 葛剑雄:《中国移民史》第二卷《先秦至魏晋南北时期》,福建人民出版社1997年版,第339—340页。
② 同上书,第398—399页。
③ 同上书,第413—414页。

的力量。因此，一位官员、士人、宗族首领或流民领袖率数百家以至数千家流亡迁移，结寨自保，垦田自给或在他乡定居，在当时是相当普遍的现象。至于政府设立侨州郡县安置北方移民及其后裔的做法，更为文化包括风俗的传承提供了便利条件。

侨置郡县之制并非东晋和南朝首创，却在东晋和南朝时期运用最为充分。关于侨置郡县的背景和原因和具体设置，胡阿祥有很全面的论述。他的"东晋南朝境内侨置州郡表"呈现了当时侨州郡的基本状况，从中可见侨州郡县的多而广。① 虽然"由于各种原因，并不是所有集中了北方移民的地区都曾设置侨州郡县；同样，北方移民及其后裔并不都在侨州郡县中定居"，② 但总体上看，在侨州郡县中定居的大多数都是来自该州郡县的移民。这样，侨置州郡县，就不仅为籍贯相同的移民提供了生产生活的场地，还为他们传承家乡传统和风俗提供了有利空间；迁入地名称与迁出地名称相同，则进一步强化了移民保持原有文化的自觉意识。禁火寒食习俗作为北方原有文化的重要组成部分，是能够在新的环境里得以保存的。

在笔者看来，俗民的南迁对于寒食节的发展起了至关重要的作用，它不仅迅速扩大了寒食节的地理分布空间，使其从北方进入南方，而且将其置于一种迥异的自然环境、文化氛围和社会风气之中。

魏晋南北朝固然是多民族融合、南北文化融合的时期，但这种融合并不能完全消弥民族的和地域的界线。不同的自然环境、文化传统、经济状况、政治制度、民族性格，孕育出风格不同的南北文化。南北文化之异，概括起来说，即北刚南柔、北朴南华、北俭南奢。北方人重朴崇实、勤谨刚健；南方人重文崇美，追求享乐。③

---

① 胡阿祥：《东晋南朝侨州郡县的设置及其地理分布》（上、下），载中国地理学会历史地理专业委员会《历史地理》编辑委员会编《历史地理》第八辑第88—100页，第九辑第210—227页，上海人民出版社1990年版。
② 葛剑雄：《中国移民史》第二卷《先秦至魏晋南北时期》，福建人民出版社1997年版，第399页。
③ 对于南北文化的差别，当时成书的《颜氏家训》有所反映，其《治家篇》云："今北土风俗，率能躬俭节用，以赡衣食。江南奢侈，多不逮焉。"（南北朝）颜之推：《颜氏家训》，山西古籍出版社1999年版，第32页。

作为一个土生土长于北方的节日，寒食节是北方俗民日常生活的有机组成部分。他们对于禁火、寒食来历的解释，对介子推这个人物的态度，对禁火寒食与气候天象关系的看法，对过节内容和方式的选择以及过节的心态等，都基于他们所处的自然环境和文化环境。一旦寒食节伴随着俗民南迁在南方流播开来，就自然而然地被置于另一种风土和环境之中。尽管移民们会固执地保守传统，但也不能无视新情况带来的新问题，事实上，只有对新问题进行合理的重新阐释，传统才能延续下去。就寒食节而言，南传带来的最大挑战是如何解释禁火寒食与介子推以及雹雪等自然灾害之间的关系问题。已有多种资料（如曹操《明罚令》、石勒复并州寒食事件）表明，并州一带的俗民们宁愿饱受生活的种种不便而每年坚持禁火寒食不辍，根本原因在于他们对越轨（不禁火，不寒食）后果——神性惩罚，即介子推神灵恼怒、出现雹雪之灾——的恐惧。而当地人之所以能将禁火、寒食与雹雪之灾联系起来，前提是当地确实屡受雹雪之灾的侵袭。我国北方地处北温带，为雹雪等自然现象的多发区。尤其太原一带及禁火寒食习俗很快就流播到的上党、西河等地，都是雹雪的多发区，而且雹雪造成的危害极大。① 但南方地处亚热带，很少有雹雪之灾的侵扰。身处南方的寒食节面临着现实提出的严厉质疑：如果没有雹雪之灾，还有禁火、寒食的必要吗?! 寒食节的俗民们遭遇了寒食节历史上最为严重的信仰危机。除非给予新的诠释，它在南方将不具备存在的合理性。我们看到，寒食节得到了新的诠释，对此，宗懔《荆楚岁时记》做了记录："去冬节一百五日，即有疾风甚雨，谓之寒食。"这显示了俗民们为保持既有传统所做出的努力，也显示了他们在重新诠释时沿袭了旧有的逻辑，即将寒食与天气状况加以联系：从前是北方多有的雹雪之灾，现在是南方常见的"疾风甚雨"。

　　身处南方自然环境中的寒食节，重新得到定义；而在重文崇美、追求享乐的文化氛围和社会风气中，诸如挑菜、斗鸡、斗鸡子、镂鸡子、秋千、拔河等充满生机、洋溢欢乐、襄助阳气的活动成为寒食节的节俗活动，由此改变了寒食节的气质，也更新了寒食节的功能。

　　应该说明的是，南迁对寒食节所造成的影响并非寒食节发展的终点。后来随着政局的变换，大批南人北迁（宗懔就是其中的一员），寒食节大

---

① 具体论证可见本书附录一《寒食节起源新论》，原载《西北民族研究》2004 年 3 期。

约又经历了一个风俗回传的过程。在南方经过改造的寒食节随着北迁的南人又回到北方，来自南方的关于寒食的解释和节俗活动开始在北方扎根流传，它们与北方的寒食习俗相互融合，为唐代寒食节走向兴盛奠定了坚实的基础。

附录三

"端午"作为节名出现于唐代考[*]

农历五月五日，俗称端午节，又称端五节。关于这个节日原本应该是"端五"还是"端午"，自唐代起就有争议。唐人李匡义在其《资暇集》中就明确质疑用"午字，其义无取"：

> 端午，端五者，案：周处《风土记》："仲夏端五，烹鹜，角黍。端，始也，谓五月初五日也。"今人多书午字，其义无取。为余家元和中端五诏书，并无作午字处，而近见醴泉县尉厅壁有故光福王相题郑泉记处云端五日，岂三十年端五之义别有见耶？[①]

宋人吴仁杰则持相反意见，认为本当为"午"字，用"五"字是"世俗讹传"：

> 《礼仪志》："以五月五日朱索、五色印为门户饰。"仁杰按：五当作午。郎顗曰："宜以五月丙午遣大尉。"《论衡》亦曰："以五月丙午日日中之时铸阳燧。"谓丙日或午日也。顗、充皆当时人，其言宜可据，则以世俗讹传，遂用五日。白傅乐府《百炼镜篇》谓其铸以五月五日午时，此盖依仿铸阳燧之法，然以为五日则误矣。周处《风土记》："仲夏端午，烹鹜，进角黍。注云：端，始也。"盖以五月如遇午日为端午，如三月如遇巳日为上巳耳。近世角黍不用午日，

---

[*] 该文发表在《青海社会科学》2011年第2期，第172—176页，此处收录略有修改。
[①] （唐）李匡义：《资暇集》卷中，文渊阁四库全书电子版。

而但用五月五日，然犹谓之端午，如魏晋以来祓禊不用巳日而但用三月三日，谓之上巳也，二事正相类。①

今天的学者，似以同意吴仁杰观点的为多，认为："端午本是仲夏月的第一个午日，即夏历的午月午日，后人们用数字记时体制取代干支记时体制，以重五取代重午，但仍保持着端午之名。"② 笔者一度也持这种观点。③ 然而近来有不同见解，不揣浅陋，撰文求教于方家。

一 吴仁杰的"按"正确吗？

吴仁杰认为《礼仪志》记"五月五日"是错误的，理由是汉代人郎颛、王充都有在五月丙午日做某事的记载，郎、王二人"皆当时人，其言宜可据"。说郎、王其言宜可据，当然有其道理，但郎颛所说是"遣太尉"、王充所说是"铸阳燧"，并非"以朱索、五色印为门户饰"，如何就能断言"索印饰门户必仲夏午日也"？这里显有臆测之嫌。又吴仁杰引《百炼镜篇》说铸镜以五日为误，也有不周到处。据王充汉代铸镜固然是在五月丙午日，但唐距汉已有数百年之久，节俗发生变化是自然的事情，唐人铸镜不以五月丙午日而以五月五日，是节俗发生了变化。这不仅在白居易的《百炼镜篇》中有载，在其他文献中也有记录，如《唐国史补》云："扬州旧贡江心镜，五月五日扬子江中所铸也。或言无有百炼者，或至六七十炼则已，易破难成，往往有自鸣者。"④ 但吴仁杰似乎没有注意到节俗在不同时代发生的变化，以古断今，自然难免失误。

又他引周处（238—297年）《风土记》相关论述后，认为"近世角黍不用午日，而但用五月五日，然犹谓之端午，如魏晋以来祓禊不用巳日而但用三月三日，谓之上巳也，二事正相类"，这种比附不能说没有道理，但问题在于所引周处《风土记》的相关内容尚有可讨论处。详见于下。总之，吴仁杰的按疏漏颇多，难以服人。

---

① （宋）吴仁杰：《两汉刊误补遗》卷9，文渊阁四库全书电子版。
② 参见鸿宇编著《节俗》，宗教文化出版社2004年版，第82页。
③ 参见张勃、荣新《中国民俗通志·节日志》，山东教育出版社2007年版，第180页。
④ （唐）李肇撰、曹中孚校点：《唐国史补》卷下，载上海古籍出版社编，丁如明、李宗为、李学颖等校点《唐五代笔记小说大观》（全二册），上海古籍出版社2000年版，第200页。

二 "端午"一词在魏晋时代已经出现了吗？

谈到"端午"之所出，现代学者认为至少始于魏晋时期，并多与吴仁杰一样，引用周处《风土记》作为证据，所谓："仲夏端午，烹鹜角黍。端，始也，谓五月初五日也。"① 而这似乎也是目前学者能够援引说明"端午"一词已在魏晋时代出现的唯一证据。

《风土记》又名《阳羡风土记》，是专记阳羡（今属江苏宜兴市）风土人情的地理书。《隋书》载："《风土记》三卷，晋平西将军周处撰。"② 新旧《唐书》均作十卷。③ 与其他地理书不同的是，该书对于岁时民俗给予了格外关注，正旦、上巳、五月五、七月七、重阳等重要节日都得到记录。《风土记》对后世影响较大，其记述屡被征引。就目前来看，宗懔《荆楚岁时记》引用最早，其后，多种书籍如《玉烛宝典》、《北堂书钞》、《艺文类聚》、《初学记》、《白孔六帖》、《太平御览》、《缃素杂记》、《事物纪原》等都做了引用。由于《风土记》原书已佚，④ 现代学者对它的引用只能是转引他书，这其中当然也包括《风土记》有关五月五日风俗的记述。然而，前代诸书对《风土记》五月五日风俗记述的引用并不一致，除了内容有详有略多寡不同外，还有一个重要的区别在于有的作"仲夏端午"，有的作"仲夏端五"。前者如《北堂书钞》、《初学记》、《白孔六帖》、《缃素杂记》，后者如《玉烛宝典》、《艺文类聚》、《太平御览》等。那么《风土记》原书到底是作"端午"还是"端五"呢？

比较而言，笔者更愿意相信后者，理由有三：

其一，根据引用书籍的成书时间和可靠性来判断。

在上述诸种引用《风土记》有关五月五日记述的书籍中，《荆楚岁时记》成书时间最早，但原书已亡，辑佚本中未出现"仲夏端午"或"仲

---

① 参见盖国梁《节趣》，学林出版社1998年版，第85页；鸿宇编著：《节俗》，宗教文化出版社2004年版，第82页；"民族传统节日与国家法定假日"课题组编写：《中国节典：四大传统节日》，安徽教育出版社2008年版，第100页。

② 《隋书》卷33。

③ 见《旧唐书》卷46、《新唐书》卷58。

④ 据李道和研究，此书大约散佚于唐宋时期。李道和：《民俗文学与民俗文献研究》，巴蜀书社2008年版，第241页。

夏端五"字样，这里不做讨论。接下来的便是《玉烛宝典》。该书撰成于北齐（550—577）时期，作者杜台卿，博陵曲阳（今属河北保定市）人，北齐时曾为著作郎、中书黄门侍郎，参与过国史的修纂工作。周武帝灭齐后，杜台卿回归乡里。迨隋（589—618）建立，被征入朝。"台卿尝采《月令》，触类而广之，为书名《玉烛宝典》，十二卷。至是奏之，赐绢二百四。"①《玉烛宝典》以《礼记·月令》冠于篇首：

> 先引正注，逮及众说，续书月别之下，增广其流。史传百家，时亦兼采。词赋绮靡，动过其意，除非显著，一无所取。载土风者，体民生而积习；论俗误者，冀勉之以知方。……其单名手出，即文不审，即注称"今案"以明之。若事涉疑殆，理容河汉，则别起"正说"以释之。世俗所说节者，虽无故实，伯升之谚，载于经史，亦触类援引，名为"附说"。②

《玉烛宝典》引《风土记》12条，其中便有关五月五日的记述。其文作"仲夏端五"而非"仲夏端午"：

> 仲夏端五，方伯协极，烹鹜角黍，龟鳞顺德。注云：端，始也，谓五月初五也。四仲为方伯，俗重五月五日与夏至同。春孚雏，到夏至月皆任啖也。先此二节一日，又以菰叶裹黏米，杂以粟，以淳浓灰汁煮之令熟，二节日所尚啖也。又煮肥龟令极熟，擘择去骨，加盐豉若酒苏蓼，名为菹龟，并以菹荠用为朝食，所以应节气。裹黏米一名粽，一名角黍，盖取阴阳尚相苞裹，未分散之象也。龟骨表肉里外阳内阴之形，鱼又夏出冬蛰，皆所以依像而放将气养和辅赞时节者也。③

这里，《玉烛宝典》不仅引用了《风土记》有关五月五日记述的正文，而且引用了大段的注文，如此完整的引用是绝无仅有的。值得一提的

---

① 《隋书》卷58。
② （隋）杜台卿：《玉烛宝典》，序，续修四库全书本，上海古籍出版社2002年版，第1页。
③ 同上书，第57—58页。

是，《玉烛宝典》所引《风土记》12条中，既引正文又引注文的达9条之多，这说明《玉烛宝典》的作者应见过《风土记》原书，他的引用是比较可信的。《玉烛宝典》之后，较多引用《风土记》的著作是成书于武德七年（624）的《艺文类聚》，只是它的引用采取了节略的方式，明显不同于《玉烛宝典》，就五月五日风俗而言，它引用为："仲夏端五，烹鹜角黍。端，始也，谓五月初五日也。又以菰叶裹粘米煮熟，谓之角黍。"这里也作"端五"而非"端午"。

值得一提的是，虞世南（558—638年）的《北堂书钞》也引用了《风土记》关于五月五日的记述，《北堂书钞》成书较《艺文类聚》要早，应见过《风土记》原书，但现存《北堂书钞》均作"端午"而非"端五"。不过，由于《北堂书钞》版本流传，颇为复杂，曾被后人大量删改增补，已经掺入了后人的看法，其可信性是值得怀疑的。而目前传世的被公认为最好的本子孔广陶校注本，还特意对书中"俗重五日与夏至（《风土记》云："仲夏端午。端，初也，谓五月五日也，俗重五日与夏至同。"）"进行校注："今案：陈俞本'重五'作'重是'。《御览》三十一引《风土记》，'端午'误'端五'……"①孔氏认为《太平御览》卷三十一引《风土记》作"仲夏端五"是错误的，又没有提出证据，就不由人怀疑，孔氏是以当下称谓作为标准去判断古人称谓的对与错。

至于《白孔六帖》、《缃素杂记》等书，成书时间皆在端午作为节名已广被接受之后，很有可能犯孔广陶的错误。

理由之二，唐人李匡义在《资暇集》专门拿"端午"说事时也引用了《风土记》，也作"仲夏端五"。引用《风土记》是李匡义立论的基础和根据，他一定会格外慎重，至少他所看到的是"端五"无疑。

理由之三，我们将在下面看到，在盛唐以前，社会上广泛流行的词语是五月五日而非端午，这从一个方面表明《风土记》所记为"端五"而非"端午"。

既如此，除非学者拿出《风土记》以外的证据，否则，"端午"一词至少始于魏晋时期的说法便难以成立。

---

① （唐）虞世南：《北堂书钞》卷154，中国书店1989年据光绪十四年南海孔氏刊本影印本。

三　端午作为五月节日专名出现于何时？

那么端午作为五月节日专名出现于何时呢？笔者以为，应该是在唐代。

唐代以前，世上流行的五月节名是"五月五日"。《玉烛宝典》卷5"附说"云："此月夏至及五日，俗法备拟甚多。"又案语引《风俗通》、《后汉书》晋司马彪《礼仪志》、《续齐谐记》、《抱扑子》、《异苑》等均称做"五月五日"，或省称"五日"。又梁王筠有《五日望采拾》诗，北齐魏收有《五日》诗，亦作"五日"。甚至盛唐时候，"五月五日"还是通行的说法。这从下面几则记载中看得非常清楚。

唐高宗显庆二年（657）四月曾颁布《停诸节进献诏》，云："朕抚育黎庶，思求政道，欲俭以训俗，礼以移风……比至五月五日及寒食等诸节日，并有欢庆事……"① 又龙朔元年（661）五月五日，高宗询问大臣："五月五日，元为何事？"许敬宗以《续齐谐记》所载应对。② 又唐中宗神龙三年（707）四月制书规定："自今应是诸节日并不得辄有进献……又所在五月五日，非期功已上亲不得辄相赠遗。"③ 唐睿宗景云二年（711）十一月敕："太子及诸王公主，诸节贺遗，并宜禁断，惟降诞日及五月五日，任其进奉，乃不得广有营造，但进衣裳而已。"④ 又唐玄宗开元二十五年（737）六月敕："五月五日，细碎杂物，五色丝算，并宜禁断。"⑤

唐代五月五日进献馈遗之风盛行，朝廷屡颁诏制加以禁断或限制，在上引诸种政府文件中，使用的词语均是"五月五日"。但是盛唐以后，情况明显发生了变化，唐宪宗元和四年（809）闰三月敕云："其诸道进献，除降诞、端午、冬至、元正任以土贡修其庆贺，其余杂进，除二日条所供外，一切勒停。"⑥ 唐穆宗长庆三年（823）颁《疾愈德音》，有"应缘御服及器用，在淮南、浙西、宣歙等道各供进者，并端午、降诞常例进献

---

① （宋）宋敏求：《唐大诏令集》卷80，商务印书馆1959年版，第461页。
② （宋）王溥：《唐会要》卷29，上海古籍出版社1991年版，第631页。
③ 《册府元龟》卷63，中华书局1960年影印本。
④ （宋）王溥：《唐会要》卷29，上海古籍出版社1991年版，第631页。
⑤ 同上。
⑥ 同上书，第635页。

等，一切权停"的规定。① 唐文宗开成元年（836）《开成改元赦文》，有"诸道贺正、端午、降诞、贺冬进奉，起今权停三年"②的规定。从这些资料可以清楚地看到，"端午"已取代"五月五日"成为政府文件中的常用词语。

不仅如此，在个人那里，端午也已被广泛接受。唐代宗永泰元年（765），太常博士独孤及上表请立代宗的诞辰为"天兴节"，文中有如下文字："臣闻天有春、夏、秋、冬之气，时也。时有分、至、启、闭之候，节也。至若寒食、上巳、端午、重阳，或以因人崇尚，亦播风俗。"③在这里，端午与寒食、上巳、重阳并列，显然是被独孤及作为节日的专有名词加以使用的。而唐玄宗李隆基有《端午三殿宴群臣（探得神字）》、《端午》诗，张说有《端午三殿宴群臣（探得鱼字）》，杜甫有《惜别行，送向卿进奉端午御衣之上都》、《端午日赐衣》，窦叔向有《端午日恩赐百索》，权德舆有《端午日礼部宿斋有衣服采结之贶以诗还答》，殷尧藩有《端午日》、《同州端午》，徐夤有《岳州端午日送人游彬连》，文秀有《端午》等，所有这些诗作均含有"端午"一词，而从诗作内容来看，也均在五月中。

此外我们还可以从唐代不同时期的书仪中看出"端午"作为节名对"五月五日"的取代。所谓书仪，"是写信时所用的范式，可供模仿和套用。"④ 在唐代节日宴赏送礼已成风习，部分书仪就提供一些模板，教人怎样撰写送礼时附带的信函和邀人节日赴宴或共同游赏的请柬，又教人在收到上述信函请柬后如何答复。敦煌遗书中有上百件书仪定本，其中一些与节日宴请有关，它们显示了当时社会上通行的节日名称。朱红曾根据赵和平《敦煌写本书仪式研究》对武则天统治时期至五代时期 7 种书仪的相关信息以表格形式作了如下整理:⑤

---

① 参见《全唐文》卷 67，《旧唐书》卷 16。
② 《全唐文》卷 75。
③ （宋）王溥：《唐会要》卷 29，上海古籍出版社 1991 年版，第 632 页。
④ 周一良、赵和平：《唐五代书仪研究》，中国社会科学出版社 1995 年版，第 94 页。
⑤ 朱红：《唐代节日民俗与文学研究》，复旦大学博士论文，2002 年，第 68—69 页。

时间	作者	编号	书仪名称	书仪中所提节日	性质或出处
武则天		伯三九零零		七月七日、九月九日、冬至、元日	
开元	京兆杜友晋	斯三二九、斯三六一	《书仪镜》	三月三日、五月五日、九月九日	《四海书镜屈宴书》
开元	京兆杜友晋	伯三六三七	《新定书仪镜》	寒食、岁节、三月三日、五月五日、九月九日	《他乡经节屈宴书》
元和	郑余庆	斯六五三七	《大唐新定吉凶书仪》	岁日、正月十五、二月一日、寒食、四月八日、五月五日、夏至、七月七日、七月十五日、八月一日、九月九日、十月一日、冬至日、腊日、春日、三元日、诞日、玄元皇帝诞日等	节候赏物第二、祠部新式第四
大中	张敖	伯二六四六等	《新集吉凶书仪》	岁日、社日、寒食、端午、重阳、冬至	相迎书
大中	张敖	伯三五零二	《新集诸家九族尊卑书仪》	正岁、社人（日）、寒食、端午、冬至	相迎书
五代	佚名	伯三六九一	《新集书仪》	岁日、社日、寒食、端午、冬至	相迎书

从上表中可以看出，元和之前，"五月五日"是通行的名称，后来则被"端午"取代了。

综上所述，"端午"作为五月节专名始出现于唐代。更确切地说，大约是在盛唐时期。当然，这并不意味着端午作为节日名一出现，就完全取代了其他节日名称，事实上，指代五月五日的节日名称非常之多，"端午"从来没有成为唯一。李匡义所说"元和中端五诏书，并无作午字处"以及"醴泉县尉厅壁有故光福王相题郑泉记处云端五日"都并不令人奇怪，倒是他"三十年端五之义别有见耶"的疑问，反映了"端午"作为节日名称在他那个时代开始被广为接受的事实。

四 端午泛指过"五日"吗？

宋人洪迈《容斋随笔》卷 1 "八月端午"条云：

唐玄宗以八月五日生，以其日为千秋节。张说《上大衍历序》云："谨以开元十六年八月端午赤光照室之夜献之。"《唐类表》有宋璟《请以八月五日为千秋节表》云："月惟仲秋，日在端午。"然则凡月之五日，皆可称端午也。

由于《容斋随笔》在后世流传较广，洪迈所谓"凡月之五日，皆可称端午"的观点影响较大，吴仁杰在《两汉刊误补遗》中、宋·王楙在《野客丛书》中也做了引用，今人杨琳先生也赞同其说。①

但查四库全书本《张燕公集》卷16中《上大衍历序》，云："谨以十六年五月端午赤光照室之夜，皇雄成纪之辰，当一元之出符，献万寿之新历，伏望藏之书殿，录于纪言，掌之太史，颁于日历。"明确说上大衍历的时间是五月端午，而非洪迈所说的"八月端午"。同书卷13《请八月五日为千秋节表并敕旨》云："月惟仲秋，日在端五，恒星不见之夜，祥光照室之朝。"所用为"端五"而非"端午"。《全唐文》卷223亦收录了此表，同样作"月惟仲秋，日在端五"。②又《玉海》卷74"唐千秋节上寿·延英上寿"、《天中记》卷12均引《唐实录》载张说等人的上表，亦作"端五"，所谓："陛下二气合神，九龙浴圣，月惟仲秋，日在端五，常星不见之夜，祥光照室之朝，请以为千秋节。"

上述记载，无论哪一种，都对洪迈造成了挑战，只要有一种说法成立，洪迈所谓"凡月之五日，皆可称端午也"便失去了立足的根据。

先看《张燕公集》的记载是否成立。仅从《上大衍历》的行文上看，我们看不出"五月端午"有什么错误。判断此句是否错误的关键是紧接着"五月端午"四字后的两句话，即："赤光照室之夜，皇雄成纪之辰，当一元之出符，献万寿之新历。"这是张说对上历时间的另一种解释。由于唐玄宗出生于八月五日，这两句话非常容易令人与唐玄宗的生日联系起来，考虑到张说不久之后就联合宋璟上表请以唐玄宗的诞辰为千秋节，他写这两句话时，毫无疑问是想到了唐玄宗的生日的，甚至有借重皇帝生日、赋予上历这一事件以更多合法性、正当性的考虑。但是，张说所谓"赤光照室之夜，皇雄成纪之辰"指的可能只是日期而未涉及月份，指代

---

① 杨琳：《中国传统节日文化》，宗教文化出版社2000年版，第244页。
② （清）董诰等编：《全唐文》卷223，中华书局1983年影印本，第2252—2253页。

月份的应该是"当一元之出符"这句话。五月是唐人普遍使用灵符的月份，这句话暗指五月份也并非没有可能。

不过，《唐会要》卷42载有《上大衍历》的时间："开元十六年八月十六日特进张说进《开元太衍历》，命有司行用之。"又《旧唐书》卷8载："八月己巳，特进张说进《开元大衍历》诏命有司颁行之。"又《资治通鉴》卷213载："八月乙巳，特进张说上《开元大衍历》行之。"所指均为八月，由此似乎可以确定张说上表时在八月。

然而，值得注意的是，《唐会要》、《旧唐书》、《资治通鉴》虽然一致记载了张说是在八月份的大衍历，在日期上却不相同，或十六日，或己巳日，或乙巳日。查陈垣《二千年朔闰表》，开元十六年八月初一日为甲子日[①]，则该月根本没有乙巳日，《资治通鉴》所记当有误；而己巳日是八月六日，非《唐会要》所载"十六日"，二者中至少有一则是误。问题还在于，无论是六日还是十六日，都不是五日（唐玄宗的生日），与《上大衍历序》中所说日期都是不吻合的。据此推断，虽然各种史书均载张说上大衍历时在八月，却也不能说就是千真万确的历史事实。

再看"月惟仲秋，日在端五"一句。虽然洪迈引《唐类表》言"日在端午"，但上述包括《张燕公集》、《全唐文》等在内的文献均作"日在端五"，我们很难无视它们的存在。若果真是"日在端五"，洪迈的说法便成了无根之木。从目前掌握的材料来看，本作"日在端五"的可能性更大。原因如下：

一、《张燕公集》是张说个人诗文集，其中收录《请八月五日为千秋节表并敕旨》，可见《请八月五日为千秋节表》是张说的作品无疑，洪迈引《唐类表》却将其作者说成"宋璟"，令人生疑。

二、《玉海》卷74与《天中记》卷12所引资料出自《唐实录》，更为可信。

三、现存其他文献中引用"千秋节表"时作"日在端午"的为数不多，据笔者所知，洪迈之前的大约只有《册府元龟》一种。但《册府元龟》的引用是有问题的，它载上千秋节表的人是"左丞相乾源曜、右丞相说"，这里将"源乾曜"写做"乾源曜"是明显的错误，另外，上

---

① 陈垣：《二千年朔闰表》，中华书局1956年版，第94页。

《请八月五日为千秋节表》时在开元十七年玄宗诞辰日，即八月五日，此时，张说已经替代源乾曜成为尚书左丞相，担任右丞相的是宋璟，所以关于上书人及其职务的说法也有明显的错误。至于洪迈之后的人引用"月惟仲秋，日在端午"的文献，要么受洪迈的影响，如《野客丛书》卷14、《五礼通考》卷140，要么转引自《册府元龟》，如《日知录》卷14，均较难采信。总之，"端午"一词可能从来没有泛指过"五日"，而是在其出现伊始，就只是"五月五日"的专称。

后　记

　　本书是在我的博士学位论文《唐代节日研究》基础上进行大幅度修改而成的。

　　我对于节日研究产生兴趣始于硕士学位论文《寒食节起源研究》的写作，博士学位论文选择《唐代节日研究》是这一学术兴趣的继续。《寒食节起源研究》和《唐代节日研究》都是民俗事象史的研究，前者是一个具体节日的断代史，后者是中国传统节日体系的断代史。如果说及研究过程的区别，就是我在写作《唐代节日研究》时，开始自觉地思考应该如何对历史悠久的民俗事象进行历史研究的问题，即如何在这一过程中将历史学、民俗学的研究内容、研究方法、研究取向等进行有效结合的问题。于是，我以民俗学的重要研究内容——岁时节日作为研究对象，立足于这一民俗事象的传承性，将历史学研究中常用的断代研究作为研究方法，将揭示代内的"新情况"作为节日断代研究的工作重点，将社会生活、国家政策视为影响节日传承和变迁的重要因素，将具有不同职业、不同社会地位、不同价值观念等的个体行动者的文化选择视为节日传承和变迁的决定力量，注重历史事件和重要历史人物的影响力，通过对来自正史、政书、文人笔记、诗歌等多种文献相关资料的搜集、梳理、解读和文本分析，发现中国节日发展到唐代的总体特征以及具体节日在唐代社会的生存状态，并对节日作为时间制度和社会生活的重要方面与唐代社会之间的互动关系进行阐释。在后来的论文修改中，我仍然觉得这样的认识有其合理之处。也正是这样的认识让我觉得《唐代节日研究》可以视为是历史学的，同时也是民俗学的，是历史民俗学研究的一个尝试。

　　还记得2007年夏天我顺利通过博士论文答辩并获得"优秀"的成绩

后，导师齐涛教授曾叮嘱我抓紧时间好好修改，争取两年后出版一本有影响力的著作。然而现实总要比理想复杂许多，毕业五年，我才得以将这份自己仍不能满意的作业交上，从时间上讲自然已经是迟到，从影响上讲又不知和老师期待的有怎样大的差距。

当然可以有多个理由对这本书稿的晚出和不尽人意加以解释，比如家庭的迁移，尤其是工作的变动导致研究重心转移：我于2008年7月到2010年10月期间在北京师范大学文学院从事博士后研究工作，新的研究课题是明代岁时民俗文献（在博士后出站报告基础上修改的《明代岁时民俗文献研究》已于2011年12月由商务印书馆出版）；2010年11月开始到北京联合大学北京学研究所工作，又面临着新的工作任务，等等。之所以说这些，除了可以稍稍缓解一下我内心深藏已久的不安外，更多的是用来提醒自己必须牢牢记住"一段时间集中精力做一件事"这句话。这句话是读博期间齐涛老师说的，对我这样的愚笨之人最是适用。

书稿即将面世之时，心中难免有许多感慨，而最想表达的还是感谢。

感谢齐涛老师，是他将我领上节日研究的学术之路，他行政事务繁忙依然用心学问的精神、宽阔的研究视野以及对我的严格要求和适时点拨让我在这条路上走得坚定、自由而专心。

感谢陈其泰教授、陈祖武研究员、马新教授、张金龙教授和刘玉峰教授，他们参加了我的博士论文答辩，提出了许多宝贵意见和建议，为我进一步修改指明了方向。

感谢萧放教授、刘晓峰教授、张士闪教授、高丙中教授、黄涛教授的学术支持，感谢李学娟、杜庆余、姜华、王均霞等学友和我的硕士研究生张金荣同学在资料搜集、核对方面给予的帮助。

感谢施爱东博士的推荐，使这本小书有机会纳入朝戈金研究员主编的"中国社会科学院民俗学研究书系"，也感谢他和巴莫曲布嫫研究员在本书出版过程中给予的帮助。感谢张林、郑成花两位编辑，她们认真修正了书稿中的错漏之处。

感谢叶涛老师，是他引领我进入民俗学的大门。感谢王善民先生、李万鹏先生、乌丙安先生、刘锡诚先生、陶立璠先生多年的关心，他们在我成长道路上给予的教导和鼓励让我受益终生。

感谢我曾经工作的山东师范大学历史文化与社会发展学院和现在工作的北京联合大学北京学研究所的领导和同事们，尤其是王克奇教授、朱亚非教授、张妙弟教授和张宝秀教授，他们为我提供了良好的学习条件和工作条件，感谢他们的理解、信任、支持和帮助。

回首十余年的求学治学路，可谓甘苦并存，所幸者甘苦都有人与我共尝。我总以为自己是一个幸运的人，我的幸运来自于上天的眷顾，来自于周边的老师、朋友和亲人。我深深地感谢他们。

2007年5月30日是我博士论文通过答辩的那一天，当时，山东大学历史文化学院要求通过答辩的每位同学都发表自己的感言，我将当时的感言抄录如下：

> 我知道自己等这一刻真的等了很久很久。此时的心中五味杂陈，百感交集。
>
> 王国维先生说过："古今之成大事业、大学问者，罔不经过三种之境界：昨夜西风凋碧树，独上高楼，望尽天涯路。此为第一境界也。衣带渐宽终不悔，为伊消得人憔悴。此第二种境界也。众里寻他千百度，回头蓦见，那人正在灯火阑珊处。此第三种境界也。"我知道自己生性愚笨，难有回头蓦见的发现，但我也知道自己始终不乏为伊憔悴的决心。经过三年的学习和努力，终于在导师的指导下完成这篇论文的撰写，并通过论文答辩，此时此刻，我真的感受到一种前所未有的苦过甘来的幸福。衷心感谢我的导师齐涛教授，感谢陈其泰主席，感谢各位答辩委员老师，感谢在我的论文撰写过程中帮助过我的所有老师、朋友和亲人。是你们，在今天，把人生最美妙的幸福赠送给我。
>
> 这里，我还想向我的父亲报一声喜："爹爹，女儿通过答辩了。"在我三十多年的人生岁月中，是父亲一直鼓励我上进，他始终是我不懈追求的动力。如果他还活着，他今天一定会来到这里，亲眼看我的表现。但是，他已经永远地离开了我，不过我相信，此刻，在那边，他一定笑了。
>
> 三年的博士学业即将结束，但这里划的绝不是句号。"少年易老学难成，一寸光阴不可轻。"我只有珍惜时光，继续努力，不断上进，才能不辜负老师和朋友们的厚爱！！

这些五年前说过的话，竟是这样契合我当下的情感，表达着我如今的心声。

  需要说明的是，2007 年我曾以博士学位论文为基础申报了山东省哲学社会科学十一五规划项目（项目编号：07CLSZ04），本书也是它的结项成果。我保证这本著作的原创性。

张　勃

2012 年 9 月 30 日